Altenried / Dück / Wallis (Hrsg.)
Plattformkapitalismus

Moritz Altenried ist Post-Doc am Berliner Institut für empirische Integrations- und Migrationsforschung (BIM) und am Institut für Europäische Ethnologie der HU Berlin.

Julia Dück arbeitet im Institut für Gesellschaftsanalyse der Rosa-Luxemburg-Stiftung als Referentin für soziale Infrastrukturen, verbindende Klassenpolitik, Gesundheit und Care.

Mira Wallis ist wissenschaftliche Mitarbeiterin und Doktorandin am Berliner Institut für empirische Integrations- und Migrationsforschung (BIM) und am Institut für Europäische Ethnologie der Humboldt-Universität zu Berlin.

Moritz Altenried / Julia Dück / Mira Wallis (Hrsg.)

Plattformkapitalismus und die Krise der sozialen Reproduktion

WESTFÄLISCHES DAMPFBOOT

Gefördert durch die Rosa-Luxemburg-Stiftung

Bibliografische Information der Deutschen Nationalbibliothek
Die Deutsche Nationalbibliothek verzeichnet diese Publikation in der Deutschen
Nationalbibliografie; detaillierte bibliografische Daten sind im Internet über
http://dnb.d-nb.de abrufbar.

1. Auflage Münster 2021
© 2021 Verlag Westfälisches Dampfboot
Alle Rechte vorbehalten
Umschlag: Lütke Fahle Seifert AGD, Münster
Druck: Rosch-Buch Druckerei GmbH, Scheßlitz
Gedruckt auf FSC-zertifiziertem Papier
ISBN 978-3-89691-056-1

Inhalt

Moritz Altenried / Julia Dück / Mira Wallis

Zum Zusammenhang digitaler Plattformen und der Krise der sozialen Reproduktion: Einleitung

Auf den Smartphones vieler Menschen finden sich inzwischen verschiedene Apps, die Dienstleistungen aus zentralen Feldern der sozialen Reproduktion mit wenigen Klicks zur Verfügung stellen. Über die Plattformen *Babysits* oder *Care.com* lässt sich eine Kinderbetreuung buchen, mit *Helpling* unbürokratisch und flexibel eine Putzkraft organisieren, und *Lieferando* bringt das Abendessen an die Haustür, falls mal wieder die Zeit zum Kochen fehlt. Soziale Reproduktion per App? Dass viele Plattformen eine wichtige Rolle im Bereich der sozialen Reproduktion spielen, hat auch die Corona-Krise deutlich gemacht. So expandierte etwa die Taxi-Plattform *Uber* mit ihren Geschäftszweigen *UberEats* und *UberHealth* schon vor der Pandemie in die Felder der Essenslieferung und der Gesundheitsversorgung und brachte sich dann in der Krise durch Partnerschaften mit öffentlichen Institutionen und Gesundheitsorganisationen für die Lieferung von Medikamenten oder den Transport von Pflegekräften ins Spiel.

Während in der öffentlichen Diskussion um digitale Plattformen (zurecht) ein starker Fokus auf den Arbeitsbedingungen liegt, wird hier deutlich, dass Plattformen wie Helpling, Deliveroo, Airbnb, Uber und viele weitere auch direkt oder indirekt in soziale Reproduktionsverhältnisse intervenieren. Dies betrifft verschiedene Bereiche wie Wohnen, Pflege, Ernährung oder Kinderbetreuung ebenso wie die vergeschlechtlichte Arbeitsteilung oder die gesamtgesellschaftliche Organisation sozialer Reproduktion. Dass diese Aspekte seltener diskutiert werden, hat sicher auch mit der geringeren Sichtbarkeit sozial-reproduktiver Tätigkeiten zu tun, die, selbst wenn sie über eine digitale Plattform organisiert werden, oft in privaten Räumen ausgeführt werden. Nimmt man jedoch einmal die Perspektive der sozialen Reproduktion ein, wird schnell klar, welch große Rolle digitale Plattformen hier bereits spielen und zukünftig noch spielen könnten. Es stellt sich also die Frage, auf welche Entwicklungen im Bereich der sozialen Reproduktion Plattformen reagieren, an welche Krisen sie anknüpfen und welche Transformationsprozesse sie befördern. In Zeiten von Corona und finanzieller Austerität sind diese Fragen besonders dringlich, weil gesellschaftliche und insbesondere öffentliche Infrastrukturen sozialer Reproduktion unter massivem Druck stehen. Vor diesem Hintergrund stellt der vorliegende Band die Frage nach dem Zusammenhang von Plattformkapitalismus und der Krise sozialer Reproduktion.

Zu Beginn dieser Einleitung möchten wir uns mit diesen beiden Begriffen befassen, sowie mit den komplexen gesellschaftlichen Entwicklungen, die sie zu beschreiben suchen. Anschließend loten wir das Verhältnis zwischen dem Aufstieg digitaler Plattformen und krisenhaften Reproduktionsverhältnissen aus. Dabei versuchen wir – sowohl mit Blick auf die zentralen Krisentendenzen wie auch aus Perspektive der involvierten Akteur*innen – zumindest thesenhaft zu umreißen, wie und warum digitale Plattformen und soziale Reproduktion heute interagieren. Wir schließen diese Einleitung mit einem Überblick über die Beiträge des Bandes.

Krisen der sozialen Reproduktion

In einem ersten Schritt möchten wir die soziale Reproduktion mit Marx als Reproduktion der menschlichen Arbeitskraft verstehen (eine tiefergehende Diskussion des Begriffs findet sich dann im Beitrag von Julia Dück). Der Begriff der sozialen Reproduktion beschreibt für uns also zunächst das Ensemble jener Praxen, Güter, Infrastrukturen und Institutionen, kurz: jener Verhältnisse, die zur Reproduktion der Arbeitskraft in kapitalistischen Gesellschaften notwendig sind. Es geht dabei erstens, um es mit einem klassischen Marx'schen Bild zu beschreiben, um all jene Faktoren, die dafür sorgen, dass die Fabrikarbeiter*innen jeden Morgen wieder ausgeruht, genährt, gekleidet, gesund, usw. zur Arbeit erscheinen. Zu dieser alltäglichen Aufgabe der sozialen Reproduktion kommt zweitens eine generationale: Um im Bild der Fabrik zu bleiben, geht es hierbei um einen Nachschub an jungen, entsprechend ausgebildeten Arbeiter*innen, die diejenigen ersetzen, die aufgrund von Alter, Krankheit oder Tod aus dem Produktionsprozess ausscheiden (MEW 23, 186). Schließlich bleibt, und hier gehen wir über Marx hinaus, drittens noch die subjektivierende Dimension der sozialen Reproduktion herauszustellen: So müssen sich die Menschen den Arbeits- und Ausbeutungsverhältnissen unterordnen (vgl. Althusser 2012, 223). Sie müssen nicht nur tagtäglich regeneriert zur Arbeit erscheinen, entsprechende Fähigkeiten und Qualifikationen besitzen oder sich diese aneignen, sondern auch (wenigstens bis zu einem gewissen Grad) die Verhältnisse akzeptieren, in denen sie sich für den Reichtum anderer verausgaben. Die Reproduktion der Arbeitskraft umfasst folglich ihre physische und qualifikatorische Arbeits- und Leistungsfähigkeit, ihre subjektivierende 'Erziehung' sowie ihre generative Reproduktion und bildet als solche die Voraussetzung für den kapitalistischen Produktionsprozess.

An der Organisation dieser alltäglichen subjektivierenden wie generationalen sozialen Reproduktion ist immer ein vielschichtiges Arrangement an Akteur*innen und Institutionen beteiligt (darunter Familie, Staat, Krankenhäuser, Schulen, Restaurants und viele weitere). Wie genau diese zur sozialen Reproduktion beitragen, ist historisch und geographisch jedoch variabel und stets gesellschaftlich umkämpft. Gerade in gegenwärtigen, hochgradig arbeitsteiligen Gesellschaften gestalten sich auch die Reproduktionsverhältnisse in komplexer Weise. Sie werden nicht nur mit Hilfe von unbezahlter Hausarbeit, sondern ebenso in vielfältigen Arbeitsverhältnissen abgesichert, die sowohl in profitorientierten Unternehmen als auch in staatlichen und anderen Institutionen stattfinden können.

Die hohe Bedeutung unbezahlter Arbeit ist dabei aber (bisher) historische Kontinuität sozialer Reproduktion und stellt einen zentralen Aspekt dar. Bis heute wird die übergroße Mehrheit reproduktiver Tätigkeiten von Frauen* geleistet, und wie kein anderer ist dieser Bereich der gesellschaftlichen Arbeitsteilung mit Praktiken, Diskursen und Vorstellungen von Geschlecht und Natürlichkeit verknüpft sowie durch Institutionen wie Familie, Staat oder Kirche beeinflusst. Feministische Ansätze verweisen daher auf die konstitutive Verwobenheit von Geschlechterverhältnissen und sozialer Reproduktion. Damit erlauben sie eine wichtige Erweiterung marxistischer Debatten, indem sie zeigen, wie bestimmte Tätigkeiten geschlechtlich verteilt und zugewiesen werden und wie 'Geschlecht' dabei gesellschaftlich erst hervorgebracht wird. Geschlechterverhältnisse sind für die politische, ökonomische und ideologische Organisation der sozialen Reproduktion folglich von zentraler Bedeutung.

Zwar ist die Akkumulation von Kapital stets auf menschliche Arbeitskraft angewiesen, und damit auch auf die Reproduktion von Menschen. Zugleich aber kann das kapitalistische Streben nach Wachstum und Profit die Prozesse der sozialen Reproduktion auch unterminieren. Dieser Widerspruch trägt zur besonderen Krisenhaftigkeit und gesellschaftlichen Konfliktivität der sozialen Reproduktion bei (Fraser 2016, 100ff.; Aulenbacher 2013; Arruzza u.a. 2019). In der aktuellen Periode wird schon seit Langem von Krisen im Zusammenhang mit sozialer Reproduktion gesprochen: Diese lassen sich nicht nur im Bereich der 'privat' geleisteten Sorgearbeit, sondern auch mit Blick auf transnationale und globale Betreuungsketten ebenso wie im Bereich der öffentlichen Daseinsvorsorge beobachten. Dabei nehmen zum Beispiel finanzielle und zeitliche Ressourcen im 'Privaten' ab und führen zu Lücken der Reproduktion (Winker 2011; Jürgens 2010; Wichterich 2011). Überdies verschärfen sich aber auch die

Bedingungen der (bezahlten) Sorge durch einen Abbau öffentlicher Daseins-
vorsorge sowie durch ihren markteffizienten Umbau in Form von zunehmenden
Privatisierungen, Wettbewerb und Profitorientierung (Madörin 2011; Chorus
2013; Aulenbacher/Dammayr 2014). Hier entstehen nicht nur Mängel der
Versorgung, vielmehr wird auch ein Verlust an Qualität der Sorgeinfrastruk-
turen und -leistungen sichtbar. Zugleich führen die Versuche, entstehende
Lücken zu kompensieren oder trotz widriger Bedingungen eine 'angemessene'
Sorge(arbeit) zu leisten, wiederum zu (subjektiven) Erschöpfungen, Burnout,
Frust oder Überlastungen, etwa bei Beschäftigten in den Krankenhäusern,
Kitas oder Pflegeeinrichtungen sowie in den Familien. Mit dem Begriff *Krise
der sozialen Reproduktion* meinen wir folglich eine Gefährdung reproduktiver
Ressourcen der Subjekte auf der einen, sowie einen gesamtgesellschaftlichen
Mangel der Versorgung auf der anderen Seite.

Darüber hinaus ist jedoch eine dritte Dimension der Krise sozialer Reproduktion wichtig, die nicht in den Beschreibungen von Zerstörungen menschlicher
Ressourcen und der gesellschaftlichen Fürsorglichkeit aufgeht. Als „Krise vergeschlechtlichter Gewohnheiten" beschreibt diese dritte Dimension Widersprüche,
die entstehen, weil die gesellschaftlichen Transformationen sozialer Reproduktionsverhältnisse die Menschen zu einer Veränderung ihrer (vergeschlechtlichten)
Alltagspraxen, Routinen und (Selbst-)Verständnisse zwingen. Dies wird über
ökonomischen Zwang ebenso wie über politisch-ideologische Regulierungen
vermittelt und zeigt sich etwa darin, dass bisher praktizierte Formen der Sorge
unmöglich gemacht, aber auch politisch abgewertet werden, womit neue Widersprüche und Krisen entstehen. Krisen der sozialen Reproduktion sind heute
demnach nicht nur als Mangel an Arbeitskraft in Folge ihrer Erschöpfung oder
als Qualitätsverlust und Mangel der Versorgung zu verstehen. Sie resultieren
auch nicht allein aus gestiegenen Belastungen oder schwindenden Ressourcen,
sondern ebenso aus einem Änderungsdruck auf bis dahin gelebte (vergeschlechtlichte) Subjektivitäten und Lebensweisen. Dieser Druck kann auch dadurch
entstehen, dass andere Lebensweisen angestrebt werden, hierfür aber erst rigide
Bedingungen und staatliche Regulierungen verändert werden müssen – und
diese daher zunächst nur 'schwer' bzw. eben 'krisenhaft' umsetzbar sind. Krise
bezeichnet hier also keinen rein stofflichen Mangel an Arbeitskraft, sondern
vielmehr auch eine Situation, in der Menschen sich nicht anerkannt fühlen,
auch weil ihre Lebensweisen abgewertet scheinen, und in denen sie als (Gegen-)
Reaktion umso hartnäckiger an diesen festzuhalten suchen und aktiv gegen
die Veränderung ihrer Gewohnheiten kämpfen – oder durch erzwungene neue
Praxen und Alltagsroutinen Erschöpfung und Krankheiten erleben.

Gegenwärtig lässt sich dies etwa bei Transformationen im 'Privaten' beobachten: Oft ist das Alleinernährer-Modell finanziell kaum noch zu stemmen und die Subjektivierungsangebote der weiblichen* 'Hausfrau' und des männlichen* 'Ernährers' werden zunehmend abgewertet. Im *dual-breadwinner*-Modell mit berufstätigen Frauen* bleibt jedoch oft unklar, wer die anfallenden reproduktiven Arbeiten übernehmen soll. Zugleich kommt es zu Reaktionen von regressiven Männlichkeiten*, die ihre Routinen und Selbstverständnisse gegen Wandlungen zu verteidigen suchen und alles bekämpfen, was als Neuerung erscheint – etwa erfolgreiche Frauen* oder den Feminismus. Im Zusammenspiel von ökonomischem Druck und politischen Regulierungen entsteht hier Druck auf tradierte (vergeschlechtlichte) Gewohnheiten und (Selbst-)Verständnisse der Menschen und löst in der Folge Widersprüche und Krisen aus.

Auch in der bezahlten Sorgearbeit[1] zeigen sich Krisen der sozialen Reproduktion als Widersprüche in den vergeschlechtlichten Lebensweisen und Subjektivitäten. Etwa dort, wo eine fürsorglich orientierte Pflege in Altenheimen oder Krankenhäusern durch Personalmangel und Zeitdruck nicht nur strukturell unmöglich scheint, sondern auch im Diskurs um Professionalisierung ein pflegerisches Verständnis hochgehalten wird, das dem „Ethos fürsorglicher Praxis" (Kumbruck u.a. 2010) einiger Beschäftigten widerspricht. In Sorgekämpfen für gute Arbeitsbedingungen wehren sich (einige) Pflegekräfte daher nicht nur gegen die eigenen Überlastungen, sondern auch gegen die Abwertung einer ganzheitlich verstandenen und fürsorglichen Pflege, die ihrem beruflichen (Selbst-)Verständnis

---

1   Im Anschluss (und teilweise in Abgrenzung) zum Begriff der sozialen Reproduktion erweitert aktuell auch die Care-Forschung die Perspektive auf Reproduktionsverhältnisse, verschiebt dabei aber teilweise die theoretischen Leitfragen. So wird aus der Perspektive von Care weniger nach dem Verhältnis von sozialer Reproduktion und kapitalistischer Produktion als vielmehr nach dem Inhalt und den Besonderheiten von Sorge als Tätigkeit gefragt. Care wird folglich als spezifische (fürsorgliche) Praxis in den Fokus gerückt und seine Charakteristika (ethisch und philosophisch) zu bestimmen versucht (vgl. Aulenbacher/Dammayr 2014; Madörin 2011). Soweit wir uns auf den Care- oder Sorgebegriff beziehen, meinen wir demnach die spezifischen (fürsorglichen) Tätigkeiten. Mit dem Begriff der sozialen Reproduktion zielen wir jedoch auf eine andere analytische Perspektive, nämlich jene, die auch und vor allem den Zusammenhang von Reproduktion und Produktion (und nicht so sehr die spezifische Praxis der Sorge) in den Blick nimmt. Der analytische Begriff der sozialen Reproduktion geht aus unserer Perspektive daher nicht nur über den Care-Begriff hinaus – denn soziale Reproduktion meint neben Sorge(arbeit) auch etwa das Wohnen oder die Bildung und Qualifizierung von Menschen –, sondern impliziert vor allem einen anderen (theoretischen) Fokus.

entspricht. Auch hier sind es nicht nur körperliche Erschöpfungen und Lücken der Versorgung, die aus den Verschiebungen sozialer Reproduktionsverhältnisse resultieren. Es sind vielmehr die vergeschlechtlichten Gewohnheiten, Alltagspraxen und (Selbst-)Verständnisse der Subjekte selbst, die umgearbeitet werden (sollen), und deren Umarbeitung zu Krisen führt (vgl. Dück 2018).

Diese Dimensionen der Krise sozialer Reproduktion sind nicht zu verstehen, wenn Krise nur als Zerstörung menschlich-reproduktiver Ressourcen oder der gesellschaftlichen Fürsorglichkeit verstanden wird. Sie werden erst in einem Krisenbegriff sichtbar, der darüber hinaus auch Widersprüche in den vergeschlechtlichten Lebensweisen und Subjektivitäten in den Blick nehmen kann. Die Krise der sozialen Reproduktion umfasst also *stoffliche* ebenso wie *soziale* Dimensionen; sie kann eine Krise der physischen, generativen und qualifikatorischen wie auch der subjektivierenden Reproduktion von Menschen sein. In der gegenwärtigen neoliberalen Transformation der sozialen Reproduktionsverhältnisse lassen sich alle diese Krisenerscheinungen beobachten, es handelt sich also um eine multidimensionale Krise der sozialen Reproduktion.

Diese multidimensionale Krise ist auch ein Ausgangspunkt für Unternehmensstrategien digitaler Plattformen. Dieses Geschäftsmodell dringt mittlerweile in alle Bereiche der gesellschaftlichen Arbeitsteilung vor und gewinnt auch im Bereich der sozialen Reproduktion an Bedeutung.

Plattformkapitalismus

Den von Nick Srnicek (2018) geprägten Begriff des *Plattformkapitalismus* nutzen wir, um eine Perspektive auf die umfassenden Transformationsprozesse des globalen Kapitalismus in den letzten Dekaden zu entwickeln, deren Resultat – neben vielen anderen Dingen – der Aufstieg einer spezifischen Unternehmensform ist: der Plattform. Dabei ist wichtig zu betonen, dass diese Veränderungen sehr viel mit der rasanten Entwicklung und Verbreitung digitaler Technologien zu tun haben, aber keinesfalls allein auf diese zurückzuführen sind. Die vielschichtigen, spätestens mit der Krise des Fordismus beginnenden Transformationsprozesse, die sich insbesondere in Tendenzen wie der Flexibilisierung der Arbeitswelt und der Finanzialisierung ausdrücken, gehören ebenso zur Vorgeschichte von Plattformen wie Uber, Facebook oder Amazon wie der tiefgreifende Wandel von Arbeit und Leben durch die Digitalisierung.

Wie der Beitrag von Moritz Altenried weiter ausführt, zielen wir mit dem Begriff des Plattformkapitalismus nicht auf eine Definition des Begriffs Plattform oder einer Kategorisierung der sehr heterogenen Plattformunternehmen – mit

Blick auf Amazon, Google, Uber, Facebook, Helpling oder Deliveroo lässt sich heute schließlich eine Vielzahl an Plattformen mit sehr unterschiedlichen Geschäftsfeldern und -praktiken beobachten. Jenseits dieser Heterogenität lässt sich aber eine gemeinsame Logik und Tendenz dieser Unternehmen beschreiben. Dabei geht es uns um die Charakterisierung einer Strategie, eines Geschäfts- oder sogar Akkumulationsmodells, in dessen Kern der Versuch steht, Plattformen zu unverzichtbaren Infrastrukturen des Alltagslebens zu machen. Diese Tendenz und strategische Orientierung lässt sich am Beispiel Amazon besonders gut erkennen: Die Verkaufsplattform des Unternehmens ist mit ihrem globalen Logistiksystem mittlerweile für Millionen von Menschen zu einer zentralen Infrastruktur des alltäglichen Lebens geworden, die fast alle denkbaren Güter an die Haustüre liefert. Für die Produzenten vieler Waren ist die Nichtteilnahme am Marktplatz von Amazon kaum noch eine Option, zu groß ist die Marktmacht des Unternehmens inzwischen. Gleichzeitig dringt das Unternehmen in immer neue Geschäftsfelder vor. Vom Betrieb einer Crowdwork-Plattform oder der Entwicklung von Cloud-Computing-Software bis hin zur Expansion in die Bereiche Gesundheit, Videospiele, Musik oder das „Smart Home" sowie dem Betreiben von Datenzentren: Amazon hat sich tief in die politische Ökonomie der Gegenwart eingeschrieben (vgl. Alimahomed-Wilson/Reese 2020). Die Logik der *Plattformisierung* entwickelt ihre Bedeutung also weit über den abgegrenzten Bereich einer „Plattformökonomie" hinaus. Logik und Strategie der Plattform sind zunehmend zu zentralen Elementen der politischen Ökonomie der Digitalisierung geworden und breiten sich derzeit dynamisch aus. Dementsprechend zielt unsere Verwendung des Begriffs Plattformkapitalismus auf ein Verständnis dieser umfassenden Transformationsprozesse des gegenwärtigen Kapitalismus.

Elementarer Bestandteil der Strategie der meisten Plattformen ist der Versuch, Risiken und Folgekosten zu externalisieren und auf andere Akteure abzuwälzen. Im Falle von Arbeitsplattformen wie Uber oder Helpling, die sich zentral mit der Organisation und Vermittlung von Arbeit befassen (dieser Plattformtyp wird auch unter dem Stichwort der *Gig Economy* diskutiert, vgl. Woodcock/Graham 2019), betrifft diese Externalisierung in erster Linie die Arbeiter*innenschaft selbst. Die oft solo-selbstständigen Arbeiter*innen der Plattformen verfügen kaum über soziale Absicherung und stehen deswegen Unfällen, Krankheiten, aber auch wegbrechenden Aufträgen, etwa im Zuge der Corona-Pandemie, weitgehend schutzlos gegenüber. Um diese Form der prekären Arbeit in der Gig Economy haben sich in vielen Ländern Arbeitskonflikte entwickelt, die immer stärker gesellschaftliche Aushandlungsräume über die Zukunft der (digitalen) Arbeit eröffnen. Diese Konflikte sind über die Gig Economy hinaus von Bedeutung, auch weil Plattformarbeit als ein Labor flexibilisierter und digitalisierter Arbeit zu betrachten ist. Ein Blick auf die oft mehrheitlich migrantischen Belegschaften der Plattformen von Uber, Deliveroo oder Helpling wiederum macht die lange Geschichte prekärer und flexibler Arbeit sichtbar, die nicht zuletzt auch die Geschichte migrantischer und feminisierter Arbeit ist. Gerade im Zusammentreffen dieser Geschichte und Gegenwart von Prekarisierungs- und Flexibilisierungsstrategien sowie der Effizienz digitaler Technologien und algorithmischen Managements liegt die gesellschaftliche Sprengkraft von Plattformarbeit (Altenried 2017; Altenried et al. 2020a). Die Gig Economy macht nur einen Teil der umfassenden Plattformisierungstendenzen in Ökonomie und Gesellschaft aus. Für den Bereich der sozialen Reproduktion ist sie aber besonders relevant, wie sich im Laufe des Bandes zeigen wird.

Zwischen dem Aufstieg digitaler Plattform(arbeit)en und Krisen der sozialen Reproduktion

Digitale Plattformen spielen eine zunehmend wichtige Rolle im Kontext der Krise der sozialen Reproduktion, so die diesem Band zugrunde liegende These. Doch welche der zuvor skizzierten Dimensionen der Krise werden von Plattformunternehmen adressiert, und mit welchen Strategien knüpfen sie daran an? Was bieten sie Auftraggeber*innen (Privatkunden wie Unternehmen) einerseits und Arbeiter*innen andererseits, und mit welchen Strategien stellen sie ihre Angebote dabei als Lösung für sozial-reproduktive Krisen dar? Was macht diese Angebote wiederum für die Nutzer*innen der Plattformen attraktiv? Welche Bedürfnisse, Motivationen und Interessen verbinden diese mit digitalen (Arbeits)plattformen? Lässt sich diese Nutzung auch als eine Form der Krisenbearbeitung verstehen? Um das Verhältnis zwischen dem Aufstieg digitaler Plattform(arbeit)en und Krisen sozialer Reproduktion genauer zu skizzieren, werfen wir im Folgenden einen Blick auf die unterschiedlichen beteiligten Akteure, ihre Interessen und Strategien.

Zunächst wird deutlich, dass Plattformunternehmen mit ihren Geschäftsstrategien an alle zuvor beschriebenen Dimensionen krisenhafter sozialer Reproduktion anknüpfen: die *Erschöpfung* der Subjekte, den *Mangel an Versorgung* ebenso wie die Widersprüche, die sich als *Krisen der vergeschlechtlichten Lebensweisen und Subjektivitäten* der Menschen artikulieren. Die unterschiedlichen Krisenmomente versprechen diverse profitable Geschäftsfelder oder Anwerbestrategien. Dies können etwa durch den Abbau staatlicher Leistungen im Bereich der sozialen Reproduktion entstandene Lücken sein, aber auch Erschöpfungen oder neu entstehende Ansprüche an Arbeit oder Leben. Hier bieten Plattformen auf der einen Seite denen, die es bezahlen können, flexible Dienstleistungen, um Reproduktionslücken zu füllen und Erschöpfungen zu bearbeiten, und auf der anderen Seite Arbeitsverhältnisse, die veränderte Ansprüche an Lohnarbeit bedienen, indem sie Flexibilität und Autonomie versprechen.

Am Beitrag von Franziska Baum und Nadja Kufner (in diesem Band) lässt sich exemplarisch zeigen, wie unterschiedliche Sorgeplattformen wie *Plycoco* oder *Careship* vielfältige Mängel von Pflegearbeit zum Ausgangspunkt ihrer eigenen Tätigkeiten machen. So reagieren sie erstens auf den Mangel an Fachkräften in Pflegeeinrichtungen, ambulanten Diensten und Privathaushalten, indem sie sich Krankenhäusern und Pflegeeinrichtungen gegenüber als flexible Lösung für kurzfristige Personalbedarfe präsentieren. Pflegebedürftigen und pflegenden Angehörigen wiederum versprechen sie individuell zugeschnittene Unterstützungsangebote für Betreuung und Pflege – und antworten somit zweitens auf 'private' Sorgelücken, die etwa entstehen, weil Angehörige keine Zeit haben oder die Pflegeversicherung nicht alle Bedürfnisse abdeckt. Aber auch die Krisen der subjektivierenden Reproduktion, also die Krisen der (vergeschlechtlichten) Gewohnheiten, werden von Plattformen genutzt. Um Pflegekräfte anzuwerben, knüpfen sie zum Beispiel am weit verbreiteten Frust der Arbeitenden (in institutionalisierten Kranken- oder Pflegeeinrichtungen) an, werben mit Versprechen wie Autonomie, Flexibilität oder 'guter Sorge' und bieten sich damit letztlich als bessere Alternative zu den belastenden und abwertenden Arbeitsbedingungen in der Pflegebranche an. So nutzen sie also drittens nicht nur die Erschöpfungen und den Frust derjenigen Pflegekräfte, die sich von den belastenden Arbeitsbedingungen und den anstrengenden Kompensationen der entstehenden Lücken befreien wollen. Sie werben vielmehr auch damit, dass die Pflegenden aufgrund der besseren Arbeitsbedingungen mehr (zeitliche und körperliche) Kapazitäten zur Verfügung hätten, um ihre pflegerischen Praxen und (Selbst-)Verständnisse aufrecht erhalten und damit ihren eigenen Ansprüchen an die Arbeit gerecht werden zu können.

Sorgeplattformen sind allerdings nur ein, wenn auch eindrückliches, Beispiel dafür, wie Plattformunternehmen in die Organisation sozialer Reproduktion eingreifen. Blicken wir auf die Ebene des privaten Haushalts, lassen sich, wie bereits einleitend skizziert, eine Vielzahl von Plattformen beobachten, die die unterschiedlichsten Tätigkeiten zur Erleichterung reproduktiver Arbeit anbieten: von Putzhilfe, Haushaltshilfe, Kinderbetreuung, Nachhilfe, Tierbetreuung bis hin zu Lebensmittel- und Essenslieferung. Während viele dieser Tätigkeiten bisher entweder von den Haushalten selbst getragen oder aber informell über soziale Netzwerke, Nachbarschaften oder das klassische Schwarze Brett vermittelt wurden, setzen profitorientierte und oft global operierende digitale Plattformen wie Helpling oder Care.com diese Tätigkeiten auf neue Weise in Wert. Ihr Angebot richtet sich einerseits an finanzstarke Haushalte, andererseits aber zunehmend nicht mehr nur an diejenigen sozialen Klassen, die sich eine Auslagerung ihrer Reproduktion ohnehin leisten können. Für eine wachsende Zahl prekär Beschäftigter mit knappem Haushaltseinkommen soll plattformbasierte Reproduktion ebenfalls erschwinglich werden (siehe dazu Ursula Huws in diesem Band). Die Krisenbearbeitung mithilfe digitaler Plattformen nimmt hier also die Form eines individualisierten Angebots flexibler Reproduktionsarbeit für die Erschöpften an.

Zugleich werden über diese Angebote auch die (vergeschlechtlichten) Lebensweisen und (Selbst-)Verständnisse von Menschen verändert: Denn per App lässt sich in kürzester Zeit nicht nur die Wohnung wieder in Schuss bringen, sondern auch das Essen für die Abendgesellschaft liefern – wenn es doch mal wieder länger gedauert hat, weil es auf der Arbeit 'brennt'. Eine Arbeitsverdichtung findet hier nicht nur in den Bereichen des Lohnverhältnisses statt (wie viele Studien bereits analysiert haben), verdichtet werden auch die Aktivitäten der Frei-, Familien- oder Erholungszeiten und somit der sozialen Reproduktion. Die Erschöpften werden also nicht nur entlastet, sie entwickeln auch neue Gewohnheiten der Lebensführung und des eigenen Selbstbildes. Daran anschließend greifen Plattformen nicht nur in klassische Bereiche sozialer Reproduktion ein, wie der Sorgearbeit, sondern tragen zu einer Kommodifizierung immer weiterer Felder bei, die aus dem 'privaten' Bereich familiärer Zuständigkeit verschoben werden.

Doch was passiert mit denjenigen, die sich diese Angebote nicht leisten können? Sie müssen Lohnarbeit und unbezahlte reproduktive Arbeit unter noch größerem Druck miteinander verbinden – und auch hier versuchen Plattformen, Angebote zu schaffen. Ein Beispiel dafür sind solche Plattformen der Gig Economy, die digitale Arbeit an Menschen vor ihren heimischen Computern vermitteln – sogenanntes Crowdwork. Dabei handelt es sich um eine neue Form der „digitalen Heimarbeit" (Wallis/Altenried 2018), die insbesondere Menschen entgegenkommt, die aufgrund von Sorgeverpflichtungen, oder aus zahlreichen anderen Gründen, wie etwa körperlichen Beeinträchtigungen, auf die eine oder andere Art und Weise 'immobil', also an ihr Zuhause gebunden sind (siehe dazu Wiebke Frieß und Iris Nowak in diesem Band). Zudem zielt Crowdwork auf diejenigen, die das Home Office bevorzugen, um mehr Zeit mit der Familie verbringen zu können oder lange Pendelzeiten zu reduzieren. Viele Crowdworker*innen verbinden ihre Plattformarbeit mit Sorgetätigkeiten und versuchen, zusätzliches Einkommen für sich selbst oder ihren Haushalt zu erwirtschaften – darunter, nicht überraschend, auch zahlreiche Frauen* (vgl. z.B. Berg et al. 2018; Altenried 2017).

Auch in diesem Kontext nehmen digitale Plattformen, mehr oder weniger verdeckt, Einfluss auf die Reorganisation der sozialen Reproduktion und der ihr innewohnenden vergeschlechtlichten Arbeitsteilung. Dabei gewinnt Crowdwork insbesondere in solchen Kontexten an Bedeutung, in denen ohnehin kein oder nur ein mangelhaftes öffentliches Gesundheits- oder Rentensystem existiert; in denen der Abbau öffentlich finanzierter sozialer Infrastrukturen, die Privatisierung öffentlicher Daseinsvorsorge und die Externalisierung von Sorgearbeit zunehmen – und präsentiert sich auch hier als ideale Lösung (siehe dazu den Beitrag von Mira Wallis in diesem Band).

Auch hier sind es nicht nur Erschöpfungen oder der Mangel an Versorgungsstrukturen, die als Motivation dafür dienen, das eigene Einkommen über Crowdwork zu bestreiten – es sind auch andere Ansprüche an Familie, Elternschaft oder Flexibilität, an (weniger) Verantwortung, Belastung und Stress im Job oder Reaktionen auf Mobbing durch Kolleg*innen.

Zudem bieten Crowdwork-Plattformen durch ihre niedrigschwelligen Zugangsmöglichkeiten auch denjenigen eine Einkommensmöglichkeit in der globalen digitalen Ökonomie, die mit diversen Hürden auf dem lokalen Arbeitsmarkt konfrontiert und deren Reproduktionsbedingungen dadurch erschwert sind. Es ist daher kein Zufall, dass Migrant*innen, wie in allen Bereichen der Gig Economy, einen großen Teil der Arbeiter*innen ausmachen (vgl. Altenried u.a. 2020b; van Doorn u.a. 2020).

Ihren Auftraggeber*innen wiederum bieten Crowdwork-Plattformen die Lösung spezifischer 'stofflicher' Reproduktionskrisen: Sie versorgen Unternehmen jeglicher Art mit günstiger, flexibel skalierbarer und rund um die Uhr zugänglicher Arbeitskraft. Damit bearbeiten sie nicht nur den (lokalen) Mangel an Arbeitskraft, sondern intervenieren auch in das soziale Verhältnis zwischen Kapital und Arbeit. Denn durch ihren globalen Charakter und ihre digitalen Technologien zur teilautomatisierten Kontrolle von Arbeit können diese Plattformen Arbeiter*innen rund um den Globus in ein Konkurrenzverhältnis zueinander setzen und so den Preis der Arbeit drücken.

Digitale Plattformen als Teil fragmentierter sozialer Reproduktion

Was aber bedeutet all dies für den Zusammenhang von Plattformkapitalismus und der (Bearbeitung der) Krisen der sozialen Reproduktion? Grundsätzlich wird die soziale Reproduktion, wie bereits skizziert, von diversen gesellschaftlichen Akteur*innen bestritten: durch unbezahlte Arbeit im 'Privaten', durch bezahlte Arbeit im Haushalt, aber auch durch staatliche und nichtstaatliche Institutionen und profitorientierte Unternehmen. Die letzten Jahrzehnte zeichnen sich durch dynamische und krisenhafte Verschiebungsprozesse zwischen diesen Bereichen aus, Verschiebungen, die zum Beispiel durch die Transformation des Sozialstaats und Austeritätspolitiken, aber auch durch eine erhöhte Erwerbsbeteiligung von Frauen* und viele weitere Faktoren vorangetrieben werden.

Mit digitalen Plattformen treten nun neue profitorientierte Akteure in diesen Sektor ein. Teilweise formalisieren diese Plattformen Tätigkeiten, die zuvor informell organisiert waren – zum Beispiel, indem die Putzkraft nun über Helpling gebucht und nicht mehr über Nachbar*innen vermittelt wird – und schöpfen hier zugleich einen Mehrwert ab. Andere Plattformen bieten Arbeiten, die zuvor staatlich oder privat geleistet wurden, nunmehr als bezahlte Dienstleistungen an. Wieder andere intervenieren eher indirekt, indem sie zum Beispiel Frauen* mit Sorgeverpflichtungen die flexible Teilnahme an Lohnarbeit ermöglichen. An diesen Beispielen zeigt sich bereits: Es ist nicht einfach, die Auswirkungen von digitalen Plattformen auf die Krise der sozialen Reproduktion auf den Punkt zu bringen.

Deutlich ist aber, dass die Geschäftsmodelle dieser Plattformen an die zuvor skizzierten Krisenprozesse anknüpfen, sie transformieren und verlagern. So sind Plattformen im Kontext von bereits vorher einsetzenden, weitreichenden (Re-)Privatisierungs- ebenso wie Kommodifizierungsprozessen von Tätigkeiten der sozialen Reproduktion zu verstehen. Eine privatwirtschaftliche Organisation von Tätigkeiten der sozialen Reproduktion führt jedoch fast immer dazu, dass es zu neuen Ungleichheiten und Ausschlüssen, zu einem Verlust demokratischer Kontrolle über zentrale gesellschaftliche Mechanismen sowie zu einer Verschärfung der Arbeitsverhältnisse und zu Qualitätsverlusten innerhalb dieser Bereiche kommt.

Mit Blick auf die Rolle von digitalen Plattformen in diesen Krisenprozessen und Transformationen stellt sich abschließend die Frage, ob sich dennoch ein neues Reproduktionsmodell abzuzeichnen beginnt und welche Rolle digitale Plattformen hier spielen.

Soziale Reproduktion basiert offensichtlich nicht länger auf nur einem dominierenden Modell – wie etwa jenem der Hausfrau-Alleinernährer-Ehe mitsamt ihrer vergeschlechtlichten Arbeitsteilung. Stattdessen zeichnen sich unterschiedliche Formen der (vergeschlechtlichten und rassifizierten) Arbeitsteilung ab, die etwa abhängig sind von den finanziellen Möglichkeiten der Haushalte, reproduktive Tätigkeiten auszulagern. Diese Prozesse führen vor allem im Fall eher gut verdienender Haushalte in Vollzeit-Lohnarbeit (sowohl *single-* als auch *dual-breadwinner* Haushalte) zu einer Kommodifizierung und Vertiefung der gesellschaftlichen Arbeitsteilung, indem reproduktive Dienstleistungen, etwa über Plattformen, eingekauft werden. In anderen Fällen, insbesondere wenn reproduktive Dienstleistungen nicht erschwinglich sind, kommt es zu (Re-)Privatisierungstendenzen.

Zudem scheint soziale Reproduktion gegenwärtig weit weniger stabil als noch zu fordistischen Zeiten. Krisen werden zwar einerseits bearbeitet, andererseits entstehen jedoch auch neue Widersprüche. So etwa wenn einerseits die Erschöpften durch Dienstleistungen entlastet, wenn Arbeitsfrust durch das Versprechen von Flexibilität und Autonomie abgefedert oder ein Mangel an Versorgung durch zusätzliche Sorgeangebote auf Plattformen ausgeglichen werden können, jedoch andererseits auch neue Überlastungen oder Lücken – und somit letztlich wieder krisenhafte Verhältnisse – entstehen. Hiervon gibt uns etwa Lisa Bor in ihrem Beitrag (in diesem Band) zur Plattform Helpling eine Vorstellung, indem sie mit Blick auf die Arbeitsbedingungen von Putzkräften eine „Verlagerung" von Krisen der sozialen Reproduktion diagnostiziert. Nämlich insofern die Krisen auf Ebene der Haushalte zwar mit Hilfe von Plattformarbeit bearbeitet würden, dies für die Arbeiter*innen jedoch bedeute, selbst dauerhaft Krisenzustände aushalten zu müssen. Auch in anderen Bereichen der Gig Economy führen die Krisenlösungen der Plattformen zu neuen Krisen für die Subjekte. So bringt etwa das Versprechen zeitlicher und teils auch räumlicher Flexibilität, das für viele Arbeitende die Plattformarbeit attraktiv macht, immer auch gravierende Kosten mit sich. Der Druck der ständigen Verfügbarkeit, verschärfte Unsicherheiten und das Verschwimmen der Grenzen zwischen Arbeit und Freizeit sind nur ein paar Faktoren, die viele Autor*innen in diesem Band benennen.

Mit Blick auf die Tendenzen eines neuen Reproduktionsmodells und dessen Stabilität stellt sich dabei allerdings die Frage, inwiefern diese neuen Krisen von den Subjekten überhaupt als solche erfahren werden – oder ob bereits eine weitgehende *Normalisierung* sozial-reproduktiver krisenhafter Zustände stattgefunden hat. So lässt sich die Attraktivität digitaler Plattformen auf Seiten der Arbeitenden, auch das zeigen die Beiträge in diesem Band, nicht wirklich verstehen, wenn die Bedürfnisse von Menschen, etwa nach Flexibilität und Alternativen gegenüber 'traditionellen' Formen der Beschäftigung, nicht ernsthaft untersucht werden. Die Entscheidung für Plattformarbeit lässt sich meist nicht als rein ökonomische Notwendigkeit begreifen, sondern ist immer verknüpft mit unterschiedlichen Motivationen und Bedürfnissen der Subjekte, ihren Vorstellungen von Arbeit und Leben und ihren Ansprüchen an Erwerbsarbeit. Hier könnte es beispielsweise sein, dass bestimmte krisenhafte Verhältnisse der Lohnarbeit von den Subjekten aufgrund des von Plattformen versprochenen Flexibilitäts- und Freiheitsgewinns mit Blick auf andere Prioritäten der Lebensweisen nicht nur ausgehalten, sondern eben gar nicht erst als krisenhaft erfahren werden.

Nicht nur die Normalisierungen krisenhafter Verhältnisse könnten jedoch für die These eines 'neuen' Reproduktionsmodells sprechen. Auch der Eindruck, dass es aufgrund der Pluralisierung vergeschlechtlichter sozialer Reproduktionsverhältnisse aktuell schwieriger erscheint, Kritik und gesellschaftliche Widerstände zu bündeln und Forderungen zu formulieren, ist in diesem Zusammenhang relevant. Dies verweist zwar nicht auf eine 'aktive Zustimmung' (vgl. Gramsci 1991, 101ff.) zur gegenwärtigen Organisation sozialer Reproduktion, könnte aber dennoch dazu beitragen, dass diese zumindest hingenommen wird. Auf der anderen Seite gibt es zumindest stellenweise wichtige und intensive Auseinandersetzungen um Fragen der sozialen Reproduktion (man denke an die Kämpfe in den Krankenhäusern, aber auch die Erfolge der feministischen Bewegungen) und ebenso in Bezug auf digitale Plattformen. In diesem Bereich hat darüber hinaus auch ein wichtiger und zukunftsweisender Prozess des Experimentierens mit alternativen, gemeinwohlorientierten Plattformen begonnen (dem sich Jonas Pentzien in diesem Band widmet). Gerade angesichts solcher ambivalenter Prozesse zwischen Normalisierung auf der einen sowie gesellschaftlichen Kämpfen und dynamischer Transformation auf der anderen Seite scheint es uns wichtig, zu untersuchen, wo und wie sich gesellschaftliche Kämpfe formieren und Erfolge erzielen können.

Zu den Beiträgen

Der erste Teil des Bandes versucht, einen konzeptionellen Rahmen zur Erforschung des Zusammenhangs zwischen der Krise der sozialen Reproduktion und dem Aufstieg digitaler Plattformen bereitzustellen. Julia Dück entwickelt in ihrem begriffs- und gesellschaftstheoretischen Beitrag *Mehr als Erschöpfungen im Hamsterrad – Soziale Reproduktion und ihre Krise(n)* eine erweiterte analytische Perspektive auf die soziale Reproduktion und ihre Krisenhaftigkeit. Dabei arbeitet sie, mit Seitenblick auf die Krankenhauskämpfe der letzten Jahre, die drei bereits oben beschrieben zentralen Dimensionen der Krise der sozialen Reproduktion heraus.

Moritz Altenried stellt sich in seinem Beitrag die Frage „*Was ist eine Plattform?*" und diskutiert die *Politische Ökonomie und Arbeit im Plattformkapitalismus*. Dabei analysiert er Logik und Strategie des Geschäftsmodells der Plattformen und verortet sie in der gegenwärtigen Transformation des Kapitalismus. Der zweite Schwerpunkt des Beitrags widmet sich dann Geschichte und Gegenwart der

Plattformarbeit, also der sogenannten Gig Economy, und arbeitet die zentralen Charakteristika dieses Modells kontingenter Arbeit heraus.

Ursula Huws wiederum, die seit vielen Jahren wichtige Forschung zum Nexus von vergeschlechtlichter Arbeit(steilung) und digitaler Technologie leistet, wirft in ihrem Beitrag *Der Ärger mit dem Haushalt: Digitalisierung und Kommodifizierung von Hausarbeit* einen Blick auf die Rolle digitaler Technologien bei der Transformation der Hausarbeit seit den 1970er Jahren. Dabei veranschaulicht sie, wie sich reproduktive Arbeit parallel zur Entwicklung des Kapitalismus mit aufeinanderfolgenden Wellen von Kommodifizierung, Dekommodifizierung und Rekommodifizierung sowie verbunden mit dem technologischen Wandel verändert hat. Ihr Beitrag bieten einen Analyserahmen, um zu beschreiben, wie diese Prozesse sowohl zur Entstehung neuer Arten der Lohnarbeit beigetragen als auch Inhalt und Organisation der unbezahlten Hausarbeit transformiert haben.

Der nächste Teil des Bandes widmet sich Räumen und Räumlichkeiten der sozialen Reproduktion und ihren spezifischen Dynamiken von Geschlecht, Öffentlichkeit/Privatheit, Wohnen, Arbeit und Sorge. An Ursula Huws' Beitrag anschließend, beschäftigen sich auch Nick Srnicek und Helen Hester in ihrem Beitrag *Zuhause im Plattformkapitalismus* mit der Rolle digitaler Technologie beim Wandel von Hausarbeit. Ihr Fokus liegt auf sogenannten Smart-Home-Geräten und der Frage, inwiefern diese überhaupt die Bedürfnisse von unbezahlten Reproduktionsarbeiter*innen im Haushalt erfüllen. Der Artikel verortet das Smart Home in der Geschichte von Haushaltsgeräten und ihren (mangelnden) Auswirkungen auf die im Haushalt verausgabte Arbeitszeit einerseits und in einem vom gegenwärtigen Plattformkapitalismus vorangetriebenen Markt andererseits.

Yannick Ecker, Marcella Rowek und Anke Strüver widmen sich unter dem Titel *Care on Demand: Geschlechternormierte Arbeits- und Raumstrukturen in der plattformbasierten Sorgearbeit* der Bedeutung einer spezifischer Form ortsgebundener Plattformarbeit und gehen durch eine Betrachtung ihrer Vergeschlechtlichung und Verräumlichung den Gründen der mangelnden Anerkennung und Aufmerksamkeit für diese Arbeit nach. Die Etablierung plattformbasierter Sorgearbeit, so ihre These, vollzieht sich als Teilprozess eines *Plattform-Urbanismus*, der bestehende geschlechternormierte Alltags- und dualistische Raumnutzungsstrukturen manifestiert. Care-Plattformen böten daher keine systematische und politisierende Lösung für die Krise der sozialen Reproduktion, sondern stellten eine weitere individualisierte, privatisierte und ökonomisierte Herangehensweise dar.

Auch Rabea Berfelde zeigt, wie Plattformen die gegenwärtige Krisenhaftigkeit sozial-reproduktiver Verhältnisse nutzen, um ihr Geschäftsmodell als eine individualisierte Lösung für Prekarität anzubieten. Empirisches Untersuchungsfeld ihres Beitrags mit dem Titel *Das Reproduktionsmodell von Airbnb: Wohnraum 'teilen' im Kontext krisenhafter sozial-reproduktiver Verhältnisse* ist eine essenzielle Infrastruktur sozialer Reproduktion: der private Wohnraum. In ihrem Beitrag arbeitet sie heraus, wie die Plattform Airbnb ein spezifisches Reproduktionsmodell popularisiert, das ermöglicht, einen Teil des privaten Wohnraums als ein Vermögen zu begreifen, das als Versicherung in unsicheren Lebenslagen funktionieren kann. Ihr Artikel veranschaulicht, welche Rolle prekäre Arbeits- und Lebensbedingungen für die Motivation spielen, Wohnraum als Dienstleistung über diese Plattform anzubieten. Zugleich verortet sie sowohl den Aufstieg digitaler Plattformen als auch die Krise sozialer Reproduktion in der Entwicklung eines finanzialisierten Kapitalismus, der Geschäftsmodellen wie Airbnb einen Nährboden bereitet hat.

Die Beiträge im dritten Teil des Bandes beschäftigen sich mit der Organisation und Vermittlung von Reproduktionsarbeit über digitale Plattformen. Diesen Teil eröffnet ein Beitrag mit dem Titel *Helpling hilft nicht – Zur Auslagerung von Hausarbeit über digitale Plattformen.* Anhand ihrer empirischen Forschung und auf Grundlage einer feministischen Theoretisierung untersucht Lisa Bor die Plattform Helpling, die solo-selbstständige Putzkräfte vor allem in Privathaushalte vermittelt. Mit Blick auf das Geschäftsmodell der Plattform und den Arbeitsalltag der Putzkräfte liefert sie einen eindrucksvollen Einblick in die Dynamiken plattformvermittelter Reproduktionsarbeit.

Einen anderen Bereich der über Plattformen organisierten Reproduktionsarbeit nehmen Franziska Baum und Nadja Kufner in den Blick. Ihr Beitrag *Widersprüchliche Subjektivierung in der Care-Gigwork. Eine Charakterisierung von Care-Arbeitskraftunternehmer:innen* widmet sich dem Sektor der Pflege. Dieser Bereich zeichnet sich, anders als viele andere Bereiche der Gig Economy, durch einen Mangel an qualifizierten Arbeitskräften aus. Dieser Mangel erlaubt es den Pfleger*innen teilweise, die Plattformen zu nutzen, um ihre Arbeitsbedingungen gegenüber festangestellter Pflegearbeit zu verbessern. Baum und Kufner analysieren Gigwork auf Pflegeplattformen sowohl als Zeichen einer Vermarktlichungstendenz des Sektors wie auch als Möglichkeit des Autonomiegewinns der Pflegearbeiter*innen, deren Subjektivierung als selbstständige Arbeitskraftunternehmer*innen sie besondere Aufmerksamkeit widmen.

Einem dritten wichtigen Feld der sozialen Reproduktion, nämlich der Zubereitung und Verteilung von Nahrung, widmet sich Simiran Lalvani in ihrem Beitrag *Geschlechterverträge bei App-basierten Essenslieferdiensten. Eine Untersuchung sozialer Reproduktion durch Nahrungsversorgung in Mumbai.* Wer kocht, was gekocht wird und wo wer und mit wem isst – all das wird über strikte Normen des Essens geregelt, die auf Geschlecht, Kaste, Klasse, Religion und Region beruhen, konstatiert Lalvani. Sie widmet sich dann der Frage, wie diese Arrangements durch App-basierte Lieferdienste in Bewegung gebracht werden. Der Ort ihrer Untersuchung, Mumbai, verweist implizit auch auf die überwiegend europäisch-nordamerikanische Perspektive von Theorie und Empirie dieses Bandes – eine Leerstelle, die gerade mit Blick auf die globale Dimension und Dynamik des Plattformkapitalismus sowie Krisen und Kämpfen um die soziale Reproduktion umso bedeutender ist.

Nach diesen drei Beiträgen mit empirischem Schwerpunkt nähert sich Vicky Kluzik der Plattformarbeit wieder aus einer stärker theoretischen Perspektive. In ihrem Beitrag *Zur Aktualisierung von „Flexploitation": Sorge, Prekarität und digitale Plattformen* untersucht sie, wie asymmetrische Machtverhältnisse sowie Prekarität und Prekarisierung über digitale Plattformen verhandelt werden und welche Rolle Care-Plattformen dabei einnehmen. Ihre Perspektive auf die Platt-formisierung von Sorge entwickelt sie dabei mithilfe des Rückgriffs auf Pierre Bourdieus Begriff der Flexploitation sowie auf die verschiedenen Dimensionen der Prekarität und ihren Implikationen für die soziale Reproduktion.

Der vierte Teil des Bandes widmet sich Arbeitsplattformen, die zwar keine bezahlten reproduktiven Tätigkeiten im engeren Sinne vermitteln, aber dennoch in das Feld der sozialen Reproduktion eingreifen. Es geht um Crowdwork-Plattformen, die oftmals kleinteilige Aufgaben an über den Globus verteilte Arbeiter*innen auslagern, die wiederum in den meisten Fällen ihr privates Zuhause als Arbeitsplatz nutzen.

So beschreibt Mira Wallis in ihrem Beitrag *Digitale Arbeit und soziale Reproduktion: Crowdwork in Deutschland und Rumänien* Crowdwork als eine neue Form digitaler Heimarbeit. Neben einer Untersuchung der diversen Motivationen für Crowdwork wirft sie einen Blick auf den konkreten Arbeitsalltag und fragt, wie die Arbeitenden die unterschiedlichen Räumlichkeiten und Zeitlichkeiten navigieren, die durch die Arbeit auf einer globalen digitalen Plattform vom privaten Zuhause aus entstehen. Abschließend stellt sie die These auf, dass das derzeitige Geschäftsmodell von Crowdwork-Plattformen auf zentrale Weise auf der Über-lappung von Zuhause und Arbeitsplatz beruht, da nur so der flexible Zugriff auf die Zeitressourcen der Arbeitenden organisiert und die Kosten der Reproduktion der Arbeitskraft gesenkt werden können. Dabei bezögen die Plattformen unterschiedlich gelagerte Formen von Immobilität und Prekarität auf Seiten der Arbeitenden ebenso in ihre Anwerbestrategien mit ein wie deren Wünsche nach Flexibilität und Vereinbarkeit von Lohnarbeit und reproduktiven Tätigkeiten.

Wiebke Frieß und Iris Nowak wiederum beschäftigten sich in ihrem Beitrag mit dem Titel *Menschen mit Beeinträchtigungen als Crowdworker_innen – Inklusion* *in die Prekarität?* mit einer spezifischen Gruppe von Crowdworker*innen, denen diese Form der Arbeit einen (prekären) Zugang zu Erwerbsarbeit ermöglicht. In ihrem Beitrag verorten sie die aktuelle Situation von Menschen mit Beeinträchtigungen in Diskursen zur Krise der sozialen Reproduktion und zeigen, dass für diese Gruppe von „Dauerkrisen der Reproduktion" ausgegangen werden kann. In diesem Kontext verorten sie Crowdwork in einem Spannungsfeld zwischen neuen Chancen und veränderten Formen des Ausschlusses und reflektieren die Ambivalenzen und Widersprüche gegenwärtiger Entwicklungen, um schließlich Anregungen zu geben, wie die Inklusion von Menschen mit Beeinträchtigungen in der Crowdwork-Forschung kritisch einzubeziehen wäre.

Im letzten Teil des Bandes widmet sich Jonas Pentzien Alternativen und Gegenentwürfen zur kommerziellen Nutzung von Plattformen. In seinem Beitrag *Vom Plattform-Kapitalismus zum Plattform-Kooperativismus? Potenziale und Grenzen kooperativer Unternehmungen in der Plattformökonomie* liefert er einen Überblick über die globale Bewegung des Plattform-Kooperativismus und gibt eine Einschätzung der Erfolgschancen und -bedingungen gemeinwohlorientierter Plattformen.

Danksagung

Ein Teil der Beiträge geht aus einem von uns organisierten Workshop mit dem gleichnamigen Titel „Plattformkapitalismus und die Krise der sozialen Reproduktion" hervor, der am 11. Oktober 2019 in der Rosa-Luxemburg-Stiftung Berlin stattfand. Wir bedanken uns an dieser Stelle ganz herzlich bei allen Vortragenden und Teilnehmenden für die spannenden und fruchtbaren Diskussionen während des Workshops. Darüber hinaus geht unser Dank an Till Kadritzke für ein großartiges Lektorat und Felix Kurz für die sorgfältige Übersetzung einiger englischsprachiger Texte. Dem Verlag Westfälisches Dampfboot und der Rosa-Luxemburg-Stiftung danken wir für ihr Interesse an der Veröffentlichung, das Vertrauen und die Unterstützung. Darüber hinaus möchten sich Mira Wallis und Moritz Altenried bei ihren Kolleg*innen Manuela Bojadžijev, Stefania Animento und Valentin Niebler aus den Forschungsprojekten „Digitalisierung von Arbeit und Migration"[2] sowie „Platform Labour in Urban Spaces" (PLUS)[3] für die inspirierende gemeinsame empirische wie theoretische Arbeit bedanken, aus der

---

2   Gefördert durch die Deutsche Forschungsgemeinschaft (DFG), Fördernummer 398798988.

3   Gefördert durch das Horizon2020-Programm der Europäischen Kommission, grant agreement no. 822638.

die Beschäftigung mit den Themen dieses Sammelbandes auch hervorgegangen ist und die den Prozess begleitet hat.

Literatur

Alimahomed-Wilson, Jake/Reese, Ellen, 2020: *The Cost of Free Shipping: Amazon in the Global Economy*. London.

Altenried, Moritz, 2017: *Die Plattform als Fabrik. Crowdwork, Digitaler Taylorismus und die Vervielfältigung der Arbeit*. PROKLA. Zeitschrift für kritische Sozialwissenschaft. 47. Jg., Heft 2, 175–192.

Altenried, Moritz/Macannuco, Jude/Niebler, Valentin, 2020a: *Platform Labour: Contingent Histories and New Technologies*. Soft Power. 7. Jg., Heft 1, 255–265.

Altenried, Moritz/Bojadžijev, Manuela/Wallis, Mira, 2020b: *Platform Im/mobilities: Migration and the Gig Economy in Times of Covid-19*. Migration & (Im)Mobility Magazine. Heft 10. https://www.routedmagazine.com/platform-immobilities [20. Oktober 2020].

Althusser, Louis, 2012: *Ideologie und ideologische Staatsapparate*. 2. Halbband. Hamburg.

Arruzza, Cinzia/Bhattacharya, Tithi/Fraser, Nancy, 2019: *Feminismus für die 99%. Ein Manifest*. Berlin.

Aulenbacher, Brigitte, 2013: *Ökonomie und Sorgearbeit. Herrschaftslogiken, Arbeitsteilungen und Grenzziehungen im Gegenwartskapitalismus*. In: Appelt, Erna/Aulenbacher, Brigitte/Wetterer, Angelika (Hg.): Gesellschaft. Feministische Krisendiagnosen. Münster, 105–126.

Aulenbacher, Brigitte/Dammayr, Maria, 2014: *Krisen des Sorgens. Zur herrschaftsförmigen und widerständigen Rationalisierung und Neuverteilung von Sorgearbeit*. In: Dies. (Hg.): Für sich und andere sorgen. Krise und Zukunft von Care in der modernen Gesellschaft. Weinheim/Basel, 65–76.

Berg, Janine/Furrer, Marianne/Harmon, Ellie/Rani, Uma/Silberman, M. Six, 2018: *Digital labour platforms and the future of work. Towards decent work in the online world*. Genf. https://www.ilo.org/wcmsp5/groups/public/---dgreports/---dcomm/---publ/documents/publication/wcms_645337.pdf [3. Dezember 2020].

Chorus, Silke, 2013: *Care-Ökonomie im Postfordismus. Perspektiven einer integralen Ökonomietheorie*. Münster.

Dück, Julia, 2018: *Feministische Klassenpolitiken in Kämpfen um Soziale Reproduktion. Zu den Auseinandersetzungen an der Berliner Charité für mehr Personal im Krankenhaus*. sub/urban. 6. Jg., Heft 1, 129–140. http://www.zeitschrift-suburban.de/sys/index.php/suburban/article/view/343/573 [20. Dezember 2020].

Fraser, Nancy, 2016: *Contradictions of Capital and Care*. New Left Review. Heft 100, 99–117.

Gramsci, Antonio, 1991ff.: *Gefängnishefte. Kritische Gesamtausgabe*. Hrsg. von Haug, Wolfgang Fritz/Bochmann, Klaus. Hamburg.

Jürgens, Kerstin, 2010: *Deutschland in der Reproduktionskrise*. Leviathan. 38. Jg., Heft 4, 559–587.

Kumbruck, Christel/Rumpf, Mechthild/Senghaas-Knobloch, Eva, 2010: *Unsichtbare Pflegearbeit. Fürsorgliche Praxis auf der Suche nach Anerkennung*. Münster.

Madörin, Mascha, 2011: *Das Auseinanderdriften der Produktivitäten: Eine feministische Sicht*. In: Denknetz-Jahrbuch 2011. Zürich, 56–70.

MEW/Marx-Engels-Werke, 1956ff., Band 23: *Das Kapital. Erster Band: Der Produktionsprozess des Kapitals* (zitiert als MEW 23).

Srnicek, Nick, 2018: *Plattform-Kapitalismus*. Hamburg.

Van Doorn, Niels/Ferrari, Fabian/Graham, Mark, 2020: *Migration and Migrant Labour in the Gig Economy: An Intervention*. Working Paper. https://papers.ssrn.com/sol3/papers.cfm?abstract_id=3622589 [20. November 2020].

Wallis, Mira/Altenried, Moritz, 2018: *Zurück in die Zukunft: Digitale Heimarbeit*. Ökologisches Wirtschaften. 33. Jg., Heft 4, 24–26.

Wichterich, Christa, 2011: *Krise der Ernährermännlichkeit und neoliberale Gleichstellung in der Krise*. In: Demirović, Alex/Dück, Julia/Becker, Florian/Bader, Pauline (Hg.): VielfachKrise. Im finanzmarktdominierten Kapitalismus. Hamburg, 129–145.

Winker, Gabriele, 2011: *Soziale Reproduktion in der Krise. Care Revolution als Perspektive*. Das Argument. Heft 292, 333–344.

Woodcock, Jamie/Graham, Mark, 2019: *The Gig Economy: A Critical Introduction*. Cambridge.

Soziale Reproduktion, Digitalisierung und Plattformen – Theoretische Vermessungen

Julia Dück

Mehr als Erschöpfungen im Hamsterrad – Soziale Reproduktion und ihre Krise(n)

Dass wir es gegenwärtig mit tiefgreifenden Krisen rund um die Selbstsorge sowie die Sorge für andere zu tun haben, ist in der feministischen Debatte seit Jahren Konsens. Denn Erschöpfungen der Subjekte, Lücken in der Versorgung oder ein Verlust an Qualität der Sorge werden allerorts als krisenhafte Entwicklungen thematisiert. Diese werden wiederum auf Prozesse wie die Prekarisierung von Arbeit, die Erosion von Ernährerlöhnen, weibliche* Erwerbspartizipation und somit auf entstehende Reproduktionslücken in den Privathaushalten zurückgeführt, sowie auf die Aushöhlung öffentlicher Daseinsvorsorge und eine profitförmige Reorganisation von Sorgearbeit. Als Krise wird dabei zum einen die „verwahrloste Fürsorge" (vgl. Becker-Schmidt 2011) oder eine Zerstörung von Fürsorglichkeit (vgl. Aulenbacher 2013) betrachtet; also eine gesellschaftliche Infragestellung der Besonderheiten von Sorge(arbeit). Zum anderen bestehen Krisen in einem übermäßigen Verschleiß physischer, psychischer und emotionaler Ressourcen der Subjekte (vgl. Jürgens 2010, 561; Winker 2011), einem dicht am reproduktiven Nullpunkt angesiedelten Existenzniveau (Federici 2012, 64) oder darin, dass „[d]ie gegenwärtige neoliberale Form des Kapitalismus [...] unsere kollektiven und individuellen Kapazitäten für die Regenerierung von Menschen" erschöpft (Arruzza u.a. 2019, 94). Die Krise der sozialen Reproduktion meint in den aktuellen Debatten also einerseits eine 'stoffliche' Krise der Menschen – nämlich die Tatsache, dass weder die alltägliche Reproduktion der Subjekte noch ihre Reproduktion auf Ebene der Generationen gegenwärtig gesichert scheint. Mit dem Begriff der Care- oder (Für-)Sorgekrise werden andererseits Situationen bezeichnet, in denen – gemessen an (fürsorge-)ethisch bestimmten Kriterien – nicht (mehr) angemessen Sorge getragen werden kann (vgl. Aulenbacher/Dammayr 2014). Der Krisenbegriff fokussiert also entweder auf die (stoffliche) Zerstörung von Menschen oder auf eine Zerstörung der (angenommenen) Besonderheiten von Care.

Beiden Vorstellungen fehlt aber, so die Ausgangsthese dieses Beitrags, der Blick auf die *politisch-ideologischen* sowie auf die *subjektivierenden* Dimensionen der (Krise der) sozialen Reproduktion. Es fehlt somit ein Verständnis sozialer Reproduktionskrisen, das die gesellschaftlichen Kämpfe sowie die darin handelnden Subjekte nicht als Reaktionen auf Krisenprozesse versteht, sondern sie als Bestandteil von Krisen denkt.

Dies lässt sich etwa anhand der Krisendeutung von Konflikten um Sorge(arbeit) zeigen, wie sie beispielsweise für die Krankenhäuser diskutiert werden: Krankenhäuser zählen nicht nur zu zentralen Feldern der sozialen Reproduktion. Vielmehr haben hier in den letzten Jahren tiefgreifende Veränderungen sowie Kämpfe um diese Transformationen stattgefunden. Die Zunahme von sogenannten Sorgekämpfen (vgl. Artus u.a. 2017), die aktuell in vielen Bereichen der bezahlten Care-Arbeit wie der Assistenz, der Altenpflege oder der Kinderbetreuung stattfinden und zugleich als Ausdruck von Krisen gedeutet werden, ist also nicht zuletzt auf Auseinandersetzungen von Pflegekräften zurückzuführen. Seit mehreren Jahren schon kämpfen die Beschäftigten in den Krankenhäusern für mehr Personal und reagieren damit auf steigende Anforderungen und Zeitdruck in der Arbeit sowie auf eine als mangelhaft empfundene Personalsituation, die zu Erschöpfungen und Lücken der Versorgung führt. Zudem haben viele Beschäftigte den Eindruck, ihren eigenen Ansprüchen an die Arbeit nicht (mehr) gerecht werden zu können (vgl. Dück 2018). Was in Debatten um eine Krise der sozialen Reproduktion oder Care-Krise thematisiert wird, nämlich ebenjene Zerstörungen der Menschen wie der Sorge, machen die Pflegekräfte also ebenfalls sichtbar.

Und doch fehlt in dieser Lesart der Krise, wie sie etwa in der arbeits- und geschlechtersoziologischen sowie gewerkschaftlichen Forschung vertreten wird (vgl. Becker u.a. 2017; Décieux 2017; Aulenbacher/Dammayr 2014), eine wichtige Ebene der Betrachtung. Die Veränderungen der sozialen Reproduktion werden hier vor allem mit Blick auf ihre ökonomische Dimension analysiert – nämlich als Prozesse der Inwertsetzung, Zergliederung und Rationalisierung von Pflege. Die Zunahme von Konflikten wird sodann damit erklärt, dass es in Folge dieser Prozesse zu einer Verletzung des „Ethos fürsorglicher Praxis" (Kumbruck u.a. 2010) von Beschäftigten[1] oder der Besonderheiten von Care kommt. Nicht gefragt wird aber, ob und wie auch dieses Care-Ethos der Beschäftigten und das gesellschaftliche Verständnis von (Für-)Sorge eigenen Transformationen unterworfen sind – und zwar nicht nur, weil diese durch kapitalistische Verwertungsimperative verletzt werden, sondern auch, weil sich derzeit möglicherweise neue Vorstellun-

---

1 Dieses Ethos wird verstanden als eine Haltung, die geprägt ist durch das Wissen um die Sorgebedürftigkeit von Menschen und deren spezifische Bedürfnisse nach Zuwendung sowie durch eine (grundlegende menschliche) Abhängigkeit von Sorge.

gen pflegerischer Arbeit und der (Für-)Sorge (re)etablieren. Anders formuliert: Veränderte Formen der politischen Regulierung und der Subjektivierung werden bisher nur selten und nicht im Hinblick auf ein genaueres Verständnis von Krisen betrachtet. Krisen sind aber keine 'objektiven' Prozesse – sie können vielmehr normalisiert, bearbeitet oder unterschiedlich erfahren werden. Krise und Krisenwahrnehmung lassen sich also nicht trennen.

Was in Debatten um die Krise der sozialen Reproduktion (oder von Care) fehlt, ist also zweierlei: Erstens ist es geboten, die (vergeschlechtlichten) Subjektivitäten und Lebensweisen von Menschen als Bestandteil sozialer Reproduktion und somit auch ihrer möglichen Krisen zu verstehen. Damit ziele ich auf einen Krisenbegriff, der auch das Denken, Handeln und Fühlen der Subjekte umfasst. Zweitens möchte ich das gesellschaftliche Verständnis von Fürsorge (oder Care) als historisch spezifisch und daher als wandelbar konzeptualisieren. In die Krise geraten demnach je spezifische Praxen der Fürsorge und nicht – ontologisch anmutende – Besonderheiten von Care. Mit dem Beitrag ziele ich somit auf einen Krisenbegriff der sozialen Reproduktion, der die stattfindenden Krisen nicht objektivistisch (miss-)versteht, sondern diese im Zusammenhang mit den Gewohnheiten und (Selbst-)Verständnissen der Subjekte sowie den Praxen der (Für-)Sorge denkt.

Hierfür ist zunächst ein Begriff der sozialen Reproduktion vonnöten, der diese auch als subjektivierende Reproduktion von Menschen versteht – oder, um es mit Marx zu formulieren, sie im Rahmen der Reproduktion von Produktions*mitteln* (also der Arbeitskräfte als ausführende Kraft im Produktionsprozess) sowie von Produktions*verhältnissen* (also der Arbeitskräfte als Teil der sozialen Verhältnisse) verortet. Zugleich möchte ich andererseits ein Verständnis von Fürsorge oder Care entwickeln, das diese als historisch spezifische staatliche und zivilgesellschaftliche Praxis und somit als Form der politisch-ideologischen Regulierung denkt. So entwickle ich schließlich einen theoretisch-analytischen Rahmen, mit dem unterschiedliche Dimensionen von Krisen der sozialen Reproduktion in den Blick genommen werden können.

Um die theoretische Perspektive zu verdeutlichen, werde ich exemplarisch immer wieder auf die Veränderungen in der Krankenpflege Bezug nehmen.

Was genau ist nochmal soziale Reproduktion?
Begriffliche Annäherung mit Marx und über ihn hinaus

In theoretischen wie politischen Debatten war und ist der Begriff der sozialen Reproduktion umstritten. Je nach Kontext, historischer Konjunktur und theoretischer Perspektive ist dieser mit unterschiedlichen Bedeutungsgehalten versehen worden. Im folgenden Abschnitt geht es daher nicht um eine Darstellung all dieser Diskussionen. Vielmehr soll zweierlei geleistet werden: Mit Marx werde ich zunächst den Zusammenhang von sozialer Reproduktion und Produktion im Kapitalismus beleuchten sowie unterschiedliche Dimensionen des Begriffs der sozialen Reproduktion erarbeiten. Anschließend betrachte ich feministische Zugänge und Kritiken, die auf der Grundlage seiner Überlegungen eine strukturelle Krisenhaftigkeit von sozialer Reproduktion im Kapitalismus feststellen.

Der Begriff der Reproduktion bezeichnet bei Marx – bezogen auf die gesellschaftliche Reproduktion sowie auf die Reproduktion der Arbeitskraft – sowohl die Reproduktion der Produktionsmittel als auch die Reproduktion der Produktionsverhältnisse. Marx weist mit Blick auf die Voraussetzungen kapitalistischer Produktion also zunächst darauf hin, dass die Produktion von Waren nur in gleichem (oder höherem) Maße stattfinden kann, wenn die während des Produktionsprozesses dieser Waren verbrauchten Mittel in mindestens gleicher Quantität wieder zur Verfügung stehen. Er weist schließlich aber auch darauf hin, dass nicht nur die Reproduktion von Produktionsmitteln, sondern auch die der Produktionsverhältnisse für das 'Gelingen' der gesellschaftlichen Reproduktion relevant ist. Dies umfasst die ökonomischen, politischen und ideologisch-kulturellen Verhältnisse, die den (Re-)Produktionsprozess gewährleisten. Folglich, so möchte ich im Anschluss an die von Marx formulierten Bedingungen zusammenfassen, können kapitalistische Gesellschaften sich nur reproduzieren, wenn sie sowohl ihre *stofflichen* als auch ihre *sozialen* Bedingungen wiederherstellen.

Um Geld in Kapital zu verwandeln, genügt demnach nicht allein das Vorhandensein von Warenproduktion oder die Bereitstellung von Produktionsmitteln. Vielmehr müssen sich überdies erst Besitzende von Produktions- und Lebensmitteln auf der einen und Besitzende von nichts als Arbeitskraft auf der anderen Seite als Käufer*in und Verkäufer*in gegenüberstehen (MEW 23, 594). Der kapitalistische (Re-)Produktionsprozess basiert daher nicht nur auf einer ausreichenden Zahl an Arbeitskräften. Er muss auch sicherstellen, dass sich das *soziale Verhältnis* von Arbeiter*innen und Kapitalist*innen reproduziert. Die Scheidung zwischen dem Arbeitsprodukt und der Arbeit, zwischen den objektiven Arbeitsbedingungen und der subjektiven Arbeitskraft, ist also Grundlage und Ausgangspunkt des kapitalistischen Produktionsprozesses (ebd., 595). In Folge dieser Scheidung schafft die Arbeitskraft im Produktionsprozess zudem einen höheren Wert, als ihr in Geld (oder ihrem Lohn) zurückfließt. Die Arbeitskraft arbeitet somit für den Reichtum eines Anderen.

Der kapitalistische Produktionsprozess ist nach Marx also im doppelten Sinne auf die Arbeitskraft angewiesen: als 'ausführende Kraft' ebenso wie als Ursprung des Mehrwerts. Dies bedeutet einerseits, dass die Arbeitskraft im Prozess der Produktion mehr Wert schafft (und schaffen muss), als für ihre eigene Reproduktion notwendig ist. Andererseits beruht der kapitalistische Produktionsprozess nicht nur auf der menschlichen Arbeitskraft, sondern auch auf ihrer Reproduktion – und dies in verschiedener Hinsicht: So stellt Marx etwa heraus, dass die kapitalistische Produktion, soll sie beständig von Neuem beginnen, auf ausreichend viele Arbeitskräfte angewiesen ist, und somit auch deren *physische* Arbeits- und Leistungsfähigkeit wie ihren *generativen* Ersatz gewährleisten muss. Denn erstens müssen die Menschen nicht nur alltäglich zur Arbeit erscheinen und in der Lage sein, diese auszuführen. Es muss zweitens auch sichergestellt werden, dass bei Krankheit, Verschleiß oder Tod genügend Arbeitskräfte vorhanden sind, um die aus dem Produktionsprozess Scheidenden ersetzen zu können. Überdies weist Marx darauf hin, dass die Arbeitskräfte drittens auch *qualifikatorisch* in der Lage sein müssen, die Maschinen zu bedienen oder die Denkprozesse zu leisten, die notwendig sind, um die kapitalistische Produktion am Laufen zu halten (MEW 23, 186). Die Reproduktion der Arbeitskraft umfasst nach Marx ihre physische, generative und qualifikatorische Reproduktion.

Dies bildet zugleich den Ausgangspunkt für die Bestimmung ihres Wertes – denn dieser löst sich auf in der gesellschaftlich notwendigen Arbeitszeit, die für ihre Reproduktion gebraucht wird (ebd., 184). Der Wert der Arbeitskraft setzt sich folglich aus dem Wert zusammen, der für ihre und die ihrer Kinder notwendige Ernährung, Gesundheit, Wohnung, Heizung oder Kleidung, aber auch für ihre Qualifikation und Bildung benötigt wird. Da die Arbeitskräfte im Prozess kapitalistischer Produktion jedoch mehr Wert schaffen als den ihrer eigenen Reproduktion, zeigt der Wert der Arbeitskraft nicht nur die gesellschaftlich notwendige Arbeitszeit für ihre Reproduktion an, sondern verdeutlicht auch, warum menschliche Arbeitskraft bei Marx als Quelle des Mehrwerts verstanden wird.

(Marxistische) Feminist*innen setzen an diesen Überlegungen von Marx an und teilen mit ihm, dass soziale Reproduktion das für den kapitalistischen Produktionsprozess kostbarste Produkt, nämlich die Arbeitskraft, erzeugt (Dalla Costa 1973, 39f.; Federici 2012, 111f.). Allerdings wird aus feministischer Perspektive kritisiert, dass Marx den dafür nötigen, überwiegend weiblichen*, unbezahlten und 'im Verborgenen' stattfindenden Tätigkeiten, nicht genügend Rechnung getragen hat. Erweitert wird Marx' Perspektive deshalb, indem der Wert der Arbeitskraft im Zusammenhang mit der Kategorie Geschlecht betrachtet wird: Dass der Kapitalismus auf der unbezahlten oder abgewerteten weiblichen* Arbeit basiert, wird damit begründet, dass diese Arbeit den Wert der Arbeitskraft senke. Eine wesentliche Bedeutung der 'unbezahlten Hausarbeit', wie die soziale Reproduktion in der Zweiten Frauen*bewegung meist bezeichnet wurde (vgl. Dalla Costa 1973; Federici 2012), oder der 'schlecht entlohnten' und damit 'abgewerteten' weiblichen* (sowie meist migrantischen und illegalisierten) bezahlten Arbeit im Haushalt, wie dies in neueren Debatten diskutiert wird (vgl. Ferguson o.J.; Bhattacharya 2019; Winker 2011), liege demnach darin, dass sie die Kosten der sozialen Reproduktion senkt. Hausarbeit bzw. die Abwertung weiblicher* Reproduktionsarbeit werden demnach als (zentrale) Momente kapitalistischer Produktion verstanden, weil sie die Reproduktionskosten und somit den Wert der Arbeitskraft reduzieren. Aus werttheoretisch-feministischer Perspektive wird folglich argumentiert, dass soziale Reproduktion ebenso wie Weiblichkeit* eine strukturelle Abwertung erfahren. Dies hat Konsequenzen für das Verständnis von Krisen.

So wird etwa von Feminist*innen der Social Reproduction Theory das Verhältnis von kapitalistischer Produktion und sozialer Reproduktion als *notwendiges* wie zugleich *grundsätzlich widersprüchliches* beschrieben (vgl. Ferguson o.J.; Bhattacharya 2019; Federici 2012). Notwendig sei das Verhältnis, weil einerseits kapitalistische Produktion auf die Reproduktion der Arbeitskraft angewiesen ist, andererseits Menschen aber auch zum Verkauf ihrer Arbeitskraft gezwungen sind, um sich selbst reproduzieren zu können. Zugleich sei das Verhältnis aber auch grundsätzlich widersprüchlich, insofern kapitalistische Wertschöpfung ihrer inneren Logik nach dahin treibe, menschliche Bedürfnisse der kapitalistischen Akkumulation unterzuordnen. Dieser Umstand führe periodisch zu Krisen der sozialen Reproduktion.

Die strukturelle Krisenhaftigkeit der sozialen Reproduktion im Kapitalismus wird demzufolge mit Blick auf die Reproduktionskosten der Arbeitskraft hergeleitet: Die Tendenz kapitalistischer Mehrwertschöpfung, menschliche Reproduktion zu unterminieren – und in diesem Zuge Reproduktionskosten wie z.B. Löhne oder Sozialausgaben zu senken – führe immer wieder dazu, dass Menschen in die Krise geraten, weil sie ihre alltägliche und generationelle Reproduktion nicht sicherstellen können. Dass die Krise der sozialen Reproduktion hier auf eine stoffliche Dimension verengt wird, liegt in meinen Augen daran, dass lediglich an einem Aspekt von Marx' Verständnis der (sozialen) Reproduktion angesetzt wird – nämlich an seinen werttheoretischen Überlegungen zur Reproduktion menschlicher Arbeitskraft. Dies ist aber weder für ein Verständnis der sozialen Reproduktion noch ihrer Krisen ausreichend, wie ich am Beispiel der Krankenhäuser zeigen sowie im nachfolgenden Abschnitt entwickeln möchte.

Bezogen auf die Entwicklungen in den Krankenhäusern lässt sich aus der hier skizzierten Perspektive etwa argumentieren, dass der Kostendruck, der durch das Finanzierungsmodell nach Fallpauschalen[2] entsteht, oder auch betriebswirtschaftliche Sparmaßnahmen im Personalbereich, mit der kapitalistischen Tendenz zu immer höherer Mehrwertschöpfung begründet werden können. Denn diese führt dazu, die Bereiche der sozialen Reproduktion möglichst kostengünstig zu organisieren. In der Folge kommt es nicht nur zu einer Verschlechterung der Arbeits- und Versorgungsbedingungen, sondern auch zu Erschöpfungen und Sorgelücken, also zu Krisen der sozialen Reproduktion für Pflegekräfte und Patient*innen. Kapitalistische Akkumulationsbestrebungen können aus dieser Perspektive als Ursachen von Krisen der sozialen Reproduktion beschrieben werden; nämlich als Quelle der physischen Zerstörung, Ermüdung oder der mangelhaften Versorgung von Menschen. Als Krise werden diese Entwicklungen betrachtet, weil durch die Zerstörung reproduktiver Ressourcen der Subjekte ein Mangel an Arbeitskraft entsteht (oder entstehen kann). Was in dieser theoretischen Sichtweise aber fehlt, ist die Frage danach, ob und wie diese Entwicklungen politisch abgesichert werden (und ob dies gelingt), sowie danach, ob und wie die Krisen von den Beschäftigten (und Versorgten) als solche wahrgenommen werden und wie sie darin handeln. Die gleichen objektiven Bedingungen können bei Menschen aber ganz unterschiedliche Krisen hervorrufen – oder eben gar keine. In einer Betrachtungsweise, die primär auf die Senkung der Reproduktionskosten und auf Krise als Zerstörung sozial-reproduktiver Ressourcen und Mangel an Arbeitskraft fokussiert, spielt jedoch keine Rolle, was die Subjekte, als Pflegekräfte oder Patient*innen, Erzieher*innen oder Kinder erfahren. Wie kommen diese Fragen besser in den Blick? Und warum sollten (Krisen-)Wahrnehmungen oder das Handeln der Subjekte in der Krise überhaupt als Bestandteil von Krisenprozessen betrachtet werden?

---

2   Die diagnosebezogenen Fallgruppen (kurz: Diagnosis Related Groups – DRG) sind ein Steuerungsinstrument zur Mittelverteilung im Gesundheitswesen. 2003 ersetzte es in Deutschland das bis dahin geltende System der tagesgleichen Pflegesätze. Seitdem wird nach Pauschalen vergütet, d.h. die DRG gruppieren Patient*innen anhand von Diagnosen, Prozeduren und anderer Merkmale und ordnen der DRG einen Wert zu. Damit wird letztlich der Wert berechnet, den die Kassen an die Krankenhäuser pro Fall zahlen. Es ist dabei jedoch unerheblich, ob die real entstandenen Kosten für das Krankenhaus höher liegen als die Pauschale. Bezahlt werden also nicht die tatsächlich entstandenen Kosten. Dies führt in der Folge zu Kostendruck und betriebswirtschaftlichen Kürzungen.

Der Blick auf den Staat und die Subjekte: Politisch-ideologische und subjektivierende Dimensionen der sozialen Reproduktion

Wie bereits gesehen, bezeichnet der Begriff der Reproduktion bei Marx – bezogen auf die gesellschaftliche Reproduktion sowie auf die Reproduktion der Arbeitskraft – sowohl die Reproduktion der Produktions*mittel* als auch diejenige der Produktions*verhältnisse*. Er benennt demnach sowohl die stofflichen wie auch die sozialen Bedingungen der Reproduktion. Zugleich wird das soziale Verhältnis jedoch lediglich mit Blick auf die Scheidung der Arbeiter*innen von den Produktionsmitteln ausgeführt. Wie aber steht es um das Denken, Fühlen und Handeln der Subjekte? Mit Hilfe des Reproduktionsbegriffs bei Louis Althusser sowie der Begriffe der Lebens- und Seinsweise bei Antonio Gramsci möchte ich diese Frage nachfolgend aufgreifen, indem ich die Subjektformierung oder 'Erziehung' der Subjekte als einen Bestandteil der sozialen Reproduktion sowie der politischen Herrschaft begreife.

Wie Marx versteht Althusser den Begriff der Reproduktion als einen gesellschaftlichen Reproduktionsprozess und daher als einen Prozess der Wiederherstellung aller gesellschaftlichen Verhältnisse. Der Kern seiner theoretischen Intervention liegt jedoch darin, den Fokus auf die ideologischen Staatsapparate und damit auf die Bedeutung politisch-rechtlicher und ideologischer Verhältnisse für die (soziale) Reproduktion zu richten. Mit Blick auf die Arbeitskraft interessiert ihn daher nicht primär, welche stofflichen Anforderungen sich aus der Perspektive des Produktionsprozesses für die Arbeitskraft ergeben. Vielmehr fragt er danach, wie die Beherrschten den kapitalistischen Ausbeutungsverhältnissen unterworfen werden. Er zeigt also, dass die Arbeitskräfte nicht nur physisch und generativ reproduziert werden und sich die für ihre Arbeit nötigen Qualifikationen aneignen, sondern auch bereit sein müssen, überhaupt tagtäglich zur Arbeit zu erscheinen und sich den dortigen Hierarchien unterzuordnen (Althusser 2012, 86). Um sicherzustellen, dass Menschen die Verhältnisse (zumindest bis zu einem gewissen Grad) akzeptieren, in denen sie sich für den Reichtum anderer verausgaben, müssen die Ausgebeuteten nicht nur vom Eigentum an den Produktionsmitteln ausgeschlossen sein. Sie müssen auch in ihrem Bewusstsein 'unterworfen' werden. Dies wird nach Althusser durch die ideologischen Staatsapparate gewährleistet. In Schulen, Familien, Kirchen oder Sportvereinen, aber auch durch Gesetze, Gefängnisse oder Gerichte werden die Subjekte in ihren – professionellen, moralischen, väterlichen, mütterlichen, religiösen, politischen oder philosophischen – Gewohnheiten, ihrem Fühlen und Denken formiert (ebd., 223). Zugleich wird so die Reproduktion der Ausbeutungsverhältnisse reproduziert, da die Menschen in den ideologischen Staatsapparaten nicht nur mit dem notwendigen Wissen und den Qualifikationen ausgestattet werden, die sie für die Erfüllung ihrer Aufgaben innerhalb der gesellschaftlichen Arbeitsteilung haben. Vielmehr lernen sie mit diesem Wissen zugleich die Regeln ihrer eigenen Unterwerfung (oder der Beherrschung).

Bei der Betrachtung der Reproduktion menschlicher Arbeitskraft legt Althusser den Schwerpunkt auf die Formierung der Subjekte, die er mit dem Begriff der „subjektivierenden Unterwerfung" (ebd.) fasst. Mit Althusser kann der Begriff der sozialen Reproduktion also um eine weitere – nämlich die *subjektivierende* – Dimension erweitert werden.

Zugleich aber gehe ich im Anschluss an Gramsci davon aus, dass Menschen nicht einfach unterworfen werden, sondern dass sie vielmehr 'erzogen' werden. Gramsci zeigt, dass das Denken, Fühlen und Handeln der Subjekte zwar Bestandteil von staatlichen und zivilgesellschaftlichen Regulierungen ist, aber auch, dass diese Regulierungen nur gelingen, wenn die Interessen der Subalternen (bis zu einem gewissen Grad) aufgegriffen und eingebunden werden. Mit seinem Begriff der *Hegemonie* betont Gramsci daher nicht die Unterwerfung, sondern eine Kombination aus Führung und Herrschaft, aus Zustimmung und Unterwerfung, aus Konsens und Zwang. Hegemonie lässt sich mit Gramsci als eine Form von (Klassen-)Herrschaft verstehen, die auf der Zustimmung großer Teile der Beherrschten basiert (vgl. GH, 101ff.). Wie Althusser geht er zwar davon aus, dass die Subjekte mit Hilfe des (integralen) Staates reguliert werden. Zugleich setzt er den Schwerpunkt aber auf die Frage, wie ihre Interessen hegemonial eingebunden werden und so (aktive) Zustimmung organisiert wird. Die subjektivierende Reproduktion allein als Unterwerfung zu verstehen, wäre aus gramscianischer Perspektive also verengt.

Gegenüber dem Verständnis gesellschaftlicher Reproduktion bei Marx und Althusser schärft Gramsci den Blick überdies für einen weiteren Aspekt. So denkt er das Verhältnis von kapitalistischer Produktion und sozialer Reproduktion als einen *kohärenten Zusammenhang* (GH, 2087), auch wenn er den Begriff der sozialen Reproduktion selbst nicht verwendet. Der kohärente Zusammenhang meint bei Gramsci, dass sich neue Methoden der Produktion nicht durchsetzen können, wenn sich nicht auch die *Lebens- und Seinsweisen* der Menschen verändern, eine These, die er mit seinen Analysen des Fordismus untermauert. Eine historisch spezifische Produktionsweise – wie etwa die mechanischen und wiederkehrenden Bewegungen der Fließbandarbeit im Fordismus, die Gramsci als besonders belastend beschreibt – geht demnach einerseits auch mit einer bestimmten Vernutzung von Arbeitskräften im Produktionsprozess einher, stellt andererseits spezifische Anforderungen an ihre Regeneration und ihre Qualifikationen (GH, 295). Um eine bestimmte Art der Arbeit leisten zu können, sind demzufolge, so Gramscis Argumentation, auch entsprechend spezifische Formen der Lebensführung notwendig – etwa jene monogamer (Ehe-)Beziehungen oder eine Zunahme von Freizeit und Erholung. Diese stellen sich jedoch nicht gleichsam automatisch ein, nur weil sie für eine Produktionsweise erforderlich sind. Vielmehr zeigt Gramsci, wie mit Hilfe staatlicher und zivilgesellschaftlicher Praxen versucht wird, eine solche Anpassung sicherzustellen. In staatlichen und 'privaten' Kampagnen für das Alkoholverbot, durch höhere Löhne in der Fließbandarbeit oder mehr Möglichkeiten für Erholung werden Lebensweisen befördert, die den neuen Erfordernissen (besser) entsprechen.

Mit dem Begriff der Hegemonie fragt Gramsci daher nicht nur, wie die Erziehung der Subjekte gelingt, sondern nimmt diese auch als Teil der politischen Herrschaftsausübung sowie im Zusammenhang mit kapitalistischer Produktion in den Blick. Das historisch spezifische und kohärente Verhältnis von Produktions-, Lebens- und Seins-Weise bildet nach Gramsci einen hegemonialen Zusammenhang (GH, 2087). Dies hat ebenfalls Konsequenzen für das Verständnis von Krise.

Der Perspektive Gramscis folgend können Krisen der Gewohnheiten oder der Anpassung entstehen, wenn neue Arbeits- und Produktionsmethoden sich durchzusetzen beginnen und dabei neue Formen von Gewohnheiten, Qualifikationen und Subjektivitäten erfordern. Vorher bestehenden Lebensweisen und Subjektivitäten werden dabei die ökonomischen und materiellen Grundlagen entzogen. Zugleich werden neue Formen der politischen und zivilgesellschaftlichen Regulierung realisiert, die die Menschen in den Schulen, Familien oder Kirchen sowie durch staatliche Kampagnen, sozialstaatliche Regelungen oder Gesetze entsprechend der neuen Erfordernissen zu erziehen versuchen. (Ökonomischer) Zwang und (zivilgesellschaftliche) Erziehung wirken demnach auf die Veränderung von Lebensweisen und Subjektivitäten der Menschen hin. In diesen Prozessen entstehen jedoch, wie Gramsci argumentiert, „Krisen der Gewohnheiten", die sich etwa in „psychischem Leiden" oder in „Krankheitskrisen" (GH, 2064) äußern. Denn die Routinen und Regelmäßigkeiten der Menschen sind zäh, langlebig und schwer veränderbar, da sie ihnen als „absolute" und „natürliche" erscheinen (GH, 1690). Ihre Veränderung kann daher zu Krankheit, psychischem Leiden, Frust oder ähnlichen Äußerungen führen. Zudem leisten die Subalternen Widerstand gegen ihre „Zurichtung" und „Manipulation" gemäß den neuen Zielen (GH, 2063). Gelingt jedoch die Verallgemeinerung neuer Gewohnheiten, so löst sich der „Erzwingungsdruck" (GH, 2085) und die neuen Lebensweisen und Subjektivitäten werden eine „zweite Natur" (GH, 2082).

Krisen der Gewohnheiten können nach Gramsci außerdem entstehen, wenn politische Führung brüchig wird oder zu Widersprüchen führt. In relativ stabilen Zeiten besteht die Führungsrolle des Machtblocks demnach darin, die Gesellschaft progressiv voranzutreiben, die vielfältigen Interessen zu bündeln und sie in einem einheitlichen Projekt zu reartikulieren, und damit auch spezifische Denk-, Fühl- und Handlungsweisen zu verallgemeinern. Gelingt all dies jedoch nicht mehr, so streben die Interessen auseinander, lassen sich nicht mehr bündeln, und die Widersprüche im Machtblock nehmen zu. Dies kann zu einer Zunahme von Deutungskämpfen führen und dazu, dass es zu einer Pluralisierung der ideologischen Denk- und Handlungsangebote kommt (vgl. GH, 1612). Die zuvor geltenden Denk-, Fühl- und Handlungsweisen verlieren in der Folge an Bindekraft, die Menschen glauben also nicht mehr an das, woran sie zuvor geglaubt haben (GH, 354). Zunehmend lösen sie sich daher von den hegemonialen Denk- und Verhaltensmustern, vertrauen ihnen nicht mehr und werden für andere Lösungen der Situation empfänglich (GH, 1577). Auch Widersprüche in der Führungsfähigkeit des Machtblocks können also Krisen der Gewohnheiten auslösen.

Wie aber verändert diese Perspektive den Blick auf die Krise der sozialen Reproduktion? Und was wird sichtbar, wenn wir aus dieser Perspektive unser Beispiel betrachten?

Für eine Untersuchung von Veränderungen und möglichen Krisen der sozialen Reproduktion ist entscheidend, dass ein Wandel der Arbeits- und Produktionsmethoden oder Brüche in politischer Herrschaft zu Krisen der Gewohnheiten führen können, insofern sie zur Herausbildung neuer Routinen zwingen. Krisen bezeichnen demnach Prozesse der Herausbildung von veränderten Gewohnheiten, Praxen und Subjektivitäten der Menschen und entstehen, wenn es zu Widersprüchen in der Kohärenz der Verhältnisse kommt. Die Veränderung von Lebensweisen und Subjektivitäten muss daher mit Blick auf neue Anforderungen betrachtet werden, die im Kontext veränderter (ökonomischer) Bedingungen sowie gewandelter staatlicher und zivilgesellschaftlicher Regulierungen entstehen. Ob eine Anpassung der Lebensweisen und Subjektivitäten darin gelingt, ist jedoch offen.

Bezogen auf die Entwicklungen in den Krankenhäusern lässt sich aus dieser Perspektive etwa argumentieren, dass die Veränderung des Finanzierungsmodells nach Fallpauschalen nicht nur zu Kostendruck und betriebswirtschaftlichen Sparmaßnahmen geführt, sondern auch neue Anforderungen an die Subjekte und ihre Lebensweisen befördert hat. Denn einerseits lenkt das neue Abrechnungssystem der DRG die Aufmerksamkeit vor allem auf quantifizierbare, abrechenbare und daher insbesondere auch medizinisch-technische Tätigkeiten. So erhalten etwa patient*innenferne Tätigkeiten ein höheres Gewicht, wie beispielsweise zunehmende Dokumentationen, die Codierung von Pauschalen oder ärztliche und technische Arbeiten. Zugleich werden zeit- und zuwendungsintensive, d.h. stärker pflegerisch-fürsorgliche Aspekte als Hilfs- und Zuarbeiten an geringer qualifizierte Hilfs- und Servicekräfte delegiert. Andererseits erhält dieses neue Verständnis pflegerischer Arbeit auch eine ideologische Absicherung in Debatten um die Professionalisierung der Pflege oder veränderten Ausbildungsinhalten in der Pflegeliteratur. Denn hier werden neue Formen der Arbeitsteilung und Delegation pflegerischer Tätigkeiten an Hilfskräfte oder Angehörige legitimiert, Pflege auch als eine an wirtschaftlichen Aspekten orientierte Arbeit konzipiert oder der Bedeutungsverlust 'fürsorglicher' Aspekte pflegerischer Arbeit untermauert (vgl. Becker u.a. 2017).

Krisen (der sozialen Reproduktion) entstehen für die Pflegenden nun einerseits daraus, dass, wie oben bereits beschrieben, Zeitdruck und Personalmangel in den Krankenhäusern zu Erschöpfungen, Überlastung und Überforderungen führen. Andererseits erlaubt ein Rückgriff auf Gramsci jedoch auch, den zunehmenden Druck auf tradierte Gewohnheiten, Arbeitsroutinen und pflegerische (Selbst-) Verständnisse zu erkennen: Denn durch die Verschärfung der Arbeitsbedingungen werden bestimmten Routinen und Subjektivitäten – die sich an einem bereits oben besprochenen „Ethos fürsorglicher Praxis" (Krumbuck u.a. 2010) orientieren – nicht nur die ökonomischen und materiellen Grundlagen entzogen. Vielmehr wird auch das Verständnis 'guter Pflege' in den Debatten um Professionalisierung, der Ausbildungsliteratur sowie im Arbeitsalltag (durch die Pflegedienstleitungen) reformuliert. Neben veränderten Rahmenbedingungen im Krankenhaus werden folglich auch neue Denk-, Fühl- und Handlungsweisen (eines 'professionellen' Pflegeethos) zu etablieren versucht.

Mit Blick auf das Beispiel wird deutlich, dass Krisen der sozialen Reproduktion nicht nur als stoffliche Zerstörung von Menschen verstanden werden können, sondern auch als Krisen der Denk-, Fühl- und Handlungsweisen gesehen werden müssen. Letztere resultieren eben nicht allein daraus, dass soziale Reproduktion möglichst kostengünstig gewährleistet, sondern auch ideologisch reorganisiert wird.

Vergeschlechtlichte Lebensweisen und Subjektivitäten: (Queer-)Feministische Perspektiven auf soziale Reproduktion

Im Anschluss an Althusser und Gramsci lässt sich der Begriff der sozialen Reproduktion um politisch-ideologische und subjektivierende Aspekte erweitern.

Zugleich aber, so ist aus feministischer Perspektive einzuwenden, wird auch hier die Kategorie Geschlecht nicht (ausreichend) einbezogen. So wird zwar benannt, dass Menschen in ihrem 'mütterlichen' oder 'väterlichen' Bewusstsein geformt oder erzogen werden. Unklar bleibt jedoch, wie genau sie eigentlich zu Müttern oder Vätern werden. Wie entsteht in diesem Prozess überhaupt so etwas wie Geschlecht? Darüber hinaus ist unklar, wie oder wodurch 'das Reproduktive' entsteht, das sodann politisch reguliert und zum Gegenstand von Subjektivierungen wird.

Mit Hilfe (queer-)feministischer Zugänge möchte ich beide Fragen nachfolgend in den Blick nehmen. Im Anschluss an feministische Staatstheorien verstehe ich den Begriff der sozialen Reproduktion dabei auch als einen Prozess der Vergeschlechtlichung. Anschließend nehme ich feministische Rekonstruktionen zur Herausbildung des Kapitalismus in den Blick und kombiniere diese mit Ansätzen der Care-Forschung. In diesem zweiten Schritt möchte ich Care oder Fürsorglichkeit als staatliche und zivilgesellschaftliche Praxis und Form der Regulierung begreifen, die ein zentraler Teil historisch spezifischer gesellschaftlicher Grenzziehungen zwischen der Produktion und seinem 'Anderen' sind.

Seit den 1990er Jahren rücken in feministischen Debatten Fragen nach der Herstellung von Geschlecht vermehrt ins Zentrum der theoretischen Beschäftigung. Im Zuge dieser Debatten verweisen etwa (queer-)feministische Erweiterungen der Staatstheorie darauf, dass vermeintlich natürliche Eigenschaften von Geschlechtern und die als 'normal' erachtete binäre Organisation von Zweigeschlechtlichkeit ein Effekt hegemonialer gesellschaftlicher Praktiken, institutioneller Ansprachen und staatlicher Regulierungen sind (Pühl 2001, 39). Der moderne bürgerliche Staat wird dabei als „eine zentrale Arena, ein zentraler Akteur [verstanden], um Geschlechteridentitäten und Geschlechterverhältnisse zu konstruieren" (Sauer 2001, 30). Staatliche Politiken regulieren demnach nicht nur bereits 'existierende' Geschlechterverhältnisse, sondern stellen Subjekte als vergeschlechtlichte erst her. Gundula Ludwig nimmt ebendiese Vergeschlechtlichung von Subjekten im Anschluss an Gramsci in den Blick, indem sie an sein Verständnis des Staates als integraler Staat und dessen erzieherischer Funktion ansetzt (vgl. Ludwig 2007). Ihr zufolge fungiert die erzieherische Dimension des Staates als Schnittstelle zwischen Herrschaftsausübung und Subjektivierung. Der Staat leitet die Individuen also dazu an, bestimmte Denk- und Handlungsweisen sowie kulturelle, moralische und intellektuelle Gewohnheiten in ihren alltäglichen Praxen zu reproduzieren – und stellt darin zugleich Normen und Wissensformen hinsichtlich der Geschlechtlichkeit bereit, die von den Subjekten verinnerlicht werden (vgl.

Ludwig 2007, 199). Auf diese Weise kann die Konstruktion von Geschlecht mit dem Staat zusammen gedacht werden.

Die Verallgemeinerung einer neuen Produktionsweise ist für Ludwig daher nicht nur, wie bei Gramsci, auf die Veränderungen von Lebensweisen und Subjektivitäten angewiesen, sondern auch auf eine Veränderung der Gewohnheiten, Denk- und Wahrnehmungsmuster von Geschlechtlichkeit. Die Ausgestaltung von Weiblichkeit* und Männlichkeit*, die innerhalb der Zivilgesellschaft organisiert und in alltäglichen Praxen reproduziert wird, ist Voraussetzung dafür, dass sich eine bestimmte Formation der Gesellschaft historisch durchsetzen kann. Denn die Lebensweisen und Subjektivitäten konstituieren sich nicht geschlechtsneutral, sondern als vergeschlechtlichte Praxen. Folglich geht es, so möchte ich schlussfolgern, nicht nur um die Kohärenz von Produktionsweisen, Lebensweisen und Subjektivitäten, sondern ihres *vergeschlechtlichten* Zusammenhangs. Die Subjekte werden nicht nur in ihrer physischen Arbeits- und Leistungsfähigkeit, ihrem generativen Ersatz, ihrer Denkfähigkeit und ihren Qualifikationen, sondern auch als Klassen und Geschlechter reproduziert. Soziale Reproduktion verstehe ich somit als physische, generative, qualifikatorische und subjektivierende Reproduktion der Subjekte sowie – als Teil der subjektivierenden Dimension – auch als Prozess der Vergeschlechtlichung.

Wie und worüber aber werden vergeschlechtliche Gewohnheiten, Denk- und Wahrnehmungsmuster organisiert und von den Subjekten verinnerlicht?

Die feministische Rekonstruktion der Herausbildung des Kapitalismus zeigt, dass kapitalistische Produktionsweise und soziale Reproduktion ko-konstitutiv für kapitalistische Gesellschaft(en) sind. Sie zeigt auch, dass Produktion und Reproduktion in ihrer Entstehungsgeschichte als gesellschaftlich voneinander getrennte Sphären konstruiert wurden (vgl. Bock/Duden 1976; Beer 1990). Denn die wirtschaftliche, räumliche und reproduktive Einheit der ständischen Produktionsweise wird mit der Herausbildung kapitalistischer Produktionsweise aufgelöst – und dies ist zugleich eine Voraussetzung für die Etablierung eines Bereiches, der rein nach den Prinzipien kapitalistischer Mehrwertschöpfung funktioniert (vgl. Aulenbacher 2013, 17f.). Zugleich hat dieser Prozess nicht nur eine bloße Trennung der Sphären zur Folge, sondern auch ihre Hierarchisierung und Vergeschlechtlichung. Die Vergeschlechtlichung dieser Verhältnisse stellt dabei einen Modus dar, der es erlaubt, „diese ungenauen Dimensionen" zu vereindeutigen und sie als komplementäre Bereiche darzustellen (Sauer 2001, 184): Die Maskulinisierung der Öffentlichkeit, Allgemeinheit und Rationalität verlangt zugleich die Feminisierung der Privatheit als Sphäre der Emotionen, Familie, Sexualität oder Intimität (ebd.). Durch die gesellschaftlichen Trennungen konstituiert sich folglich nicht nur 'ein Produktives', in dem der gesellschaftliche Mehrwert erzeugt und mit Männlichkeit* assoziiert wird, sondern auch 'das Reproduktive', das zum Privaten, Verborgenen und Weiblichen* wird.

Historisch hat sich 'das Reproduktive' daher, so schlussfolgere ich im Anschluss an diese feministische Rekonstruktion, als weiblicher* und vermeintlich privater Bereich, nämlich des Haushalts, sowie zugleich als ein von der Mehrwertschöpfung abgetrennter Bereich durchgesetzt. Im Verlauf der letzten Jahrzehnte sind diese gesellschaftlichen Grenzziehungen jedoch auf vielfältige Weise in Bewegung geraten. Was lange Zeit als 'Hausarbeit' verstanden und im Zuge der Zweiten Frauenbewegung theoretisiert wurde, wird zunehmend nicht mehr nur im 'Privaten', nicht mehr nur unbezahlt und auch nicht nur von weiblichen* Subjekten gewährleistet. Angesichts der historischen Krise des Fordismus sowie der Erosion des Alleinernährer-Modells wurden bezahlte Formen von Sorgearbeit ein immer wichtigerer Gegenstand feministischer Beschäftigung (vgl. Leitner u.a. 2004; Jürgens 2010; Auth u.a. 2015), da die Bedeutung bezahlter Dienstleistungen seither stetig steigt (vgl. Jürgens u.a. 2017).

Wie aber lässt sich 'das Reproduktive' nunmehr fassen, wenn sich die Art und Weise seiner gesellschaftlichen Organisation beständig verändert? Für diese Frage hat die Care-Forschung Antworten formuliert, die ebenfalls den gesellschaftlichen Trennungsprozessen nachspürt.

Care wird allerdings nicht als Sphäre oder Bereich, sondern als eine spezifische Praxis verstanden, die 'das Andere' der kapitalistischen Produktion impliziert. Einerseits geht Care davon aus, dass Menschen miteinander in Beziehung stehen, also keine autonomen Subjekte, sondern notwendig aufeinander angewiesen sind, und daher Fürsorge, auch im Sinne von Care-Arbeit bzw. einer fürsorglichen Praxis, benötigen (vgl. Gilligan 1982; Müller 2018, 84; Knecht u.a. 2012, 37f.). Andererseits umschreibt der Care-Begriff eine spezifische Praxis, die ausgehend von der Annahme menschlicher Angewiesenheit (fürsorge-)ethisch bestimmt wird und dessen Spezifika charakterisiert werden können. Demnach ist Care eine notwendig ganzheitliche Arbeit, die „ihrer eigenen Logik folgt und ihr eigenes Maß nimmt" (Aulenbacher/Dammayr 2014, 70). Hierfür werden verschiedene Dimensionen der Care-Arbeit unterschieden: nämlich Care-Arbeit als tätige und interaktive Beziehungspraxis, körperliche Involviertheit sowie als relational-leibliche Arbeit (vgl. Müller 2018, 86ff.). Im Anschluss an die Konzeption eines „Ethos fürsorglicher Praxis" (Kumbruck u.a. 2010) wird Care auch als geduldige und nicht-instrumentelle Haltung verstanden, die nötig ist, um sich auf die Gegebenheiten leibseelischer Existenz einzustellen. Care wird, etwa von Beatrice Müller, daher auch als das „Verworfene" oder „Abjekte" der kapitalistischen Produktion verstanden, das konträr ist zur Logik kapitalistischer Akkumulation und somit sein 'Anderes' bildet. Dies insofern, weil kapitalistische Produktionsweise auf körperlosen, autonomen, männlichen* Subjekten sowie auf verwertbaren und rationalisierbaren Prozessen beruhe, Care sich ebendieser Organisation jedoch versperre und daher, selbst wenn Sorgearbeit in Form bezahlter Lohnarbeit organisiert sei, immer wieder abgespalten oder verworfen werde (Müller 2018). Letztlich stellt der Care-Begriff daher ebenfalls eine Theoretisierung der gesellschaftlichen Grenzziehungen von kapitalistischer Produktion und seinem 'Anderen' dar und versucht zugleich, ebenjene Besonderheiten oder Charakteristika dieses 'Anderen' zu bestimmen.

Wie aber hilft uns der Blick auf gesellschaftliche Grenzziehungen und seine Besonderheiten für ein Verständnis der sozialen Reproduktion?

In diesem Beitrag wird soziale Reproduktion nicht als ein Tätigkeitskatalog sorgender Arbeiten, als eine bestimmte gesellschaftliche Sphäre (etwa des Haushaltes) oder als unbezahltes und weibliches* Arbeitsvermögen verstanden. Vielmehr wurde ein analytischer Begriff der sozialen Reproduktion entwickelt, der diese als soziales Verhältnis begreift – nämlich als physische, generative, qualifikatorische und subjektivierende vergeschlechtlichte Reproduktion von Menschen. Eine feministische Perspektive, die gesellschaftliche Grenzziehungen beschreibt, kann dieses Verständnis nun erneut erweitern: So wird deutlich, dass nicht nur die Rahmenbedingungen für die Gewährleistung von Prozessen der sozialen Reproduktion verändert, sondern diese politisch-ideologisch auch reguliert werden und damit ein 'Reproduktives' erst hergestellt wird. Mit Hilfe des Begriffs Care, Sorge oder Fürsorglichkeit möchte ich ebendiese Prozesse in den Blick nehmen, Care also als eine Ausformung dieser staatlichen und zivilgesellschaftlichen Regulierungen verstehen. Anders als der Care-Begriff es nahelegt, teile ich allerdings nicht die Auffassung, dass der Inhalt von Care, 'des Reproduktiven' oder der (Für-)Sorge ethisch, philosophisch oder ontologisch bestimmt werden kann, sondern nehme an, dass sich die gesellschaftliche Fürsorglichkeit stets verändert – nämlich in wechselseitiger Abhängigkeit von seinem 'Anderen', also der kapitalistischen Produktionsweise. Vor dem Hintergrund der vorherigen Überlegungen gehe ich davon aus, dass die gesellschaftlichen Grenzziehungen zwischen einem Produktiven und einem Fürsorglichen als historisch spezifische verstanden werden müssen. Demnach werden zwar Grenzziehungen immer wieder reproduziert – wo und wie sie verlaufen und wie sie inhaltlich gefüllt sind, muss jedoch jeweils historisch (und nicht fürsorgeethisch) bestimmt werden. Die fürsorgeethische Bestimmung der Besonderheiten von Care – etwa seine Bestimmung als geduldige, nicht-instrumentelle, leibseelische, interaktive oder tätige Praxis – hilft dennoch dabei, den Blick zu schärfen für die Frage, ob es diese oder andere Dimensionen sind, die zu einer bestimmten Zeit als Fürsorglichkeit verstanden werden. Es hilft also bei der Operationalisierung, wenn Veränderungen in Bereichen von Sorge in den Blick genommen werden.

Soziale Reproduktion verstehe ich somit als Prozess der vergeschlechtlichten, physischen, generativen, qualifikatorischen und subjektivierenden Reproduktion der Subjekte, der mit Hilfe gesellschaftlicher Grenzziehungen und so stets wiederhergestellten, historisch spezifischen Verständnissen von Fürsorglichkeit gewährleistet wird.

Wie aber lassen sich Krisen der sozialen Reproduktion nunmehr bestimmen, wenn beide Perspektiven – nämlich jene auf die Vergeschlechtlichung und auf gesellschaftliche Grenzziehungen – berücksichtigt werden? Welche Aspekte werden sichtbar, wenn unser Beispiel der Krankenhäuser ein letztes Mal bemüht wird?

Wenn soziale Reproduktion nicht nur als physische, generative, qualifikatorische und subjektivierende Reproduktion der Subjekte, sondern auch als ein Prozess der Vergeschlechtlichung und der Herstellung gesellschaftlicher Trennungen verstanden wird, können Krisen ebenso diese Prozesse betreffen. Krisen der sozialen Reproduktion können demnach entstehen, wenn es zu Widersprüchen in den vergeschlechtlichten Lebensweisen und Subjektivitäten oder zu einer Veränderung des gesellschaftlichen Fürsorgeverständnisses kommt.

Betrachten wir aus dieser Perspektive die Entwicklungen in Krankenhäusern, können die Restrukturierungen hier einerseits als Einbindung in Prozesse kapitalistischer Akkumulation beschrieben werden, andererseits als solche der Re-Organisation von Fürsorglichkeit in der Pflege. Diese Re-Organisierung erfolgt entlang medizinisch-technischer Aspekte der Pflege, die zugleich um ihre sozialen, emotionalen, kommunikativen oder leiblich-relationalen – und damit weiblich* konnotierten – Dimensionen reduziert wird. Der Fokus auf Mehrwertschöpfung geht also auch mit Männlichkeit* und einer Abspaltung des 'Anderen' einher. Dies führt in der Folge zu Krisen in den vergeschlechtlichten Lebensweisen und Subjektivitäten.

So lehnen viele Pflegende die Abspaltung vermeintlich weiblicher* Aspekte aus der pflegerischen Arbeit etwa unter Bezug auf die eigene Empathiefähigkeit, das 'intuitive' Wissen über Sorgen und Nöte der Patient*innen sowie ihr alltägliches Wohlbefinden oder unter positivem Bezug auf den fachlichen Anspruch als „Kranken*schwester*" ab. Denn diese Entwicklung wird als Verletzung eines vormals verinnerlichten, vergeschlechtlichten Berufsbildes sowie daraus erwachsener beruflicher Ansprüche an die (Sorge-)Arbeit empfunden. Gerade die vermeintlich weiblichen* Fähigkeiten stellen aus der Perspektive eines „Ethos fürsorglicher Praxis" demnach wichtige Bezugspunkte der eigenen Arbeit dar. Der (Anpassungs-)Druck auf die pflegerischen Praxen stellt folglich nicht nur Gewohnheiten, sondern auch vergeschlechtlichte Handlungsweisen und damit zugleich (vormalige) Vorstellungen pflegerischer Weiblichkeit* oder weiblicher* Pflege als empathische, sorgende und um die Bedürfnisse der Patient*innen wissende in Frage (vgl. Dück, im Erscheinen).

Aber auch bei denjenigen Pflegekräften, die ein 'professionelles' Ethos pflegerischer Arbeit – im Zuge der Reorganisierung von Fürsorglichkeit in der Pflege – bereits verinnerlicht haben, können neue Widersprüche und Krisen (der 'neuen' vergeschlechtlichten Gewohnheiten) entstehen. Diese ergeben sich nicht aus der Abspaltung fürsorglicher Aspekte – da sich das professionelle Ethos nicht (mehr) an fürsorglichen Aspekten orientiert. Vielmehr entstehen sie dann, wenn neue Ansprüche nicht umgesetzt werden können: Die Abgrenzung von der Arbeit (und somit auch von den Bedürfnissen der Patient*innen) nimmt darin zwar einen höheren Stellenwert ein, da das Bild der 'aufopfernden, liebesdienstleistenden Krankenschwester' als Abgrenzungsfolie für das eigene (Selbst-)Verständnis dient. Zugleich aber lässt sich die 'professionelle Distanz' angesichts des akuten Zeitdrucks und Personalmangels nicht realisieren. Ungeachtet ihrer sinkenden Bereitschaft und dem Wunsch nach Distanz zum 'Gegenstand' der Arbeit sind diese Pflegekräfte also gezwungen, sich für ihre Arbeit 'aufzuopfern'. Die neuen vergeschlechtlichten Lebensweisen und Subjektivitäten lassen sich folglich nicht umsetzen. (ebd.)

Mit Blick auf das Beispiel wird deutlich, dass Krisen der sozialen Reproduktion in den vergeschlechtlichten Lebensweisen und Subjektivitäten von Menschen entstehen – und dies zudem, weil sich nicht nur ökonomische Rahmenbedingungen in den Krankenhäusern, sondern auch ein anderes gesellschaftliches Fürsorgeverständnis in der Pflege durchsetzt. Dies führt zu Krisen dann, wenn die ('alten' oder 'neuen') vergeschlechtlichten Gewohnheiten und (Selbst-)Verständnisse nicht realisiert werden können.

Die Krise der sozialen Reproduktion als multidimensionale Krise

In den einschlägigen Debatten zur Care-Krise oder Krise der sozialen Reproduktion werden, wie zu Beginn des Beitrags aufgeworfen, die Veränderungen der Reproduktions*bedingungen*, etwa zeitliche oder finanzielle Engpässe, mit Blick auf die 'private' wie bezahlte Sorge als krisenhaft kritisiert. Krisen entstehen demnach aufgrund steigender Belastungen (etwa durch zunehmende Anforderungen in Erwerbsarbeit, Reproduktion oder einer Veränderung vergeschlechtlichter Arbeitsteilungen), durch einen Abbau öffentlicher Daseinsvorsorge sowie ihren markteffizienten Umbau, zunehmende Privatisierungen, Wettbewerb und Profitorientierung, oder auch, weil 'alte' Formen der Absicherung erodieren. An diese produktiven und wichtigen Erkenntnisse der deutschsprachigen Debatten um die Krise der sozialen Reproduktion knüpfe ich an. Zugleich zielt der vorliegende Beitrag darauf ab, das Verständnis der sozialen Reproduktion und ihrer Krisen zu erweitern. Denn unter Krisenaspekten werden Prozesse der Anpassung 'alter' und der Herausbildung 'neuer' vergeschlechtlichter Lebensweisen und Subjektivitäten bisher nicht in den Blick genommen. (Anpassungs-)Krisen der sozialen Reproduktion resultieren aber nicht nur aus der Verknappung oder Zerstörung von Ressourcen, sondern auch aus dem Ringen um die Veränderung vergeschlechtlichter Praxen und (Selbst-)Verständnisse. Als „Krisen der Gewohnheiten" sind Krisen der sozialen Reproduktion also mehr als eine Zerstörung reproduktiver Ressourcen von Menschen – etwa durch körperliche Erschöpfungen. Sie weisen auch, wie ich aufzuzeigen versucht habe, auf Widersprüche in den vergeschlechtlichten Lebensweisen und Subjektivitäten hin, die etwa Ansprüche an die eigene Arbeit, Anerkennungsverluste, Frust oder Abwertungen umfassen und durch sie hervorgerufen werden (können), weil das Denken, Fühlen und Handeln der Subjekte durch ökonomischen Zwang und politisch-ideologische Erziehung zur Veränderung gedrängt werden.

Gegenüber jenen Diskussionen, die ausgehend von einem fürsorgeethisch bestimmten Begriff von Care oder der (Für-)Sorge aktuell eine Zerstörung von Fürsorglichkeit und der Sorge diagnostizieren, nehme ich ebenfalls eine Verschiebung der Perspektive vor: (Für-)Sorge wird von mir als politisch-ideologische Regulierung und historisch spezifische Praxis verstanden. Folglich plädiere ich dafür, nicht die Zerstörung, sondern die gesellschaftliche *Re-Organisierung* von (Für-)Sorge in den Blick zu nehmen und danach zu fragen, welche Bedeutung sie bei der Herausbildung veränderter (vergeschlechtlichter) Lebensweisen und Subjektivitäten sowie von Sorgepraxen einnimmt. Fürsorglichkeit begreife ich daher als historisch spezifische und im Kontext kapitalistischer Produktionsweise stehende Form der politisch-ideologischen Regulierung. Sie ist meines Erachtens nicht fürsorgeethisch, ontologisch oder überhistorisch zu konzeptualisieren, sondern abhängig von den Anforderungen der Arbeits- und Produktionsweisen sowie davon, was in den vergeschlechtlichten Lebensweisen und Subjektivitäten der Menschen *lebbar* gemacht werden kann.

Am Beispiel der Krankenhäuser wurde exemplarisch deutlich, was diese Perspektiverweiterung für das Verständnis von Sorgekämpfen und den Krisen der sozialen Reproduktion der Subjekte sichtbar macht: So zeigt sich zunächst, dass die weitreichenden Veränderungen, die sich gegenwärtig in den Krankenhäusern vollziehen, nicht nur als Veränderungen der ökonomischen (Rahmen-) Bedingungen beschrieben werden können, sondern ebenso als jene der politisch-ideologischen Regulierungen sowie des beruflichen Verständnisses 'fürsorglicher Praxis'. Aktuell werden also auch das Fürsorgeverständnis der Pflege sowie die vergeschlechtlichten Subjektivierungen reorganisiert.

Die gegenwärtigen tiefgreifenden Krisen rund um die Selbstsorge sowie um die Sorge für andere sind also nicht nur als Folgen von Erschöpfungen der Subjekte, Lücken in der Versorgung oder eines Verlusts an Qualität der Sorge zu verstehen. Es handelt sich vielmehr auch um Kämpfe in den und um die vergeschlechtlichten Lebensweisen und Subjektivitäten sowie um die gesellschaftliche Reorganisierung von Fürsorge. Diesen Umstand ernst zu nehmen, kann nicht nur Differenzen in den gegenwärtigen gesellschaftlichen Auseinandersetzungen um soziale Reproduktion und ihre Krisen sichtbar machen. Es ist auch die Voraussetzung, um diese Differenzen zu überbrücken. Politisch ist das Bedürfnis nach einer einheitlichen Krise und einer sorgenden Subjektivität – etwa einem fürsorglichen Ethos, das quasi aus sich heraus einen Gegenpol gegen kapitalistische Profitlogik bildet – durchaus verständlich. Diese Einheit kann aber nicht durch theoretische Abstraktionen verordnet werden. Sie muss politisch erst hergestellt werden. Dies anzuerkennen, öffnet den Raum für eine solidarische Diskussion in den Kämpfen um vergeschlechtlichte Lebensweisen und Subjektivitäten.

Literatur

Althusser, Louis, 2012: *Ideologie und ideologische Staatsapparate.* 2. Halbband. Hamburg.

Arruzza, Cinzia/Bhattacharya, Tithi/Fraser, Nancy, 2019: *Feminismus für die 99%. Ein Manifest.* Berlin.

Artus, Ingrid/Birke, Peter/Kerber-Clasen, Stefan/Menz, Wolfgang, 2017: *Sorge-Kämpfe. Auseinandersetzungen um Arbeit in sozialen Dienstleistungen.* Hamburg.

Aulenbacher, Brigitte, 2013: *Ökonomie und Sorgearbeit. Herrschaftslogiken, Arbeitsteilungen und Grenzziehungen im Gegenwartskapitalismus.* In: Appelt, Erna/Aulenbacher, Brigitte/Wetterer, Angelika (Hg.): Gesellschaft. Feministische Krisendiagnosen. Münster, 105–126.

Aulenbacher, Brigitte/Dammayr, Maria, 2014: *Krisen des Sorgens. Zur herrschaftsförmigen und widerständigen Rationalisierung und Neuverteilung von Sorgearbeit.* In: Dies. (Hg.): Für sich und andere sorgen. Krise und Zukunft von Care in der modernen Gesellschaft. Weinheim/Basel, 65–76.

Auth, Diana/Leitner, Sigrid/Klenner, Christina, 2015: *Neue Sorgekonflikte: Die Zu-mutungen des Adult Worker Model*. In: Völker, Susanne/Armacker, Michèle (Hg.): Prekarisierungen. Arbeit, Sorge und Inklusion. Weinheim, 42–58.

Becker-Schmidt, Regina, 2011: *Verwahrloste Fürsorge – ein Krisenherd gesellschaftlicher Reproduktion. Zivilisationskritische Anmerkungen zur ökonomischen, sozialstaatlichen und sozialkulturellen Vernachlässigung von Praxen im Feld 'care work'*. Gender. Zeitschrift für Geschlecht, Kultur und Gesellschaft. 3. Jg., Heft 3, 9–23.

Becker, Karina/Lenz, Sarah/Thiel, Marcel, 2017: *Pflegearbeit zwischen Fürsorge und Ökonomie. Längsschnittanalyse eines Klassikers der Pflegeausbildung*. Berliner Journal für Soziologie. 26. Jg., Heft 3-4, 501–527.

Beer, Ursula, 1990: *Geschlecht, Struktur, Geschichte. Soziale Konstituierung des Geschlechterverhältnisses*. Frankfurt am Main/New York.

Bhattacharya, Tithi, 2019: *Die Theorie der sozialen Reproduktion. Der internationale Frauenstreik ist die Nahtstelle aller sozialen Bewegungen*. SoZ – Sozialistische Zeitung. Heft 10/2019. https://www.sozonline.de/2019/10/die-theorie-der-sozialen-reproduktion/ [20. Dezember 2020].

Bock, Gisela/Duden, Barbara, 1976: *Arbeit aus Liebe – Liebe als Arbeit. Zur Entstehung der Hausarbeit im Kapitalismus*. In: Frauen und Wissenschaft. Beiträge zur ersten Berliner Sommeruniversität für Frauen. Berlin, 118–199.

Dalla Costa, Mariarosa, 1973: *Die Frauen und der Umsturz der Gesellschaft*. In: Dies./James, Selma (Hg.): Die Macht der Frauen und der Umsturz der Gesellschaft. Berlin, 27–66.

Décieux, Fabienne, 2017: *Ökonomisierung und Ansprüche als Triebkräfte von Sorge-Kämpfen*. In: Artus, Ingrid/Birke, Peter/Kerber-Clasen, Stefan/Menz, Wolfgang (Hg.): Sorge-Kämpfe. Auseinandersetzungen um Arbeit in sozialen Dienstleistungen. Hamburg, 238–254.

Dück, Julia, im Erscheinen: *Kämpfe um Care in der Krise. Transformationen der sozialen Reproduktion in Krankenpflege und Kinderbetreuung*. Bislang unveröffentlichte Dissertation an der Friedrich-Schiller-Universität Jena.

–, 2018: *Feministische Klassenpolitiken in Kämpfen um Soziale Reproduktion. Zu den Auseinandersetzungen an der Berliner Charité für mehr Personal im Krankenhaus*. sub/urban. 6. Jg., Heft 1, 129–140. http://www.zeitschrift-suburban.de/sys/index. php/suburban/article/view/343/573 [20. Dezember 2020].

Federici, Silvia, 2012: *Aufstand aus der Küche: Reproduktionsarbeit im globalen Kapitalismus und die unvollendete feministische Revolution*. Münster.

Ferguson, Susan, ohne Jahr: *Social Reproduction: What's the big idea?* http://plutobooks. com/blog/social-reproduction-theory-ferguson [20. Dezember 2020].

Gilligan, Carol, 1982: *In a Different Voice. Psychological Theory and Women's Development*. Cambridge.

Gramsci, Antonio (zitiert als GH), 1991ff.: *Gefängnishefte. Kritische Gesamtausgabe*. Hrsg. von Haug, Wolfgang Fritz/Bochmann, Klaus. Hamburg.

Jürgens, Kerstin, 2010: *Deutschland in der Reproduktionskrise.* Leviathan. 38. Jg., Heft 4, 559–587.

Jürgens, Kerstin/Hoffmann, Reiner/Schildmann, Christina, 2017: *Arbeit transformieren! Denkanstöße der Kommission „Arbeit der Zukunft".* Bielefeld.

Klinger, Cornelia, 2013: *Krise war immer... Lebenssorge und geschlechtliche Arbeitsteilungen in sozialphilosophischer und kapitalismuskritischer Perspektive.* In: Appelt, Erna/Aulenbacher, Brigitte/Wetterer, Angelika (Hg.): Gesellschaft. Feministische Krisendiagnosen. Münster, 82–104.

Knecht, Ursula/Krüger, Caroline/Markert, Dorothee/Moser, Michaela/Mulder, Anne-Claire/Praetorius, Ina/Roth, Cornelia/Schrupp, Antje/Trenkwalder-Egger, Andrea (Hg.), 2012: *ABC des guten Lebens.* Rüsselsheim.

Kumbruck, Christel/Rumpf, Mechthild/Senghaas-Knobloch, Eva, 2010: *Unsichtbare Pflegearbeit. Fürsorgliche Praxis auf der Suche nach Anerkennung.* Münster.

Leitner, Sigrid/Ostner, Ilona/Schratzenstaller, Margit (Hg.), 2004: *Wohlfahrtsstaat und Geschlechterverhältnis im Umbruch: Was kommt nach dem Ernährermodell?* Wiesbaden.

Ludwig, Gundula, 2007: *Gramscis Hegemonietheorie und die staatliche Produktion von vergeschlechtlichten Subjekten.* In: Das Argument. Heft 270, 196–205.

Madörin, Mascha, 2011: *Das Auseinanderdriften der Produktivitäten: Eine feministische Sicht.* In: Denknetz-Jahrbuch 2011. Zürich, 56–70.

MEW/Marx-Engels-Werke, 1956ff., Band 23: *Das Kapital. Erster Band: Der Produktionsprozess des Kapitals* (zitiert als MEW 23).

Müller, Beatrice, 2018: *Die sorgenfreie Gesellschaft. Wert-Abjektion als strukturelle Herrschaftsform des patriarchalen Kapitalismus.* In: Scheele, Alexandra/Wöhl, Stefanie (Hg.): Feminismus und Marxismus. Weinheim/Basel, 84–101.

Pühl, Katharina, 2001: *Geschlechterverhältnisse und die Veränderung von Staatlichkeit in Europa. Ansätze eines theoretischen Perspektivwechsels.* In: Kreisky, Eva/Lang, Sabine/Sauer, Birgit (Hg.): EU. Geschlecht. Staat. Wien, 44–54.

Sauer, Birgit, 2001: *Die Asche des Souveräns. Staat und Demokratie in der Geschlechterdebatte.* Frankfurt am Main/New York.

Tronto, Joan/Fisher, Berenice, 1990: *Toward a Feminist Theory of Care.* In: Abel, Emily K./Nelson, Margaret (Hg.): Circles of Care. Work and Identity in Women's Lives. New York, 35–62.

Winker, Gabriele, 2011: *Soziale Reproduktion in der Krise. Care Revolution als Perspektive.* Das Argument. Heft 292, 333–344.

Moritz Altenried

Was ist eine Plattform?
Politische Ökonomie und Arbeit im Plattformkapitalismus

Was ist eine Plattform? Für lange Zeit war die Antwort vor allem: Eine ebene, oft erhöhte Fläche. Eine Aussichtsplattform, eine Bohrplattform für den Erdölabbau im Meer, oder der Bahnsteig, also eine Plattform, die am Bahnhof Reisenden den Ein- und Ausstieg in Züge erlaubt. Der Bahnhof verweist auf eine weitere Bedeutung der Plattform, nämlich die der Transaktionsfläche. Die Plattform ermöglicht den Umstieg zwischen unterschiedlichen Beförderungsmodi, indem diese temporär synchronisiert werden. Ganz ähnlich ist auch die Funktion der Plattform in der Informatik: Hier ist sie die Ebene, auf der verschiedene Programme entwickelt werden, operieren und in Interaktion treten. Fläche, Transaktionsort, Infrastruktur. Bauwesen, Transport, Software. Alle diese Begriffsbedeutungen treten heute zunehmend hinter die prägenden ökonomischen Formationen des digitalen Kapitalismus zurück, die sich als Plattformen bezeichnen oder als solche bezeichnet werden (und dabei auf die obigen Bedeutungen rekurrieren). Google, Facebook, Amazon oder Uber sind Beispiele für die verbreitete Verwendung des Begriffs der Plattform für einige der bekanntesten Unternehmen unserer Zeit.

Diese und weitere als Plattformen bezeichnete Unternehmen prägen nicht nur die politische Ökonomie der Gegenwart, sie schreiben sich zunehmend auch in die verschiedenen Dimensionen des alltäglichen Lebens ein. Dies lässt sich mit einem einfachen Blick auf eine relativ beliebige Stadt der Gegenwart feststellen: Google Maps leitet die Menschen durch die Straßen und verändert so ihre gelebte Kartographie. Politische Demonstrationen, Konzerte und Veranstaltungen werden über Facebook, Instagram und Twitter beworben, organisiert, diskutiert und bewertet. *Lieferando* bringt das Mittagessen und fast alle anderen Waren werden von Amazon an die Haustüre geliefert, womit sich Struktur und Geographie des Konsums verändern. Praktiken und Räume des Datings und Nachtlebens transformieren sich über *Tinder* und *Grindr*. Airbnb bietet das Ferienappartement, Uber die Taxifahrt, *TaskRabbit* die Aufbauhilfe für die neuen Ikea-Möbel, Helpling die saubere Wohnung, *Care.com* die Kinderbetreuung. Diese Beispiele eines emergenten Plattform-Urbanismus (Barns 2020; Sadowski 2020; Altenried u.a. im Erscheinen; siehe auch den Beitrag von Yannick Ecker, Marcella Rowek und Anke Strüver in diesem Band) zeigen: Es gibt kaum noch einen Bereich von Arbeit und Reproduktion, in dem digitale Plattformen keine Rolle mehr spielen.

Diese Auflistung von Plattform-Unternehmen und ihren Tätigkeiten zeigt aber auch: Der schillernde Begriff der Plattform wird für verschiedenste ökonomische Formationen verwendet, die sich teilweise sehr stark voneinander unterscheiden. Die Subsumption unterschiedlicher Applikationen und Unternehmen unter dem Begriff der Plattform trägt sowohl zu dessen Attraktivität als auch seiner Problematik bei und verweist auf die Schwierigkeit der Definition und Diskussion von Plattformen. Die Unterschiedlichkeit der Plattformunternehmen macht die wissenschaftliche und politische Debatte oft unübersichtlich und bringt Definitionsversuche schnell ins Straucheln. Dennoch – so die These dieses Artikels und auch des gesamten Bandes – lohnt es sich, diese heterogenen Unternehmungen und die ihnen zugrundeliegenden Tendenzen gemeinsam in den Blick zu nehmen. Schließlich eröffnet dieser Blick eine wichtige Perspektive auf die Transformation des Kapitalismus.

In diesem Beitrag geht es mir also primär darum, die *Logik* der Plattformen zu verstehen und diese als Ausgangspunkt für eine Analytik der gegenwärtigen Transformationsprozesse einzusetzen. Daher werde ich im Folgenden weder einen Definitionsversuch für den Begriff der Plattform unternehmen, noch geht es mir um einen Überblick über oder eine Kategorisierung der unterschiedlichen Plattformunternehmen. Stattdessen werde ich zuerst kurz erläutern, was die Idee der Plattform für Unternehmen strategisch und praktisch attraktiv macht und was die derzeitige Konjunktur von Plattformen aus Perspektive von Unternehmen und Risikokapital begründet. Anschließend werde ich, ausgehend von Nick Srniceks Buch *Plattform-Kapitalismus*, den Versuch diskutieren, den gegenwärtigen Kapitalismus aus der Perspektive der Plattformen zu verstehen. Von hier aus lässt sich ein Analyserahmen entwickeln, der digitale Plattformen in den historischen und gegenwärtigen Transformationsprozessen des Kapitalismus verortet und die (Selbst-)Beschreibung dieser Unternehmen als „innovative disruptors" problematisiert. Das Ergebnis ist keine Definition des Begriffs, sondern die Idee der *Infrastrukturisierung* als strategischer Horizont und Kern der Plattform. Der Versuch der meisten Plattformunternehmen, zu unverzichtbaren Infrastrukturen des alltäglichen Lebens zu werden, vereint Facebook, Uber, Google oder Amazon.

Im nächsten Schritt gilt der Blick dann einem spezifischen Modell der plattformvermittelten Arbeit, der sogenannten Gig Economy. Dieser Abschnitt versucht mithilfe einiger empirischer Schlaglichter aktueller Forschungen, an denen ich beteiligt bin, eine prägnante Beschreibung der zentralen Charakteristika von

Plattformarbeit. Ein Blick auf die oft mehrheitlich migrantischen Belegschaften dieser Arbeitsplattformen erlaubt dann auch ihre Verortung in immer schon stratifizierten Arbeitsmärkten sowie einer langen Geschichte kontingenter Arbeit. Abschließend versuche ich am Beispiel Amazons zu zeigen, wie die aktuelle Corona-Pandemie zu einem Katalysator des Plattformkapitalismus wird.

Das Geschäftsmodell der Plattformen: Risikokapital und Risikoabwälzung

Der Boom des Begriffs Plattform hat sicherlich auch damit zu tun, dass diese Selbstbezeichnung für Unternehmen einige strategische Vorteile bietet. Mit dem Begriff der Plattform lässt sich nicht nur die Dynamik des Digital-Sektors assoziieren, sondern auch ein spezifisches, für Risiko-Kapital attraktives, schlankes Geschäftsmodell. Eine digitale Plattform ist – so die Idee – im Kern ein Technologie-Unternehmen, das eine Transaktionsfläche für andere bereitstellt, ohne selbst umfassend in Produktionsmittel und lebendige Arbeit zu investieren. Uber besitzt keine Autos und stellt keine Fahrer*innen an, Airbnb besitzt keine Wohnungen, Deliveroo keine Restaurants oder Fahrräder, Facebook erstellt keine Videos, Status-Updates oder sonstige Inhalte. Stattdessen – so der Diskurs – bieten diese Plattformen nur die Technologie, die den Austausch zwischen externen Akteur*innen ermöglicht, und beziehen dafür eine Kommission. Dieses schlanke Geschäftsmodell macht Plattformen besonders attraktiv für Risikokapitalgeber, die lieber in Technologieunternehmen als zum Beispiel in Unternehmen mit vielen Arbeiter*innen investieren (Irani 2015, 230f.). Schließlich liegt in der Plattformstrategie nicht nur das Versprechen der flexiblen Skalierbarkeit, sondern auch das Potenzial, sich von den Arbeitsbedingungen und anderen Auswirkungen und Kosten, die ein Unternehmen normalerweise produziert, zu distanzieren.[1]

Diese Ideen eines schlanken Geschäftsmodells und das Abwälzen von Risiken und Kosten auf andere Akteur*innen sind tatsächlich nicht nur strategische Selbstbeschreibung, sondern wichtige Kernprinzipien des Geschäftsmodells von Plattformen. Gleichzeitig gilt es, diese Selbstbeschreibung kritisch zu hinterfragen. Einerseits kommandieren die meisten Plattformen eben nicht nur einige Algorithmen, sondern besitzen beträchtliche Infrastrukturen. Andererseits haben viele Plattformen eine nicht unerhebliche Zahl an angestellten Arbeiter*innen

---

1   Für eine frühe Analyse der verschiedenen Dimensionen dieses strategischen Einsatzes von Begriff und Diskurs der Plattform am Beispiel von YouTube siehe Gillespie 2010.

und bei fast allen kommen über Vertragsmodelle wie die Solo-Selbstständigkeit oder das Outsourcing über Subunternehmen viele weitere Menschen hinzu, deren Arbeit unerlässlich für das Funktionieren dieser Plattformen ist. Auch wenn durch diese aufwendigen Auslagerungsstrategien die Zahl der tatsächlich angestellten Arbeiter*innen für manche Plattformen im Verhältnis zu den Umsätzen niedrig ist, sollte das nicht über die zentrale Rolle menschlicher Arbeit für die meisten dieser Unternehmen hinwegtäuschen und dazu verleiten, vorschnell ihre Selbstbeschreibung als schlanke Technologieunternehmen zu übernehmen.

Amazon, Facebook oder Google besitzen Warenlager, Datenzentren und sogar transozeanische Unterseekabel für Datenverkehr, allein dieser Umstand verweist auf die wichtige Rolle materieller Infrastrukturen, die sich im Besitz der Plattformen befinden. Und auch eine 'schlanke' Plattform wie Uber basiert auf massiven Investitionen in Produktionsmittel und lebendige Arbeit. Uber versucht hierbei aber die Risiken für die Investitionen auf andere abzuwälzen. Lassen wir die (erheblichen) Investitionen in Infrastruktur und Technologien für selbstfahrende Autos beiseite, dann besitzt Uber tatsächlich wenige Autos. Diese müssen sich die Millionen Fahrer*innen selbst kaufen (oder über eines der von Uber vermittelten Programme leasen). Nicht selten sind es die dabei aufgenommenen hohen Schulden, die Fahrer*innen in der Folge dazu zwingen, rund um die Uhr auf der Plattform aktiv zu sein, um die Kosten zu bedienen (Rosenblat 2018). Das Geschäft von Uber beruht also auf großen, von Arbeiter*innen getätigten, aber von Uber über die Leasing-Programme organisierten und kontrollierten Investitionen in Autos, sowie der Arbeit von global über drei Millionen Fahrer*innen.

Die Verausgabung von Kapital und Arbeitskraft (und die Kontrolle über diese) ist bei den meisten Plattformen also nicht geringer als bei einem traditionellen Unternehmen, sondern oft nur anders organisiert, wobei Risiken und Kosten anders verteilt sind. Die meisten Plattformunternehmen beruhen folglich durchaus auf großen Investitionen in konstantes und variables Kapital und verfolgen gleichzeitig die Strategie, die Risiken für diese Investitionen auf andere abzuwälzen. Insgesamt also erscheint die Beschreibung von Plattformen als reine Technologieunternehmen fragwürdig – ob mit Blick auf die gigantischen Datenzentren von Facebook und Google oder auf die Millionen Fahrer*innen mit ihren oft identischen Autos, die zwar formal unabhängig, faktisch aber von Uber gesteuert und kontrolliert sind.

Ungeachtet der Unterschiedlichkeiten der einzelnen Plattformen, zeigt sich heute zunehmend die Schlüsselrolle dieser Unternehmen und ihrer Strategien in der politischen Ökonomie der Digitalisierung und darüber hinaus. Logik und Strategie der Plattformen scheinen damit zu einem Kristallisationspunkt der digitalen Transformation des Kapitalismus zu werden.

Plattformkapitalismus?

In seinem vielzitierten Buch *Plattform-Kapitalismus* entwickelt Nick Srnicek (2018) eine politökonomische Perspektive auf den Aufstieg digitaler Plattformen. Den gegenwartsbezogenen Erzählungen von disruptiven Digitalunternehmen setzt er eine längere Geschichte der ökonomischen Krisen und Produktivitätsschwierigkeiten entgegen und verortet den Aufstieg der Plattformen innerhalb dieser Geschichte. Srnicek beschreibt die Geburt des Plattformmodells überzeugend als Produkt der zyklischen Krisen der Nachkriegsjahre und zeigt, wie diese Krisen und ihre Bearbeitung die Vorrausetzung für eine Form der Finanzialisierung geschaffen haben, in deren Kontext der Aufstieg der Plattformen zu verstehen ist. Anschließend entwickelt er eine Typologie von fünf Plattformtypen: Werbeplattformen (z.B. Facebook), Cloud-Plattformen (z.B. AWS), Industrieplattformen (laut Srnicek entwickelt sich etwa Siemens in diese Richtung), Produktplattformen (z.B. Spotify) und schlanken Plattformen (hierunter fallen unter anderem Gig-Economy-Plattformen wie Uber).

Die Relevanz seines Buches liegt aus meiner Sicht aber weniger in diesem Kategorisierungsvorschlag. Ebenso wenig erschöpft sich die Bedeutung des Begriffs des Plattformkapitalismus in der Frage, ob heute alle Unternehmen zu Plattformen werden. Vielmehr erlaubt dieser Begriff eine Perspektive auf die politische Ökonomie der Gegenwart und die Beschreibung von Tendenzen, die sich in vielen Sektoren und Unternehmen finden, auch und gerade jenseits der sogenannten Plattformökonomie. Die Verortung des Aufstiegs der Plattformen in den Krisen der globalen Ökonomie der vergangenen Dekaden ist wichtig und bricht mit der Idee der digitalen Technologie als einer quasi extra-ökonomischen Disruptionsagentin sowie den tech-optimistischen Ideen, die sich in Konzepten wie der Sharing Economy ausdrücken. Stattdessen geht es um Entwicklungstendenzen des Kapitalismus, etwa der aus Krisenprozessen resultierenden Finanzialisierung, die schon länger in der Welt sind als Facebook, Google und Airbnb.

Tatsächlich neu an der gegenwärtigen Entwicklung ist für Srnicek vor allem der jüngere, von der Ausbereitung digitaler Technologien getriebene Aufstieg von Daten zum „zentralen Rohstoff". Mit dieser Idee referiert Srnicek eine populäre These zum digitalen Kapitalismus (eine Variante davon findet sich etwa in Shoshana Zuboffs (2018) Konzept des Überwachungskapitalismus). Für Srnicek sind Plattformen hauptsächlich auf die Gewinnung und Monetarisierung spezifischer

Daten ausgerichtet. Dies ist insoweit völlig richtig, als Daten tatsächlich eine zentrale Rolle in der Organisation des Geschäftsablaufs der meisten Plattformen spielen. Darüber hinaus weisen sie eine „extraktivistische" Dimension (Mezzadra/ Neilson 2019) auf, indem sie versuchen, Daten über die Transaktionen, die auf ihnen stattfinden, zu monetarisieren. Allerdings erscheint mir in diesem Kontext die Rolle von Daten oft fetischisiert und in ihrer Bedeutung für die politische Ökonomie der Plattformen ungenau konzeptualisiert zu werden: Hier ist zuerst auf die bereits oben angeführte Bedeutung von materieller Infrastruktur und lebendiger Arbeit zu verweisen, die mit Blick auf Daten gerne vergessen werden. Zweitens erscheint die These von Daten als „Rohstoff" oder „Ware" in vielen Fällen nicht sonderlich präzise. Während Daten für die meisten Plattformen zwar eine wichtige Rolle in ihrer Organisation und ihren Abläufen spielen, sind sie dennoch meist kein Rohstoff und noch seltener eine Ware. Um wieder Uber als Beispiel zu nehmen: Im Falle der Taxiplattform, die bis heute rote Zahlen schreibt, wird gerne argumentiert, das eigentliche Ziel der Plattform sei nicht, Gewinne in der Gegenwart zu erzielen, sondern möglichst viele Daten über Kundschaft, Stadtraum und Mobilität zu gewinnen, die dann in einer Zukunft der selbstfahrenden Autos gewinnbringend genutzt werden könnten. Selbst wenn das so wäre, wären die Daten weder Rohstoff noch Ware, sondern aufwendig produziertes, in Algorithmen verdinglichtes Wissen, das als Produktionsmittel genutzt würde. Ein Verkauf dieses Wissens ist zumindest denkbar, aber fast nie Teil des Geschäftsmodells der verschiedenen Plattformen.

Die Idee einer zukünftigen Profitabilität, die auf einer gegenwärtigen „Datensammelphase" aufbaut, ist darüber hinaus sicherlich oft auch eine Strategie, um Investitionen zu sichern. Damit sind wir wieder beim Zusammenhang von Plattformen und Finanzialisierung. Viele Plattformen sind von sogenanntem Risikokapital finanziert, eine Finanzierung, die oft massive Investitionen und lange Jahre der Expansion und roten Zahlen erlaubt. Während einige Plattformen heute bereits hochprofitabel sind, machen manche andere (darunter Uber) immer noch Verluste. Gleichzeitig scheint der Zyklus, in dem Risikokapital für Plattformen fast unendlich zur Verfügung stand und Investor*innen bereit waren, jahrelange Verluste zu akzeptieren, langsam zu Ende zu gehen. Vor diesem Hintergrund lässt sich hinter der Behauptung einer Zukunft, in der sich die in Verlustjahren gesammelten Daten zu Gold machen lassen, auch die Sorge um Kapitalfluss und Investitionen vermuten.

Auch wenn sich die politische Ökonomie der Daten komplexer gestaltet, liegt die Bedeutung von digitaler Technologie für den Plattformkapitalismus auf der Hand. Plattformen stehen sicherlich im Kontext älterer ökonomischer Entwicklungen und Tendenzen, gleichzeitig entwickeln diese Tendenzen durch die Verbreitung digitaler Technologien eine vorher nicht dagewesene Sprengkraft. Plattformen, wie wir sie heute kennen, sind ohne die rasante und tiefgreifende Verbreitung vernetzter digitaler Technologien nicht denkbar. Auch Philipp Staab (2019) setzt hier mit seiner Theorie des digitalen Kapitalismus an. Es sind primär durch digitale Technologie ermöglichte Skalen- und Netzwerkeffekte,[2] die zum Aufstieg der (eher missverständlich so genannten) Technologieunternehmen zu den wichtigsten Unternehmen der Gegenwart geführt haben. Google, Apple, Facebook und Amazon werden durch diese Effekte zur Avantgarde des digitalen Kapitalismus, so Staab, und vereinen damit immer mehr ökonomische und auch politische Macht auf sich. Sie sind quasi „Metaplattformen" (Nachtwey/Staab 2020) und kontrollieren immer größere Teile des kommerziellen Internets und alltäglichen Lebens. Diese Konzerne dominieren dabei nicht nur Märkte, ihr strategischer Horizont ist es, selbst zu diesen Märkten zu werden.

Erläutern lässt sich Staabs Konzept „proprietärer Märkte" etwa an Apples App Store. Dieser reguliert den Zugang zu den Computern und Telefonen der Kundschaft für Unternehmen, die Apps entwickeln, legt die Standards für diese Produkte fest und kann gleichzeitig Provisionen für jeden abgewickelten Kauf eintreiben. Für Unternehmen, die Apps entwickeln und verkaufen, gibt es dabei keine Alternative. Sie kommen nicht an den App Stores von Apple oder Google vorbei, die durch ihre dominante Stellung im Bereich der Betriebssysteme und Hardware (nur Apple) den Zugang zu den Telefonen und Computern der Kundschaft kontrollieren und so selbst zu Märkten werden können. Eine analoge Strategie verfolgt zum Beispiel auch Amazon in Bezug auf den Einzelhandel, Google hat sie im Bereich der Internetsuche bereits erfolgreich umgesetzt. Das Ausmaß der ökonomischen und auch politischen Macht, die in solchen Konstellationen entsteht, ist unschwer zu erahnen. Staabs Konzeptualisierung des digitalen Kapitalismus kann man also, wenn man so möchte, auch als ein Konzept der Plattformisierung verstehen. Getrieben wird dieser Prozess durch die enorme Verbreitung digitaler Technologien in allen Lebensbereichen und die Kontrolle weniger Konzerne über einen großen Teil dieser Technologien und Infrastrukturen.

---

2   Diese Effekte beschreiben, dass Plattform-Services in der Regel besser und effektiver werden, je mehr Nutzer*innen sie vereinen: Je mehr Nutzer*innen z.B. ein soziales Netzwerk (im Vergleich zur Konkurrenz) hat, desto attraktiver ist es und desto mehr neue Nutzer*innen wird es wiederum gewinnen. Diesen Effekten wohnt also eine Tendenz zur Monopolisierung inne.

Im Verständnis dieser Prozesse liegt die Produktivität des Begriffs: Mit der Idee des Plattformkapitalismus lassen sich die (sehr erfolgreichen) Versuche von Plattformunternehmen, zu unverzichtbaren Infrastrukturen des Alltagslebens zu werden sowie die gesellschaftlichen Folgen konzeptualisieren. Die beobachtbaren Prozesse einer *Plattformisierung von Infrastruktur* und einer *Infrastrukturisierung von Plattformen* (vgl. Plantin u.a. 2018; van Dijck u.a. 2019) lassen sich dann vielleicht auch als die zentrale Wirkungsweise von Plattformen beschreiben, die für so unterschiedliche Plattformen wie Amazon, Google oder Airbnb zutrifft, ohne diese in irreführender Weise zu homogenisieren. Die Konsequenzen dieser Transformation sind umfassend und vielschichtig und reichen über den Bereich der politischen Ökonomie und sozialen Reproduktion hinaus, bis zur Transformation der liberalen Demokratie (Stichworte wären Cambridge Analytica, Trump, Twitter) und einer neuen Geopolitik der Plattformen (man denke an den Konflikt zwischen Google und dem chinesischen Staat oder den sich abzeichnenden globalen Konkurrenzkampf zwischen Amazon und Alibaba).

Eine Analytik des Plattformkapitalismus sollte also, so der Vorschlag, nicht auf eine Definition oder Kategorisierung unterschiedlicher Plattformen zielen oder diese als spezifischen Sektor („die Plattformökonomie") verstehen, sondern die Logik der Plattform als Ausgangspunkt nutzen, um die gegenwärtigen Transformationsprozesse des globalen Kapitalismus zu erforschen. Eine solche Analytik sollte die Rolle digitaler Technologie und die neue Rolle von Daten in den Blick nehmen, dabei aber nicht die zentrale Bedeutung materieller Infrastrukturen und lebendiger Arbeit aus dem Blick verlieren. Aus dieser Perspektive wird der strategische Horizont von Plattformen erkennbar, zu unverzichtbaren Infrastrukturen des Alltagslebens zu werden. Diese Strategie geht fast immer mit dem Versuch der Abwälzung von Kosten und Risiken auf Arbeiter*innen, Staat und Gesellschaft einher. Sie zielt auf potenziell sehr weitreichende und umfassende ökonomische wie gesellschaftliche Macht ab und diffundiert auch weit über die Grenzen der sogenannten Plattformökonomie hinaus.

Plattformarbeit: Arbeit *on demand*

In den verschiedenen Plattformunternehmen finden sich fast immer auch sehr unterschiedliche Beschäftigungsformen. Wenn im Folgenden von Plattformarbeit die Rede ist, sind damit nicht alle Beschäftigten bei Plattformunternehmen gemeint, sondern vielmehr ein spezifisches Beschäftigungsmodell, das in der internationalen Debatte oft als Gig Economy bezeichnet wird. Die Gig Economy übersetzt die Logik der Plattformen in ein Modell von Arbeitskraft *on demand*, das inzwischen in immer mehr Bereiche der gesellschaftlichen Arbeitsteilung vordringt. Im Folgenden werde ich zunächst einen Überblick über Modell und Größe der Gig Economy geben, um anschließend die zentralen Charakteristika von Plattformarbeit tiefergehend zu diskutieren.

Eine Definition dieses Modells liefert eine argentinische Migrantin, die in Berlin für die Putzplattform Helpling arbeitet und die wir im Rahmen eines Forschungsprojektes[3] interviewt haben:

> Man hat mir von dieser App erzählt und dass ich direkt einen Job bekommen würde. Sie haben mir gesagt, man meldet sich an und dann bekommt man Angebote über die App. Mir kam das komisch vor, aber so war es, du meldest dich an und bekommst Jobs angeboten. Putzangebote für unterschiedliche Häuser, in unterschiedlichen Bezirken, entweder zwei oder vier Stunden, aber Helpling bekommt eine ziemlich hohe Kommission. Im Prinzip ist es das. (Interview Januar 2020, Übersetzung M.A.)

Damit hat sie prägnant das Geschäftsmodell der Plattform Helpling beschrieben. Die in Berlin gegründete Plattform vermittelt solo-selbstständige Putzkräfte vor allem an Privathaushalte. Die Plattform kontrolliert dabei den Buchungs-, Kommunikations- und Zahlungsprozess und nimmt dafür eine Kommission. Gleichzeitig präsentiert sich die Plattform nur als Vermittlerin und übernimmt keine Verantwortung, etwa für Kranken- oder Sozialversicherung oder die Unterschreitung von Mindestlöhnen. Dieses Modell – die Auslagerung einzelner, zeitlich befristeter Aufträge („gigs") an formell selbständige Arbeiter*innen über eine digitale Plattform – bildet die Grundlage der heutigen Gig Economy.[4]

Zur Größe der Gig Economy gibt es wenig belastbare Zahlen und kontroverse Diskussionen. Dies liegt nicht zuletzt daran, dass Plattformarbeit oft aus dem Raster üblicher Erhebungsmethoden zu Arbeitsmärkten herausfällt, teilweise nicht statistisch erfasst wird bzw. werden kann, oft einen Zweit- oder Drittjob darstellt und schwer von benachbarten Formen flexibler und kontingenter Arbeit abgrenzbar ist. Die Plattform *Helpling* vermittelt weltweit in über 200

---

3   Das Projekt „Platform Labour in Urban Spaces" (PLUS – grant agreement No. 822638) untersucht Plattformen und Plattformarbeit in sieben europäischen Städten, darunter Berlin. Hier forsche ich gemeinsam mit Manuela Bojadžijev, Valentin Niebler und Stefania Animento, die dieses Interview geführt hat.

4   Im Folgenden wird das grundlegende Arbeitsregime der Gig Economy beschrieben, das sehr viele Plattformen so umsetzen. Es finden sich aber auch immer wieder Variationen, zum Beispiel wenn das Konstrukt der Solo-Selbständigkeit regulatorische Probleme bereitet und durch andere Arrangements ersetzt wird (im Falle von Uber in Berlin z.B. durch ein Netzwerk an Subunternehmen, die die Fahrer*innen beschäftigen).

Städten Putzkräfte, zehntausende solo-selbstständige Kurier*innen von Deliveroo liefern Essen in über 500 Städten aus und die Taxiplattform Uber, ein Pionierunternehmen der Gig Economy, hat über drei Millionen Fahrer*innen in über 900 Städten auf der ganzen Welt. Zu diesen und anderen vorwiegend im urbanen Raum aktiven Plattformen kommen zahlreiche Online-Plattformen, sogenanntes Crowdwork, die nach dem gleichen Prinzip digitale Aufgaben an solo-selbstständige Arbeiter*innen vermitteln, die diese mit ihren privaten Computern und Smartphones meist in ihren Wohnzimmern und Küchen erledigen (siehe die Beiträge von Mira Wallis sowie Iris Nowak und Wiebke Frieß in diesem Band). Mit Blick auf all diese Bereiche dürfte die Zahl der aktiven Plattformarbeiter*innen weltweit deutlich über 50 Millionen liegen, ein Großteil davon lebt im Globalen Süden (Heeks 2019).

Für Europa resümiert eine umfangreiche Studie zur (hier relativ breit definierten) Gig Economy, dass Plattformarbeit in allen untersuchten Ländern eine bedeutende Rolle spiele, wenn auch in den meisten Fällen nicht als Haupteinnahmequelle, sondern als wichtige Ergänzung zu anderen Erwerbsformen. Interessant ist auch hier die geographische Verteilung: Die höchsten Werte für regelmäßige (wöchentliche) Plattformarbeit wurden in Zentral- und Osteuropa gemessen (z.B. 28,5 Prozent der arbeitenden Bevölkerung in Tschechien in 2019), während Nord- und Westeuropa geringere Werte aufweisen. Die Studie kommt für Deutschland zu dem Ergebnis, dass hier im Jahr 2016 6,2 Prozent der arbeitenden Bevölkerung mindestens einmal wöchentlich unterschiedlichen Formen von Plattformarbeit nachgingen (Huws u.a. 2019). Eine Untersuchung der Europäischen Kommission kommt mit einer anderen Methode auf ähnliche Zahlen für Deutschland (Pesole u.a. 2018), andere Erhebungen stellen etwas niedrigere Zahlen fest. Plattformarbeit in Europa macht also bisher, darauf deutet der Blick auf verfügbare quantitative Untersuchungen hin, einen eher kleinen bis mittleren Anteil an nationalen Arbeitsmärkten aus, der jedoch teilweise stark zu wachsen scheint. Der Studie von Ursula Huws zufolge hat sich etwa die Zahl der Plattformarbeiter*innen in Großbritannien zwischen 2016 und 2019 verdoppelt (Huws u.a. 2019, 1).

Die Bedeutung der Plattformarbeit liegt aber nicht (nur) in ihrem quantitativen Anteil an Arbeitsmärkten, sie erhält ihre qualitative Relevanz auch durch ihre Eigenschaft als zentrales Experimentierfeld für neue Formen digital vermittelter, organisierter und kontrollierter Arbeit. So deutet vieles darauf hin, dass die Covid-19-Krise und die aus ihr hervorgehenden, schon vorauszusehenden wirtschaftlichen Verwerfungen die Bedeutung der Plattformarbeit noch einmal verstärken werden. Schon die Gig Economy in ihrer heutigen Form ist ein Produkt der letzten großen Finanz- und Schuldenkrise von 2007. Hier trafen insbesondere

in den USA durch Entlassungen und Rezession freigesetzte Arbeitskräfte auf groß-
zügig mit Risikokapital ausgestattete Plattformunternehmen, die so einen neuen
Kreislauf digital vermittelter, kontingenter Arbeit begründeten, der, so könnte
man argumentieren, 2009 mit der Gründung von Uber begann. Seitdem gewinnt
dieses Modell digital vermittelter kontingenter Arbeit global an Bedeutung.

Gleichzeitig finden sich viele der Charakteristika der Gig Economy auch in
anderen Beschäftigungsformen wieder. Mehrere Zeitarbeitsfirmen haben digitale
Plattformen zur Arbeitsvermittlung nach Vorbild der Gig Economy gegründet,
prekäre Solo-Selbstständigkeit existiert zweifelsohne bereits seit langer Zeit auch
außerhalb digitaler Plattformen, und algorithmisches Management gewinnt
überall an Bedeutung. Die Gig Economy ist also im Kontext – und vielleicht
als besonders radikaler Ausdruck – breiterer Tendenzen der Flexibilisierung
und Digitalisierung von Arbeit zu betrachten. Die Bedeutung der Plattformarbeit ergibt sich dabei nicht nur aus ihrer Rolle als Experimentierfeld. Über
die inzwischen relativ sichtbaren Kämpfe um bessere Arbeitsbedingungen ist
sie inzwischen auch zu einem wichtigen politischen Aushandlungsfeld für die
Arbeit der Zukunft geworden.

Algorithmisches Management und digitale Kontrolle: Zum Arbeitsprozess

Der Arbeitsprozess der oben zitierten Helpling-Arbeiterin wird ebenso wie
die Tätigkeiten von Millionen von Arbeiter*innen anderer Plattformen oft zu
großen Teilen automatisiert über eine App organisiert. Integrative Systeme „algorithmischen Managements" (Beverungen 2017) versprechen die Organisation
und Kontrolle der solo-selbstständigen Plattformarbeiter*innen mit niedrigem
Personalaufwand in Management und Büros der Plattformunternehmen. Komplexe Algorithmen verteilen die Aufträge etwa an die Deliveroo-Kurier*innen
oder Uber-Fahrer*innen und versuchen diese mit Anreizsystemen in Zonen
mit hoher Nachfrage zu locken. Gleichzeitig dient die App zur Schichtplanung
und kleinteiligen, automatisierten Organisation jeder einzelnen Lieferung oder
Taxifahrt. Dabei werden verschiedenste Daten wie Fehlzeiten, Verspätungen,
Geschwindigkeit, Routen, abgelehnte Aufträge und Bewertungen der Kundschaft
gesammelt und genutzt, um sowohl die Algorithmen zu optimieren als auch die
Arbeit der einzelnen Fahrer*innen umfassend zu vermessen und gegebenenfalls
zu sanktionieren. Oft strukturieren die verschiedenen Bewertungssysteme den
Zugang zu zukünftigen Aufträgen und dienen so als Disziplinierungsmecha-
nismen für die formell selbstständigen Plattformarbeiter*innen. Für die oben
zitierte Helpling-Arbeiterin sind vor allem die Bewertungen der Kundschaft

enorm wichtig, um weitere Buchungen zu erhalten (siehe auch den Beitrag von Lisa Bor in diesem Band).

Sowohl das Zurückgreifen auf die Kundschaft als „Ko-Management" als auch das Management über Apps und Algorithmen zielen auf ein System, das weitgehend automatisiert funktioniert und kaum angestelltes Personal für Betreuung und Management von Arbeiter*innen und Kundschaft verlangt. Digitale Technologie erlaubt dabei die präzise Organisation, Kontrolle und Vermessung der Arbeit der im Stadtraum verteilten Fahrradkurier*innen, Taxifahrer*innen oder Paketlieferant*innen in einer Weise, wie sie vorher nur in der disziplinären Architektur der Fabrik denkbar waren – und nun aus der Ferne und weitgehend automatisiert möglich wird (Altenried, im Erscheinen).

Selbständigkeit und radikale Kontingenz

Die neuen Formen digital organisierter und zunehmend automatisiert kontrollierter Arbeit stellen aber nur einen zentralen Aspekt der Plattformarbeit dar. Erst in Kombination mit der Flexibilisierung und Prekarisierung der Arbeit, dem zweiten wichtigen Charakteristikum der Gig Economy, entwickelt diese ihre Effizienz. Plattformen wie Deliveroo oder Helpling setzen dabei auf formell solo-selbstständige Arbeiter*innen, um die Fixkosten (für Arbeit und Produktionsmittel) so weit wie möglich gegen Null zu drücken. Die Fahrer*innen etwa von Uber müssen dabei, wie bereits beschrieben, die Investitionen für ihre Autos selbst tragen und im Falle von Auftragsflauten oder Krankheiten auch fast das komplette Risiko. Auch ihre soziale Absicherung, wie Krankenversicherung oder Rente, müssen die Arbeiter*innen selbst organisieren und sind etwa im Zuge der Covid-19-Krise schlagartig mit dem teilweisen oder kompletten Ausfall ihres Einkommens konfrontiert.

Der Rückgriff auf solo-selbstständige Arbeiter*innen, die mit ihren eigenen Fahrrädern oder Autos unterwegs sind und per Auftrag bezahlt werden, führt so auch zur digitalen Renaissance einer eigentlich als weitgehend historisch betrachteten Lohnform: dem Stücklohn. In der Geschichte des Kapitalismus an den Rand gedrängt, wenn auch nie ausgestorben, sind Stücklöhne für die heutige Gig Economy ein zentrales Instrument. Stücklöhne sind ein Mittel zur Leistungskontrolle und Disziplinierung von Arbeit, die außerhalb des Blickfelds des Managements stattfindet, etwa vom privaten Zuhause aus. Dabei ist das Einkommen von der erbrachten Anstrengung und Geschwindigkeit abhängig. Eine Fahrradkurierin, die per Auftrag bezahlt wird, kann das bestätigen: Je schneller sie fährt, desto mehr Aufträge schafft sie und entsprechend steigt ihr Stundenlohn.

„Die Exploitation der Arbeiter durch das Kapital verwirklicht sich hier vermittelst der Exploitation des Arbeiters durch den Arbeiter", so beschrieb bereits Marx die Funktion des Akkords durch Stücklohn (Marx 1962, 577). Stücklöhne auf digitalen Plattformen sind meist flexibel und ändern sich häufig, oft werden sie in Echtzeit an Nachfrage und verfügbare Arbeiter*innen angepasst.

Mithilfe von Stücklöhnen wird es außerdem möglich, die Arbeiter*innen nur zu bezahlen, wenn auch Aufträge vorhanden sind – und so unternehmerische Risiken auf diese abzuwälzen. Die Arbeiter*innen werden nur für die einzelnen Aufträge bezahlt und nicht für festgesetzte Arbeitszeiten. Zwischen den Aufträgen und in Wartezeiten verursachen sie so keinerlei Kosten für die Unternehmen. Gleichzeitig werden so auch die Kosten für Schichtplanung und Arbeitswege auf die Arbeiter*innen übertragen. Dies ist zum Beispiel für Helpling-Arbeiter*innen ein Problem, da die Aufträge in der ganzen Stadt verteilt sein können, wie die bereits zitierte Argentinierin erklärt:

> Eine Menge Zeit geht auf den Wegen verloren, in der Bahn, im Bus … Ich war heute von sieben Uhr morgens bis drei am Nachmittag unterwegs. Und am Ende des Tages habe ich beim zweiten Haus 15 Euro für zwei Stunden verdient und beim ersten waren es 19 Euro, glaube ich (Interview, Januar 2020, Übersetzung M.A.).

Die Konkurrenz und eine oft stark schwankende Auftragslage sind ein globales Problem in der Gig Economy. Da Selbstständige, die mit ihren eigenen Computern, Autos oder Fahrrädern arbeiten, kaum Fixkosten verursachen, gibt es für die Plattformen wenig Anreize, die Zahl der angemeldeten Arbeiter*innen zu begrenzen. Im Gegenteil bietet eine hohe Zahl an Arbeiter*innen für Plattformen wie Uber und Deliveroo die Möglichkeit, im ganzen Stadtgebiet einen schnellen Service anzubieten, während dies für die Arbeiter*innen wiederum in der Regel mehr Konkurrenz, schlechtere Löhne und damit längere Arbeitszeiten bedeutet. Crowdwork-Plattformen wie Appen oder Upwork können oft sogar auf eine globale Arbeiter*innenschaft zurückgreifen und diese in Lohnkonkurrenz zueinander setzen. All diese Faktoren markieren die charakteristische Kontingenz der Plattformarbeit, einer Arbeit, in der es keinerlei Garantien gibt, ob, wie und in welchem Umfang man am nächsten Tag wieder ein Einkommen erzielen kann.

Flexibilität, Migration und die lange Geschichte kontingenter Arbeit

Es ist gerade diese Kombination aus den neuen Formen algorithmischen Managements und digitaler Kontrolle auf der einen, sowie den (teilweise sehr alten) Flexibilisierungs- und Prekarisierungsstrategien auf der anderen Seite, die Plattformarbeit für Unternehmen effizient macht. Aber auch aus Perspektive der

Plattformarbeiter*innen ist das Versprechen flexibler Arbeit attraktiv und (neben leichter Zugänglichkeit und mangelnden Alternativen) ein zentraler Grund, warum sich Arbeiter*innen auf Plattformen anmelden. Viele Menschen, insbesondere solche, die Plattformarbeit mit anderen Formen der Arbeit, Aufgaben und Projekten verbinden, beginnen diese in der Hoffnung auf eine flexible Möglichkeit, (zusätzliches) Einkommen zu verdienen. Digital organisierte Plattformarbeit fungiert für manche als Ergänzung zu anderen Einkommen oder als Zwischenlösung, von der aber fast niemand langfristig oder ausschließlich abhängig sein möchte. Während Plattformarbeit für manche also tatsächlich als flexibel organisierbares Zusatzeinkommen funktioniert, haben viele andere oft weniger Alternativen und sind deswegen vollständig auf die Plattformen angewiesen.

Für diese Arbeiter*innen schlägt die Flexibilität nicht selten in ihr Gegenteil um. Um genügend Einnahmen für ihren Lebensunterhalt zu verdienen, sind viele Plattformarbeiter*innen fast immer online. Dies betrifft zum Beispiel Crowdworker*innen, von denen manche stets verschiedene Plattformen im Browser geöffnet haben und sich mit Alarmen zu jeder Tages- und Nachtzeit wecken lassen, falls lukrative neue Aufträge auftauchen. Oder Uber-Fahrer*innen in Berlin, von denen manche 80 bis 90 Stunden pro Woche arbeiten, um genug zu verdienen. Gerade in Krisenzeiten, wie während der Corona-Pandemie, wenn weniger Tourist*innen in der Stadt sind, wird es für sie immer schwieriger, auf einen akzeptablen Stundenlohn zu kommen. Dabei droht ein Teufelskreis: Steigende Arbeitslosenzahlen treiben immer mehr Menschen dazu, sich auf digitalen Plattformen zu registrieren, wo das Überangebot an Arbeitskraft die Konkurrenz erhöht und die Löhne drückt. Geboren in der Wirtschafts- und Finanzkrise von 2007, ist die Gig Economy auch ein Produkt und Profiteur dieser globalen strukturellen Unterbeschäftigung. Die Plattformen profitieren von der latent vorhandenen Reservearmee von Arbeiter*innen, auf die sie immer wieder zurückgreifen können und so zum Beispiel den Ausfall von Arbeiter*innen kompensieren, die aufgrund der schlechten Bedingungen schnell wieder aussteigen. Da die Arbeit auf Plattformen wenig Anlernzeit braucht und inaktive Arbeiter*innen keinerlei Fixkosten verursachen, lassen Plattformen oft sehr viele Arbeiter*innen zu und eine hohe Fluktuation ist typisch. Franziska Baum und Nadja Kufner erörtern in diesem Band, was passiert, wenn sich diese Dynamik umdreht und in einem bestimmten Sektor ein Mangel an Arbeitskraft existiert. Hier bieten Plattformen manchen Arbeiter*innen die Möglichkeit, sich gegenüber den schwierigen Arbeitsverhältnissen in der Branche mehr Flexibilität und Autonomie zu sichern.

Die Normalität der Plattformarbeit ist allerdings eine andere: Sie beruht auf einem latenten Überangebot von Arbeiter*innen mit keinen oder wenigen Alternativen zu den prekären Angeboten der Plattformen. Sehr oft handelt es sich bei diesen Arbeiter*innen um Migrant*innen. In vielen Städten Europas, aber auch auf der ganzen Welt stellen migrantische und rassifizierte Arbeiter*innen die übergroße Mehrheit der Plattformarbeitenden. Dies zeigt sich zum Beispiel auch in Berlin. Während bei Uber die Gründe hierfür auch in der langen Migrationsgeschichte des Taxigewerbes in Deutschland liegen, arbeiten bei Deliveroo und Helpling insbesondere Migrant*innen etwa aus Lateinamerika oder Südeuropa, die erst vor Kurzem in die Stadt gezogen sind. Für viele dieser neueren Migrant*innen bietet Plattformarbeit eine Möglichkeit, direkt nach der Ankunft Geld zu verdienen. Die Plattformen verlangen nur ein Minimum an Papieren für die Registrierung, und da angemeldete Arbeiter*innen keine Fixkosten verursachen, nehmen Plattformen oft alle, die sich bewerben, weitestgehend ohne Bewerbungsverfahren, meist ohne Qualifikationsanforderungen und ohne Anlernphase.

Die größte Hürde dafür, in andere Jobs zu kommen, stellen für die meisten dieser Migrant*innen die fehlenden Deutschkenntnisse dar. Ohne sie verringert sich die Auswahl an verfügbaren Jobs deutlich; ohne gute Englischkenntnisse sind die Arbeitsmöglichkeiten noch weiter eingeschränkt. Die Apps der Plattformunternehmen sind dagegen meistens mehrsprachig und erlauben so auch den Arbeitseinstieg ohne deutsche oder englische Sprachkenntnisse. Gefragt nach Alternativen zu digitalen Plattformen, nennen die meisten der jüngeren Plattformarbeiter*innen Jobs in Cafés und Restaurants oder im Bereich der Logistik und Lagerung sowie ähnliche Tätigkeiten als mögliche Alternativen zu Plattformarbeit. Die dortigen Arrangements sind meist ähnlich (schlecht) bezahlt und teilweise noch informeller und prekärer, weswegen App-vermittelte Arbeit ihnen oft als bessere Option erscheint.

Im Interview im August 2019 kritisierte zum Beispiel ein junger Chilene, der damals bei Deliveroo in Berlin arbeitete, die Bedingungen auf der Plattform, um danach auf die fehlenden Alternativen zu verweisen:

> Aber gleichzeitig ist das die einzige Option, die Immigrant*innen, oder Menschen aus Chile oder Menschen aus Indien haben. Sie können nirgendwo anders arbeiten. Also, auch wenn die Arbeitsbedingungen scheiße sind, es ist das Einzige, was die Menschen haben, ja, die einzige Möglichkeit. Also, für mich ... Ich war wirklich glücklich damit. Und solange ich nicht von einem Auto angefahren wurde, war alles in Ordnung. (Interview, August 2019, Übersetzung M.A.)[5]

---

5   Dieses Interview habe ich im Rahmen des von der Deutschen Forschungsgemeinschaft (DFG) finanzierten Projekts „Digitalisierung von Arbeit und Migration" (Fördernummer 398798988) geführt, in dem ich mit Manuela Bojadžijev und Mira Wallis forsche.

Die wenigen Alternativen für migrantische Arbeiter*innen prägen deren Bewertung von Plattformarbeit in stratifizierten urbanen Arbeitsmärkten. Gerade in Berlin, kontinuierliches Ziel verschiedenster Migrationsbewegungen, ist die Rolle migrantischer Arbeit nicht nur im Bereich digitaler Plattformen schwer zu überschätzen und die unterschiedlichen Plattformen profitieren von den jungen, oft hochqualifizierten migrantischen Arbeiter*innen. Auch wenn die konkreten Geschichten und Motive der Migration sehr verschieden sind, zeigt sich in vielen Städten ein ähnliches Bild wie in Berlin: Es sind Migrant*innen, die den Großteil der On-Demand-Arbeiter*innenschaft der Plattformen stellen (siehe auch Altenried u.a. 2020a; van Doorn u.a. 2020).

Aus der Perspektive migrantischer Arbeit sind viele der Charakteristika digitaler Plattformarbeit gar nicht so neu. Im Gegenteil: Die Arbeit bei Uber, Helpling oder Deliveroo steht dann in einer sehr langen Geschichte informeller und kontingenter Arbeit, die zu einem bedeutenden Anteil auch die Geschichte migrantischer und feminisierter Arbeit ist. Man denke an die lange Geschichte von migrantischer Saison- und Tagelöhnerarbeit, wie sie heute noch in vielen Ländern eine wichtige Rolle spielt, etwa in Kalifornien, wo mexikanische *day labourers* in vielen Sektoren unersetzbar sind, oder in Spanien und Italien, wo die Gemüseernte mithilfe von Tagelöhner*innen aus Marokko und anderen Ländern bestritten wird. Oder aber an die lange Geschichte der Heimarbeit, von den Frühzeiten der Industrialisierung bis zu den Textil-Heimarbeiterinnen der Gegenwart. Die Organisation dieser Arbeit über Mittelsmänner und Stücklöhne, der Rückgriff auf Frauen als Arbeitskräfte, die Heimarbeit mit unbezahlter Reproduktionsarbeit kombinieren, und die spezifische Abwertung dieser Arbeit – ein Blick auf die Arbeiterinnen heutiger Crowdwork-Plattformen evoziert einen deutlichen Eindruck dieser Genealogie (Altenried 2017; Altenried/Wallis 2018; siehe auch den Beitrag von Mira Wallis in diesem Band). Plattformarbeit steht also in einer sehr langen Geschichte kontingenter Arbeit, zu der auch die jüngeren Krisen und Flexibilisierungstendenzen des Post-Fordismus sowie die Wirtschafts- und Finanzkrise zählt. Durch digitale Technologie erhalten diese traditionsreichen Arrangements prekärer Arbeit jedoch eine neue Qualität: Wie oben beschrieben, sind es die Systeme algorithmischen Managements und digitaler Kontrolle, wie auch die Skaleneffekte, die die heutige Gig Economy als eine neue Stufe kontingenter Arbeit charakterisieren.

Die Stunde der Plattformen

In gewisser Weise ist die Corona-Pandemie zur Stunde der Plattformen geworden. In Wuhan, Paris und Mailand waren es in den dramatischen Lockdowns des Frühjahrs 2020 die Fahrer*innen von Lieferplattformen auf ihren Rollern und Fahrrädern, die oft als Einzige auf den leer gefegten Straßen zu sehen waren, wie sie die isolierten Menschen mit Lebensmitteln und anderen Dingen des alltäglichen Bedarfs belieferten. Während viele Plattformarbeiter*innen dabei besonderen Risiken ausgesetzt waren und sind, verfügen sie gleichzeitig kaum über eine soziale Absicherung, die Einkommen im Krankheitsfall sichert, und haben oft keine Ersparnisse, die Selbst-Isolation und andere Vorsichtsmaßnahmen zulassen. Covid-19 wirft so ein grelles Licht sowohl auf die Bedeutung dieser Arbeiter*innen für soziale Reproduktion im Krisenmodus, als auch auf die Prekarität dieser Arbeitsarrangements (Altenried u.a. 2020b). Während manche Plattformen (man denke etwa an Airbnb) durch Corona in die Krise gerieten, scheint die Pandemie doch insgesamt ein Katalysator für die Plattformisierung von Arbeit und sozialer Reproduktion zu werden. Hier wären neben den genannten Lieferplattformen zum Beispiel auch der Aufstieg von Zoom und ähnlichen Anbietern zu nennen, ein Plattformtypus, der in diesem Beitrag nicht diskutiert wurde, dessen Relevanz aber ebenfalls auf der Hand liegt.

Das beste Beispiel aber ist Amazon. Der Logistikgigant profitiert wie kein anderer von der Krise. Seit Beginn des Jahres 2020 erzielt der Konzern Rekordumsätze, Firmenchef Jeff Bezos hat sein Vermögen fast verdoppelt. Seit Beginn des Jahres hat Amazon außerdem fast eine halbe Million neuer Arbeiter*innen eingestellt und scheint auf bestem Wege, Walmart als größten privaten Arbeitgeber der Welt abzulösen (Weise 2020). Der Kern des Unternehmens bleibt die Verkaufsplattform mit ihrem globalen Logistiksystem. Diese Plattform ist für Millionen Menschen zu einer zentralen Infrastruktur des alltäglichen Lebens geworden, die fast alle denkbaren Güter an die Haustüre liefert. Für die Produzenten vieler Waren ist die Nichtteilnahme am Marktplatz von Amazon kaum noch eine Option, zu groß ist die Marktmacht des Unternehmens inzwischen. Amazon kann diesen Produzenten so zunehmend die Bedingungen diktieren. Gleichzeitig expandiert das Unternehmen immer weiter und steigt in immer neue Geschäftsfelder ein: Amazon produziert inzwischen Filme und Serien, um die Kundschaft noch fester an die Plattform und die Prime-Abonnements zu binden und expandiert in Gesundheit, Videospiele, Musik, das „Smart Home" und viele andere Felder. Die Cloud-Computing-Sparte Amazon Web Services war bereits vor der Krise Marktführer im Bereich von Cloud Services, ein weiterer

Plattformmarkt, der im Zuge des Corona-induzierten Digitalisierungsschubs und der neuen Popularität von *remote work* weiter an Bedeutung gewinnen wird. Auch im Bereich der Plattformarbeit ist Amazon aktiv: Die konzerneigene Plattform Amazon Mechanical Turk ist Pionier des Crowdwork, und mit dem Programm Amazon Flex hat das Unternehmen eine Gig-Economy-Plattform nach dem Vorbild Ubers entwickelt, mithilfe derer zehntausende solo-selbstständige Fahrer*innen Pakete mit ihren eigenen Autos ausliefern.

Amazon ist damit ein hervorragendes Beispiel für die in diesem Beitrag skizzierte Tendenz des Plattformkapitalismus. In dieser expansiven Logik ist es das strategische Ziel von Plattformen, zu unverzichtbaren Infrastrukturen des Alltagslebens zu werden. Amazon hat sich tief in die politische Ökonomie der Gegenwart eingeschrieben: Sowohl seine sichtbaren Dimensionen – wie die Pakettransporter, die die Straßen verstopfen und eine Rekordmenge an allen denkbaren Gütern zur Kundschaft liefern – als auch die eher unsichtbaren Teile des Unternehmens – wie die AWS-Datenzentren, Serverparks und Internetkabel, ohne die große Teile des Internets und zahlreiche wichtige öffentliche Einrichtungen und Unternehmen nicht funktionieren würden – zeigen dies deutlich. Die Plattform hat damit auch eine infrastrukturelle Bedeutung für das Funktionieren des alltäglichen Lebens, die nicht zu unterschätzen ist.

Im Zuge der Corona-Krise wird diese Entwicklung oft sichtbarer. Zugleich beschleunigt sich die Plattformisierung an vielen Orten, und zwar insbesondere dort, wo öffentliche Infrastrukturen im Zuge von Austerität immer weiter abgebaut werden. Die Pandemie wirft so ebenfalls ein deutliches Licht auf das Problem von kommerziellen Plattformen, die zu unverzichtbaren Infrastrukturen des Alltagslebens werden – bedeutet dies doch normalerweise eine Ökonomisierung und Privatisierung dieser Infrastrukturen. Eine solche Entwicklung, die fast immer mit der Verschärfung existierender und der Produktion von neuen Ungleichheiten einhergeht, ist natürlich für den zentralen Bereich der sozialen Reproduktion (den ich hier weitgehend ausgespart habe, um die folgenden Beiträge nicht vorweg zu nehmen) dramatisch. Die hier beschriebene Logik und die Prozesse der profitgetriebenen Plattformisierung sind dabei allerdings nicht allumfassend, sondern stehen häufig erst am Anfang. Zugleich sind sie nicht frei von Widersprüchen und werden von gesellschaftlichen Konflikten begleitet. Es ist nicht unwahrscheinlich, dass solche Konflikte zukünftig auch im Feld der sozialen Reproduktion zunehmen werden.

Literatur

Altenried, Moritz, 2017: *Die Plattform als Fabrik. Crowdwork, Digitaler Taylorismus und die Vervielfältigung der Arbeit*. PROKLA. Zeitschrift für kritische Sozialwissenschaft. 46. Jg., Heft 2, 175–192.

–, im Erscheinen: *The Digital Factory*. Chicago/London.

Altenried, Moritz/Bojadžijev, Manuela/Animento, Stefania, im Erscheinen: *Plattform-Urbanismus. Arbeit, Migration und die Transformation des urbanen Raums*. sub\urban. Zeitschrift für kritische Stadtforschung.

Altenried, Moritz/Bojadžijev, Manuela/Wallis, Mira, 2020a: *Platform Im/mobilities: Migration and the Gig Economy in Times of Covid-19*. Migration & (Im)Mobility Magazine. https://www.routedmagazine.com/platform-immobilities [20. Oktober 2020].

Altenried, Moritz/Niebler, Valentin/Wallis, Mira, 2020b: *On-demand. Prekär. System-relevant*. Der Freitag. https://www.freitag.de/autoren/der-freitag/on-demand-prekaer-systemrelevant [20. Oktober 2020].

Altenried, Moritz/Wallis, Mira, 2018: *Zurück in die Zukunft: Digitale Heimarbeit*. Ökologisches Wirtschaften. Heft 4, 2018, 24–27.

Barns, Sarah, 2020: *Platform urbanism: negotiating platform ecosystems in connected cities*. Singapore.

Beverungen, Armin, 2017: *Algorithmisches Management*. In: Beyes, Timon/Metelmann, Jörg/Pias, Claus (Hg.): Nach der Revolution: Ein Brevier digitaler Kulturen. Berlin, 51–63.

Gillespie, Tarleton, 2010: *The politics of 'platforms'*. New Media & Society. 12. Jg., Heft 3, 347–64.

Heeks, Richard, 2019: *How Many Platform Workers Are There in the Global South?* ICTs for Development. https://ict4dblog.wordpress.com/2019/01/29/how-many-platform-workers-are-there-in-the-global-south/ [22. April 2020].

Huws, Ursula/Spencer, Neil/Coates, Matthew, 2019: *The Platformisation Of Work In Europe: Results from research in 13 European countries*. Foundation for European Progressive Studies (FEPS). Brussels.

Irani, Lilly, 2015: *Difference and Dependence among Digital Workers: The Case of Amazon Mechanical Turk*. South Atlantic Quarterly, 114. Jg., Heft 1, 225–234.

Marx, Karl, 1962: *Das Kapital, Erster Band*. MEW 23. Berlin.

Mezzadra, Sandro/Neilson, Brett, 2019: *The Politics of Operations: Excavating Contemporary Capitalism*. Durham.

Nachtwey, Oliver/Staab, Philipp, 2020: *Das Produktionsmodell des digitalen Kapitalismus*. In: Maasen, Sabine/Passoth, Jan-Hendrik (Hg.): Soziologie des Digitalen – Digitale Soziologie? Baden-Baden.

Pesole, A./Brancati, M.C./Fernández-Macías, E./Biagi, F./González Vázquez, I., 2018: *Platform workers in Europe*. Publications Office of the European Union. Luxemburg.

Plantin, Jean-Christophe/Lagoze, Carl/Edwards, Paul N./Sandvig, Christian, 2018: *Infrastructure studies meet platform studies in the age of Google and Facebook.* New Media & Society. 20. Jg., Heft 1, 293–310.

Rosenblat, Alex, 2018: *Uberland: How Algorithms Are Rewriting the Rules of Work.* Oakland.

Sadowski, Jathan, 2020: *Cyberspace and cityscapes: on the emergence of platform urbanism.* Urban Geography. 41. Jg., Heft 3, 448–452.

Srnicek, Nick, 2018: *Plattform-Kapitalismus.* Hamburg.

Staab, Philipp, 2019: *Digitaler Kapitalismus: Markt und Herrschaft in der Ökonomie der Unknappheit.* Berlin.

Van Dijck, José/Nieborg, David/Poell, Thomas, 2019: *Reframing platform power.* Internet Policy Review. 8. Jg., Heft 2, 1–18.

Van Doorn, Niels/Ferrari, Fabian/Graham, Mark, 2020: *Migration and migrant labour in the gig economy: an intervention.* Working Paper. https://papers.ssrn.com/sol3/papers.cfm?abstract_id=3622589 [20. November 2020].

Weise, Karen, 2020: *Pushed by Pandemic, Amazon Goes on a Hiring Spree Without Equal.* The New York Times. https://www.nytimes.com/2020/11/27/technology/pushed-by-pandemic-amazon-goes-on-a-hiring-spree-without-equal.html [4. Dezember 2020].

Zuboff, Shoshana 2018: *Das Zeitalter des Überwachungskapitalismus.* Frankfurt am Main/New York.

Ursula Huws

Der Ärger mit dem Haushalt: Digitalisierung und Kommodifizierung von Hausarbeit[1]

Im selben Geist, in dem die Zeitschrift *Feminist Review* im Jahr 1979 von britischen sozialistischen Feminist*innen gegründet wurde, ist auch dieser Artikel geschrieben: mit dem Ziel, eine materialistisch-feministische Analyse der Gesellschaft zu entwickeln, und zwar nicht allein um der Theorie willen, sondern um praktische feministische Strategien zu befördern (siehe z.B. in den ersten beiden Ausgaben: Barrett/McIntosh 1979; London Women's Liberation Campaign for Legal and Financial Independence and Rights of Women 1979; Riley 1979). Er nimmt einige der Debatten zu unbezahlter sozialer Reproduktionsarbeit, die damals von Feminist*innen der zweiten Welle begonnen wurden, kritisch wieder auf. Zugleich bezieht er diese Debatten auf technologische Veränderungen der vergangenen vier Jahrzehnte, die damals noch nicht vorherzusehen waren, und untersucht die Auswirkungen dieser Veränderungen für künftige feministische Strategien. Dabei stützt sich der Beitrag insbesondere auf meine neueren Forschungen zur Entstehung von Online-Plattformen und die Folgen für die Vermarktlichung und Kommodifizierung von sozialer reproduktiver Arbeit.

Damit betrete ich mit diesem Text eine Art Minenfeld. Während allgemein Einigkeit darüber besteht, dass die wirtschaftliche Benachteiligung von Frauen auf dem Arbeitsmarkt eng mit ihrer Verantwortung für unbezahlte Reproduktionsarbeit im Haushalt zusammenhängt, gehen die Meinungen weit auseinander, wenn es darum geht, wie dies zu analysieren ist. Dabei sind Versuche, die politische Ökonomie der Hausarbeit zu verstehen, ebenso untrennbar mit politischen Debatten über feministische Forderungen und Strategien verbunden wie mit dem Verhältnis zwischen feministischen und anderen klassenbasierten Kämpfen, sowie mit rassifizierten Spaltungen. Das, was in den 1970er Jahren als

---

1 Der vorliegende Artikel erschien ursprünglich 2019 im englischen Original in der Zeitschrift *Feminist Review* (Huws, Ursula, 2019: The Hassle of Housework. Feminist Review 123, 8-23. https://doi.org/10.1177/0141778919879725). Wir bedanken uns bei der Autorin und den Herausgeber*innen der Zeitschrift für die Genehmigung zum Wiederabdruck.

„Hausarbeitsdebatte" bekannt wurde, ist folglich im aktuellen ökonomischen Kontext kaum in seiner Komplexität erschlossen.

Nichtsdestotrotz sind viele der von Feminist*innen in früheren Zeiten gestellten Fragen und vorgeschlagenen Ansätze auch heute noch relevant. Verschiedene Feminist*innen der ersten Welle (z.B. Kollontai/Holt 1977[1909–1920]; Clark 1982[1919]) argumentierten etwa, dass der Kapitalismus die früher im Haushalt ausgeübten Produktionsformen durch die Verlagerung in die Fabrik abgeschafft habe und dass Hausarbeit folglich nur noch aus unproduktiver Arbeit bestehe, die keinen Wert für die Wirtschaft schaffe. Der Kommunismus, so die Argumentation marxistischer Feminist*innen weiter, könne die Frauen von der anstrengenden Last dieser Arbeit befreien, indem er sie in Form von staatlich bereitgestellten Restaurants, Wäschereien, Schneidereien und Kinderbetreuungseinrichtungen kollektiviere. Andere Feminist*innen der ersten Welle setzten auf neue Technologien, um häusliche Arbeit zu automatisieren und damit die Gleichberechtigung der Geschlechter zu erreichen, so zum Beispiel H.G. Wells in seiner Arbeit *A Modern Utopia* (2005[1905]).

Auch Feminist*innen der zweiten Welle, die in den 1970er Jahren publizierten, diskutierten den Wert, der durch die Arbeit im Haushalt erzeugt wird. Sie debattierten etwa darüber, ob diese Form der Arbeit einen Mehrwert für das Kapital produziert oder nicht – ein Thema, zu dem die Meinungen selbst unter marxistischen Feminist*innen geteilt waren. So vertraten einige (z.B. Seccombe 1974; Gardiner 1975; Himmelweit/Mackintosh 1975) in diesen Debatten die Ansicht, dass die Kollektivierung der Hausarbeit eine notwendige Voraussetzung für die Befreiung sei, und plädierten für öffentliche Wäschereien, Kinderbetreuungseinrichtungen und dergleichen. Die Anerkennung der Rolle der öffentlichen Daseinsvorsorge bei der Bereitstellung dieser Leistungen verstärkte eine Welle feministischen politischen Aktivismus, die den Ausbau öffentlicher Dienstleistungen unterstützte und diese später gegen Kürzungen der Sozialausgaben verteidigte. Eine andere Strömung, der daran gelegen war, Vorbilder im Hier und Jetzt zu entwickeln, experimentierte mit Formen des kommunalen Zusammenlebens, in denen die Hausarbeit zwischen Männern und Frauen gleichberechtigt aufgeteilt werden konnte (u.a. von Segal 2007; Wall 2017). Diesen sozialistischen feministischen Positionen stand eine radikalfeministische Position gegenüber, die insbesondere von Mariarosa Dalla Costa und Selma James (1973) sowie Silvia Federici (1975) vertreten wurde. Sie forderten, dass die Arbeit im Haushalt bezahlt werden sollte. Ebenso wurde in dieser Zeit über das Potenzial der Automatisierung zur Abschaffung von Hausarbeit debattiert (siehe z.B. Rothschild 1982; Zimmerman 1983; Terry/Calvert 1997).

Alle diese Positionen leiden zu einem gewissen Grad an Klassenblindheit, Farbenblindheit und Eurozentrismus, indem sie dazu neigen, einen normativen, auf einer Kernfamilie mit männlichem Ernährer und weiblicher Hausfrau basierenden Haushalt vorauszusetzen. Dadurch aber laufen sie nicht nur Gefahr, die unbezahlte Arbeit, die innerhalb der erweiterten Großfamilie und Gemeinschaft geleistet wird, unsichtbar zu machen, sondern blenden tendenziell auch die bezahlte Arbeit von Hausangestellten innerhalb des Haushaltes aus.

Von einigen wenigen Ausnahmen (Cock 1980; Cowan 1983) abgesehen, widmete sich die Wissenschaft erst um die Jahrtausendwende der bezahlten Hausarbeit als Mittel zur Befreiung *einiger* Frauen von der Hausarbeit, indem diese im Zuge der (Re-)Konstituierung als Lohnarbeit gleichsam auf andere, ärmere Frauen übertragen wurde. Erst in jüngerer Zeit haben feministische Wissenschaftlerinnen (z.B. Hondagneu-Sotelo 2001; Parreñas, 2001; Young 2001; Ehrenreich/Hochschild 2003) auf diese Bedingungen hingewiesen, unter denen Frauen aus der Mittelschicht im globalen Westen zu mehr oder weniger gleichen Bedingungen wie Männer in den Arbeitsmarkt eintreten können: nämlich auf der Grundlage der Arbeit anderer, insbesondere migrantischer Arbeiter*innen aus dem globalen Süden, die ihre Häuser reinigen und sich um ihre Kinder kümmern.

Ebenso vernachlässigt wurde die wachsende Abhängigkeit von reproduktiver Arbeit, die marktförmig außerhalb des Haushalts geleistet wird, sowie die Erkenntnis, dass die Umwandlung von unbezahlter Arbeit in Lohnarbeit unter kapitalistischer Kontrolle nicht einmalig geschieht, sondern ein fortlaufender Prozess ist. Diesem Versäumnis lag oftmals die Annahme zugrunde, dass Arbeit und Aufgaben im Haushalt (egal ob sie von unbezahlten Hausfrauen oder bezahlten Hausangestellten durchgeführt werden) im Laufe der Zeit im Wesentlichen unverändert geblieben seien.

Auf der Grundlage theoretischer Erkenntnisse der politischen Ökonomie und Arbeitssoziologie sowie der feministischen Theorie argumentiert dieser Artikel hingegen, dass das Putzen, Kochen, Wäschewaschen oder die Kinderbetreuung heute noch ebenso wichtig sind wie zu Lebzeiten von Alexandra Kollontai. Allerdings hat sich die Art und Weise, in der diese Tätigkeiten durchgeführt werden, mit der Entwicklung des Kapitalismus, mit aufeinander folgenden Wellen der Kommodifizierung, Dekommodifizierung und Rekommodifizierung (Huws 2019), und verbunden mit dem technologischen Wandel, der zu dynamischen Verschiebungen in Inhalt und Organisation der reproduktiven Arbeit geführt hat, dramatisch verändert. Der vorliegende Beitrag stützt sich dabei auch auf meine empirischen Untersuchungen, um die Rolle digitaler Technologien in diesen Transformationen zu veranschaulichen.

Der erste Teil stellt dabei einen Analyserahmen für die Art und Weise vor, in der die von technologischen, sozialen und wirtschaftlichen Faktoren geprägte Umstrukturierung der Hausarbeit sowohl zur Entstehung neuer Arten der bezahlten Beschäftigung beigetragen als auch die Aufgaben der unbezahlten Hausarbeit verändert hat. Im nächsten Schritt werden einige allgemeinere Tendenzen dieser Veränderungen zusammengefasst, um sich sodann auf neuere Entwicklungen der Digitalisierung zu konzentrieren. Der Artikel endet schließlich mit einigen Folgerungen für feministische Wissenschaft und politische Strategien.

Die Umgestaltung der Hausarbeit: Ein konzeptueller Analyserahmen

Die Inhalte sozialer Reproduktionsarbeit werden in einem komplexen Wechselspiel zwischen wirtschaftlichen, sozialen, kulturellen und technologischen Faktoren geformt und immer wieder umgestaltet. Es ist daher nicht hilfreich, „Hausarbeit" als abstrakte Kategorie zu denken, die über verschiedene soziale Klassen, globale Regionen und historische Perioden hinweg stabil bleibt.

Der Ansatz, den ich stattdessen entwickeln möchte, ist differenzierter. Er umfasst eine Aufschlüsselung der Funktionen von Hausarbeit einerseits nach den Formen der Arbeit, die an ihrer Herstellung beteiligt sind, nämlich als Ware oder als Dienstleistung. Andererseits fragt er danach, ob diese Arbeitsformen bezahlt oder unbezahlt getätigt werden (Huws 2019). Daraus ergibt sich eine Typologie mit sechs großen Kategorien. Eine Analyse der Veränderungen in der Art und Weise, wie bestimmte Tätigkeiten ausgeführt werden, sowie der Verschiebungen innerhalb dieser sechs Typen ermöglicht es nicht nur, Unterschiede zwischen Haushalten im zeitlichen und räumlichen Verlauf zu sehen, sondern auch, sektorale Veränderungen in der Gesamtwirtschaft zu verstehen. Dies bietet einen Rahmen, um die Veränderungen (und Kontinuitäten) in der vergeschlechtlichten Arbeitsteilung sowohl im bezahlten wie auch im unbezahlten Bereich ebenso zu untersuchen wie ihre komplexen Interdependenzen. Theoretisch gesprochen ermöglicht dieser Analyserahmen eine Triangulation der Unterscheidung zwischen bezahlter und unbezahlter Arbeit, die in der feministischen Theorie eine so wichtige Rolle gespielt hat, sowie jener zwischen „produktiver" und „unproduktiver" Arbeit der Marx'schen Arbeitswerttheorie. Dabei wird „produktive" Arbeit als diejenige definiert, die einen „Mehrwert" für Kapitalist*innen produziert. In Anbetracht der feministischen Kritik an Marx ziehe ich in diesem Kontext jedoch den Begriff „reproduktiv" dem Begriff „unproduktiv" vor, um zu betonen, dass Arbeit, welche für das Kapital „unproduktiv" ist, dennoch „reproduktiv" ist – und zwar insofern, als sie einen allgemeinen sozialen Wert erzeugt (ebd.). Mit anderen Worten macht dieser Zugang es möglich, Veränderungen in der Hausarbeit mit jenen im Kapitalismus zu verbinden.

Die erste dieser sechs Kategorien, *Subsistenzarbeit*, umfasst unbezahlte Arbeit, die außerhalb des Marktes geleistet wird und die direkte Gebrauchswerte für den Haushalt oder die umliegende Gemeinschaft erzeugt. Dies meint nicht nur physische Aufgaben wie Putzen, Kochen, Ernten oder Tierpflege, sondern auch kulturelle Aufgaben wie etwa Kindern das Sprechen oder Lesen beizubringen.

Die zweite Kategorie, die *Dienstbot*innenarbeit*, umfasst bezahlte Arbeit von direkt im Haushalt beschäftigten Arbeiter*innen. Dies ist eine Art von Arbeit, die Marx als „unproduktiv" betrachtete, weil sie keinen Wert für die Kapitalisten produzierte, sondern aus den Löhnen der Arbeitgeber*innen direkt an die Beschäftigten gezahlt wurde. Historisch betrachtet hat diese Form der Beschäftigung lange einen hohen Anteil an der gesamten Arbeit ausgemacht. So schätzt Matthew Woollard (2002), dass mehr als ein Drittel (35,45 Prozent und 34,51 Prozent) der arbeitenden Bevölkerung von England und Wales bei den Volkszählungen von 1881 und 1891 als Hausangestellte klassifiziert wurden – ein Anteil, der 1901 immer noch bei 30,8 Prozent lag und nur langsam auf 26,33 Prozent im Jahr 1911 und etwa 23 Prozent in den Jahren 1921 und 1931 zurückging. In der Subsistenz-Landwirtschaft kann die Arbeit der Dienstbot*innen auch Tätigkeiten im Freien wie die Ernte oder Viehzucht umfassen.

Die dritte Kategorie, die *kapitalistische Dienstleistungsarbeit*, bezieht sich auf bezahlte Arbeitskräfte, welche von Unternehmen beschäftigt werden, die einen Gewinn aus dem Verkauf der Dienstleistungsarbeit erzielen. Einige, aber nicht alle der von diesen Arbeitskräften erbrachten Dienstleistungen tragen direkt zur sozialen Reproduktion bei.

Die vierte Kategorie, *Arbeit im öffentlichen Dienst*, die ebenfalls bezahlte Arbeit umfasst, unterscheidet sich von der kapitalistischen Dienstleistungsarbeit durch die Tatsache, dass diese Dienstleistungen nicht für Profit, sondern für ihre Gebrauchswerte erbracht werden. Viele Dienstleistungen werden dabei direkt vom Staat bereitgestellt, einige andere hingegen auch von gemeinnützigen Einrichtungen wie religiösen Organisationen, Wohltätigkeitsorganisationen und anderen NGOs erbracht.

Die fünfte Kategorie, die *kapitalistische Produktionsarbeit*, meint ebenso wie die dritte Kategorie bezahlte Arbeit für gewinnorientierte Arbeitgeber*innen. Viele, wenn auch nicht alle der Produkte aus dieser Form der Arbeit, von Nähmaschinen bis hin zu Geschirrspülern, tragen direkt zur sozialen Reproduktion bei. Sie stellen eine technologische „Arbeitsersparnis" dar und ersetzen Tätigkeiten, die vorher als Subsistenzarbeit oder Dienstbot*innenarbeit im Haushalt ausgeführt wurden (Davidson 1982).

Die sechste und letzte Kategorie, die *Konsumarbeit*, bezieht sich auf unbezahlte Arbeit der Kund*innen, die erforderlich ist, um Zugang zu Waren und Dienstleistungen zu erhalten.

Wichtig ist jedoch zu erwähnen, dass sich diese Typologie auf die Formen der Arbeit und nicht auf unterschiedliche Typen von Arbeiter*innen bezieht. So kann dieselbe Person durchaus an der Durchführung mehrerer dieser Formen gleichzeitig beteiligt sein. Tatsächlich leisten die meisten Menschen alltäglich beide Formen von unbezahlter Arbeit (Subsistenz- und Konsumarbeit), sowie mindestens eine der anderen im Verlauf ihres Lebens. Darüber hinaus sollte ebenso betont werden, dass gleiche Aufgaben durch unterschiedliche Formen von Arbeit erledigt werden können. So kann das Wickeln eines Babys unbezahlt durch ein Familienmitglied oder einen Freund erledigt werden (Subsistenzarbeit), aber auch durch ein bezahltes Kindermädchen (Dienstbot*innenarbeit), einen Angestellten in einer privaten Kindertagesstätte (kapitalistische Dienstleistungsarbeit) oder durch eine Angestellte in einer staatlichen Kindertagesstätte (öffentliche Dienstleistungsarbeit). Die Arbeit in einer Windelfabrik ist kapitalistische Produktionsarbeit, die Betätigung der Selbstbedienungskasse im Supermarkt und das Nachhausetragen der Windeln nach ihrem Kauf hingegen sind Konsumarbeiten.

Die Verschiebungen zwischen den verschiedenen Arten von Arbeit sind sehr dynamisch und werden von sozialen und wirtschaftlichen Faktoren sowie von technologischen Veränderungen beeinflusst. Da bezahlte Arbeit statistisch erfasst wird, unbezahlte Arbeit aber nicht, werden verschiedene Tätigkeiten je nach ihrer Organisation sichtbarer oder unsichtbarer. So können Auswirkungen von Sparmaßnahmen dazu führen, dass öffentliche Kindergärten geschlossen werden und Eltern gezwungen sind, wieder selbst auf die Kinder aufzupassen oder informelle familiäre Netzwerke zu nutzen (ein Wechsel von Arbeit im öffentlichen Dienst zu Subsistenzarbeit). Umgekehrt kann eine Mutter, die eine Arbeit aufnimmt (vielleicht sogar in einer Windelfabrik oder als Kinderbetreuerin), ein Kindermädchen beschäftigen oder ihr Kind in eine private Kinderkrippe schicken (Wechsel von Subsistenzwirtschaft zu Dienstbotenarbeit oder kapitalistischer Dienstleistungsarbeit).

Falls sie genug verdient und die Zeit drängt, könnte sie sogar beginnen, eine Online-Plattform zu nutzen, um sich ihre Einkäufe liefern zu lassen (Übertragung eines Teils der Arbeit von Konsumarbeit auf kapitalistische Dienstleistungsarbeit). Wenn sie sich, vielleicht aus Umweltgründen, dafür entscheidet, den Kauf von Wegwerfwindeln zugunsten von waschbaren Stoffwindeln aufzugeben, wird es einen proportionalen Rückgang der kapitalistischen Produktionsarbeit und Konsumarbeit geben und damit einhergehend eine Zunahme der Subsistenzwirtschaft (es sei denn natürlich, sie ist in der Lage, jemand anderen dafür zu bezahlen, die Wäsche für sie zu waschen – in diesem Fall wird ein Anstieg der Dienstbot*innenarbeit erfolgen). Trotz dieser volatilen Verschiebungen gibt es dennoch klare historische Trends.

Von der Subsistenzarbeit zur Warenproduktion

Die gesellschaftliche Arbeitsteilung definiert sich dadurch, dass Menschen spezialisierte Aufgaben ausführen, deren Ergebnisse mit anderen Menschen ausgetauscht werden: frei, durch Aneignung (gewaltsam oder anderweitig), durch Tauschhandel oder durch Geldzahlung. Dabei kann es sich um die Produktion von Waren oder die Erbringung von Dienstleistungen handeln. Allerdings ist dies eine Unterscheidung, die nicht immer leicht zu treffen ist, wenn es um Hausarbeit außerhalb des Marktes geht. So beinhaltet die Ernährung eines Haushalts eine breite Palette von Aufgaben, einschließlich der Suche nach Lebensmitteln, Jagd, Pflanzenanbau, Aufzucht und der Schlachtung von Tieren, die Zubereitung, Konservierung und das Servieren der Ergebnisse, einschließlich der Ernährung von Säuglingen und Invaliden. Die Einkleidung eines Haushalts kann das Vorbereiten von Garnen, Spinnen, Weben, Nähen und Stricken umfassen (die „Produktion"), sowie das Reparieren und Ändern, Waschen und Bügeln (was als „Dienstleistungen" betrachtet werden könnte). Der Einbezug all dieser Aufgaben in die gesellschaftliche Arbeitsteilung umfasst folglich auch ihre Zerlegung, ihre Standardisierung und die Schaffung von Spezialberufen.

Da Gesellschaften immer komplexer werden, entsteht ein größeres und vielfältigeres Angebot für die Versorgung mit diesen Waren und Dienstleistungen. Allgemein gesprochen gab es vor dem Aufkommen der Massenproduktion, als diese Güter noch individuell angefertigt werden mussten, kaum Unterschiede zwischen den Waren und Dienstleistungen in Bezug auf die relativen Kosten der Herstellung, egal wer die Arbeit erledigte, da die Prozesse nicht grundlegend verschieden waren – abgesehen von Unterschieden in den Fähigkeiten und dem Zugang zu Rohstoffen.

Erst mit der kapitalistischen Epoche verbreitete sich die Massenproduktion. Mit neuartigen Maschinen konnte der Produktionsprozess in separate Aufgaben aufgeteilt werden, wodurch eine Arbeitsteilung unter zentraler Kontrolle entstand. Mit dieser war es nun möglich, standardisierte Produkte zu schaffen, die, nachdem die anfängliche Investition in Entwurf und Maschinen eingeholt war, viel billiger hergestellt werden konnten als handwerklich einzeln hergestellte Produkte: kapitalistische Waren. Je billiger diese werden, desto größer ist der Anreiz für Menschen, diese fertigen Waren zu kaufen, anstatt sie selbst herzustellen. Um zu Verbraucher*innen zu werden, ist jedoch Geld notwendig, wodurch die Abhängigkeit vom Verdienen des Lebensunterhalts auf einem externen Arbeitsmarkt zunimmt (oder anders gesagt: das eigene Leben durch Subsistenzarbeit sicherzustellen wird immer schwerer).

Die Ablösung der Eigenproduktion durch das Kaufen ist ein Prozess, der noch nicht abgeschlossen ist, sich jedoch in der gegenwärtigen Phase der kapitalistischen Entwicklung, die durch Wegwerf- und Konsumkultur geprägt ist, immer weiter beschleunigt. Diese Entwicklung wird durch immer billigere Massenprodukte auf der Angebotsseite gestützt, deren Nachfrage durch die Zeitknappheit in Haushalten, in denen die Erwachsenen immer mehr Zeit- und Energieressourcen in die Lohnarbeit stecken, nach oben getrieben wird. In den oben entwickelten Kategorien stellt diese Entwicklung eine Verlagerung von der Subsistenzarbeit zur kapitalistischen Dienstleistungsarbeit sowie zur Arbeit im öffentlichen Dienst dar, wobei die Dienstbot*innenarbeit eine vermittelnde Rolle spielt.

Von Dienstleistungen zu Waren

Eine wichtige Dimension dieser Entwicklung ist die Substitution von Dienstleistungen durch Waren, ein Trend, der eng mit dem technologischen Wandel verbunden ist. In der Regel verändern sich die Haushaltsaufgaben und Tätigkeiten in der ersten Phase des Übergangs von Subsistenzarbeit zu kapitalistischer Dienstleistungsarbeit kaum, auch wenn sie nun als bezahlte Dienstleistungsarbeit und nicht mehr als unbezahlte Subsistenzarbeit geleistet werden. Profite werden vor allem durch *economies of scale* möglich, indem spezialisierte Unternehmen Arbeiter*innen versammeln und ihre Dienste an einzelne Haushalte verkaufen. Gerade auch im Vergleich zur Fabrikarbeit, wo die Stückkosten proportional zur Anzahl der verkauften Artikel sinken, gibt es bei arbeitsintensiven Haushaltstätigkeiten jedoch eine relativ strikte Grenze dafür, wieviel Gewinn pro Arbeiter*in erzielt werden kann. Ebenfalls begrenzt ist die Zahl der Personen, die es sich leisten können, solche Dienstleistungen zu kaufen, wenn der Stundenlohn der Haushaltshelfer*innen mehr oder weniger mit dem der potenziellen Kundschaft übereinstimmt. Wie kann man sich eine Putzkraft oder ein Kindermädchen leisten, wenn man ihnen so viel bezahlen muss, wie man im gleichen Zeitraum verdient?

Hier kommen neue Technologien ins Spiel. Eine Maschine, die die Arbeitszeit reduziert, kann die Produktivität von Dienstleistungsarbeiter*innen dramatisch steigern oder sogar vollständig ersetzen – etwa wenn die Kundschaft überzeugt werden kann, diese Maschine selbst zu bedienen. Nachdem bereits das 18. und 19. Jahrhundert die Entwicklung einiger solcher arbeitssparenden Technologien gesehen hatte, gab es im 20. Jahrhundert eine große Entwicklungswelle, die auf der Verbreitung von Elektrizität basierte und Geräte wie Staubsauger, Bügeleisen, Radio und Waschmaschine hervorgebracht hat. Befördert von Frauenorganisationen, wie zum Beispiel der 1924 gegründeten Electrical Association for Women (Pursell 1999), wurden in diese Geräte große Hoffnungen für die Befreiung der Frauen von der Hausarbeit gesetzt. Spätestens in den 1990er Jahren, als die neoliberale Ära der billigen globalen Produktion voll einsetzte, waren die Kosten für solche Produkte niedrig genug, um sie auch für die Haushalte der Arbeiterklasse auf der ganzen Welt nicht nur erschwinglich, sondern auch stetig ersetzbar zu machen. So ist der Kauf eines neuen Geräts fast immer billiger als die Reparatur eines alten. Digitale Technologien haben folglich sowohl das Angebotsspektrum als auch die Komplexität solcher Dienstleistungen erweitert. Digitale Technologie ist natürlich nicht die einzige Art von Technologie, die zur Substitution von Dienstleistungen durch Waren beiträgt. Die pharmazeutische Industrie ermöglicht es beispielsweise, die Arbeit des Pflegepersonals für psychische Gesundheit durch den Einsatz von Psychopharmaka zu ersetzen.

Solche Entwicklungen stellen eine bedeutende Ausweitung der kapitalistischen Produktionsarbeit dar und, damit verbunden, eine Ausweitung der Konsumarbeit. Dies bedeutet jedoch nicht notwendigerweise die Abschaffung der Dienstbot*innenarbeit oder kapitalistischer Dienstleistungsarbeit, die möglicherweise noch für Funktionen wie Lieferung, Installation und Wartung von Maschinen benötigt wird. Wohlhabendere Haushalte können immer noch Menschen beschäftigen, zum Beispiel Reinigungskräfte oder Gärtner*innen, die in ihren Häusern mit diesen Geräten arbeiten (Dienstbot*innenarbeit). Selbst wenn die Arbeit weniger körperlich intensiv oder schmutzig sein kann, eliminieren diese Technologien die Subsistenzarbeit nicht. Allen Versprechungen zum Trotz erfordert der Einsatz dieser Maschinen als Teil der täglichen Hausarbeit weiterhin unbezahlte Arbeit.

Öffentlicher Dienst: Dekommodifizierung und Rekommodifizierung

Das 20. Jahrhundert brachte nicht nur eine massive Expansion des Kapitalismus mit sich, im Zuge derer das tägliche Leben mit Waren und Dienstleistungen überschwemmt und die Bevölkerung immer enger an die globalen Märkte gebunden wurden. Es brachte, insbesondere in den entwickelten westlichen Volkswirtschaften, auch gegenläufige Entwicklungen hervor, die zum Teil als Reaktionen auf ebendiese kapitalistische Kommodifizierung entstanden. Hierbei wurden viele der Aktivitäten im Zusammenhang mit sozialer Reproduktion, die zuvor im Haushalt stattfanden, in einem Prozess der „Dekommodifizierung" (Esping-Andersen 1990) vergesellschaftet. Außerdem wurden soziale Rechte entwickelt, die Bürger*innen vor der Abhängigkeit vom Markt schützen sollten. Öffentliche Dienstleistungen wie Gesundheit, Bildung und Kinderbetreuung, die als Teil der öffentlichen Infrastruktur angeboten werden, fördern die soziale Gleichheit, indem sie die Empfänger*innen von der Last befreien, für sie zu bezahlen. Sofern sie von öffentlichen Einrichtungen oder Trägern bereitgestellt werden, produzieren diese Leistungen soziale Werte und keine Profite.

Die politischen und sozialen Kompromisse, die die verschiedenen Wohlfahrtsregime im Westen zur Mitte des 20. Jahrhunderts prägten, variierten von Land zu Land (Esping-Andersen 1990). Diese Unterschiede zwischen Ländern haben wiederum unterschiedliche geschlechtsspezifische Auswirkungen, je nachdem, ob sie beispielsweise auf einem „männlicher Ernährer – weibliche Hausfrau"-Modell wie in Deutschland oder einem individualisierten Modell wie in den nordischen Ländern beruhten (siehe Lewis 1993; Sainsbury 1994).

Das US-amerikanische Modell bot weniger soziale Absicherung (wie zum Beispiel Mutterschaftsrechte, Kindergeld) und Arbeitszeitbeschränkungen (Schor 1983) als viele europäische Länder. Dies förderte den verstärkten Einsatz von Dienstbot*innenarbeit, die größtenteils von Schwarzen und Hispanischen Arbeiter*innen geleistet wurde (Glenn 1992; Duffy 2007), und stellt eine Weiterentwicklung früherer Formen rassifizierter Arbeitsteilung dar, die allesamt auf der Sklaverei aufbauen (Davis 1983).

Dennoch war in den meisten westlichen Volkswirtschaften in der Nachkriegszeit ein sehr schnelles Wachstum der Beschäftigung im öffentlichen Sektor[2] zu verzeichnen. Dieser umfasste etwa im Jahr 1977 fast 30 Prozent der gesamten bri-

---

2   Die hier verwendete Definition des „öffentlichen Sektors" schließt einige Gruppen aus, wie zum Beispiel Allgemeinmediziner*innen, die für die National Health Service arbeiten, Universitätsangestellte und ausgelagerte Arbeiter*innen, da sie keine

tischen Arbeitnehmer*innenschaft (und proportional mehr Frauen als Männer), ist bis 2012 jedoch wieder auf unter 20 Prozent gefallen (Cribb u.a. 2014, 7).[3] Der (Wieder-)Abbau öffentlicher Dienstleistungen stellt eine bedeutende Rekommodifizierung dar, die sich durch eine Verlagerung von der Arbeit im öffentlichen Dienst in den kapitalistischen Dienstleistungssektor ausdrückt. Darüber hinaus haben Kürzungen der öffentlichen Mittel ebenso zu einer Rückverlagerung weg von der Arbeit im öffentlichen Dienst zurück zur Subsistenzarbeit geführt.

Zunächst wurde ein Großteil dieser Verschiebungen durch eine Welle von Privatisierungen unter den neoliberalen Regimes der 1980er Jahre ausgelöst. In den folgenden Jahrzehnten verlief die Rekommodifizierung oft eher im Verborgenen, als Folge der Auslagerung von Aufgaben des öffentlichen Dienstes an private Unternehmen. Im Vereinigten Königreich zum Beispiel machen ausgelagerte öffentliche Dienstleistungen nach einer Schätzung von 2008 fast 6 Prozent des BIP aus, über 1,2 Millionen Menschen sind in diesem Bereich beschäftigt – ein Anstieg um 126 Prozent seit dem Jahr 1996 (Julius 2008). Digitale Technologien spielten bei dieser Entwicklung eine wichtige Rolle, insbesondere indem sie Aufgaben, die verlagert und/oder ausgelagert werden sollten, vereinfachten und standardisierten. Dies wiederum hat zur Entwicklung einer globalen Arbeitsteilung in Bereichen wie IT-Support, Call-Center-Arbeit oder Datenverarbeitung beigetragen (siehe z.B. Lacity/Rottman 2008). Mit der Standardisierung verschiedener Aufgaben ist es für multinationale Unternehmen immer einfacher geworden, diese für Regierungen und Unternehmen bereit zu stellen. In der Folge führte dies dazu, dass eine ganze Reihe von Aufgaben in der Informationsverarbeitung im öffentlichen Dienst an Privatunternehmen ausgelagert wurde. Digitale Technologien ermöglichten aber auch neue Formen der Arbeitsorganisation, in denen Arbeiter*innen detailliert und in Echtzeit koordiniert und überwacht werden können. Dadurch wurde für große internationale Unternehmen eine Möglichkeit eröffnet, die nun ausgelagerten Dienstleistungen wie Reinigung, Pflegearbeiten und Sicherheit noch effizienter anzubieten.

Der Impetus der Profitgenerierung, der bei privaten Unternehmen dominiert, beeinflusst wiederum die Motivation und das Stressniveau der Arbeiter*innen, die

---

direkten Regierungsangestellten sind, auch wenn sie aus öffentlichen Mitteln bezahlt werden.

3   Ähnlich wie in anderen OECD-Ländern stellten 1979 im Vereinigten Königreich Männer 54 Prozent der Beschäftigten im öffentlichen Sektor, verglichen mit 65 Prozent im privaten Sektor (Cribb u.a. 2014, 17). Bis 1997 sank der Anteil der Männer im öffentlichen Sektor auf nur 38 Prozent, verglichen mit 58 Prozent im privaten Sektor (ebd.).

diese Dienstleistungen erbringen. Je knapper die Ressourcen, desto stärker steigt der Stress. Der altruistische Impuls, den Klient*innen zu helfen, den Hildur Ve (1984) in einem neo-Weberianischen feministischen Rahmen als „caring rationality" theoretisierte, gerät in starken Widerspruch zu dem von Arbeitgeber*innen gesetzten Gebot, die Produktivität zu maximieren und die Leistungsziele zu erreichen. Auch die Vorgaben und Regulierungen neoliberaler Regierungspolitik, die zur Minimierung der Wohlfahrtsausgaben auffordern, können sich in Praktiken umsetzen, die den Empfänger*innen staatlicher Leistungen aktiv schaden – etwa durch die Festlegung von Zielen für die „Sanktionierung" von Antragsteller*innen (d.h. den Entzug ihrer Leistungen), wie sie die Mitarbeiter*innen der Jobcenter im Vereinigten Königreich auferlegt bekamen (Butler 2015).

Zusätzlich zu den quantitativen Auswirkungen, die den Zugang zu öffentlichen Dienstleistungen immer schwieriger machen, hat die Rekommodifizierung der öffentlichen Dienstleistungen somit auch qualitative Auswirkungen. Diese stehen im direkten Widerspruch zu den Absichten, die im politischen Projekt der Dekommodifizierung eigentlich zum Ausdruck kamen.

Zeitknappheit und die Wiederkehr der Dienstbot*innenarbeit

Neben der Rekommodifizierung öffentlicher Dienstleistungen kommen eine Reihe von Faktoren zusammen, die die für die Hausarbeit zur Verfügung stehende Zeit verknappen (siehe z.B. Menzies 2005; Gregg 2011; Sharma 2014; Wajcman 2016). Dazu gehören die zunehmende Erwerbsbeteiligung von Frauen, die Abwanderung in die Städte (die den Zugang zur Arbeitskraft der Großfamilie erschwert), die steigende Arbeitsintensität und eine zunehmende Tendenz des Arbeitstages, sich über seine eigentlichen Grenzen auszudehnen, wobei von den Arbeiter*innen erwartet wird, dass sie auch außerhalb der normalen Arbeitszeiten zur Verfügung stehen und etwa auf E-Mails oder SMS von Arbeitgeber*innen oder Kund*innen reagieren. Der Trend zu projektbasiertem Arbeiten und ergebnisorientiertem Management führt ebenso zu einer Kultur, in der sich Beschäftigte gezwungen sehen, unbezahlte Überstunden zu leisten, um Fristen einzuhalten oder Leistungsziele zu erreichen (Legault 2013). Zu diesen weiteren externen zeitlichen Anforderungen der Lohnarbeit kommen die Auswirkungen der zusätzlich erforderlichen Arbeit, die aufgrund des eben dargestellten Abbaus des öffentlichen Dienstes wieder im Haushalt geleistet werden muss.

Dieser Zeitdruck hat wiederum zu einem Anstieg der Nachfrage nach bezahlter Hilfe bei der Hausarbeit geführt. Da ein Großteil dieser Arbeit informell durchgeführt und bar bezahlt wird, ist es schwierig, verlässliche Statistiken über das genaue Ausmaß dieses Wachstums zu finden, aber Umfrageergebnisse deuten darauf hin, dass der Anstieg signifikant ist. So ergab eine britische Umfrage, dass im Jahr 2011 (einer Zeit, in der sich die Wirtschaft noch nicht von der Finanzkrise 2008 erholt hatte) etwa 6 Millionen Menschen eine Putzkraft beschäftigten, verglichen mit 5 Millionen ein Jahrzehnt früher. Ein Drittel gab an, dass sie dies taten, weil die Zeit fehlt, die Arbeit selbst zu erledigen, bei den 18- bis 32-Jährigen erreichte dieser Anteil fast die Hälfte (Wallop 2011). Eine andere Umfrage, die eine breitere Definition verwendete und Fensterputzer*innen, Gärtner*innen und Handwerker*innen mit einschloss, ergab, dass jeder dritte britische Haushalt 2016 für irgendeine Form der Haushaltshilfe bezahlte, wobei die Zahlen bei den unter 35-Jährigen besonders hoch waren. Selbst bei Haushalten mit einem Einkommen von weniger als 20.000 Britische Pfund pro Jahr war das bei jedem vierten der Fall (Poulter 2016). Hinzu kommen andere Arten von privat organisierten bezahlten Dienstleistungen, die zuhause erbracht werden, wie Babysitting oder Altenpflege. Wenn diese Arbeit von direkt im Haushalt beschäftigten Personen geleistet wird, bedeutet dies eine erhebliche Verlagerung von Arbeit von der Subsistenz- zur Dienstbot*innenarbeit.

Die Auslagerung von Arbeit an Konsument*innen

Es gibt einen weiteren starken historischen Trend, der sich auf die Verteilung von Arbeit zwischen den sechs oben beschriebenen Kategorien auswirkt: eine durch Unternehmen vorangetriebene Externalisierung von Aufgaben, die vorher von bezahlten Angestellten durchgeführt wurden und nun unbezahlt von Verbraucher*innen geleistet werden. In den 1970er Jahren von Batya Wienbaum und Amy Bridges (1976) als „Konsumarbeit" und von Jonathan Gershuny und Ian Miles (1978) als „aufkommende Selbstbedienungsökonomie" identifiziert, fand diese Arbeitsform in der Wissenschaft lange Zeit wenig Beachtung, wurde zuletzt aber in der betriebswirtschaftlichen und soziologischen Literatur (z.B. Oliver/Romm-Livermore/Sudweeks 2009; Glucksmann 2016) sowie in der Literatur zum Thema „Prosumption" (z.B. Comor 2010; Ritzer/Jurgenson 2010) aufgegriffen.

Dieser Trend wird durch zwei Faktoren verstärkt: einerseits durch neue Formen der Arbeitsorganisation und des Managements, die darauf abzielen, die Produktivität der bezahlten Arbeiter*innen zu maximieren (wie etwa die Standardisierung und der Ersatz von handwerklichen Techniken durch Fließbandarbeit); andererseits durch die Einführung neuer Technologien. In der verarbeitenden Industrie etwa hat die Verwendung von Standardkomponenten es Unternehmen wie Ikea und Brandstätter (Hersteller von Playmobil) erleichtert, Aufgaben wie die Selbstmontage von Möbeln oder Plastikspielzeug auf die Verbraucher*innen zu übertragen. Im Einzelhandel wird von der Kundschaft, die sich seit den 1960er Jahren daran gewöhnt hat, ihr eigenes Gemüse zu wiegen und ihre Einkäufe selbst abzuholen, nun auch erwartet, dass sie an Selbstbedienungskassen bezahlt. In der Reisebranche buchen Kund*innen ihre Tickets online, rufen ihre Bordkarten ab, drucken ihre eigenen Gepäckanhänger aus und werfen ihr Gepäck am Flughafen-Check-in auf die Förderbänder – alles Aufgaben, die früher von bezahlten Servicemitarbeiter*innen durchgeführt wurden. Diejenigen, die Bargeld benötigen, stehen an Geldautomaten Schlange, während diejenigen, die einen Kundenservice benötigen, wählen müssen, ob sie sich durch FAQ-Sektionen auf Websites kämpfen oder (unbezahlt) in virtuellen Warteschlangen warten, um die Aufmerksamkeit eines gestressten (aber bezahlten) Callcenter-Mitarbeiters zu erlangen.

In der Zwischenzeit ist es durch die Entwicklung des Internets möglich geworden, andere konsumbezogene Aufgaben in großem Umfang auf die Verbraucher*innen zu übertragen, wie etwa die Eingabe von Informationen, die für den Online-Einkauf benötigt werden, das Ausfüllen von Formularen für die Selbstregistrierung in Datenbanken, den Abschluss von Versicherungsverträgen und die Einreichung von Steuererklärungen. Dadurch entfällt die Notwendigkeit einer Vielzahl von bezahlten Dateneingabe und -überprüfungsarbeiten.

Dies alles bedeutet eine Zunahme der Zeit, die für Konsumarbeit aufgewendet wird. Selbst wenn sich durch den Einsatz von arbeitssparenden Geräten Arbeitszeit in der Subsistenzwirtschaft 'einsparen' lässt, wird ein Teil dieser Zeit durchaus auf Konsumarbeit umverteilt, da diese Geräte und die für ihr effektives Funktionieren erforderlichen Verbrauchsgüter beschafft, gekauft, montiert und gewartet werden müssen.

Aktuelle Entwicklungen

Zusammengenommen haben diese Tendenzen zu einer Situation geführt, in der die Hausarbeit – oder genauer: die Zeit, die für ihre Durchführung zur Verfügung steht – mehreren, teilweise gegenläufigen Tendenzen unterworfen ist. Auf der einen Seite reduzieren der Zwang zum Geldverdienen und die Erschöpfung durch die (mit immer neuen Anforderungen belegte) Lohnarbeit die Zeit und Energie, die für Hausarbeit zur Verfügung stehen. Dies bietet einen Anreiz, diese Zeit durch den Kauf von Fertigprodukten, die Anschaffung von arbeitssparenden Geräten oder die Einstellung von Hilfskräften zu minimieren. All diese Dinge kosten jedoch Geld und setzen einen Teufelskreis in Gang, in dem es notwendig wird, noch mehr Lohnarbeit zu verrichten, um sie bezahlen zu können. Auf der anderen Seite drängt das Gebot, Dinge so billig wie möglich zu erwerben, in eine entgegengesetzte Richtung und zwingt dazu, immer mehr unbezahlte Konsumarbeit zu übernehmen. Das Ergebnis ist eine Zeitknappheit, die die Lebensqualität sowohl zu Hause als auch am Arbeitsplatz verschlechtert und sich auch auf die persönlichen Beziehungen und das psychologische wie physische Wohlbefinden auswirkt. Nimmt man die Auswirkungen der Sparpolitik hinzu, die von vielen Regierungen in Folge der globalen Finanzkrise 2007-2008 durchgesetzt wurde, so hat dies für viele Haushalte, zumindest im Westen, zu einer Zeit-/Geldkrise geführt: ein Widerspruch, der innerhalb der Zwänge bestehender Praktiken kaum zu lösen ist.[4]

Dies ist der Kontext, in dem wir die gegenwärtige Umstrukturierungswelle im Zusammenhang mit der Digitalisierung betrachten müssen. Die Rekonfiguration des Kapitalismus, die nach der Finanzkrise von 2008 stattfand (und in der digitale Technologien eine so starke Rolle spielen) hat vielfältige Auswirkungen auf die Arbeit im Haushalt. Im neuen Rausch der technologisch ermöglichten Kommodifizierung sind eine Reihe neuer, ausgeklügelter Haushaltsgeräte entwickelt worden. Oft drahtlos verbunden und sprachgesteuert, werben diese damit, Aspekte der häuslichen Arbeit zu vereinfachen, indem sie beispielsweise die Überwachung und Steuerung des Hauses aus der Ferne ermöglichen (etwa das Einschalten der Zentralheizung). Diese Anwendungen sind Bausteine des Internets der Dinge (Internet of Things, IoT), das Haushalte über die Waren, die ihre Mitglieder begehren, konsumieren und wegwerfen, immer enger, transparenter und interaktiver an den globalen Markt bindet. Dadurch entstehen neue Arten kapitalistischer Produktionsarbeit, aber auch neue Arten von Konsumarbeit.

Zugleich verändert die Entwicklung von digitalen Arbeitsplattformen die Organisation von Haushaltsdienstleistungen und führt zu dramatischen Verschiebungen zwischen den oben beschriebenen Arbeitsformen. Obwohl ihr Ursprung weiter zurückliegt (Huws 2017), lässt sich die Entstehung von Online-Plattformen für die Bereitstellung von Haushaltsdienstleistungen plausibel auf das Jahr 2008 datieren. Mit anderen Worten: Diese Plattformen wurden in der Krise geboren. Dies war eine Zeit, in der Kredite schwer zu bekommen waren und

---

4   Der Platz reicht an dieser Stelle nicht aus, um die Belege dafür aufzuzählen. Diese sind etwa in Sozialstatistiken zu finden, die einen starken Anstieg der Indikatoren für Krisen des Haushalts anzeigen, wie etwa Obdachlosigkeit, Kinderarmut, Nutzung von Lebensmittelbanken und Selbstmordraten.

Geschäftsmodelle attraktiv wurden, die große Kapitalinvestitionen in riskante Vermögenswerte (wie Autos, Werkzeuge und neue Hotelgebäude) vermieden und stattdessen Wege fanden, die Investitionen anderer Leute in diese Dinge zu nutzen und eine Rente aus ihrer Nutzung einzunehmen. Die Verbreitung digitaler Technologien machte es möglich, Websites zu entwickeln, die Arbeiter*innen und Kund*innen für physische Dienstleistungen zusammenbringt. Diese basierten auf Modellen, die Unternehmen wie *Elance* (gegründet 1999), *Odesk* (gegründet 2003) und *Amazon Mechanical Turk* (gegründet 2005) bereits in den frühen 2000er Jahren entwickelt hatten, um Arbeitsangebot und Nachfrage bei digitalisierten Unternehmensdienstleistungen aufeinander abzustimmen. Im Jahr 2008 wurde *TaskRabbit* gegründet, eine der ersten von vielen Plattformen zur Bereitstellung von Gelegenheitsarbeit für Haushaltstätigkeiten. 2009 folgte das weltberühmte Unternehmen Uber mit dem Angebot von Taxidiensten.

Die hohe Nachfrage nach reproduktiver Dienstleistungsarbeit in den USA, geprägt durch lange Arbeitszeiten und im Vergleich zu einigen europäischen Ländern geringe Sozialleistungen, schuf fruchtbare Bedingungen für eine rasche Expansion. Seitdem wurden zahlreiche weitere Plattformen ins Leben gerufen, die eine breite Palette von Dienstleistungen anbieten und den Ersatz unbezahlter Arbeit durch bezahlte Arbeit ermöglichen, zum Beispiel in den Bereichen Essenslieferung, Reinigung, Kosmetik, Kinderbetreuung, Besorgungen, Gartenarbeit, Hundeauslauf, Reparaturen und Gebäudewartung, persönliche Korrespondenz oder dem Aufstellen von Regalen. Viele dieser Aktivitäten ersetzten Tätigkeiten, die, wenn sie unbezahlt waren, Subsistenzarbeit darstellten. Einige ersetzten jedoch auch Formen der Konsumarbeit. Plattformen wie *LineAngel* oder *Placer* zum Beispiel bieten der zeitknappen Kundschaft die Dienste von „Taskern" an, die in ihrem Namen in einer Warteschlange auf Tickets warten oder in ihrem Haus bleiben, um eine Lieferung in Empfang zu nehmen. Eine der beliebtesten Aufgaben auf der Plattform TaskRabbit ist die Montage von Möbeln zum Selbstaufbau, zweifellos einer der Gründe für die Übernahme des Unternehmens durch Ikea im Jahr 2017 (wodurch das Unternehmen die Möglichkeit hat, bei einem einzigen Kauf doppelt zu verdienen). Die Tatsache, dass Menschen bereit sind, andere für diese Tätigkeiten zu bezahlen, ist ein überzeugender Beleg dafür, dass Konsumarbeit tatsächlich als unerwünschte Arbeit wahrgenommen wird.

Solche Online-Plattformen haben sich sehr schnell verbreitet. Eine von mir in sieben europäischen Ländern von 2016 bis 2017 durchgeführte Untersuchung (Huws u.a. 2017) ergab, dass zwischen 2,4 Prozent (in Schweden) und 8,9 Prozent (in Italien) der arbeitenden Bevölkerung mindestens wöchentlich in den Wohnungen anderer Menschen arbeitet. Diese stellen nur eine Untergruppe einer größeren Kategorie von Arbeitenden dar, die andere Formen von Arbeit für Online-Plattformen erledigen, zum Beispiel die Lieferung von Lebensmitteln. Auch diese Arbeitsformen lassen sich in Zusammenhang mit sozialer Reproduktion betrachten, wurden in dieser Analyse aber nicht berücksichtigt, da der Schwerpunkt hier auf den eher verborgenen Arten von Arbeit innerhalb des Haushalts liegt. Die Anteile derer wiederum, die Haushaltsdienstleistungen mindestens einmal jährlich kauften, reichten von 10 Prozent in Deutschland bis 23,8 Prozent in Großbritannien, wobei der Durchschnitt aller sieben Länder bei 16,7 Prozent lag.

Im Gegensatz zu den meisten Formen der Dienstbot*innenarbeit ist jedoch die Beziehung zwischen Anbieter*innen von Plattformarbeit und Nutzer*innen nicht notwendigerweise die zwischen verschiedenen sozialen Schichten. Es gab keinen signifikanten Zusammenhang zwischen Haushaltseinkommen und der Nutzung einer Online-Plattform für Haushaltshilfen, und tatsächlich waren die meisten Personen, die für solche Plattformen arbeiteten, auch Kund*innen dieser Plattformen. Im Durchschnitt waren 84,9 Prozent derjenigen, die mindestens wöchentlich Haushaltsdienstleistungen erbrachten, auch mindestens jährlich Kund*innen dieser Plattformen (Huws u.a. 2019). Zumindest in Westeuropa wäre es daher zutreffender, diese Form der Vermarktlichung der Hausarbeit als etwas zu betrachten, das sich innerhalb der Arbeiterklasse abspielt als zwischen den Klassen.

In vielen Fällen ersetzt die Nutzung einer Plattform die in der Vergangenheit vorherrschenden direkteren oder informelleren Wege, diese Dienstleistungen zu kaufen. Sie stellt mit anderen Worten eine Verlagerung von der Dienstbot*innenarbeit zur kapitalistischen Dienstleistungsarbeit dar, oder anders ausgedrückt: eine Formalisierung der informellen Ökonomie. Die europäischen Umfragen zeigten eine Korrelation zwischen einem hohen Anteil von Plattformarbeit im Bereich der sozialen Reproduktion und einem traditionell großen informellen Sektor – im Mittelmeerraum und in ländlichen Gebieten. Wenn es stimmt, dass es umso mehr Spielraum für globale Plattformen zur Umwandlung von Subsistenz- und Dienstbot*innenarbeit in kapitalistische Dienstleistungsarbeit gibt, je größer der informelle Sektor ist, so hat dies erhebliche Auswirkungen auf globale Regionen in Afrika, Südasien und Lateinamerika. Hier hat der informelle Sektor einen viel größeren Anteil an der Gesamtbeschäftigung, und es würde sich somit ein immenses neues Akkumulationsfeld für den globalen Kapitalismus eröffnen.

Die Verlagerung auf kapitalistische Dienstleistungsarbeit hat Folgen, die über das rein Quantitative hinausgehen. Arbeiter*innen, die diese Dienstleistungen erbringen, verrichten ihre Tätigkeit nun im disziplinierten Kontext transnationaler Unternehmen: streng überwacht, dazu verpflichtet, dauerhaft verfügbar zu sein, einer kontinuierlichen Überprüfung durch Kundenbewertungen unterzogen und mit eng definierten Aufgaben ausgestattet – aber ohne die Arbeitsplatzsicherheit oder die kollektive Stimme, die sich aus der Arbeit in einem regulären gewerkschaftlich organisierten Betrieb ergeben würde (Huws u.a. 2017). Diese Arbeiter*innen sind oft für den Kauf ihrer eigenen Werkzeuge und Arbeitsmaterialien verantwortlich und laufen Gefahr, bei einer negativen Kundenbewertung nicht bezahlt zu werden. Das macht ihre Dienstleistungen sehr billig. Gerade diese günstigen Preise in Verbindung mit der Fähigkeit der Plattformen, auf große Datensätze für gezielte Werbung zurückzugreifen, erlaubt es ihnen, den Markt für diese Dienste zu erweitern. Menschen, die in der Vergangenheit gezögert hätten, eine Reinigungskraft zu beschäftigen, weil sie dachten, es sei zu teuer oder weil es ihnen peinlich war, in die Position eines 'Chefs' versetzt zu werden, oder aber solche, die einfach nicht wussten, wie sie mit der Suche nach Haushaltshilfen anfangen sollten, können nun mit Sonderangeboten wie „£10 worth of ironing to free up your weekend" geködert werden.

Und es ist leicht zu erkennen, wie nach einer anstrengenden Arbeitsschicht der Plan, selbst eine Mahlzeit zu Hause zu kochen, immer weniger attraktiv wird – zunächst durch die Idee, sich auf dem Heimweg im Supermarkt ein Fertiggericht zu kaufen, nur um dann beim Gedanken an die Schlange an der Supermarktkasse von einer Pop-up-Nachricht auf dem Smartphone oder einer Werbetafel im Bus in Versuchung zu geraten, eine App zu öffnen und ein fertiggekochtes Essen zu bestellen, das von Just Eat, Foodora, Deliveroo oder Uber Eats direkt an die Tür geliefert wird.

Es scheint sich ein Muster herauszubilden, nach dem die Bedürfnisse zeitarmer Haushalte durch die Arbeit der finanziell Armen befriedigt werden. Die Verdichtung und Intensivierung der Arbeit und die schlechte Vereinbarkeit von Beruf und Privatleben führen dazu, dass berufstätige Frauen für ihre soziale Reproduktion zunehmend vom Markt abhängig sind, und fördern so unmittelbar die Entwicklung einer Form der Arbeit, die durch noch schlechtere Bedingungen gekennzeichnet ist.

Die Arbeiter*innen, die für den Großteil ihres Einkommens auf Online-Plattformen angewiesen sind und von denen viele zu rassifizierten Minderheiten gehören, sind am stärksten überhaupt von Prekarisierung betroffen (Huws u.a. 2017; Huws u.a. 2019). Sie finden sich meist zwischen Perioden langer und unvorhersehbarer Arbeitszeiten und Perioden erzwungener Arbeitslosigkeit (und damit extremer Armut) wieder. Ihre eigene Work-Life-Balance dürfte noch schlechter

sein als die der Kunden, die sie bedienen – was ihre eigene Abhängigkeit vom
Markt erhöht und die Knoten, die sie mit der globalen digitalen kapitalistischen
Wirtschaft verbinden, noch enger zieht.

Schluss

Durch die Zusammenführung von Erkenntnissen aus der feministischen Theorie
mit solchen aus der politischen Ökonomie und der Arbeits- und Techniksozio-
logie konnte diese Analyse Lücken in den jeweiligen Feldern aufzeigen. Deutlich
wird das anhaltende Versagen der marxistischen politischen Ökonomie, sich
ernsthaft mit unbezahlter reproduktiver Arbeit zu befassen, ebenso wie ein Versagen der wachsenden Forschungslandschaft zu digitaler Arbeit, die sich kaum
mit den Auswirkungen von Online-Plattformen auf die geschlechtsspezifische
Arbeitsteilung innerhalb und außerhalb des Haushalts auseinandersetzt. Schließlich eröffnen sich durch die in diesem Beitrag angeregte Neukonzipierung von
Arbeit neue Perspektiven für feministische Wissenschaftler*innen, die sich für
die problematische Schnittstelle zwischen produktiver und reproduktiver Arbeit
interessieren.

Diese Analyse hat auch Auswirkungen für feministische Strategien und fordert
uns heraus, die von Feminist*innen in der Vergangenheit erhobenen Forderungen
in Bezug auf Hausarbeit kritisch zu betrachten. Erstens wird deutlich, dass die
Forderung nach der Vergesellschaftung von Hausarbeit und der Schaffung guter
Arbeitsplätze im öffentlichen Sektor an zwei Fronten zu Problemen führen kann.
Indem sie zu Dienstleistungen gemacht werden, besteht einerseits die Gefahr,
dass Bereiche, die man eigentlich zu dekommodifizieren hoffte, umso stärker
den Kräften des Marktes ausgesetzt sind. Auf der anderen Seite sind, wie die
jüngere Geschichte gezeigt hat, öffentliche Dienstleistungen sehr anfällig für
Privatisierung und Auslagerung – eine andere Form der Rekommodifizierung.
Kampagnen für eine weitere Dekommodifizierung laufen Gefahr, rein defensiv
weniger Kürzungen und eine Einhegung des Marktes zu fordern, ohne in der
Lage zu sein, radikale Programme zur Verbesserung voranzutreiben.

Zweitens erweist sich die alleinige Forderung nach der Bezahlung von Hausarbeit als problematisch, auch wenn sie als Forderung nach einem Grundeinkommen für alle, unabhängig von Geschlecht oder Familienverhältnissen, neu
formuliert wird. Wenn diese Forderung isoliert von den Bemühungen um den
Schutz der kollektiv erbrachten universellen öffentlichen Dienstleistungen gestellt
wird, kann sie lediglich als ein Mittel betrachtet werden, das es den Bürger*innen
ermöglicht, immer mehr Haushaltsdienstleistungen und Güter auf dem Markt

zu erwerben. Und wie wir gesehen haben, befreien uns ungebremste Marktkräfte nicht unbedingt von der Last der Hausarbeit. Während einige Aufgaben erleichtert werden, kommen neue Aufgaben hinzu, wobei der daraus resultierende Zeitdruck in der politischen Ökonomie der sozialen Reproduktion einen Teufelskreis schafft, bei dem die Kosten für die Güter und Dienstleistungen, die zum Ausgleich des Zeitmangels benötigt werden, einen weiteren Zeitverlust bedeuten. Statistiken über Zeitverteilung zeigen, dass es noch immer Frauen sind, die dabei die Hauptlast zu tragen haben – Frauen in Großbritannien wandten etwa im Jahr 2016 60 Prozent mehr Zeit als Männer für die Hausarbeit auf (Office for National Statistics 2015). Je nachdem, wie ein Grundeinkommen gezahlt wird, könnte seine Einführung eine Umverteilung zu den Geringverdiener*innen und zu Haushalten mit Kindern bewirken, ebenso wie die Forderung nach besseren öffentlichen Dienstleistungen progressiv sein könnte. Allerdings kann das Grundeinkommen allein nicht die Widersprüche von Kommodifizierung und kapitalistischem Markt auflösen. Mit anderen Worten, das Problem kann nicht allein dadurch gelöst werden, dass man es mit Geld bewirft.

Schließlich ist es offensichtlich, dass es keine einfache technologische Lösung für das Problem der Hausarbeit gibt. Solange Technologien von Konzernen kontrolliert werden und deren Profitinteresse dienen, werden sie ihr Versprechen, die Schinderei zu beenden, nicht einlösen können. Die Dynamik der kapitalistischen Umstrukturierung schafft schlecht bezahlte Arbeitsplätze für Arbeiter*innen, die billige Waren herstellen, wobei ihre Löhne nie gänzlich die Kosten der Waren abdecken – eine Spirale der Ausbeutung.

Es zeigt sich: Hausarbeit steht im Epizentrum des Kapitalismus. Und die Arbeit der sozialen Reproduktion stellt auch ein zentrales zukünftiges Expansionspotenzial des Kapitalismus dar. Feministische Strategien, die zur Befreiung der Frauen führen sollen, müssen sich daher mit der Überwindung des Kapitalismus selbst auseinandersetzen. Dabei müssen Feminist*innen mehrere Forderungen miteinander verbinden: die Forderung nach öffentlichen Dienstleistungen, die Forderung nach einem Grundeinkommen und die Forderung nach einer Technologieentwicklung von unten, die sich an den Bedürfnissen von Haushalten und Nachbarschaften und nicht an denen des Kapitals ausrichtet.

Aus dem Englischen von Moritz Altenried

Literatur

Barrett, Michele/McIntosh, Mary, 1979: *Christine Delphy: Towards a Materialist Feminism?* Feminist Review. 1. Jg., Heft 1, 95–106.

Butler, Patrick, 3. Februar 2015: *Sanctions: staff pressured to penalise benefit claimants, says union.* The Guardian. https://www.theguardian.com/society/patrick-butler-cuts-blog/2015/feb/03/sanctions-staff-pressured-to-penalise-benefit-claimants-says-union [15. April 2018].

Clark, Alice, 1982[1919]: *Working life of women in the seventeenth century.* London/ Boston.

Cock, Jacklyn, 1980: *Maids & madams: a study in the politics of exploitation.* Johannesburg.

Comor, Edward, 2010: *Digital prosumption and alienation.* ephemera theory & politics in organization. 10. Jg., Heft 3/4, 439–454.

Cowan, Ruth Schwartz, 1983: *More work for mother: the ironies of household technology from the open hearth to the microwave.* New York.

Cribb, Jonathan/Disney, Richard/Sibieta, Luke/Institute for Fiscal Studies (Great Britain)/Joseph Rowntree Foundation/Economic and Social Research Council (Great Britain), 2014: *The public sector workforce: past, present and future.* London.

Dalla Costa, Mariarosa/James, Selma, 1973: *The Power of Women and the Subversion of the Community.* Bristol.

Davidson, Caroline, 1982: *A woman's work is never done: a history of housework in the British Isles, 1650-1950.* London.

Davis, Angela Y., 1983: *Women, race & class.* New York.

Duffy, Mignon, 2007: *Doing the Dirty Work: Gender, Race, and Reproductive Labor in Historical Perspective.* Gender & Society. 21. Jg., Heft 3, 313–336.

Ehrenreich, Barbara/Hochschild, Arlie Russell (Hg.), 2003: *Global woman: nannies, maids, and sex workers in the new economy.* New York.

Esping-Andersen, Gøsta, 1990: *The three worlds of welfare capitalism.* Cambridge.

Federici, Silvia, 1975: *Wages against housework.* Bristol.

Gardiner, Jean, 1975: *Women's domestic labour.* New Left Review. Heft 89, 47–58.

Gershuny, Jonathan, 1978: *After industrial society? The emerging self-service economy.* Basingstoke.

Glenn, Evelyn Nakano, 1992: *From Servitude to Service Work: Historical Continuities in the Racial Division of Paid Reproductive Labor.* Signs: Journal of Women in Culture and Society. 18. Jg., Heft 1, 1–43.

Glucksmann, Miriam, 2016: *Completing and Complementing: The Work of Consumers in the Division of Labour.* Sociology. 50. Jg., Heft 5, 878–895.

Gregg, Melissa, 2011: *Work's intimacy.* Cambridge.

Himmelweit, Suma/Mackintosh, Susan, 1975: *Women's domestic labour.* Bulletin of the Conference of Socialist Economists. 4. Jg., Heft 2, 1–11.

Hondagneu-Sotelo, Pierrette, 2007: *Doméstica: immigrant workers cleaning and caring in the shadows of affluence.* Berkeley.

Huws, Ursula, 2017: *Where Did Online Platforms Come From? The Virtualization of Work Organization and the New Policy Challenges It Raises.* In: Meil, Pamela/Kirov, Vassil (Hg.): Policy Implications of Virtual Work. London, 29–48.

–, 2019: *Labour in contemporary capitalism: what next?* London.

Huws, Ursula/Spencer, Neil/Coates, Matt/Holts, Kaire, 2019: *The Platformisation of Work in Europe. Results from research in 13 European countries.* Brüssel.

Huws, Ursula/Spencer, Neil/Syrdal, Dag/Holts, Kaire, 2017: *Work in the European Gig Economy: Research Results from the UK, Sweden, Germany, Austria, the Netherlands, Switzerland and Italy.* Brüssel.

Julius, DeAnne, 2008: *Public Services Industry Review.* London.

Kollontai, Alexandra/Holt, Alix, 1977: *Selected writings of Alexandra Kollontai.* London.

Lacity, Mary Cecelia/Rottman, Joseph, 2008: *Offshore outsourcing of IT work: Client and supplier perspectives.* Basingstoke.

Legault, Marie-Josée, 2013: *IT firms' working time (de)regulation model: a by-product of risk management strategy and project-based work management.* Work Organisation, Labour & Globalisation. 7. Jg., Heft 1, 76–94.

Lewis, Jane (Hg.), 1993: *Women and social policies in Europe: work, family and the state.* London.

London Women's Liberation Campaign for Legal and Financial Independence and Rights of Women, 1979: *Disaggregation Now! Another Battle for Women's Independence.* Feminist Review. 2. Jg., Heft 1, 19–31.

Menzies, Heather, 2005: *No time: stress and the crisis of modern life.* Vancouver.

Office for National Statistics, 2015: *UK Harmonised European Time Use Survey (HETUS).* https://www.ons.gov.uk/employmentandlabourmarket/peopleinwork/earnings andworkinghours/articles/womenshouldertheresponsibilityofunpaidwork/ 2016–11–10 [19. April 2018].

Oliver, Dave/Romm-Livermore, Celia/Sudweeks, Fay (Hg.), 2009: *Self-service in the Internet age: expectations and experiences.* London.

Parreñas, Rhacel Salazar, 2001: *Servants of globalization: women, migration and domestic work.* Stanford.

Poulter, Sean, 31. März 2016: *Return of the cleaner: one if three families now pays for domestic help.* Daily Mail. http://www.dailymail.co.uk/news/article-3516617/One-three-families-pay-cleaner-35s-drive-trend-hiringdomestic-help.html [15. April 2018].

Pursell, Carroll, 1999: *Domesticating Modernity: The Electrical Association for Women, 1924–86.* The British Journal for the History of Science. 32. Jg., Heft 1, 47–67.

Riley, Denise, 1979: *War in the Nursery.* Feminist Review. 2. Jg., Heft 1, 82–108.

Ritzer, George/Jurgenson, Nathan, 2010: *Production, Consumption, Prosumption: The nature of capitalism in the age of the digital 'prosumer'.* Journal of Consumer Culture. 10. Jg., Heft 3, 13–36.

Rothschild, Joan, 1982: *Women, Technology and Innovation.* Oxford.

Sainsbury, Diane (Hg.), 1994: *Gendering welfare states.* London.

Schor, Juliet B., 1983: *The overworked American: the unexpected decline of leisure.* New York.

Seccombe, Wally, 1974: *The housewife and her labour under capitalism*. New Left Review. Heft 83, 3–24.

Segal, Lynne, 2007: *Making trouble: life and politics*. London.

Sharma, Sarah, 2014: *In the meantime: temporality and cultural politics*. Durham.

Terry, Jennifer/Calvert, Melodie (Hg.), 1997: *Processed lives: gender and technology in everyday life*. London/New York.

Ve, Hildur, 1984: *Women's mutual alliances: altruism as a premise for interaction*. In: Holter, Harriet (Hg.): Patriarchy in a welfare society. Oslo, 211–246.

Wajcman, Judy, 2016: *Pressed for time: the acceleration of life in digital capitalism*. Chicago.

Wall, Christine, 2017: *Sisterhood and Squatting in the 1970s: Feminism, Housing and Urban Change in Hackney*. History Workshop Journal. 83. Jg., Heft 1, 79–97.

Wallop, Harry, 1. Juli 2011: *Million more people employ a cleaner than a decade ago*. The Telegraph. https://www.telegraph.co.uk/news/uknews/8608855/Million-more-people-employ-a-cleaner-than-a-decade-ago.html [15. April 2018].

Weinbaum, Batya/Bridges, Amy, 1976: *The Other Side of the Paycheck: Monopoly Capital and the Structure of Consumption*. Monthly Review. 28. Jg., Heft 3, 88–103.

Wells, H. G./Claeys, Gregory/Parrinder, Patrick/Wheen, Francis, 2005[1905]: *A modern utopia*. London.

Woollard, Matthew, 2002: *The Classification of Domestic Servants in England and Wales, 1851–1951*. Konferenzpapier, Volume II, Seminar 2. Oslo.

Young, Brigitte, 2001: *The „Mistress" and the „Maid" in the Globalized Economy*. Social Register. Heft 37, 315–327.

Zimmerman, Jan (Hg.), 1983: *The Technological woman: interfacing with tomorrow*. New York.

Reproduktionsräume: Plattform, Stadt, Haushalt

Nick Srnicek / Helen Hester

Zuhause im Plattformkapitalismus

Das Smart Home wird heute als die Zukunft des Wohnens beworben.[1] Gestützt auf die Infrastruktur, Forschungsabteilungen und Finanzkraft von Plattformunternehmen wie Amazon und Google sind Smart-Home-Geräte mittlerweile allgegenwärtig. Doch inwieweit kann die versprochene Zukunft die Bedürfnisse von unbezahlten Reproduktionsarbeiter*innen im Haushalt erfüllen – und spiegeln sich ihre Bedürfnisse in diesem Versprechen überhaupt wider? Ist das Smart Home vielleicht eher ein bloßer Ausdruck des Plattformkapitalismus?

Der vorliegende Beitrag versucht diese Fragen zu beantworten, indem er das Potenzial des Smart Home untersucht, die häusliche Reproduktionsarbeit zu reduzieren. In Entwürfen eines zukünftigen idealen Haushalts besitzt eine solche Reduzierung traditionell eine große Bedeutung. So veranlassten etwa die im späten 19. Jahrhundert einsetzenden Veränderungen des Haushalts feministische Reformerinnen, für ein „easy-to-clean house" einzutreten (Gardiner 1997, 177). Auch in den Anfängen des Smart Home in den 1990er Jahren waren neue Reinigungstechnologien der am stärksten gefragte Aspekt von Automatisierung (Hardyment 1990). Und zuletzt fand das selbstreinigende Haus bei einer Umfrage von 2019 unter einer Reihe von technischen Innovationen, die noch Zukunftsmusik sind, den größten Zuspruch (Samsung 2019). Doch wie wir sehen werden, ließ sich dieses Bedürfnis nach weniger Arbeit bislang nur schwer befriedigen. Wir beginnen mit einem Blick auf die Geschichte von Haushaltsgeräten und ihren (mangelnden) Auswirkungen auf die im Haushalt verausgabte Arbeitszeit, um danach das Smart Home in dieser längeren Geschichte zu verorten.

Die industrielle Revolution im Haushalt

In den ersten Dekaden des 20. Jahrhunderts bewirkte eine Phase beispielloser Veränderungen eine „industrielle Revolution im Haushalt" (Cowan 1976). Am

---

1   Teile dieses Beitrags stammen aus unserem Buch *After Work. The Fight for Free Time* (Verso, im Erscheinen).

Endpunkt dieses Prozesses hatten sich die Mittel der sozialen Reproduktion – von der Infrastruktur, auf die sich die Hausarbeit stützte, bis zu den verwendeten Geräten und Technologien – tiefgreifend gewandelt.

Unmittelbar vor dieser Phase war Hausarbeit überaus kräftezehrend. Lebensnotwendige Rohstoffe mussten von außerhalb herangeschafft werden. Petroleumlampen und Feuerstellen sorgten für Beleuchtung, erforderten aber einen erheblichen Aufwand in Form von Holzhacken, Kohlen besorgen oder Lampen nachfüllen, auch für das Heizen mit Öfen mussten große Mengen Holz gehackt und ins Haus getragen werden. Wasser wiederum holte man sich an der Pumpe und schleppte es zum Kochen, Putzen und Baden nach Hause (eine Aufgabe, die Frauen in aller Welt bis heute viel Arbeit bereitet). Und so wie man Ressourcen ins Haus bringen musste, mussten Unrat und Abfall hinaus gebracht werden. Die stetige Entsorgung von schmutzigem Waschwasser, Nachttöpfen, Asche und dergleichen erfolgte meist durch eigenhändigen Abtransport durch die Familienmitglieder. In den 1890er Jahren schleppte „die durchschnittliche [amerikanische] Familie jährlich sieben Tonnen Kohle und fast 35.000 Liter Wasser nach Hause" (Greenwood u.a. 2005, 112).

Die lebensnotwendigen Dinge – Nahrungsmittel und Kleidung – wurden überwiegend noch im Haushalt hergestellt. So verbrachten Frauen das Gros ihrer „Freizeit" mit Nähen, Stricken und Stickerei (Hardyment 1988, 12). In dieser Zeit setzte der Übergang zur Versorgung durch den Markt ein, die allerdings noch weitgehend wohlhabenderen Familien vorbehalten blieb. Zu den mühsamsten Aufgaben gehörte das Waschen; gewöhnlich nahm es viele Stunden an einem bestimmten Wochentag in Anspruch – der „Waschtag war so anstrengend wie fünf Meilen zügiges Brustschwimmen" (ebd., 10). Man musste Wasser holen, die Kleider auf dem Waschbrett reinigen, sie zum Trocknen aufhängen und schließlich mit einem klobigen Bügeleisen bearbeiten, für das wiederum rund ums Jahr ein Ofen in Betrieb sein musste (Cowan 1976, 5).

Der Einsatz von Technik im Haushalt war so gering, dass eine zeitgenössische sozialistische Feministin klagte, in dieser Hinsicht lägen Frauen- und Männerarbeit „drei Jahrhunderte auseinander" (Thompson 1910, 516). Die Betreuung von Kindern und Alten, wie wir sie heute kennen, spielte dagegen eine weitaus geringere Rolle. Die Vorstellung, dass Kinder ihre Zeit in der Schule verbringen und die Familie ihren Lernprozess zuhause fördert, setzte sich erst später durch. Zumeist wirkten jüngere Familienmitglieder stattdessen selbst im Haushalt mit, sodass sie im Ergebnis den Arbeitsaufwand eher reduzierten als zusätzliche Arbeit nötig machten. Einen Ruhestand im heutigen Sinn gab es aufgrund niedrigerer Lebenserwartung und mangels Rentenkassen praktisch nicht. Arbeiten bis ans Lebensende war die Norm, die Altenbetreuung sehr anspruchslos.

Mit Anbruch des 20. Jahrhunderts erfuhr ein Großteil der Hausarbeit indes eine einschneidende Transformation. Eine der wichtigsten Veränderungen betraf die Infrastruktur: Fließendes Wasser, Strom und Gas wurden verfügbar. Städte (und später auch ländliche Gemeinden) bauten immer häufiger eine kommunale Wasserversorgung und Kanalisation auf. In den frühen 1900er Jahren existierten solche Systeme bereits in den meisten europäischen Städten (Seccombe 1995, 125f.). Die kraft- und zeitaufwendige Aufgabe, Wasser ins Haus zu schaffen und später zu entsorgen, gehörte zunehmend der Vergangenheit an. Schätzungen zufolge ersparten Wasserleitungen dem durchschnittlichen Haushalt anderthalb bis zwei Stunden Arbeit am Tag, die das Pumpen, Tragen und Erhitzen von Wasser zuvor erfordert hatte (Bereano u.a. 1985, 172). Viele europäische Städte bauten zudem eine Gasversorgung auf, die Kohleöfen überflüssig machte (Seccombe 1995, 129). Dadurch wurden rund 30 Minuten Arbeitszeit eingespart, die bislang auf das Wegwischen von Kohlestaub und die Entsorgung von Asche entfallen waren (Bereano u.a. 1985, 172). Und während man Abfall früher zu einer offenen Feuerstelle bringen, verbrennen und sodann die Asche beseitigen musste, trug man ihn in den 1930er Jahren nur noch auf die Straße hinaus – um alles weitere kümmerte sich die öffentliche Müllabfuhr (Hardyment 1988, 147). Solche technischen Veränderungen der Infrastruktur wirkten sich auf Charakter und Umfang der Hausarbeit stärker aus als die Entwicklung einzelner Geräte (Bose u.a. 1984, 65).

Deren Bedeutung soll damit nicht kleingeredet werden, doch schuf die neue Infrastruktur überhaupt erst die Grundlage für eine Reihe solcher technischer Geräte. Das Drehen von Bratspießen über offenem Feuer zum Beispiel war früher so mühsam gewesen, dass man dafür Tretmühlen konstruierte, die eigens gezüchtete Arbeitshunde am Laufen hielten (die mittlerweile ausgestorbenen *turnspit dogs*, „Spießdrehhunde", wie sie treffend hießen; Hardyment 1988, 5f.). Mitte des 19. Jahrhunderts hatten automatische Bratenwender die Tiere weitgehend verdrängt, während Kohle- und Holzöfen die Notwendigkeit körperlicher Arbeit (sei es durch Menschen oder Hunde) weiter verringerten. In den 1920er Jahren wiederum setzten sich Gas-, Öl- und Elektroöfen durch, die nochmals erhebliche Arbeitseinsparungen bewirkten (Cowan 1976, 7). Kochen und Putzen erforderten nun deutlich weniger Aufwand, „Aufgaben wie das Befüllen der Öfen und die Entsorgung der Asche" entfielen, die Küchen waren nicht mehr von Kohlestaub verschmutzt (ebd.).

Unterdessen ermöglichten Tiefkühltruhen eine effizientere Zubereitung von Mahlzeiten – anstatt jeden Abend neu zu kochen, konnte man nun größere

Mengen auf Vorrat produzieren. Die Wiederverwendung von „Speisereste"
wurde populär, ganze Kochbücher erschienen zu diesem Thema (Veit 2015).
Eine ähnliche Revolution erfuhr das Waschen. Zunächst verschob sich in den
1920er Jahren mit der Ausbreitung von kommerziellen Waschsalons viel Arbeit
vom unbezahlten in den bezahlten Sektor – selbst die ärmsten Familien wuschen
hier zumindest einen Teil ihrer Kleidung (Cowan 1989, 106). Kurz darauf kam
die private Waschmaschine auf, die sich noch im selben Jahrzehnt rasch aus-
breitete und viel Arbeit wieder in die Haushalte verlagerte, allerdings in einer
neuen, weniger intensiven Form (Cowan 1976, 5; Parr 1997). Die Erfindung
von Waschmitteln machte die Maschinen wesentlich effektiver und reduzierte
den für saubere Kleidung erforderlichen Aufwand an körperlicher Arbeit. Auch
synthetische Textilien förderten das maschinelle Waschen; die Kleidung des 19.
Jahrhunderts hätte einen gründlichen Durchgang in einem heutigen Wasch-
trockner kaum überlebt. Dank pflegeleichter Kleidung, die man nur waschen
musste, beanspruchte zudem das Bügeln deutlich weniger Zeit.

Infrastruktur wie Haushaltstechnik änderten sich somit rapide. Im Zuge
dieser industriellen Revolution machten es sich Organisationen wie die Electrical Association for Women zur Aufgabe, die Verbraucher*innen über neue
Entwicklungen zu informieren, und traten dafür ein, bei der (gewöhnlich von
Männern dominierten) Konzeption solcher Geräte die Perspektive von Frauen
zu berücksichtigen (Pursell 1999).

Neben diesem tiefgreifenden technischen Wandel vollzog sich jedoch auch eine
immer stärkere Verschiebung von der häuslichen Produktionsweise zum Kauf von
Gütern auf dem Markt – eine Entwicklung, die den Charakter der Hausarbeit
ebenso stark beeinflusste. Als eine der ersten Tätigkeiten wurde die Herstellung
von Mehl industrialisiert; früher im Haushalt gemahlen, wurde Getreide nun in
immer größeren und zunehmend maschinisierten Mühlen verarbeitet (Cowan
1989, 46–52). Andere Nahrungsmittel folgten dem Trend bald. Tiefkühlung
ermöglichte eine längere Aufbewahrung verderblicher Ware, Massenherstel-
lungstechniken senkten die Preise und der Handel begann, mehr Güter zu lagern.
Campbells ikonische Dosensuppe zum Beispiel kam in den 1890er Jahren auf
den Markt, in den folgenden Jahrzehnten gesellte sich eine wachsende Fülle
von Konserven und vorgefertigten Lebensmitteln (etwa Cornflakes und Müsli)
hinzu (Cowan 1976, 8). Um die Jahrhundertwende entfielen 20 Prozent der
US-Industrieproduktion auf die Nahrungsmittelverarbeitung, deren Produkte
durch Massenfertigung und neue große Handelsketten selbst für Arbeiterfami-
lien erschwinglich wurden (Gordon 2016, 74). 1944 wurden in Amerika rund
270.000 Tonnen Tiefkühlkost verkauft (Hardyment 1988, 144). Die Herstellung

– und Konservierung (Dalla Costa 2015, 15) – von Lebensmitteln verlagerte sich von den Haushalten, wo sie durch unbezahlte Arbeit erfolgte, auf den Markt und war zunehmend von den Erfordernissen der Kapitalakkumulation geprägt.

Auch Kleidung wurde immer seltener im Haushalt angefertigt; mit der Entstehung des Versandhandels und großer Kaufhäuser im späten 19. Jahrhundert wurde es einfacher und günstiger, sie stattdessen käuflich zu erwerben. Neben der Verschiebung der Nahrungsmittel- und Kleidungsproduktion in den Sektor der Lohnarbeit fand auch die Gesundheitsversorgung nicht mehr in den Haushalten statt. Sie wurde zunehmend professionalisiert (häufig zu Lasten von mit ihr befassten Frauen wie etwa Hebammen) und schließlich zu einer öffentlichen Aufgabe (Ehrenreich/English 1980). Mit der Entdeckung, dass Krankheiten durch Mikroorganismen verursacht werden, gewann die Sterilisierung eine neue Bedeutung – und in Krankenhäusern, die als hygienische Räume konzipiert wurden, ließ diese sich besser gewährleisten. Um die Jahrhundertwende gab es in Amerika rund 4.000 Krankenhäuser (Cowan 1989, 76), und in den 1930er Jahren waren sie nicht mehr bloß ein Ort zum Sterben, sondern auch Ort der Genesung. Diese Verlagerung der Gesundheitsversorgung in den Bereich der Lohnarbeit reduzierte die Arbeit, die Frauen traditionell als unbezahlte Pflegekräfte im Haushalt leisteten – womit zwar einerseits eine Belastung entfiel (mit der vor allem Arbeiterinnen, die über wenig Zeit verfügten, schwer zu kämpfen hatten), andererseits aber auch ein anspruchsvolles und potenziell erfüllendes Tätigkeitsfeld ausgelagert wurde. Wie zahlreiche Frauen aus der weißen Mittelschicht damals beklagten, wurde das familiäre Heim im späten 19. und frühen 20. Jahrhundert zunehmend ein beschränkter Ort für dröge Routinearbeiten.

Mit der Industrialisierung des Haushalts verbanden sich somit mehrere Prozesse. Seine Infrastruktur änderte sich tiefgreifend durch die Versorgung mit Strom, fließendem Wasser und Wärme, die nun in einer vormals ungekannten Weise und ohne große Mühen verfügbar waren. Darauf baute eine ganze Reihe von neuen Technologien auf, die die Last der Reproduktionsarbeit stark verringerten. Gleichzeitig erfolgten Nahrungsmittel- und Kleidungsproduktion sowie Gesundheitsversorgung zunehmend nicht mehr durch unbezahlte Hausarbeit, sondern durch häufig unter direktem Druck des Marktes verrichtete Lohnarbeit. Diese Veränderungen des Haushalts waren revolutionär – doch welche Auswirkungen hatten sie auf das Arbeitsvolumen?

Das Cowan-Paradox

Trotz aller neuen Technologien stellte man in den 1970er Jahren eine überraschende Tatsache fest: Die Hausarbeit nahm nicht weniger Zeit in Anspruch als früher. Auf diese unerwartete Hartnäckigkeit der Hausarbeit wies zuerst Joann Vanek in einem Artikel von 1974 hin, in dem sie verwundert erklärte, 1924 hätten Vollzeithausfrauen 52 Stunden pro Woche gearbeitet, in den 1960er Jahren dagegen 55 Stunden (Vanek 1974, 116).[2] Später zeigte Ruth Schwartz Cowan in einem mittlerweile berühmten Buch, dass die Hausarbeit von den 1870er bis zu den 1970er Jahren trotz aller infrastrukturellen Veränderungen und arbeitssparenden Geräte nicht abgenommen hatte.[3] Eine umfangreiche Studie, die zwölf Länder auf unterschiedlichen wirtschaftlichen Entwicklungsstufen erfasste, kam ebenfalls zu dem Befund, dass der Einsatz von Technik wenig Einfluss auf den Umfang der Hausarbeit hatte (Staikov 1972, 470). Dieser generelle Trend wurde in weiteren Untersuchungen zu verschiedenen Ländern bestätigt.[4] Ein genauerer Blick auf die Gründe für diese Entwicklung illustriert die komplexen Zusammenhänge zwischen Technik und sozialer Reproduktionsarbeit.

Zunächst veränderte sich die gesellschaftliche Organisation der Hausarbeit drastisch, indem diese zunehmend individualisiert und auf die Figur der „Hausfrau" übertragen wurde. Vor der Industrialisierung des Haushalts hatten sich verschiedene unbezahlte Arbeitskräfte (etwa Kinder, Verwandte, Nachbar*innen) und ein großes Heer von Hausangestellten die entsprechenden Aufgaben geteilt. In Großbritannien zum Beispiel arbeiteten um die Jahrhundertwende rund 14 Prozent der Bevölkerung als Hausangestellte. Die Arbeit, wenngleich nicht gerecht verteilt, wurde somit gemeinsam durchgeführt; sie mag viele Stunden beansprucht haben, verteilte sich aber zumindest auf mehrere Schultern. Neue Technologien förderten jedoch häufig eine Individualisierung des im Laufe des 19. Jahrhunderts angewachsenen Arbeitsvolumens (und reagierten zugleich auf sie), das nun in die Hände der vereinzelten Hausfrau gelegt wurde. Immer häufiger

---

2 Schor verfolgte diesen Trend noch zwei Jahrzehnte weiter und stellte fest, dass er anhielt (Schor 1993, 87).

3 Die Cowan-These stieß in den späten 1980er Jahren kurzzeitig auf Ablehnung, da eine Studie von Gershuny und Robinson sie zweifelhaft erscheinen ließ. Neuere Untersuchungen haben den Kerngedanken allerdings wieder erhärtet (Cowan 1989; Gershuny/Robinson 1988; Bittman u.a. 2004).

4 Gershuny zufolge war die Zunahme von Hausarbeit besonders für Frauen der Mittelschicht signifikant, da sie im betreffenden Zeitraum ihre Hausangestellten verloren (Gershuny 1992, 17).

gingen Kinder in die Schule und konnten weniger im Haushalt mithelfen, waren Männer Ernährer der ganzen Familie, und mussten wohlhabende Familien, die früher Hauspersonal beschäftigt hatten, ohne diese „Hilfe" auskommen. Mit den Jahren verschärfte sich der Angebotsmangel an Hausangestellten: Da sich für ärmere Frauen, deren Horizont sich auch durch neuartige Arbeitserfahrungen während des Ersten Weltkriegs erweitert hatte, nun andere Jobs boten, erfuhr der Beschäftigungszweig einen Niedergang. Der Wandel der gesellschaftlichen Verhältnisse gab den Anstoß zur Einführung individualisierender Technologien. Das Ergebnis bestand darin, dass zwar weniger Arbeitskräfte für die soziale Reproduktion zur Verfügung standen, aber nun eine einzelne unbezahlte Person Aufgaben erledigen konnte, die vormals ein koordiniertes Zusammenwirken erfordert hatten. So mag die vom Haushalt beanspruchte Arbeitszeit durch neue Geräte insgesamt gesunken sein, doch das Arbeitsvolumen entfiel nun auf lediglich eine Person. Wie Mariarosa Dalla Costa formulierte: „Der Arbeitstag der Frau ist unbegrenzt, nicht weil sie keine Maschinen hat, sondern weil sie isoliert ist" (Dalla Costa 1973, 35).

Diese Individualisierung wirkte sich signifikant auf die Konzeption und Entwicklung von Haushaltstechnik aus. Neue Technologien wurden häufig als Ersatz für Hausangestellte entworfen[5] – Maschinen übernahmen repetitive Aufgaben –, anstatt von Grund auf zu überdenken, wie man die Arbeit organisieren könnte (Hardyment 1988, 39). Ein besonders gutes Beispiel dafür ist das Waschen: Waschmaschinen wurden als Ersatz für die Arbeit einzelner Hausangestellter verstanden. Zuvor hatten Wäscherinnen, die sich als Arbeitskräfte auf dem Markt anboten, oder kommerzielle Waschsalons die Arbeit erledigt (Cowan 1989, 98). Es wäre auch denkbar gewesen, die Waschsalons zu verbessern und das Waschen zu kollektivieren. Tatsächlich hatten Frauen bereits 1869 für eine solche Vergesellschaftung plädiert. Catherine Beecher schlug etwa vor, dass für jeweils zwölf Familien ein kommerzieller Waschsalon zur Verfügung stehen sollte (Hardyment 1988, 56). Doch was ein kollektiver industrieller Prozess hätte sein können, wurde durch die Waschmaschine zur Aufgabe einer einzelnen Hausfrau; die Skaleneffekte (oder die staatliche Förderung), die es ermöglicht hätten, kollektives Waschen zu einer Realität zu machen, kamen nie zustande. Zudem versprachen

---

5   Eine interessante Frage lautet, ob das Verschwinden der Hausangestellten der Grund für die Einführung der Technologie war oder umgekehrt. Cowan vertritt die plausible These einer Wechselwirkung zwischen beidem, verstärkt durch den Drang kapitalistischer Firmen, neue Produktlinien im Bereich der Haushaltstechnik auf dem Markt zu etablieren (Cowan 1976, 22).

sich die Hersteller der Geräte mehr Profit davon, für einen Massenmarkt zu produzieren und nicht für eine gemeinschaftliche Nutzung (ebd., 188).

Ein zweiter Grund für das Cowan-Paradox besteht darin, dass mit der Einführung neuer Haushaltstechnologien zugleich die Sauberkeits- und Hygienestandards stiegen. So verbreiteten sich etwa in der ersten Hälfte des 20. Jahrhunderts neue Erkenntnisse über Hygiene, die Theorie über Mikroorganismen als Krankheitserreger erhärtete sich und es entstand die Ernährungswissenschaft. Als die breite Bevölkerung lernte, dass Sauberkeit und richtige Ernährung gut für die Gesundheit sind, und den einzelnen Haushalten mehr Verantwortlichkeiten übertragen wurden, stieg der Aufwand, der für die Einhaltung strenger (also auch arbeitsintensiver) Hygienestandards sowie für die Planung und Zubereitung anspruchsvollerer, ausgewogener Mahlzeiten betrieben wurde. Die zusätzliche Arbeit, die die höheren Standards nach sich zogen, hob die Zeiteinsparung durch die Vielzahl an neuen Technologien wieder auf (Mokyr 2000).

Drittens schließlich mag die Industrialisierung des Haushalts bestimmte Aufgaben beseitigt oder ihren Umfang verringert haben, aber sie brachte zugleich neue hervor. Zum Beispiel kaufte man sich – anders als noch im 19. Jahrhundert, als ein bis zwei Hosen und Oberteile die Regel waren – mit der Entstehung eines Massenmarktes mehr Kleidung, was im Ergebnis auch mehr zu reinigende Wäsche bedeutete. Auch fließend Wasser erzeugte neue Arbeit, da mit ihm das Badezimmer entstand, das geputzt werden musste (und zwar häufiger als andere Räume). Als der eigene Garten üblicher wurde und entsprechende Geräte auf den Markt kamen, beanspruchte zudem die Pflege von Außenräumen erhebliche Arbeit und Energie. Viele technische Entwicklungen wirkten sich auch sehr ungleich auf die Geschlechter aus. Frühe Erfindungen wie der Elektro- und Gasherd und die industrielle Herstellung von Textilien und Mehl reduzierten die Arbeit von Männern (zum Beispiel Holzhacken, Ledergüter herstellen, Getreide mahlen), während die Arbeit von Frauen dadurch zunahm – sie mussten nun abwechslungsreicher kochen, Baumwollkleidung waschen und mit dem neuen Weißmehl backen, was länger dauerte (Cowan 1989, Kap. 3). Dieser Befund gilt auch für die letzten Jahrzehnte, wie eine Studie festhält: „In Fällen, in denen zeitgenössische Haushaltstechnik den Arbeitsaufwand reduziert, sind es zumeist Männer, die davon profitieren" (Bittmann u.a. 2004, 412).

Der allgemeine Wandel des Haushalts vom Raum der Produktion zu einem der Konsumtion hatte zur Folge, dass bestimmte Aufgaben umfangreicher wurden und zugleich neue hinzukamen: einkaufen, die Finanzen im Blick behalten, längere Wege für bestimmte Anschaffungen zurücklegen usw. Die Essenszubereitung zum Beispiel wurde durch vorgefertigte Lebensmittel weniger aufwendig, dafür musste man nun häufiger und länger einkaufen gehen (Bose u.a. 1984, 74). Vor allem Frauen besorgten solche neuen Produkte; sie machten sich über Angebote kundig, verwalteten das Haushaltsbudget und erledigten die meisten Einkäufe für die Familie (Glazer 1993, 83). Bis in die ersten Dekaden des 20. Jahrhunderts wurden Güter wie Lebensmittel, Textilien oder Medikamente überwiegend ins Haus geliefert, auch Dienstleistungen wie Reparaturen und medizinische Versorgung wurden im Haushalt erbracht (Cowan 1989, 79f.). Ging man in ein Geschäft, berieten Angestellte zunächst über Produkte und stellten danach die gewünschten Waren zusammen, verpackten sie, machten die Rechnung fertig und lieferten alles direkt ins Haus. Der bereits im späten 19. Jahrhundert entstehende Versandhandel nahm den Haushalten noch mehr Wege und Transportarbeit ab. Mit dem Aufkommen des Automobils in den ersten Jahrzehnten des 20. Jahrhunderts fand die Ära des Rundum-Service im Einzelhandel jedoch ein schnelles Ende. Große Handelsketten und Kaufhäuser hielten nun mehr Waren vorrätig, der Weg dorthin und das Einkaufen selbst nahmen immer mehr Zeit ein. Heute beanspruchen Einkäufe im Durchschnitt rund acht Stunden pro Woche – ein zusätzlicher Arbeitstag (Wajcman 2015, 114). Während der Massenkonsum zunahm und immer mehr Güter verfügbar wurden, erzwangen sinkende Profite eine Umstrukturierung des Einzelhandels. Hatten bislang Angestellte die Waren aus den Regalen geholt und dem Kunden übergeben, begann im Zuge der Großen Depression der Handel, mit Selbstbedienung zu experimentieren (Glazer 1993, 53). Die enormen Folgen der Verlagerung dieser Form der Arbeit in Marktbeziehungen zeigt sich nicht zuletzt in der damaligen Annahme, dass man die Produktivität von Verkäufern steigern könnte, die bislang untätig herumsaßen, während sie auf Kundschaft warteten (ebd., 63). Nun mussten sie stattdessen Regale nachfüllen oder sich anderweitig nützlich machen. Der Zweite Weltkrieg beschleunigte diesen Trend, indem er einen Arbeitskräftemangel erzeugte und neue Bemühungen um Kostensenkung nach sich zog; immer mehr Geschäfte setzten nun auf Selbstbedienung. In den 1950er Jahren hatten die meisten Geschäfte im Zuge der Einführung neuer Technologien (ebd., 53–60) ihren Arbeitsprozess umstrukturiert.

Das Cowan-Paradox verweist also auf eine Reihe wichtiger Aspekte. Technik allein genügt nicht, um Arbeit zu reduzieren. Die einzelnen Geräte existieren vielmehr in einem größeren gesellschaftlich-technischen System und ihre Auswirkungen werden durch diesen Kontext vermittelt. Veränderungen sozialer Normen und Erwartungen, der Charakter der geschlechtlichen Arbeitsteilung, die Gestalt der Familie (zum Beispiel Mehrgenerationen-, Klein- oder Patchworkfamilie) – all dies entscheidet mit darüber, ob arbeitssparende Geräte tatsächlich Arbeit einsparen. Jede Anstrengung, die soziale Reproduktionsarbeit mittels Technologie zu verringern, sollte im Bewusstsein dieser Sachverhalte unternommen werden. Mit dieser kurzen Geschichte der Haushaltstechnik im frühen 20. Jahrhundert vor Augen möchten wir nun hundert Jahre überspringen und über die Gegenwart nachdenken. Wo und wie stellt sich die Verflechtung von Arbeit, Technik und Haushalt im frühen 21. Jahrhundert dar?

Das Smart Home

Die einzige bedeutende Erfindung für die Küche, die es seit der Mitte des 20. Jahrhunderts gegeben hat, war die Mikrowelle. Davon abgesehen blieben die Technologien in allen Sparten und für nahezu jede Aufgabe bis zur ersten Dekade des neuen Jahrtausends praktisch dieselben. Vieles wurde energieeffizienter, Geräte wie Kühlschränke, Geschirrspüler und Staubsauger erhielten zusätzliche Funktionen und für wohlhabende Familien in den reicheren Ländern entstanden einige neue technische Spielereien, die häufig wieder verschwanden – aber es gab nichts, was etwa mit der Einführung der Waschmaschine vergleichbar gewesen wäre. Wie Robert Gordon bemerkt hat, hätte eine Hausfrau aus den 1870er Jahren einen Haushalt der 1950er Jahre praktisch nicht wiedererkannt, während eine Hausfrau aus den 1950er Jahren an einem Haushalt der 2010er Jahre kaum einen Unterschied festgestellt hätte (Gordon 2016).

Während neue arbeitssparende Geräte kaum zu finden waren, hat es im letzten halben Jahrhundert allerdings zumindest eine bedeutsame Veränderung gegeben – und wie die weitreichendsten Verschiebungen des Fin de Siècle betrifft sie die Infrastruktur: Der Haushalt wurde digital vernetzt. So wie die Einführung von fließendem Wasser, Abwassersystemen, Strom, Gas und dergleichen grundlegend darüber bestimmt hat, was im Haushalt des letzten Jahrhunderts möglich war, steckt heute die Einführung des Internets in vielen Haushalten den Rahmen für weitere Veränderungen ab. Auf der Grundlage dieser Entwicklung nehmen die Bemühungen um Innovation zu, viele der neuesten Entwicklungen im Haushalt fallen unter die Rubrik 'smarter' Technologien – also solche Technologien, die sich auf Computer (besonders auf maschinelles Lernen) stützen, um bereits existierende Geräte um neue Funktionen zu erweitern. Sie bilden wiederum die Basis für die Entwicklung des Smart Home, worunter ein Ensemble von miteinander vernetzten Geräten in einem Haushalt verstanden wird. Der Gedanke ist nicht neu – er existiert mindestens seit den 1980er Jahren, als mehrere Unternehmen experimentelle Häuser bauten, um zu demonstrieren, wie „das Haus der Zukunft" aussehen könnte. Erstaunlich ist vielmehr, wie wenig sich solche Vorstellungen seitdem verändert haben. Nehmen wir zum Beispiel die folgende Beschreibung eines Smart Home aus dem Jahr 1987:

> Die Forschung und Entwicklung zielt hauptsächlich auf ein Steuerungssystem, das mehrere Elemente integriert: Messen von Temperatur und Luftfeuchtigkeit im Außenbereich, Regulierung der Luftqualität im Haus, Steuerung von Temperatur und Umgebungsfaktoren in bestimmten Räumen sowie der Beleuchtung. Hinzu kommt ein entwickeltes Sicherheitssystem mit Bewegungsmeldern. [...] Es umfasst außerdem Service- und Diagnosegeräte und arbeitet mit Stimmerkennung und akustischer Information. (zit. n. Berg 1994, 169)

Fügt man einen Internetanschluss hinzu, dann trifft diese Beschreibung das heutige Smart Home recht gut. Viele Haushaltsgeräte – Fernseher, Kühlschränke, Kaffeemaschinen usw. – existierten bereits in den 1980er Jahren schon seit langer Zeit in ihrer 'dummen' Form (Miles 1988); neu war lediglich der Gedanke ihrer Integration (Berg 1994, 171). Das Smart Home ermöglicht die Steuerung der in ihm vorhandenen smarten Geräte und bietet eine Vision, die sämtliche Bewegungen und Veränderungen (zum Beispiel der Temperatur) umfasst, kombiniert mit Digital- und Sprachsteuerungssystemen für die Nutzung und Fernkoordination der verschiedenen Elemente (Wajcman 2015, 130).

Gleichzeitig ist der „Wunsch nach mehr Freizeit durch Haushaltstechnik seit Langem Bestandteil von Visionen des (smarten) Eigenheims" (Strengers/Nicholls 2018, 73); in Werbematerialien werden solche integrierten technischen Systeme häufig als Vereinfachung und Rationalisierung von Abläufen im Haushalt dargestellt (Darby 2018). Bemerkenswerterweise fehlt in diesen Visionen eines hochtechnologischen, vollständig vernetzten Smart Home aber die eigentliche *Hausarbeit* (Berg 1994, 170; Strengers/Nicholls 2018, 74). Es scheint, dass gewaltige Entwicklungen der Infrastruktur erneut ihren Charakter verändern, ohne wirklich Arbeit einzusparen. Woran könnte dies liegen?

Wir würden zunächst die These vertreten, dass solche Häuser oftmals eher auf *Komfort* als auf die Reduzierung von Arbeit ausgerichtet sind – ein feiner, aber wichtiger Unterschied. Komfort bedeutet, es sich bequem zu machen, lästige Anstrengungen zu meiden, nicht aber unbedingt eine Zeitersparnis durch weniger Arbeit (Strengers/Nicholls 2018, 73). Es geht also weniger um Produktivität als um die subjektive Erfahrung der Benutzer*innen. Komfort lässt sich zudem gut auf der Mikroebene erzielen – jener Ebene, auf der viele Aspekte des Smart Home wirksam werden. Die Automatisierung kleiner Aufgaben (wie etwa das Licht beim Betreten eines Raums anzumachen) und Hilfe bei der Alltagsorganisation (etwa durch die Benachrichtigung, dass keine Milch mehr im Kühlschrank ist) werden als Mittel zur Bewältigung des anstrengenden Multitasking beworben, das Haushaltsführung heute ausmacht (ebd., 74). Darin besteht letztlich der Anspruch des Smart Home: Es sollen kleine Reibungsverluste im Alltagsleben vermieden werden. In den Worten eines Risikoinvestors:

> Ein elektrischer Wasserkocher oder ein Gemüseschäler ersparen Ihnen nicht mehrere Stunden Arbeit am Tag, befreien niemanden von Plackerei – sie beseitigen lediglich bis an Ihr Lebensende mehrmals täglich winzige Reibungsverluste. In der Welt smarter Geräte geht es heute darum, weitere solcher Reibungsverluste zu entdecken, die man ausschalten könnte. Sie erscheinen naturgemäß gar nicht als Problem, bis man sie automatisiert – so wie es auch kein Problem war, den Außenspiegel des Autos von Hand zu justieren. (Evans 2018)

Das Smart Home ist somit weit davon entfernt, den ewigen Traum vom selbstreinigenden Eigenheim zu verwirklichen; bestenfalls schleift es ein paar lästige Kanten im Alltag glatt.

Allerdings ist auch festzuhalten, dass manches, was für die einen nur eine kleine Unannehmlichkeit ist, für andere eine wesentlich größere Hürde darstellt – entsprechend kann das Smart Home für diese zweite Gruppe mehr bewirken. Sprachgesteuerte Geräte wie Amazons Alexa haben bei älteren Menschen einen gewissen Anklang gefunden. Wer schlecht sieht (von Blinden und Sehbehinderten ganz zu schweigen), spricht eine Frage wohl lieber laut aus, um an Informationen zu kommen, anstatt sie in eine Tastatur zu tippen. Auch wer an Muskelzittern leidet, kommuniziert vermutlich lieber per Stimme als durch Tasten und Knöpfe (Woyke 2017). Und unsere persönlichen Erfahrungen damit, auf dem einen Arm einen Säugling und auf dem anderen ein Kleinkind zu tragen, haben auch bei uns die Wertschätzung sprachgesteuerter Geräte gesteigert – auch wenn wir uns noch fragen, was passiert, wenn die beiden selbst mit smarten Geräten zu kommunizieren lernen.

Diese potenziellen Vorteile müssen indessen vor dem Hintergrund der zusätzlichen Arbeit gesehen werden, die das Smart Home erzeugt. Diese entsteht teilweise durch das Erfordernis, smarte Geräte in bestehende Verhaltensmuster und Räume zu integrieren. Staubsauger-Roboter zum Beispiel ersparen uns zwar die Mühe, ein Gerät von Hand über den Teppich zu schieben, stellen aber auch sehr spezifische Anforderungen an die Einrichtung – es darf nichts auf dem Boden stehen, potenzielle Hindernisse müssen umgestellt sowie Ecken, Spalten und Treppen abgesperrt werden, damit der Roboter nicht steckenbleibt oder gar einen tödlichen Sturz erleidet. Anstatt Maschinen in den Dienst unserer Lebensgestaltung zu stellen, passen wir unsere Lebensgestaltung an die Erfordernisse der Maschinen an. Zudem bringt das Smart Home eine ganze Reihe neuer technischer Aufgaben mit sich – an das Internet der Dinge angeschlossene Geräte brauchen Updates, man muss auf Meldungen achten, das Zusammenwirken verschiedener Geräte sicherstellen, im Internet nach schnellen Problemlösungen suchen, usw. (Mattern 2018; Mattu/Hill 2018). Um ein Bild des zukünftigen Smart Home zu bekommen, möge man sich vorstellen, einen schlecht funktionierenden Drucker zum Laufen zu bringen – als lebenslängliche Aufgabe. Die jeweiligen IT-Expert*innen im Haushalt dürfen sich mit der anbrechenden Ära des digital gesteuerten Heims auf eine Menge zusätzlicher Arbeit einstellen.

Und schließlich scheint das Smart Home mitnichten der Vision einer gerechteren Verteilung von Reproduktionsarbeit näher zu kommen, vielmehr die bestehenden Geschlechterhierarchien zu verfestigen. Da es unter den heutigen technisch-materiellen Bedingungen zumeist Männer sind, die sich um die Computer im Haushalt kümmern, sind wir mit der Möglichkeit konfrontiert, dass die zunehmende Digitalisierung der Hausarbeit „mehr Arbeit für Vater" bedeutet (Strengers/Nicholls 2018, 76, 78). Anstatt jedoch eine gerechtere Umverteilung der Arbeit im Haushalt zu fördern, dürfte dies eher die geschlechtlich kodierte Trennung zwischen 'digitaler' und 'traditioneller' Hausarbeit zementieren (ebd., 78). Zudem würde sich fortsetzen, was bereits die bestehende Teilung der Reproduktionsarbeit kennzeichnet: Männer bekommen die beste Arbeit. Sofern sie sich zum Beispiel an der Kinderbetreuung beteiligen, verbringen sie ihre Zeit dabei eher als Frauen „mit Gesprächen, Bildung und Freizeitaktivitäten anstatt mit Routineaufgaben der Körperpflege und Alltagsorganisation" (Wajcman 2015, 127). Ersteres kommt dem, was man unter frei gewählter Tätigkeit verstehen könnte, natürlich wesentlich näher – es sind Dinge, mit denen Menschen freiwillig (und sogar mit Vergnügen) einen Teil ihrer freien Zeit verbringen. Ganz ähnlich verhält es sich mit digitalen Aufgaben im Haushalt: Die Hauptverantwortlichen für die Einrichtung von Smart-Home-Technologien betrachten dies oft als ein Hobby – zumindest anfangs (Strengers/Nicholls 2018, 76). Auch solche Arbeit kann mit der Zeit zur Belastung werden – Nutzer*innen berichten etwa, sie wünschten sich, die Geräte würden einfach funktionieren, anstatt endlose Wartungsarbeiten zu erfordern. Dennoch wird hier deutlich, dass quantitative wie qualitative Unterschiede bei der Verrichtung von Hausarbeit eine erhebliche Herausforderung für feministische Entwürfe darstellen, die auf die Überwindung von Arbeit zielen. Gleichheit bei der Reproduktionsarbeit ist nicht nur eine Frage von Zeit.

All das spricht dafür, dass das Smart Home in der Tradition von Haushaltstechniken steht, für die das Cowan-Paradox gilt. Einem geringen Potenzial, Arbeit durch gesteigerten Komfort zu reduzieren, steht eine gewaltige Zunahme neuer digitaler Aufgaben und anderer Arbeiten gegenüber, damit die Systeme überhaupt funktionieren. Wie Cowan für frühere Technologien gezeigt hat, werden zudem Möglichkeiten einer radikaleren Veränderung unter anderem der geschlechtlichen Arbeitsteilung ignoriert, um stattdessen den bestehenden Einfamilienhaushalt als Ideal fortzuschreiben – mitsamt aller traditionellen Vorstellungen davon, wer welche Arbeit zu übernehmen hat.

Plattformkapitalismus in den eigenen vier Wänden

Warum wird das Smart Home dann aber offenbar zunehmend allgegenwärtig? Wir sollten die Vielzahl solcher Technologien nicht als Reaktion auf eine Nachfrage von Nutzer*innen und Verbraucher*innen verstehen, sondern als einen vom Plattformkapitalismus vorangetriebenen Markt. Im frühen 20. Jahrhundert bauten Hersteller erschwinglich gewordene Elektromotoren in eine riesige Palette von Produkten ein und betrieben unermüdliche Werbekampagnen für die neuen Geräte. Wie Judy Wajcman bemerkt: „Tatsächlich ist der Drang zur Motorisierung aller Haushaltstätigkeiten – einschließlich Zähneputzen, Zitronenausdrücken und Fleischschneiden – weniger eine Reaktion auf wirkliche Bedürfnisse als eine Spiegelung der wirtschaftlichen und technischen Kapazität zur Herstellung von Motoren" (1994, 129). Heute sehen wir eine ähnliche Dynamik bei Smart-Home-Geräten: Der Drang, sämtliche Aufgaben im Haushalt ʻsmartʼ zu gestalten, ist weniger Ausdruck entsprechender Bedürfnisse als des wirtschaftlichen und technischen Vermögens, Daten zu sammeln und Computerchips herzustellen. Wie die frühere Phase der Motorisierung können wir dies als ein experimentelles Stadium betrachten, in dem die Unternehmen zahllose ʻsmarteʼ Geräte auf den Markt werfen und darauf hoffen, dass sich ein paar von ihnen behaupten werden (Evans 2018).

Während der Drang zur Motorisierung von Haushaltsgeräten einer simplen Profitlogik folgte (mehr Geräte = mehr Umsatz = mehr Gewinn), liegen dem Smart Home auch die spezifischen Imperative des Plattformkapitalismus zugrunde. Der erste und offensichtlichste besteht darin, Daten aus den Haushalten abzuschöpfen. Ob sie unmittelbar von Nutzen sind oder nicht, ist unerheblich, denn weil es relativ geringe Kosten verursacht, sie zu sammeln und zu speichern, können Unternehmen dies auch in der Hoffnung auf eine spätere Verwertung tun. Smart Homes entwickeln sich so zu gewaltigen Datenerzeugern, die Internet-Providern, Datenhändlern und großen Plattformen Einblick in privateste Verhaltensmuster geben (Mattu/Hill 2018). Bestimmte Unternehmen wie Roomba bekennen sich offen zu dieser Verschiebung, indem sie sich in Datenfirmen verwandeln, die einen beispiellosen Zugang zum Innenleben von

Haushalten versprechen (Wolfe 2017). Letztlich gilt für Plattformunternehmen: „Home is where the data is."[6]

Smart-Home-Geräte – besonders die sprachgesteuerten Hubs, in denen die Bedienung der Geräte zunehmend zentralisiert wird – sind außerdem wichtig für das Ziel des Plattformkapitalismus, die Nachfrage nach seinen Kerndienstleistungen zu steigern und gleichsam technisch festzuschreiben. Diese Angebote werfen besonders viel Profit ab, und wer Nutzer*innen durch ein Gerät an sie bindet, dem sind langfristig Einnahmen sicher. Deshalb drängen Plattformkapitalist*innen so unnachgiebig mit ihren smarten Assistenten und entsprechenden Geräten in die Haushalte. Besonders eifrig hat Amazon seine Alexa in eine Vielzahl günstiger Geräte von Mikrowellen bis zu Uhren und Gläsern implementiert (Waters 2019). Gefördert wurden solche Bemühungen durch das Angebot von Chips, die es anderen Herstellern erleichtern, ihre Geräte mit smarten Assistenten zu verbinden, sowie allgemein durch die Unterstützung von dritten Parteien, die die Dienste einer bestimmten Plattform nutzen. Hinzu kommt ein Pakt mit dem Teufel: Plattformkapitalist*innen, Vermieter*innen, Sicherheitsfirmen und Polizei arbeiten zusammen daran, die Ausbreitung solcher Geräte in den Haushalten sicherzustellen – häufig gegen den Willen der Nutzer*innen (Mims 2019; Matsakis 2019; Bradshaw 2020).

Während das Smart Home eine ähnliche Dynamik aufweist wie die früheren Phasen von Elektrifizierung und Motorisierung, werden diese historischen Muster somit zugleich auf eine ganz spezifische Weise durch die Logik des Datensammelns verändert. Letztlich ist das Smart Home, das uns heute angeboten wird, ein durch und durch kapitalistisches Produkt, das wie zu erwarten im Dienst von Profit, Datenextraktion und Kontrolle steht und mit Blick auf Hausarbeit und die tatsächlichen Tätigkeiten im Reproduktionsbereich blinde Flecken hat. Weit entfernt von einer emanzipatorischen Veränderung des Haushalts steht das Smart Home in einer langen Reihe von Technologien, die wenig dazu beigetragen haben, die Last der Reproduktionsarbeit zu reflektieren oder sie sogar zu verringern.

Aus dem Englischen von Felix Kurz

Literatur

Bereano, Philip/Bose, Christine/Arnold, Erik, 1985: *Kitchen Technology and the Liberation of Women from Housework*. In: Faulkner, Wendy/Arnold, Erik (Hg.): Smothered by Invention. Technology in Women's Lives. London, 162–181.

---

6   So Murray Goulden in einem Vortrag.

Berg, Anne-Jorunn, 1994: *A Gendered Socio-Technical Construction. The Smart House.* In: Cockburn, Cynthia/Dilic, Ruza Furst (Hg.), Bringing Technology Home. Gender and Technology in a Changing Europe. Buckingham, 165–180.

Bittman, Michael/Rice, James Mahmud/Wajcman, Judy, 2004: *Appliances and Their Impact. The Ownership of Domestic Technology and Time Spent on Household Work.* The British Journal of Sociology. 55. Jg., Heft 3, 401–423.

Bose, Christine E./Bereano, Philip L./Malloy, Mary, 1984: *Household Technology and the Social Construction of Housework.* Technology and Culture. 25. Jg., Heft 1, 53–82.

Bradshaw, Tim, 3. August 2020: *Google Signs $750m Deal with ADT to Sell Its Nest Devices.* Financial Times. https://www.ft.com/content/c220edb9-02c2-4453-8524-96511b3cacca [22. Oktober 2020].

Cowan, Ruth Schwartz, 1989: *More Work for Mother. The Ironies of Household Technology from the Open Hearth to the Microwave.* London.

Cowan, Ruth Schwartz, 1976: *The „Industrial Revolution" in the Home. Household Technology and Social Change in the 20th Century.* Technology and Culture. 17. Jg., Heft 1, 1–23.

Dalla Costa, Mariarosa, 2015: *Family, Welfare, and the State. Between Progressivism and the New Deal.* Brooklyn.

Dalla Costa, Mariarosa, 1973: *Die Frauen und der Umsturz der Gesellschaft.* In: Dies./James, Selma: Die Macht der Frauen und der Umsturz der Gesellschaft. Berlin, 27–66.

Darby, Sarah J., 2018: *Smart Technology in the Home Time for More Clarity.* Building Research & Information. 46. Jg., Heft 1, 140–147.

Ehrenreich, Barbara/English, Deirdre, 1980: *Hexen, Hebammen und Krankenschwestern.* München.

Evans, Benedict, 3. Februar 2018: *Smart Homes and Vegetable Peelers.* Blog von Benedict Evans. https://www.ben-evans.com/benedictevans/2018/1/4/smart-homes-and-vegetable-peelers [22. Oktober 2020].

Gardiner, Jean, 1997: *Gender, Care and Economics.* Houndmills.

Gershuny, Jonathan, 1992: *Are We Running Out of Time?* Futures. 24. Jg., Heft 1, 3–22.

Gershuny, Jonathan/Robinson, John P., 1988: *Historical Changes in the Household Division of Labor.* Demography. 25. Jg., Heft 4, 537–552.

Glazer, Nona Y., 1993: *Women's Paid and Unpaid Labor. The Work Transfer in Health Care and Retailing.* Philadelphia.

Gordon, Robert, 2016: *The Rise and Fall of American Growth. The U.S. Standard of Living since the Civil War.* Princeton.

Greenwood, Jeremy/Seshadri, Ananth/Yorukoglu, Mehmet, 2005: *Engines of Liberation.* The Review of Economic Studies, 72. Jg., Heft 1, 109–133.

Hardyment, Christina, 1988: *From Mangle to Microwave. Mechanization of the Household.* Cambridge.

Hardyment, Christina, 11. August 1990: *Rising out of Dust.* The Guardian.

Matsakis, Louise, 8. Februar 2019: *Cops Are Offering Ring Doorbell Cameras in Exchange for Info*. Wired. https://www.wired.com/story/cops-offering-ring-doorbell-cameras-for-information/ [22. Oktober 2020].

Mattern, Shannon, 2018: *Maintenance and Care*. Places Journal. https://placesjournal.org/article/maintenance-and-care/ [22. Oktober 2020].

Mattu, Surya/Hill, Kashmir, 7. Februar 2018: *The House That Spied on Me*. Gizmodo. https://gizmodo.com/the-house-that-spied-on-me-1822429852 [22. Oktober 2020].

Miles, Ian D., 1988: *Home Informatics. Information Technology and the Transformation of Everyday Life*. London.

Mims, Christopher, 1. Juni 2019: *Amazon's Plan to Move In to Your Next Apartment Before You Do*. Wall Street Journal. https://www.wsj.com/articles/amazons-plan-to-move-in-to-your-next-apartment-before-you-do-11559361605 [22. Oktober 2020].

Mokyr, Joel, 2000: *Why „More Work for Mother?" Knowledge and Household Behavior, 1870–1945*. The Journal of Economic History. 60. Jg., Heft 1, 1–41.

Parr, Joy, 1997: *What Makes Washday Less Blue? Gender, Nation, and Technology Choice in Postwar Canada*. Technology and Culture. 38. Jg., Heft 1, 153–186.

Pursell, Carroll, 1999: *Domesticating Modernity. The Electrical Association for Women, 1924–86*. The British Journal for the History of Science. 32. Jg., Heft 1, 47–67.

Samsung, 29. August 2019: *Samsung KX50: The Future in Focus*. https://news.samsung.com/uk/experts-predict-aquatic-highways-air-taxis-and-space-hotels-for-life-in-50-years-time [22. Oktober 2020].

Schor, Juliet, 1993: *The Overworked American. The Unexpected Decline of Leisure*. New York.

Seccombe, Wally, 1995: *Weathering the Storm. Working-Class Families from the Industrial Revolution to the Fertility Decline*. London.

Staikov, Zahari, 1972: *Time-Budgets and Technological Progress*. In: Szalai, Alexander (Hg.): The Use of Time. Daily Activities of Urban and Suburban Populations in Twelve Countries. Den Haag, 461–482.

Strengers, Yolande/Nicholls, Larissa, 2018: *Aesthetic Pleasures and Gendered Tech-Work in the 21st-Century Smart Home*. Media International Australia. 45. Jg., Heft 1, 70–80.

Thompson, Maud, 1910: *The Value of Woman's Work*. International Socialist Review. 10. Jg., 513–523.

Vanek, Joann, 1974: *Time Spent in Housework*. Scientific American. 231. Jg., Heft 5, 116–121.

Veit, Helen, 1. Oktober 2015: *An Economic History of Leftovers*. The Atlantic. https://www.theatlantic.com/business/archive/2015/10/an-economic-history-of-leftovers/409255/ [22. Oktober 2020].

Wajcman, Judy, 1994: *Technik und Geschlecht. Die feministische Technikdebatte*. Frankfurt am Main/New York.

Wajcman, Judy, 2015: *Pressed for Time. The Acceleration of Life in Digital Capitalism*. London.

Waters, Richard, 26. September 2019: *Amazon Wants to Be in the Centre of Every Home*. Financial Times. https://www.ft.com/content/3d523256-e003-11e9-9743-db5a370481bc [22. Oktober 2020].

Wolfe, Jan, 28. Juli 2017: *Roomba Vacuum Maker IRobot Betting Big on the „Smart" Home*. Reuters. https://www.reuters.com/article/us-irobot-strategy/roomba-vacuum-maker-irobot-betting-big-on-the-smart-home-idUSKBN1A91A5 [22. Oktober 2020].

Woyke, Elizabeth, 9. Juni 2017: *The Octogenarians Who Love Amazon's Alexa*. MIT Technology Review. https://www.technologyreview.com/s/608047/the-octogenarians-who-love-amazons-alexa/ [22. Oktober 2020].

Yannick Ecker / Marcella Rowek / Anke Strüver

Care on Demand: Geschlechternormierte Arbeits- und Raumstrukturen in der plattformbasierten Sorgearbeit

Im Frühjahr 2020 haben wir eine neue Krise kennengelernt, die Krise in Folge der Corona-Pandemie. Die im Jahr 2019 endlich Gehör findende Klimakrise sowie die Folgen der Schuldenkrise sind dadurch etwas in den Hintergrund der politischen und medialen Aufmerksamkeit gerückt. Die Corona-Krise hat dabei auch die bereits lang anhaltende Krise der sozialen Reproduktion sichtbarer gemacht. Angesichts geschlossener Schulen und Kitas sowie der Verlagerung von Erwerbsarbeit in einigen Bereichen ins provisorische Homeoffice wurde der erste Corona-Lockdown zu einer Phase, in der sich die vergeschlechtlichte Arbeitsteilung, vor allem im Bereich Hausarbeit und Kinderbetreuung, intensiviert hat und, zumindest vorübergehend, verstärkt in der Öffentlichkeit diskutiert wurde. Der Lockdown rückte die Organisation von Reproduktionsarbeit auf mehrfache Weise in den Vordergrund: Zum einen führte er zu einer vertieften Auseinandersetzung mit dieser traditionell feminisierten, unbezahlten und unsichtbaren Arbeit sowie mit der privaten Wohnung als Arbeitsort. Zum anderen wurde die eher sichtbare, häufig unterbezahlte Sorgearbeit im öffentlichen Gesundheits- und Sozialwesen unter dem Stichwort „systemrelevant" zum tagespolitischen Thema. In beiden Bereichen wurden die Folgen neoliberaler Restrukturierung für Erwerbsarbeit und Sozialsysteme in Form von Zeitknappheit, Ressourcenmangel und geringer Wertschätzung deutlich.

Der Lockdown warf auch ein neues Licht auf die Plattformökonomie, die sich zunehmend als ökonomisierte Antwort auf die Krise der sozialen Reproduktion ausweitet (Winker 2015; Huws 2019, in deutscher Übersetzung in diesem Band). Zwischenzeitliche Nachfragegewinner*innen waren Plattformen, die haushaltsnahe Dienstleistungen auf Abruf anboten, wie etwa Paket- oder Essenslieferdienste. Auch nicht-kommerzielle, über soziale Medien und Kommunikationsplattformen vermittelte Reproduktionsarbeit gewann an Bedeutung (Mos 2020). Andere, euphemistisch „Sharing-Plattformen" genannte Unternehmen wie Uber oder Airbnb haben durch den Lockdown dagegen in kürzester Zeit stark an Umsatz verloren. Der Lockdown bot somit Anlass, die mediale und akademische Überrepräsentation von Plattformen wie Airbnb und Uber als Paradebeispiele der Plattformökonomie zu hinterfragen.

In diesem Beitrag widmen wir uns der Bedeutung plattformvermittelter Sorgearbeit als spezifischer Form ortsgebundener Plattformarbeit und gehen durch eine Betrachtung ihrer Vergeschlechtlichung und Verräumlichung den Gründen der mangelnden Anerkennung und Aufmerksamkeit für diese Arbeit nach. Wir konzentrieren uns dabei erstens auf die Frage, was sich aus den klassischen vergeschlechtlichten und verräumlichten Strukturen der Reproduktionsarbeit über das Wachstum digitaler Plattformen als Teil des *Plattform-Urbanismus* lernen lässt, und was umgekehrt diese Plattformen über die Krise der sozialen Reproduktion und ihre verschiedenen Bearbeitungsformen aussagen. Dafür untersuchen wir die gegenwärtige Tendenz der gleichzeitigen Vermarktlichung und (Re-)Privatisierung sozialer Reproduktion im Zusammenhang mit der Ausbreitung digitaler Plattformen. Zweitens fragen wir, welche Rolle (Un-)Sichtbarkeit, (Un-)Sicherheit und vergeschlechtlichte Ungleichheit in der plattformvermittelten Sorgearbeit spielen und mit welchen räumlichen Strukturen sie in Wechselwirkung stehen.

Da sich die Mehrheit der bisherigen empirischen Studien plattformvermittelter Sorgearbeit auf die USA und Australien konzentriert, stellt dieser Artikel gleichsam eine Vorbereitung für unsere Forschungsarbeiten im europäischen Kontext dar: Wir verknüpfen Befunde in Bezug auf Care-Plattformen und laden über unseren raum- und geschlechterfokussierten Ansatz zu einer Perspektiverweiterung in Bezug auf den Untersuchungsraum und die sozial-räumlichen Dimensionen der Plattformökonomie ein.

Geschlechternormierte Alltags- und Raumnutzungsstrukturen in der Stadt

In Weiterführung von Doreen Masseys relationalem Raumverständnis (2005; 2007) adressieren und analysieren wir Raum nicht nur als (veränderbares) Produkt gesellschaftlicher Verhältnisse und Praktiken – denn Geograph*innen sind weit mehr als bloße „Kartograph/inn/en der Sozialwissenschaften" (Massey 2007, 116). Vielmehr betonen wir darüber hinaus die Rolle von Räumlichkeit für gesellschaftliche Machtverhältnisse und Prozesse und fügen auch die „andere Seite der Medaille hinzu, dass auch das Soziale räumlich konstruiert ist. Und das macht einen Unterschied" (ebd.). Diesen Unterschied der Verräumlichung des Sozialen thematisieren wir in diesem Beitrag anhand der vergeschlechtlichten Arbeitsteilung und der an sie gebundenen privaten und öffentlichen städtischen Räume sowie mit Blick auf die plattformvermittelte Sorgearbeit.

Seit den 1970er Jahren hat die feministische Stadtforschung immer wieder die vergeschlechtlichte Arbeitsteilung kritisiert (Hayden 1982; Massey 1994; Frank 2003). Diese Kritik umfasst die unterschiedlichen symbolischen wie monetären Wertigkeiten der außerhäuslichen Lohnarbeit – die mit Männern* oder Männlichkeit assoziiert wird – und der privaten häuslichen (physischen und psychosozialen) Reproduktionsarbeit, die weiblich konnotiert ist und überwiegend unbezahlt von Frauen* geleistet wird. Dementsprechend spielen Geschlechternormen, Stereotype von Weiblichkeit und Männlichkeit sowie ihre Naturalisierung eine wichtige Rolle bei der Arbeitsteilung, zusätzlich zu den grundlegenden sozioökonomischen Strukturen.

Die Kritik zielt weiterhin auf die mit der vergeschlechtlichten Arbeitsteilung einhergehende Ungleichheit hinsichtlich arbeitsrechtlicher Ansprüche sowie Möglichkeiten der Solidarisierung und somit politischen Interessensvertretung von Sorgearbeiter*innen. Letzteres ist eng mit der Unsichtbarkeit der im privaten Raum stattfindenden Reproduktionsarbeit verknüpft, die eine Solidarisierung enorm erschwert. Das wird vor allem mit Blick auf das seit den 1960er Jahren vorherrschende städtebauliche Ideal der Funktionstrennung deutlich, das Wohnen, Arbeiten, Einkaufen etc. räumlich voneinander isolierte, um mögliche negative Einflüsse aufeinander zu verhindern (z.B. Lärm- und Luftbelastung). Im Zusammenspiel mit dem Trend zur Suburbanisierung wurde die Funktion Wohnen für einheimische Mittelklassefamilien verstärkt an den Rand der Städte gedrängt. Das städtebauliche Ideal ging mit dem der autogerechten Stadt einher, was wiederum einen angemessenen Ausbau des ÖPNV verhinderte, sodass die vergeschlechtlichte Arbeitsteilung in einer sozialen und räumlichen Marginalisierung von 'Hausfrauen'* resultierte (Schier 2010; Strüver 2020). Zur räumlichen Manifestation der vergeschlechtlichten Arbeitsteilung innerhalb des Modells des 'männlichen Ernährers' gehört aber auch die Vorstellung von der Wohnung als Ort der Erholung und des Rückzugs, an dem sich der Lohnarbeiter* regeneriert. Regeneration wiederum ist nur möglich durch die von 'Hausfrauen'* unbezahlt verrichtete, oft versteckte oder buchstäblich übersehene und unsichtbare Reproduktionsarbeit.

In Anlehnung an Gabriele Winker (2015, 17) verstehen wir Reproduktionsarbeit als unentlohntes Gegenstück zur und Bedingung für Lohnarbeit im Kapitalismus, eine Arbeit, die meist in privaten Räumen und von Frauen* ausgeführt wird. Mit dem Begriff Care bzw. Sorgearbeit rücken hingegen die konkreten Tätigkeiten wie Putzen, Betreuen, Pflegen in den Blick, unabhängig davon, ob sie entlohnt sind und in welchen Räumen sie verrichtet werden. In diesem Artikel stellen wir bezahlte Sorgearbeit in privaten Räumen in den Mittelpunkt.

Nachfolgend steht also *Reproduktionsarbeit* für die unentgeltliche Arbeit im eigenen Haushalt und *Sorgearbeit* für plattformvermittelte, entlohnte häusliche Care-Dienstleistungen.

Während die wechselseitige Konstitution von Geschlecht und Raum multi-skalar ist, richtet sich das Beispiel der Reproduktions- und Sorgearbeit vor allem auf die Mikroebene des Haushalts – als Alltagsort der Regeneration wie der Reproduktion. Das Beispiel der Verräumlichungsprozesse der vergeschlechtlichten Arbeitsteilung illustriert die Ko-Konstitution von Gesellschaft und Raum bzw. Geschlecht und Sorgearbeit. Die vorherrschende räumliche Trennung in 'männlich' konnotierte Produktionsarbeit im Öffentlichen und 'weiblich' konnotierte Reproduktions- und Sorgearbeit im Privaten, die im Fordismus konsolidiert wurde und bis heute fortwirkt, ist gleichzeitig Effekt wie Grundlage der gesellschaftlichen Arbeitsteilung und hierarchisierender Makrostrukturen.

Neoliberale Restrukturierung und (De-)Kommodifizierung von Sorgearbeit

Vor dem Hintergrund der durch fallende Reallöhne, Emanzipationskämpfe und den sozialstaatlichen Umbau bedingten Erosion des 'männlicher Ernährer'-Modells befindet sich seit den 1970er Jahren im Globalen Norden auch das damit stabilisierte Geschlechterarrangement in Bewegung (Motakef/Wimbauer 2019). Die sozialstaatliche Neuausrichtung auf ein „Adult-Worker-Model" (Lewis 2001), das auf die Mobilisierung aller erwerbsfähigen Personen für den Arbeitsmarkt zielt, erzeugt weiteren Druck auf die Organisation von Reproduktionsarbeit. Zudem machen die sinkenden Reallöhne und gleichzeitig steigenden Miet- und Lebenserhaltungskosten vermehrte Stunden in Erwerbsarbeit sowie teilweise längere Pendelzeiten notwendig, wodurch sich die für Reproduktionsarbeit im eigenen Haushalt zur Verfügung stehende Zeit weiter verringert (Hester 2018, 349). Huws (2019, 16) spricht vom „domestic time squeeze", der gleichzeitig Kommodifizierungs- und prekarisierende Dekommodifizierungsprozesse in Gang setzt.

Auf der einen Seite forcieren diese Umstände die Auslagerung von Sorgearbeit aus der Familie und ihre Kommodifizierung (Huws 2019, 16–17). Durch die starke Zunahme des Anteils von Frauen* in bezahlten Tätigkeiten außerhalb des Haushalts hat sich die vergeschlechtlichte Arbeitsteilung und ihre räumliche Ausdrucksform verändert. Seit den 1990er Jahren wurden einige der traditionellen Sorgeaufgaben wie Einkaufen, Kochen, Putzen und Pflegen personell wie räumlich ausgelagert. Die damit verbundene Kommodifizierung von Sorgearbeit hat diese Form der Arbeit öffentlich sichtbarer gemacht, aber nicht zu einer ähnlichen Zunahme von Anerkennung und/oder Sicherheit hinsichtlich Diskriminierungserfahrungen sowie im Sinne einer sozialen Absicherung geführt. Im Gegenteil, die lange Geschichte der Feminisierung von Sorgearbeit wird weiterhin für die Prekarisierung von Arbeitsbedingungen nutzbar gemacht: Jobunsicherheit, erzwungene Flexibilität, isolierte und über den Stadtraum verteilte Arbeitsplätze sowie niedrige Löhne (Hester 2018, 347). In der häuslichen Sorgearbeit im privaten Bereich schlagen sich aktuell zudem die wachsenden Unterschiede (und Abhängigkeiten) zwischen Frauen* mit unterschiedlichen Qualifizierungen, Klassenhintergründen und Rassismuserfahrungen bzw. zwischen besser und schlechter bezahlten Arbeiterinnen nieder. Die steigende Nachfrage nach bezahlter Sorgearbeit und häuslichen Dienstleistungen, einschließlich der Kommodifizierung häuslicher Routinearbeiten wie Kochen und Putzen, weisen auf eine Situation hin, in der berufstätige Frauen* häufig auf die Care-Arbeit anderer Frauen* (und Männer*) angewiesen sind. So hat etwa Dyck die Interdependenzen von Geschlecht, Klasse, *race* und ethnischer Zugehörigkeit einerseits und die komplizierten Zusammenhänge zwischen Neoliberalisierung, Globalisierung und sich verändernden Altersstrukturen andererseits betont: „everyday activities of care work [...] are effects of the stretching of social, political and economic relations over space, constructed and negotiated at interlocking scales of bodies, homes, cities, regions, nations and the global" (Dyck 2005, 235; siehe auch Strüver 2011).

Auf der anderen Seite des *domestic time squeeze* steht die prekarisierende Dekommodifizierung von vormals bezahlter Sorgearbeit. So haben die neoliberalen Gesundheitsreformen und die Folgen der globalen Finanzkrise in verschiedenen nationalen Kontexten dazu geführt, dass einige Sorgearbeiten in den häuslichen Bereich reintegriert und somit erneut 'privatisiert' wurden (für die USA Federici 2019, 178ff.; für Großbritannien Huws 2019). Mit Bezug auf die USA spricht Federici in diesem Zusammenhang vom Alltag als einer permanenten Krise: „Because of the double load to which many women are condemned, the long hours of work, the low wages they earn, and the cuts of essential reproductive services, for most women everyday life has become a permanent crisis" (Federici 2019, 180). In anderen Kontexten wie etwa in Deutschland spielt die Kontinuität der Familialisierung von Sorgearbeit neben der Dekommodifizierung eine größere Rolle: indem die Erosion des 'männlicher Ernährer'-Modells eine steigende Erwerbstätigkeit von Frauen* zwar nötig macht, die „neoliberale Familien- und Pflegepolitik der Problematik fehlender Zeit und unzureichender finanzieller Unterstützung für Sorgearbeit [jedoch] nicht entgegenwirkt, sondern diese durch ihre Kostensenkungspolitik verschärft" (Winker 2015, 15). Da es sich nur wenige Personen leisten können, für Sorgearbeit zu zahlen bzw. die reproduktive Arbeit im eigenen Haushalt zum Vollzeitjob zu machen, kommt es in diesen unterschiedlichen Kontexten zu Mehrfachbelastungen, insbesondere von Frauen*, die überwiegend die Verantwortung für Sorgearbeit tragen und gleichzeitig einer Erwerbstätigkeit nachgehen.

Diese beiden Prozesse spielen sich im Rahmen einer neoliberalen ökonomischen Restrukturierung ab, die sich im Umbau des Sozialsystems zum Adult-Worker-Modell, aber auch in flexibilisierten Arbeitsverhältnissen zeigt (Zwick 2018). Die damit einhergehende Verschiebung von Verantwortung zum*zur Einzelnen umfasst auch Sorgearbeit, „as an entrepreneurial activity that should be properly organised through markets and competition" (Flanagan 2019, 66). Beide oben skizzierte Prozesse stellen privatisierte Antworten bzw. notgedrungene Umgangsweisen mit dem *domestic time squeeze* dar. Dieses Problemfeld und die Praktiken der Externalisierung und Privatisierung zu Lasten von Frauen*, die sich keine privat finanzierte Unterstützung in der Sorgearbeit leisten können, bilden den historischen Kontext, in den sich die in den Folgejahren der Finanzkrise 2008 entstehende Plattformökonomie einmischt, um eine ökonomisierte Antwort auf diese Entwicklungen im Bereich der Sorge anzubieten.

Plattformökonomien und Plattform-Urbanismus

Unter Schlagworten wie „Plattform-Kapitalismus" (Srnicek 2018), „Gig Economy" und „Uberisation of Everything" (Barns 2020) avanciert die digitale Plattform in den letzten Jahren zu einer zentralen Denkfigur, die zu Neubetrachtungen sozialer Prozesse der Gegenwart einlädt. Allerdings geraten zwischen Möglichkeitsversprechen und dystopischen Fantasien der Plattformisierung sowohl ihre historische Einbettung wie auch ihre geographische Verortung und Verräumlichung zu oft in den Hintergrund.

Plattformen können definiert werden als „digitale Infrastrukturen, die es zwei oder mehr Gruppen ermöglichen zu interagieren" (Srnicek 2018, 46). Sie agieren als Vermittlerinnen und üben die Funktion aus, Daten zu erheben, zu analysieren und zu monopolisieren (ebd., 45). Plattformen sind allerdings nicht neutral, sondern gestalten aktiv Inhalte und Beziehungen (Lee u.a. 2020). Charakteristisch sind die sogenannten Netzwerkeffekte, die selbstverstärkende Prozesse der Monopolbildung und die Herausbildung von Abhängigkeiten zwischen infrastrukturellen (Facebook, Amazon) und sektoralen Plattformen (z.B. Navigation, Bildung oder Gesundheit) erzeugen: „Network effects, or the power/

value that comes from having more connections in a network, drive platforms to spread into more aspects of life and acquire more opportunities for data" (Lee u.a. 2020, 118; zum Verhältnis von infrastrukturellen und sektoralen Plattformen siehe van Dijk u.a. 2018).

Srnicek (2018) unterscheidet zwischen fünf Plattform-Typen: (1) Werbeplattformen (Facebook, Google), (2) Cloud-Plattformen (AWS, Salesforce), (3) Industrieplattformen (GE, Siemens), (4) Produktplattformen (Rolls Royce, Spotify) und (5) schlanken Plattformen (Uber, Airbnb). Im Folgenden wenden wir uns speziell den schlanken Plattformen zu, d.h. den Plattformen der On-Demand-Economy. Für diese können die folgenden Merkmale ausgemacht werden: Sie spezialisieren sich auf die Vermittlung einzelner Dienstleistungen (wie Pflege, Putzen, Lebensmitteleinkauf, Pizzalieferung usw.) und sind eher wachstums- als profitorientiert. Außerdem operieren schlanke Plattformen auf Basis maximalen Outsourcings – der Arbeitskräfte und des Anlagekapitals, aber auch der Ausbildungs- und Wartungskosten (Srnicek 2018, 76f.).

Die Entwicklung dieser Plattformunternehmen ist zum einen vor dem Hintergrund der Flexibilisierung von Produktion und Arbeitsverhältnissen seit den 1970er Jahren zu sehen (Srnicek 2018; Zwick 2018). Die neoliberale Restrukturierung von Arbeitsverhältnissen, die mitursächlich für den oben besprochenen *domestic time squeeze* ist, stellt somit gleichzeitig die Möglichkeitsbedingung schlanker Plattformen wie *Helpling* oder *Care.com* dar. Für den australischen Kontext mahnt Flanagan (2019) jedoch eine tiefergehende Historisierung an, da die Gegenüberstellung zwischen der plattformvermittelten Auftragsarbeit und dem fordistischen Normalarbeitsverhältnis einige zentrale Kontinuitäten verfehlt, etwa die prekäre Arbeit von Tagelöhner*innen schon vor der Aufkündigung des Nachkriegskompromisses in den USA, Australien und Nord-Westeuropa in den 1970er Jahren.

Als weitere strukturelle Hintergrundbedingungen sind die technologische Revolution des Internets und die Ausweitung von dessen Infrastruktur im Rahmen des Internet-Booms der 1990er Jahre sowie die ab 2008 eingeläutete Niedrigzinspolitik bedeutender Zentralbanken zu nennen, die Investitionsanreize und die Risikobereitschaft von Geldgeber*innen mehrt (Srnicek 2018, 37–38). Die Bedingungen in Folge des Crashs 2008 begünstigten die Gründung der Plattformunternehmen: „This post-crash landscape has also provided the perfect conditions for new flows of (venture) capital in the form of digital platforms that want to operate core services related to how we live, how we work, how we travel, how we consume" (Sadowski 2020a, 2). Die gegenwärtige Prominenz der Plattformen ist somit in mehrfacher Hinsicht alles andere als zufällig oder unbegründet:

Die Plattformisierung knüpft an langfristige Veränderungsprozesse im Bereich flexibilisierter und deregulierter Arbeitsverhältnisse, Entwicklungen innerhalb der Kommunikationstechnologie und einer zunehmenden Finanzialisierung an.

So wenig Plattformen *plötzlich* entstanden sind, sind sie *überall* vorhanden. Die Verräumlichung der Plattformökonomie findet vor allem in der neoliberalen Stadt ihre Bühne. Dies hängt mit der Bevölkerungs- und damit potenziellen Nutzer*innendichte sowie mit der Verfügbarkeit von Arbeitskräften zusammen, die bereit sind, bzw. sich gezwungen sehen, in prekären Verhältnissen zu arbeiten:

> Platforms benefit from the population density and spatial proximity of users/workers in cities. There are more opportunities for mediating social relations and extracting economic value in large, diverse markets. There is a pool of precarious „freelancers" who are shuffled from gig to gig. For these „disruptive" platforms, their strategy for domination is fought on the urban front: surge into cities, spread like wildfire, subvert any regulation, supplant all competition, and secure their position as an aspiring monopoly. (Sadowski 2020a, 3)

Dieser Bedeutungsgewinn von Plattformen in Städten hat zur Prägung des Begriffs „Platform Urbanism" geführt (Lee u.a. 2020; Barns 2019, 2020; Leszczynski 2020; Graham 2020), der auch in akademischen Diskussionen zunehmend zur Analyse der *datafied city* verwendet wird. Plattform-Urbanismus kann als eine Produktionsweise von Raum verstanden werden, in der Plattformen in der Herausbildung sozio-technischer Beziehungen zwischen Stadtraum und Menschen eine zentrale Bedeutung einnehmen. Diese Bedeutung basiert (a) auf relationalen Dynamiken zwischen Code, Kapital und Körperlichkeit im Alltag (Barns 2019) und verstärkt (b) Veränderungsdynamiken der Funktionsweisen von Städten und der Arbeitsorganisation in Städten, die schon in sogenannten Smart Cities zu beobachten waren (Leszczynski 2020). Während die Smart City *top-down* und angebotsgetrieben funktioniert, ist der Plattform-Urbanismus alltags- und nachfrageorientierter. Sadowski (2020b) fasst Smart Cities und Plattform-Urbanismus sogar als aufeinander folgende Phasen im Urbanisierungsprozess von technologischem Kapital. Plattform-Urbanismus bedeutet dann eine Abkehr vom *managerialism* der Smart Cities und eine Hinwendung zum Streben nach funktionaler Souveränität, „over the operation of the services that are essential to the functioning of urban society and life" (ebd., 4).

Zusammenfassend wird deutlich, dass die Entwicklung von Plattformen im Zusammenhang jeweiliger historischer und geographischer Kontexte zu berücksichtigen ist. Die Ökonomie der schlanken Plattformen ist im Kern eine urbane Ökonomie, die sich etwa in den USA und Europa in den Märkten der großen Städte ausbreitet.

Plattformen der Sorgearbeit

Im Hinblick auf plattformvermittelte Sorgearbeit geht es uns speziell darum, auf welche Weise die Trennung von (vergeschlechtlichten) öffentlichen und privaten Räumen die Wahrnehmung und Materialisierung von Ungleichheit, Unsicherheit und Unsichtbarkeit innerhalb der plattformvermittelten Sorgearbeit prägt. Dabei stellen wir die Frage, welche neuen Formen von (Un-)Sichtbarkeit, (Un-)Sicherheit und vergeschlechtlichter Ungleichheit durch die plattformökonomische Vermittlung und Verwertung von Sorgearbeit entstehen und welche räumlichen Strukturen diesen zugrunde liegen.

Formalisierte Sorgearbeit?

Die schlanken Plattformen für Sorgearbeit adressieren einerseits die Notwendigkeit eines Zusatzverdienstes, die für viele Menschen trotz einer bereits gegebenen Erwerbstätigkeit (häufig in Vollzeit) besteht. Andererseits bieten Care-Plattformen eine ökonomisierte Antwort auf die Bewältigung des *domestic time squeeze*. Beiden Seiten bieten sie in einem traditionell informalisierten ökonomischen Sektor eine formalisierte Vermittlung mit potenziell größerem Angebot. Anstelle mündlicher Empfehlungen oder Aushänge im Stadtraum eröffnen Care-Plattformen für die Arbeitenden die Möglichkeit einer schnelleren und potenziell häufigeren Vermittlung innerhalb einer größeren räumlichen Reichweite in der Stadt. Neben der Reichweite sind die zeitliche Flexibilität, insbesondere für Personen mit Sorgeverpflichtungen, und die unmittelbaren finanziellen Vorteile für die Dienstleister*in zunächst reizvolle Aspekte von plattformvermittelter Sorgearbeit (Trojansky 2020). Care-Plattformen standardisieren zudem die Kontaktaufnahme, Buchung und Zahlungsabwicklung, was sie von Anzeigeportalen wie beispielsweise eBay-Kleinanzeigen unterscheidet und potenziell den Komfort für Kund*innen erhöht.

Außerdem erfüllen On-Demand-Plattformen der Sorgearbeit nicht nur die Nachfrage von Arbeitnehmer*innen mit höheren Einkommen, sondern auch von solchen, die sich diese Dienstleistungen zuvor nicht leisten konnten (SenIAS 2017, 31). So wird plattformvermittelte Sorgearbeit in Europa nicht nur von Menschen höherer und mittlerer Gehaltsstufen, sondern auch von Menschen mit niedrigen Gehältern nachgefragt (Huws u.a. 2019, 8–9). Weiterhin sind viele Plattformarbeiter*innen selbst wiederum gelegentlich Kund*innen plattformvermittelter Sorgearbeit. „This points to a picture in which the consumption of household services via online platforms is a regular aspect of daily life for citizens across all income bands rather than a luxury for the rich" (ebd., 7–8).

Der Datenerhebung von Huws u.a. (2019) liegt allerdings eine vergleichsweise breite Operationalisierung von Care-Dienstleistungen zugrunde. Sie umfasst neben Reinigung und Kinderbetreuung beispielsweise auch Dienstleistungen wie Klempner-, Elektrik-, und Gartenarbeiten (ebd., 6). Gleichzeitig zeigen die erhobenen Daten in den Bereichen plattformvermittelter Liefer- und Transportdienstleistungen ein ähnliches Bild (ebd., 8).

Die Plattformökonomie ist allgemein für ihre prekären Arbeitsbedingungen bekannt (Huws 2019; van Doorn 2017; Flanagan 2019; Bor 2018; Trojansky 2020; Hunt/Machingura 2016). Als Teil der Gig- bzw. On-Demand-Economy verfestigen Care-Plattformen die ungleichen Machtverhältnisse zwischen den Vertragspartner*innen und verstärken die Flexibilität der Arbeiter*innen in Hinblick darauf, welchen Typ von Arbeit sie wann und wo verrichten und welches Einkommen sie erwarten können.

Da sich Plattformen nur als Vermittlerinnen verstehen, führen die Arbeiter*innen ihre Dienstleistungen als Solo-Selbstständige aus – dies gilt für Care-Plattformen wie *Helpling, Care.com* (in Deutschland und Österreich als Betreut.de/ at) und *Pflegix*, aber auch für die meisten anderen On-Demand-Plattformen. Dadurch mangelt es den Arbeiter*innen an langfristiger sozialer Absicherung, Weiterbildungs- und Aufstiegschancen, einem Urlaubsanspruch sowie Möglichkeiten politischer und arbeitsrechtlicher Interessensvertretung (van Doorn 2017; Bor 2018). Hinzu kommt, dass die Beschaffung von Aufträgen insbesondere im Bereich der Pflege und Betreuung oftmals sehr zeitintensiv ist und neben dem initialen „Matching" durch die Plattform den Aufbau einer vertrauensvollen Beziehung erfordert. Diese Zeit, wie auch die Wartezeit zwischen den Gigs sowie die Fahrtzeit zu diesen, bleiben unvergütet, und die Fahrtkosten werden nicht erstattet (Ticona u.a. 2018; Trojansky 2020):

> The workers who rely on online platforms for most of their income, many of whom are from racialised minorities, are among the most precarious […], working long and unpredictable hours interspersed with periods of enforced worklessness (and extreme poverty). […] increasing their own dependence on the market and tightening still further the knots that tie them into the global digital capitalist economy. (Huws 2019, 20)

(Un-)Sichtbarkeiten in Plattformökonomien

Die derzeitige plattformvermittelte Sorgearbeit stellt die Klassifizierung dieser Arbeit als unbezahlte Arbeit von 'Hausfrauen*' in Frage und scheint die Beziehungen zwischen Wert, Sichtbarkeit und Verletzlichkeit von Sorgearbeiter*innen zu verändern. Dennoch bekämpft sie weder die Unsichtbarkeit der Sorgearbeit noch ihre enge Bindung an das Private, und führt kaum zu einer höheren symbolischen wie monetären Anerkennung.

Ticona und Mateescu (2018) kritisieren, dass diese Unsichtbarkeit auch ein Verschwinden hinter dem Narrativ der Uberisierung in Bezug auf On-Demand-Plattformen einschließt. Dieses Narrativ lenkt die öffentliche und akademische Aufmerksamkeit hauptsächlich auf Plattformen wie Airbnb, Uber und Deliveroo – und nicht auf die ebenfalls großen und zum Teil wirtschaftlich erfolgreicheren Sorgeplattformen wie Care.com. Es stellt damit einen Gender Bias her, da es die Sichtbarkeit männlich konnotierter Tätigkeiten im öffentlichen Raum stärkt, während weiblich konnotierte und feminisierte Sorgetätigkeiten trotz steigender Online-Sichtbarkeit nicht mehr öffentliche Aufmerksamkeit und Anerkennung erfahren (ebd.). In diesem Zusammenhang betonen Ticona und Mateescu auch, dass Reproduktions- und Sorgearbeiten eine spezifische gesellschaftspolitische Geschichte haben, die sich von der anderer ökonomischer Sektoren unterscheidet, weshalb auch Care-Plattformen kontextualisiert beforscht und nicht mit den oben genannten Taxi- und Lieferplattformen gleichgesetzt werden dürfen.

Mit Blick auf die Frage räumlich produzierter vergeschlechtlichter Arbeitsteilung ist zudem wichtig, dass Solidarisierung und (Selbst-)Organisation von Sorgearbeiter*innen im Bereich der Plattformökonomie besonders schwierig sind. Sie üben ihre Tätigkeiten weithin unabhängig voneinander und über den Stadtraum verteilt im Privatraum aus. In diesem Punkt ähnelt plattformvermittelte Sorgearbeit der Arbeit von Crowdworker*innen auf Plattformen wie *Amazon Mechanical Turk* oder Clickworker*innen, die zwar nicht im privaten Raum der Auftraggebenden, sondern in ihren eigenen Privaträumen, aber ebenfalls isoliert voneinander arbeiten. Im Gegensatz zur Arbeit für Sorgeplattformen ist es Plattformarbeiter*innen im Bereich von Lieferservices möglich, sich aufgrund ihrer Uniformen im öffentlichen Raum, in dem ihre Arbeit stattfindet, zu erkennen oder sich etwa bei der Bestellungsabholung in Restaurants auszutauschen (SenIAS 2017, 29; für öffentliche Protestformen in der Lieferarbeit siehe z.B. Animento u.a. 2017). Die Trennung von öffentlichem und privatem Raum sowie die Verteilung von Sorgearbeit bleiben im Kontext der Plattformökonomie vergeschlechtlicht. So sind in Europa 90 Prozent der Sorgearbeiter*innen, die ihre Dienstleistungen über Plattformen anbieten, Frauen*. Im Bereich Lieferservice sind demgegenüber mehrheitlich Männer* tätig (SenIAS 2017, 29).

Die gesamtgesellschaftliche Unsichtbarkeit und Abwertung von haushaltsnaher Sorgearbeit geht dabei Hand in Hand mit einer prekären Sichtbarmachung auf individueller Ebene: Plattformarbeiter*innen werden in den USA beispielsweise dazu angehalten, ihre individuelle Online-Sichtbarkeit sowohl auf den

Care-Plattformen, z.B. durch Selbstvermarktungsvideos, als auch auf Facebook, Instagram oder Twitter zu erhöhen. Die Notwendigkeit dieser Sichtbarkeit ergibt sich aus zwei Charakteristika der Sorgearbeit: dem Privatraum als Arbeitsort und der Voraussetzung eines Beziehungs- und Vertrauensaufbaus zwischen Arbeiter*innen und Kund*innen. Diese Sichtbarkeit dient jedoch vor allem den Plattformbetreibenden und ihren Kund*innen; sie erhöht nicht die Anerkennung der Sorgearbeit als solche, nicht zuletzt weil häufig nur die Kund*innen – und nicht die Arbeitenden – den Gig online bewerten können (Ticona/Mateescu 2018). Hinter dem Narrativ der Uberisierung verschwindet somit auch die spezifische Bedeutung der Verschiebung von „dyadic to structural domination" (Flanagan 2019, 71) in Bezug auf haushaltsnahe Sorgearbeit: Care-Plattformen rücken die Arbeitenden in die Öffentlichkeit der Plattform und entbetten Haushaltsarbeit somit räumlich (aus einzelnen Haushalten) wie zeitlich (über einzelne Vertragsbeziehungen hinweg). Während die Flucht aus dem Haushalt früher eine wirksame Weise darstellte, sich zur Wehr zu setzen, entkräften heutzutage das Rating und die Sichtbarkeit auf der Plattform ein solches Verhalten, da sie eine Art Gedächtnis darstellen, das auch anderen Marktteilnehmer*innen zur Verfügung steht (ebd., 72). Eine solche prekäre, individuelle Sichtbarmachung *als Person* besteht in anderen Bereichen der On-Demand-Economy nicht.

(Un-)Gleichheit und (Un-)Sicherheit in Plattformökonomien

Mit Blick auf die USA benennt van Doorn (2017) Immunität, Kontrolle und Austauschbarkeit als plattformspezifische Mechanismen, die intersektionale Ungleichheit, Unsichtbarkeit und Unsicherheit reproduzieren. Den Begriff Immunität bezieht er zum einen auf die Verunmöglichung der Kommunikation und somit (Selbst-)Organisation und Vertretung der Sorgearbeitenden (van Doorn 2017, 902). Zum anderen verweist er auf die Tatsache, dass sich Plattformbetreibende durch ihre Positionierung als reine Vermittlungsagentur jeglicher Verantwortung entziehen, die Arbeitgebende in regulären Arbeitsverhältnissen haben (siehe auch Huws u.a. 2019 für Europa, Bor 2018 für die BRD sowie Flanagan 2019 für Australien).

Kontrolle findet im Kontext der Gig Economy vor allem durch einseitige Bewertungen und Beurteilungen der Arbeitenden durch die Kund*innen statt. Die von Kund*innen vorgenommenen Bewertungen haben starken Einfluss darauf, wie sichtbar ein*e Sorgearbeiter*in auf einer Plattform ist. Dadurch beeinflussen sie zukünftige Gigs und somit ökonomische Möglichkeiten. Sorgeplattformen aggregieren dabei Daten aus den persönlichen Profilen von Sorgearbeiter*innen

mit Informationen über ihre Reaktionszeit, Kundenbewertungen und sozial-
räumliche Herkunft (van Doorn 2017; Flanagan 2019). Diese Art der algorithmischen Intensivierung von Ausbeutung und Überwachung steht in auffälligem
Gegensatz zu den Attributen wie Verantwortung und Vertrauen, die Sorgebezie-
hungen kennzeichnen: „the high stakes of safety and the intimacy of carework
have made trust a valuable, yet volatile commodity in different ways from other
on-demand labor platforms" (Ticona/Mateescu 2018, 4388). Diese Abhängigkeit
von Kundenbewertungen verstärkt die rassifizierte, klassenbasierte und vergeschlechtlichte Vulnerabilität von Sorgearbeiter*innen, indem sie Anreize setzt,
auch Gigs anzunehmen bzw. fortzuführen, die Risiken für die eigene physische
und/oder psychische Gesundheit darstellen (Ticona u.a. 2018). Zudem sind
die Beurteilungen und Selektionsentscheidungen der Kund*innen häufig von
Stereotypen geprägt und reproduzieren so intersektionale Ungleichheiten im
Kontext der Sorgearbeit (ebd.; Rosenblat u.a. 2016; siehe auch Hunt/Machin-
gura 2016, 6; Huws u.a. 2019, 22). Die Unsichtbarkeit der Sorgearbeit und die
Interdependenzen von vergeschlechtlichter, rassifizierter und klassenbasierter
Ungleichheit sind demnach Voraussetzung für die Plattformarbeit und werden
auch durch Plattformen verstärkt: „in the world of platform labor, inequality is a
feature rather than a bug" (van Doorn 2017, 907). Sowohl die arbeitenden Körper
als auch die re/produktive Arbeit bleiben verborgen, ungesehen und unterbezahlt.

Der Aspekt der Austauschbarkeit bezieht sich im Kontext der On-Demand-
Economy auf die von Plattformbetreibenden bewusst erzeugte Konkurrenz zwischen den Arbeitenden. Diese wird durch die Aufnahme eines Überschusses
an Dienstleister*innen in Relation zur Verfügbarkeit von Gigs sowie durch die
Mechanismen von Immunität und Kontrolle hergestellt. Auf diese Weise sind
Arbeitende leicht zu ersetzen (van Doorn 2017). Während Bor (2018) mit Blick
auf die Praktiken von Helpling in Deutschland analog dazu konstatiert, dass
kommerzielle Plattformen unter anderem auf der „direkten Konkurrenz der
Arbeiter*innen untereinander" fußen, weist Trojansky (2020, 10) für den Bereich
häuslicher Pflege von Senior*innen in Europa darauf hin, dass die Austauschbarkeit der Sorgearbeiter*innen aufgrund der erforderlichen Qualifikationen in
diesem Bereich weniger präsent ist.

Das grundlegende Problem der ungerechten gesellschaftlichen Organisation
von Sorgearbeit bleibt im Kontext der Plattformökonomie also unangetastet. Sie
wird weiterhin als privat kategorisiert und die wechselseitigen Abhängigkeiten
zwischen reproduktiver und produktiver Arbeit bleiben unsichtbar. Die von
Feminist*innen geforderten „social arrangements that could enable people of
every class, gender, sexuality, and colour to combine social reproductive activities

with safe, interesting, and well-remunerated work" (Fraser 2016, 116) bleiben
weiterhin eine Zukunftsvision.

Conclusio

Der Corona-Lockdown im Frühjahr 2020 hat Sorge- und Reproduktionsarbeit
vorübergehend in den Fokus der Öffentlichkeit gerückt: Die Krise in Folge der
Pandemie machte die Systemrelevanz von öffentlich bereitgestellten Pflege- und
Betreuungsangeboten wie auch die von privater Reproduktionsarbeit mehr als
deutlich. Die Krise der sozialen Reproduktion im öffentlichen wie im privaten
Bereich ist aber unabhängig davon Ausdruck sozioökonomischer Strukturen und
Prozesse, vor allem des neoliberalen Umbaus des Wohlfahrtsstaates, der Arbeits-
marktderegulierung und der Selbstresponsibilisierung. Von daher lässt sich diese
soziale Krise nicht durch technologische Innovationen lösen – vielmehr ist der
Aufstieg der Plattformökonomien Teil des neoliberalen Umbaus, der bestehende
intersektionale Ungleichheiten nur weiter verstärkt.

Wir haben in diesem Beitrag gezeigt, dass die etablierten Strukturen der vergeschlechtlichten und verräumlichten Reproduktionsarbeit eine zentrale Voraussetzung für die plattformvermittelte Sorgearbeit sind und durch die fehlende
Sichtbarkeit und sozioökonomische Anerkennung deren Ungleichheitseffekte
noch verstärken. Denn die Plattformisierung von Care ist eingebettet in Prozesse
der neoliberalen Deregulierung und Prekarisierung von Erwerbs- und Sorgearbeit und angewiesen auf die sozioökonomischen Bedingungen infolge der
Finanz- und Schuldenkrise in den großen Städten der 2010er Jahre. Die Etablie-
rung plattformbasierter Sorgearbeit vollzieht sich als Teilprozess des Plattform-
Urbanismus, der bestehende geschlechternormierte Alltags- und dualistische
Raumnutzungsstrukturen manifestiert. Daher bieten Care-Plattformen weder
eine systematische und politisierende Lösung für den aus der Krise der sozialen
Reproduktion resultierenden *domestic time squeeze*, noch eine Antwort auf die
Ungerechtigkeiten der vergeschlechtlichten und verräumlichten Arbeitsteilung.
Stattdessen stellen sie eine weitere individualisierte, privatisierte und ökono-
misierte Herangehensweise dar, und treiben damit die Finanzialisierung der
Sorgearbeit voran: „Housework, it turns out, is at the epicentre of capitalism. And
the labour of social reproduction, which underpins it, also represents its future
potential for expansion. Feminist strategies for addressing it will therefore have
to take on capitalism itself" (Huws 2019, 21).

Der Corona-Lockdown im Frühjahr 2020 hat nicht nur vorübergehend die
Aufmerksamkeit für die hohe Bedeutung von Reproduktions- und Sorgearbeit

erhöht, sondern auch die paradigmatischen Beispiele der Plattformökonomie wie Uber oder Airbnb als Verlierer dastehen lassen. Das Zusammenwirken von beidem regt dazu an, eine längst überfällige Perspektiverweiterung in Bezug auf Plattformökonomien und -arbeit einzuleiten. Die im Artikel vorgenommene raumtheoretische Einbettung hilft beim Verständnis des in medialen und akademischen Diskussionen vorherrschenden Uberisierungs-Narrativs, das derzeit die Sicht auf Plattformarbeit prägt. Dieses Narrativ manifestiert die vergeschlechtlichte Arbeitsteilung und ihre Verräumlichung und führt auf der diskursiven Ebene dazu, dass Care-Plattformen trotz ihrer enormen Größe unbekannt bleiben oder in den Hintergrund gerückt werden, da prekäre, mehrheitlich von Männern* verrichtete Arbeit im öffentlichen Raum (Taxidienste, Lieferarbeit) zur impliziten Norm für On-Demand-Plattformarbeit wird. Auch zwischen unterschiedlichen Care-Plattformen führt die spezifische Verräumlichung zu differenzieller Anerkennung, Sichtbarkeit und Möglichkeiten der Solidarisierung – etwa von gastronomischen Lieferarbeiter*innen im öffentlichen Raum im Vergleich zu Reinigungs- und Pflegekräften in privaten Räumen.

Doch die plattformvermittelte Reproduktion der Vergeschlechtlichung und Verräumlichung von Sorgearbeit ist eine Wiederholung mit Differenz: Sie bringt neue Formen der Prekarität, aber auch Ambivalenzen mit sich. Auf mikropolitischer Ebene lassen sich neue Formen von (Un-)Sichtbarkeit und vergeschlechtlichter Ungleichheit in der Sorgearbeit beobachten, die durch die Plattformvermittlung und -verwertung entstehen. Die plattformbasierte Sorgearbeit schafft Asymmetrien in Bezug auf Sichtbarkeit und Bewertung sowie in Bezug auf die Preisgabe von Privatsphäre. Care-Plattformen übervorteilen die Plattformbetreiber*innen und Kund*innen, Arbeitende werden hingegen häufig als Solo- und Schein-Selbstständige gegeneinander im Wettbewerb positioniert. Diese Asymmetrien können bestehende Formen von Diskriminierung verstärken (Ticona u.a. 2018; Rosenblat u.a. 2016). Ambivalenzen zeigen sich gleichwohl, sobald wir dazu übergehen, die Plattformisierung nicht als reibungslosen, globalen Durchsetzungsprozess zu verstehen, sondern ihren jeweiligen geographischen und regulatorischen Kontext sowie die alltägliche Aneignung in den Vordergrund stellen (Leszczynski 2020).

Care-Plattformen stellen kein global einheitliches Phänomen dar und sind derzeit weit davon entfernt, funktionale Souveränität über die gesellschaftliche Organisation von Sorgearbeit erlangt zu haben. Außerdem scheint die Verräumlichung im Privaten auf ambivalente Weise die Aneignung der Plattform durch Kund*innen und Arbeitende zu begünstigen. Hier bröckelt die Souveränität, da Kund*innen und Arbeitende die Plattform auch zweckentfremdend zur initialen Kontaktvermittlung gebrauchen können, um ihr Geschäftsverhältnis dann unabhängig von der Plattform weiterzuführen (SenIAS 2017, 30). Nicht zuletzt bieten Plattformen in Ermangelung eines regulären Beschäftigungsverhältnisses mit sozialer und finanzieller Absicherung Zugang zu einem kurzfristig verfügbaren Einkommen. Für den europäischen Kontext fehlt es allerdings noch an vergleichenden Studien, die diese Ambivalenzen und Unterschiede zur Plattformisierung untersuchen und systematisieren.

Dem Aufruf zu einem Perspektivwechsel hin zu einer Fokussierung von Vergeschlechtlichung und Verräumlichung kommt somit eine mehrfache Bedeutung zu. Eine Sicht jenseits des Uberisierungs-Narrativs bringt den bedeutenden Sektor der Care-Plattformen in den Vordergrund. Sie hilft, die Ungleichverteilung von Sichtbarkeit, Anerkennung, Prekarität und Möglichkeiten der Solidarisierung offenzulegen. Zudem bricht eine relationale und raumfokussierte Perspektive mit dem kontextlosen Narrativ einer störungsfreien Durchsetzung der universellen Plattformisierung – und gerade hierin liegt ein wichtiger Zugang zur Imagination anderer *Plattform-Zukünfte* (Graham 2020).

Literatur

Animento, Stefania/Di Cesare, Giorgio/Sica, Cristian, 2017: *Total Eclipse of Work? Neue Protestformen in der Gig Economy am Beispiel des Foodora Streiks in Turin*. PROKLA. Zeitschrift für kritische Sozialwissenschaft. 47. Jg., Heft 2, 271–290.

Barns, Sarah, 2019: *Negotiating the platform pivot: from participatory digital ecosystems to infrastructures of everyday life*. Geography Compass. 13. Jg., Heft 9, e12464.

–, 2020: *The Uberisation of Everything*. In: Dies.: Platform Urbanism. Singapore, 79–98.

Bor, Lisa, 2018: *Wisch und weg? Welche Chancen bietet die Online-Plattform Helpling für eine gerechtere Verteilung von Hausarbeit?* Zeitschrift LuXemburg. https://www.zeitschrift-luxemburg.de/wisch-und-weg-welche-chancen-bietet-die-online-plattform-helpling-fuer-eine-gerechtere-verteilung-von-hausarbeit/[30. April 2020].

Dyck, Isabel, 2005: *Feminist geography, the 'everyday', and local-global relations: hidden spaces of place-making**. Canadian Geographer. 49. Jg., Heft 3, 233–243.

Federici, Silvia, 2019: *Re-Enchanting the World: Feminism and the Politics of the Commons*. Oakland.

Flanagan, Frances, 2019: *Theorising the Gig Economy and Home-Based Service Work*. Journal of Industrial Relations. 61. Jg., Heft 1, 57–78.

Frank, Susanne, 2003: *Stadtplanung im Geschlechterkampf. Stadt und Geschlecht in der Großstadtentwicklung des 19. und 20. Jahrhunderts*. Opladen.

Fraser, Nancy, 2016: *Contradictions of Capital and Care*. New Left Review. Heft 100, 99–117.

Graham, Mark, 2020: *Regulate, replicate, and resist – the conjunctural geographies of platform urbanism.* Urban Geography. 41. Jg., Heft 3, 453–457.

Hayden, Dolores, 1982: *The grand domestic revolution: A history of feminist designs for American homes, neighborhoods, and cities.* Cambridge.

Hester, Helen, 2018: *Care under capitalism: the crisis of women's work.* IPPR Progressive Review. 24. Jg., Heft 4, 343–352.

Hunt, Abigail/Machingura, Fortunate, 2016: *A good gig? The rise of on-demand domestic care. Development Progress.* Working Paper 07. https://www.odi.org/sites/odi.org.uk/files/resource-documents/11155.pdf [22. April 2020].

Huws, Ursula, 2019: *The Hassle of Housework: Digitalization and the Commodification of Domestic Labour.* Feminist Review. Heft 123, 8–23.

Huws, Ursula/Spencer, Neil/Coates, Matt/Holts, Kaire, 2019: *The Platformisation of Work in Europe: Results from Research in 13 European Countries.* https://www.eurofound.europa.eu/de/data/platform-economy/records/the-platformisation-of-work-in-europe-results-from-research-in-13-european-countries [20. April 2020].

Lee, Ashlin/Mackenzie, Adrian/Smith, Gavin J. D./Box, Paul, 2020: *Mapping Platform Urbanism: Charting the Nuance of the Platform Pivot.* Urban Planning. 5. Jg., Heft 1, 116–128.

Leszczynski, Agnieszka, 2020: *Glitchy vignettes of platform urbanism.* Environment and Planning D: Society and Space. 38. Jg., Heft 2, 189–208.

Lewis, Jane, 2001: *The Decline of the Male Breadwinner Model: Implications for Work and Care.* Social Politics. 8. Jg., Heft 2, 152–169.

Massey, Doreen, 1994: *Space, Place, Gender.* Minneapolis.

–, 2005: *For Space.* London.

–, 2007[1992]: *Politik und Raum/Zeit.* In: Belina, Bernd/Michel, Boris (Hg.): Raumproduktionen. Münster, 111–132.

Mos, Eva, 26. Mai 2020: *Digital platforms and the (re)organization of solidarity.* platformlabor.net. https://platformlabor.net/blog/digital-platforms-and-the-reorganization-of-solidarity [15. Juli 2020].

Motakef, Mona/Wimbauer, Christine, 2019: *Prekarität im Lebenszusammenhang – eine um Anerkennung erweiterte Perspektive auf prekäre Erwerbs- und Lebenslagen.* Forum Qualitative Sozialforschung. 20. Jg., Ausgabe 3, Artikel 34.

Rosenblat, Alex/Levy, Karen/Hwang, Tim /Barocas, Solon, 2016: *Discriminating Tastes: Customer Ratings as Vehicles for Bias.* Data & Society. Oktober-Ausgabe, 1–21.

Sadowski, Jathan, 2020a: *Cyberspace and cityscapes: on the emergence of platform urbanism.* Urban Geography. 41. Jg., Ausgabe 3, 448–452.

–, 2020b: *Who Owns the Future City? Phases of Technological Urbanism and Shifts in Sovereignty.* Urban Studies, Mai-Ausgabe.

Schier, Michaela, 2010: *Mobilität und Multilokalität aus Sicht der Geschlechterforschung.* In: Bauriedl, Sybille/Schier, Michaela/Strüver, Anke (Hg.): Geschlechterverhältnisse,

Raumstrukturen, Ortsbeziehungen. Erkundungen von Vielfalt und Differenz im *spatial turn*. Münster, 122–145.

Senatsverwaltung für Integration, Arbeit und Soziales Berlin (SenIAS), 2017: *Der Job als Gig. Digital vermittelte Dienstleistungen in Berlin*. https://www.arbeitgestalten gmbh.de/assets/projekte/Joboption-Berlin/Der-Job-als-Gig-Expertise-Digital-November-2017.pdf [22. Juni 2020].

Srnicek, Nick, 2018: *Plattform-Kapitalismus*. Hamburg.

Strüver, Anke, 2011: *Zwischen Care und Career – Haushaltsnahe Dienstleistungen von transnational mobilen Migrantinnen als strategische Ressourcen*. Zeitschrift für Wirtschaftsgeographie. 55. Jg., Heft 1-2, 193–206.

–, 2020: *Geschlechterordnung des Wohnens*. In: Eckardt, Frank/Meier, Sabine (Hg.): Handbuch Wohnsoziologie. Wiesbaden.

Ticona, Julia/Mateescu, Alexandra, 2018: *Trusted strangers: Care platforms' cultural entrepreneurship in the on-demand economy*. New Media & Society. 20. Jg., Heft 11, 4384–4404.

Ticona, Julia/Mateescu, Alexandra/Rosenblat, Alex, 2018: *Beyond Disruption. How Tech Shapes Labour Across Domestic Work and Ridehailing*. Research Institute Data & Society. https://datasociety.net/wpcontent/uploads/2018/06/Data_Society_Beyond_Disruption_FINAL.pdf [22. April 2020].

Trojansky, Alisa, 2020: *Towards the „Uber-isation" of care? Platform work in the sector of long-term home care and its implications for workers' rights*. Workers' GroupResearch Report, European Economic and Social Committee. https://www.eesc.europa.eu/sites/default/files/files/qe-02-20-092-en-n.pdf [16. Juni 2020].

Van Dijk, José/Poell, Thomas/de Waal, Martijn, 2018: *The Platform Society. Public Values in a Connective World*. Oxford.

Van Doorn, Niels, 2017: *Platform labor: on the gendered and racialized exploitation of low-income service work in the 'on-demand' economy*. Information, Communication & Society. 20. Jg., Heft 6, 898–914.

Winker, Gabriele, 2015: *Care Revolution. Schritte in eine solidarische Gesellschaft*. Bielefeld.

Zwick, Austin, 2018: *Welcome to the Gig Economy: Neoliberal Industrial Relations and the Case of Uber*. GeoJournal. 83. Jg., Heft 4, 679–91.

Rabea Berfelde

Das Reproduktionsmodell von Airbnb: Wohnraum 'teilen' im Kontext krisenhafter sozial-reproduktiver Verhältnisse

Städte und Gemeinden auf der ganzen Welt setzen sich zunehmend mit den Auswirkungen von Kurzzeitvermietung auf dem Wohnungsmarkt auseinander – und mit der Frage, wie diese reguliert werden können. Zudem gibt es mittlerweile eine Vielzahl von wissenschaftlichen Betrachtungen, die die sozial-räumlichen Folgen von Airbnb kritisch analysieren. Zum einen wurde dabei auf den Einfluss der Plattform auf städtische Planung und Governance hingewiesen und gezeigt, wie Airbnb aktiv versucht, auf bestehende Regulierungen der Kurzzeitvermietung einzuwirken sowie die eigenen Vorstellungen von urbanem Zusammenleben durchzusetzen (van Doorn 2019; Ferreri/Sanyal 2018). Zum anderen wurde untersucht, wie die Plattform eine neue Form des Immobilieninvestments ermöglicht. Immobilien werden angekauft und nicht dem herkömmlichen Mietmarkt zugeführt, sondern dauerhaft als Ferienwohnung auf der Plattform angeboten. Diese neue Form des Immobilieninvestments, die sich in einen allgemeinen Trend der Finanzialisierung des Wohnens einbettet, basiert auf einer „rent gap" – also eine Ertragslücke zwischen der gegenwärtigen Nutzung als Mietwohnung und der maximal möglichen Verwertung –, die es lukrativ macht, die Wohnungen dauerhaft als Kurzzeitvermietung anzubieten. Dies zieht Gentrifizierungsprozesse nach sich, die vor allem zur Verdrängung von einkommensschwächeren Bewohner*innen aus der Nachbarschaft führen. Permanente Bewohner*innen werden schleichend durch temporäre Nutzer*innen ersetzt (Wachsmuth/Weisler 2018; Cocola-Gant/Gago 2019). Eine kürzlich veröffentlichte Studie analysiert systematisch die Auswirkungen der Plattform auf die Mietpreisentwicklung in Berlin und kommt zu dem Schluss, dass die dauerhafte Kurzzeitvermietung von ganzen Wohnungen tatsächlich die Mietpreise in der näheren Umgebung ansteigen lässt (Duso u.a. 2020).

Diese Forschung zu Auswirkungen der Plattform auf Gentrifizierungsprozesse deutet bereits an, dass der Erfolg von Airbnb eng mit der gegenwärtigen Krisenhaftigkeit sozial-reproduktiver Verhältnisse verflochten ist: Der dauerhafte und gesicherte Zugang zu Wohnraum, also einer essenziellen Infrastruktur sozialer

Reproduktion, wird vor allem für einkommensschwache Bevölkerungsteile unsicher. Der vorliegende Artikel fragt danach, auf welche Art das Geschäftsmodell der Plattform an die Krise der sozialen Reproduktion anknüpft. Zunächst entwickelt der Artikel ein strukturelles Verständnis des Zusammenhangs zwischen der gegenwärtigen Krisenhaftigkeit sozial-reproduktiver Verhältnisse und dem Aufstieg digitaler Plattformen. Es wird gezeigt, dass sowohl die gegenwärtige Krise der sozialen Reproduktion als auch der Aufstieg der Plattformen aus sozioökonomischen Transformationen resultieren, die sich unter dem Stichwort der Finanzialisierung zusammenfassen lassen. Die darauffolgende Analyse untersucht das Reproduktionsmodell, das Airbnb selbst popularisiert. Diese Analyse basiert auf einer in Berlin durchgeführten Feldforschung und untersucht die Motivation von Gastgeber*innen, regelmäßig einen Teil ihrer privaten Wohnung über die Plattform zu vermieten. Die Nutzungsweise der sogenannten Hosts sind vielfältig. Es gibt sowohl Nutzer*innen, die gelegentlich einen Raum ihrer Privatwohnung vermieten, als auch gewerbliche Nutzer*innen, die mehrere Wohneinheiten dauerhaft über die Plattform vermieten. Der vorliegende Artikel konzentriert sich auf erstere, um herauszufinden, welche Rolle prekäre Arbeits- und Lebensbedingungen für die Motivation spielen, Wohnraum als Dienstleistung über die Plattform anzubieten. Es wird gezeigt, dass die Plattform die gegenwärtige Krisenhaftigkeit sozial-reproduktiver Verhältnisse nutzt, um ihr Geschäftsmodell als eine individualisierte Lösung für Prekarität anzubieten.

Zu den Begriffen *Krise der sozialen Reproduktion* und *Prekarisierung*

In seinen arbeitswerttheoretischen Ausführungen im ersten Band des *Kapitals* diskutiert Karl Marx Produktion und Reproduktion als dialektische Einheit. Wenn Produktion und Reproduktion in ihrem dialektischen Zusammenhang betrachtet werden, zeigt sich, dass „jeder gesellschaftliche Produktionsprozeß [...] zugleich Reproduktionsprozeß" ist, und somit sind die „Bedingungen der Produktion" zugleich die „Bedingungen der Reproduktion" (Marx 2013[1962], 591). Die „einfache Reproduktion", wie Marx sie bezeichnet, ist der gesellschaftliche Kreislauf, der die Gewährleistung kapitalistischer Produktionsbedingungen sichert. Dabei muss sowohl die Reproduktion der Produktivkräfte, d.h. der Produktionsmittel und der Arbeitskraft, als auch die der Produktionsverhältnisse gesichert werden. Demnach muss sich der Kapitalkreislauf sowohl auf „stofflicher" als auch auf „sozialer" Ebene reproduzieren (Dück/Hajek 2018, 219). Seine Ausführungen deuten an, dass Arbeitskraft – als fundamentale Ware, auf der der kapitalistische Produktionsprozess basiert, sowie als Ursprung des Mehrwerts

– ebenfalls sowohl auf stofflicher als auch auf sozialer Ebene, also als Produktionsmittel und als Produktionsverhältnis, reproduziert werden muss (ebd., 220).

In Bezug auf die stoffliche, also physische und generative, Reproduktion von Arbeitskraft analysiert Marx, dass die Entlohnung lediglich den Anteil des Werts der Ware Arbeitskraft vergütet, der notwendig ist, um die Selbsterhaltung der Lohnabhängigen sowie ihrer Familien zu sichern (Marx 2013[1962], 593).[1] Auf sozialer Ebene ist die „beständige Reproduktion oder Verewigung des Arbeiters" das „sine qua non der kapitalistischen Produktion" (ebd., 596). Marx diskutiert hier die Verstetigung der sozialen Beziehung zwischen Kapital und Arbeit, die dadurch gekennzeichnet ist, dass Lohnabhängige aufgrund ihres Mangels an Produktionsmitteln zum Verkauf ihrer Arbeitskraft gezwungen sind. *Gesellschaftliche Reproduktion* beschreibt also den Kreislauf der (Wieder-)Herstellung der Produktionsbedingungen, *soziale Reproduktion* beschreibt die (Wieder-)Herstellung der Arbeitskraft (vgl. Dück/Hajek 2018).

Neuere marxistisch-feministische Ansätze, die sich unter dem Stichwort der Social Reproduction Theory (SRT) versammeln, argumentieren in Bezugnahme auf Marx' Argument des dialektischen Zusammenhangs zwischen Produktion und Reproduktion, dass das Verhältnis zwischen kapitalistischer Wertschöpfung und der Reproduktion von Arbeitskraft zwar ein notwendiges, aber auch ein inhärent widersprüchliches ist. Einerseits ist kapitalistische Produktion auf die Reproduktion der Ware Arbeitskraft angewiesen, andererseits ist die Logik kapitalistischer Akkumulation auf maximalen Profit und nicht die Befriedigung grundlegender menschlicher Bedürfnisse ausgelegt. In ihre Analyse beziehen die SRT-Theoretiker*innen sämtliche Tätigkeiten – ob bezahlt oder unbezahlt, ob im Haushalt, in Gemeinschaften oder in öffentlichen Institutionen verrichtet – ein, die Leben (wieder-)herstellen und auf die Befriedigung grundlegender menschlicher Bedürfnisse abzielen. Dennoch begreifen sie unter sozialer Reproduktion nicht primär konkrete Tätigkeiten der Sorge und Wiederherstellung von Arbeitskraft, sondern ein gesellschaftliches Verhältnis, das kapitalistische Gesellschaften als solche kennzeichnet und unter anderem die Lebens- und

---

1   Zahlreiche marxistische Feminist*innen haben Marx' Analyse der Reproduktion von Arbeitskraft kritisiert. Als bekanntes Beispiel seien hier die Theoretiker*innen der internationalen Kampagne „Wages for Housework" genannt, die argumentierten, dass die Reproduktion von Arbeitskraft nicht nur den Konsum von Waren bedarf, sondern von sorgenden Tätigkeiten abhängt, die vergeschlechtlicht und in der häuslichen Sphäre organisiert sind. Die kapitalistische Organisation von „Reproduktionsarbeit" sei zentral für die gesellschaftliche Unterdrückung der Frau (Dalla Costa/James 1975; Federici 2012).

Arbeitsverhältnisse von lohnabhängigen Subjekten bestimmt (Ferguson 2020; Bhattacharya 2017, 2019).

Nancy Fraser argumentiert, analog zu den SRT-Theoretiker*innen, dass die kapitalistische Akkumulationsweise von dem fundamentalen Widerspruch geprägt ist, dass sie einerseits der Reproduktion von Arbeitskraft bedarf und andererseits lebensschaffende und -bewahrende Tätigkeiten und Maßnahmen dem Imperativ der Profitmaximierung unterordnet. Diese generelle Krisenhaftigkeit bezeichnet sie als „sozial-reproduktive Widersprüche" („social reproductive contradictions", Fraser 2017). Laut Fraser beruht die Krisenhaftigkeit auf der funktionalen Trennung zwischen Produktion und Reproduktion. Diese Trennung, durch die reproduktive Tätigkeiten zunächst der privaten häuslichen Sphäre zugeordnet sowie in ihrer gesellschaftlichen Bedeutung abgewertet wurden, versteht sie als historisches Produkt des Kapitalismus (Fraser 2014, 62). Die spezifische Form, die die Trennung zwischen Produktion und Reproduktion annimmt, sei jedoch historisch kontingent und abhängig von den spezifischen Funktionsweisen bestimmter Akkumulationsregime sowie deren staatlicher Regulation. Eng mit diesem Argument verwoben ist ihre Aussage, dass sozial-reproduktive Widersprüche zwar der Funktionsweise kapitalistischer Akkumulation immanent sind, aber in der spezifischen Form, die diese Krisenhaftigkeit annimmt, ebenfalls historischer Kontingenz unterliegen.

So beschreibt Fraser, dass durch wohlfahrtsstaatliche Konzeptionen im Laufe des 20. Jahrhunderts einige Aspekte der sozialen Reproduktion in öffentliche Dienstleistungen und Güter umgewandelt wurden. Im Zuge des seit den 1980er Jahren stattfindenden neoliberalen Um- und Abbaus des Wohlfahrtsstaates kommt es zu Kürzungen im Bereich der öffentlichen Daseinsfürsorge, Privatisierungen von öffentlichen Infrastrukturen im Zuge von Austeritätspolitiken sowie Reprivatisierungen und Kommodifizierungen von Aspekten sozialer Reproduktion (Fraser 2014, 62). Fraser argumentiert, dass diese Entwicklungen die sozial-reproduktiven Widersprüche im gegenwärtigen *finanzialisierten Kapitalismus* bestimmen und bezeichnet die spezifische Form dieser Widersprüche als Care-Defizite („care deficits", Fraser 2017, 22). In ihrer Auseinandersetzung mit der gegenwärtigen Krise der sozialen Reproduktion untersucht sie die Auswirkungen des neoliberalen Rückbaus des Wohlfahrtsstaates auf die Reproduktion des Lebens und entwickelt somit einen Krisenbegriff, mit dem die Widersprüchlichkeit aus der Perspektive lohnabhängiger Subjekte gedacht werden kann. Diese Subjekte erleben die sozial-reproduktiven Widersprüche des finanzialisierten Kapitalismus als krisenhaften Zusammenhang, da sie ihr Leben täglich und generationenübergreifend unter Bedingungen reproduzieren müssen, die dies systematisch untergraben.

Der Begriff *Prekarisierung* beschreibt in seiner basalsten Verwendung die krisenhaften Auswirkungen des neoliberalen Umbaus von Arbeitsverhältnissen auf lohnabhängige Subjekte. Unter hauptsächlicher Berücksichtigung der Produktionssphäre wird argumentiert, dass ein zunehmender Anteil der Erwerbstätigen von unsicheren Arbeitsverhältnissen, niedriger Entlohnung und fehlenden Mitbestimmungsrechten der Arbeitnehmer*innen betroffen ist (Standing 2011; Castel 2017). Die Arbeitsverhältnisse bei Plattformunternehmen – die Arbeiter*innen meist als unabhängige Beschäftigte klassifizieren, um arbeitsrechtliche Bestimmungen zu umgehen – werden hierbei vielfach als exemplarisch dafür verstanden, wie sich Prekarisierung durch Arbeitsverhältnisse manifestiert. Um den vielgestaltigen Zusammenhang zwischen dem Aufstieg der Plattformen und der gegenwärtigen Krisenhaftigkeit sozial-reproduktiver Verhältnisse zu verstehen, ist meines Erachtens ein Prekarisierungsbegriff nötig, der jenen dialektischen und immanent krisenhaften Zusammenhang zwischen Produktions- und Reproduktionssphäre in den Blick nimmt, der hier im Rückgriff auf die SRT dargestellt wurde. Für die folgende Analyse schlage ich deshalb vor, über ein Verständnis von Prekarisierung mit bloßer Bezugnahme auf Lohnarbeitsverhältnisse hinauszugehen, und zu fragen, wie die Unsicherheit von Lohnarbeitsverhältnissen mit dem Abbau von Infrastrukturen sozialer Reproduktion einhergeht.

Wie dargestellt wurde, betrachtet die SRT vor allem die stoffliche Reproduktion der Arbeitskraft. Sie bietet also keine Erklärungsansätze, um zu analysieren, wie Arbeitskraft auf mikropolitischer und subjektiver Ebene reproduziert wird, d.h. wie und warum Individuen strukturelle Bedingungen und Verhältnisse akzeptieren und verkörpern. Isabell Loreys Konzept der „gouvernementalen Prekarisierung" birgt Ansätze, um die subjektive Seite dieser strukturellen Transformation in den Blick zu nehmen, also danach zu fragen, wie diese sozioökonomischen Bedingungen Lebensweisen und Alltagspraxen prägen und wie Prekarität in diesen und durch diese verhandelt wird. Lorey versteht Prekarisierung als ein dauerhaftes Phänomen in der Geschichte des Kapitalismus. Im Zuge neoliberaler Deregulierung wird diese Unsicherheit jedoch umfassender, betrifft größere Teile der Bevölkerung und befindet sich in einem Prozess der Normalisierung (Lorey 2015, 42). Ihren Begriff der „gouvernementalen Prekarisierung" entwickelt sie im Anschluss an das Foucault'sche Verständnis des Zusammenhangs zwischen Neoliberalismus und Subjektivierung.[2] Lorey begreift Prekarisierung somit als

---

2   In *Geschichte der Gouvernementalität II. Die Geburt der Biopolitik* argumentiert
     Foucault mit Bezugnahme auf den deutschen Nachkriegsliberalismus der Jahre
     1948-62 und den US-amerikanischen Neoliberalismus der Chicago School, dass

eine spezifische Regierungskunst – einen Modus des Regiertwerdens und der Selbstregierung –, durch die Subjekte ein individualisiertes und selbstverantwortliches Verhältnis zu strukturell bedingter Unsicherheit entwickeln.

Betrachtungen des Zusammenhangs der Krise der sozialen Reproduktion, der Finanzialisierung und des Aufstiegs der Plattformen

Wie im letzten Abschnitt dargestellt wurde, argumentiert Fraser, dass die gegenwärtige Krisenhaftigkeit sozial-reproduktiver Verhältnisse in einem engen Zusammenhang mit den strukturellen Dynamiken des finanzialisierten Kapitalismus steht. Die nachfolgenden Betrachtungen nähern sich der Funktionsweise dieses sich seit den 1970er Jahren herausbildenden Akkumulationsregimes, um zunächst den Zusammenhang zwischen der Finanzialisierung und dem Aufstieg des Plattformmodells nachzuvollziehen. In „entwickelten" OECD-Ökonomien erfährt im Zuge der Finanzialisierung die „reale Akkumulation" ein geringeres Wachstum als das Finanzwesen, und Profite aus „financial channels" werden wichtiger als Profite aus produzierenden Industrien. Historisch gab es eine enge Verzahnung zwischen dem Sektor der industriellen Produktion und dem Finanzwesen, indem große Unternehmen für ihre Investitionen, vor allem im Bereich des fixen Kapitals, auf die Finanzspritzen von Handelsbanken angewiesen waren. Die mit der Finanzialisierung einsetzende qualitative Neuerung besteht darin, dass Unternehmen nun stärker unabhängig von Handelsbanken agieren bzw. selbst in Finanztransaktionen involviert sind. Zudem treten Handelsbanken zunehmend als Investitionsbanken auf und verlagern ihre Aktivitäten in den Bereich der Vermittlung auf offenen Finanzmärkten (Lapavitsas 2009).

In seinem Buch *Platform Capitalism* legt Nick Srnicek für den US-amerikanischen Kontext die enge Verzahnung zwischen dem Aufkommen des Geschäftsmodells Plattform und dem Wandel kapitalistischer Produktions- und

---

diese Denkschulen eine spezifische Rationalität des Regierens entwerfen, die durch das Hegemonialwerden einer bestimmten Subjektivierungsform, die des Humankapitals, gekennzeichnet ist (Foucault 2004). Im Angesicht des neoliberalen Umbaus des Wohlfahrtstaates ist das Subjekt des Humankapitals angehalten, durch eine spekulative Investition in die eigene Arbeitskraft und eine unternehmerische Lebensführung ein gewisses Maß an individueller Wohlfahrt für sich selbst abzusichern. Der eigene Erfolg ist somit als Rendite auf die Investition in das eigene Humankapital zu verstehen und ein möglicher Misserfolg nicht auf strukturelle, sondern subjektive Bedingungen zurückzuführen (Feher 2009).

Akkumulationsweisen im Zuge der Finanzialisierung dar (Srnicek 2017). Während des Dotcom-Booms der 1990er Jahre kam es zu verstärkten Investitionen in Computer- und Informationstechnologien, die den Grundstein für die Kommerzialisierung des Internets legten. Die damals aufkommende 'Wachstum vor Gewinn'-Strategie – die heute auch die Grundlage des Geschäftsmodells vieler Plattformen darstellt – wurde durch ein hohes Maß an Risikokapitalinvestitionen gestützt. 2001 führten diese Strategie sowie die spekulative Überbewertung vieler Unternehmen schließlich zum Platzen der Blase und zum Dotcom-Crash. Während sich diese Blase in den Jahren 1999 und 2000 noch herausbildete, senkte die US-Notenbank, die Federal Reserve, die Zinssätze rasch und hielt diese dauerhaft niedrig. Diese dauerhaft niedrigen Zinssätze führten zu geringeren Erträgen aus reinen Finanzinvestitionen, sodass sich zinstragendes Kapital risikoreichere Investitionsmöglichkeiten wie Subprime-Hypotheken suchte. Als Reaktion auf die Krise von 2007/08 kam es wiederholt zu einer Niedrigzinspolitik. Zusätzlich führte die ultralockere Geldpolitik der USA und der EU (*quantitative easing*) nicht zu dem gewünschten Effekt, dass Geld in Form von Krediten in die Realwirtschaft fließt, sondern vielmehr zu einem enormen Anwachsen der globalen Geldmenge. Das Zusammenspiel zwischen Niedrigzinspolitik und dieser Geldpolitik führte zur steigenden Relevanz von Risikokapital und legte somit den Grundstein für das Aufkommen der Plattformen (Srnicek 2017, 19–35). Das Geschäftsmodell Plattform resultiert somit aus der Krisenbearbeitungspolitik der letzten Finanzkrise. Auch Airbnb wurde kurz nach der Finanzkrise 2008 gegründet. In dem nach der Krise einsetzenden Zyklus von Niedrigzinspolitik kam es aber nicht nur zu verstärkten Investitionen in den digitalen Sektor, sondern auch in die gebaute Umwelt.

Durch die globale Wirtschaftskrise 2007/08, ausgelöst durch den Zusammenbruch des Subprime-Hypothekenmarktes, wurde die urbane Dimension der Finanzialisierung deutlich. Unter dem Stichwort der *Finanzialisierung des Wohnens* wird diskutiert, wie durch das Zusammenspiel der Deregulierung des Wohnungsmarktes, dem Abbau öffentlicher Investitionen in Wohnraum und den verstärkten Investitionen zinstragenden Kapitals in Immobilien, Wohnraum grundsätzlich immer weniger als notwendige Infrastruktur sozialer Reproduktion und immer stärker als Vermögenswert und Instrument zur finanzialisierten Akkumulation funktioniert. In Berlin führte diese Immobilienspekulation, die vor allem durch große finanzialisierte Immobilienkonzerne vorangetrieben wird, zur aktuellen Krise der Wohnraumversorgung. 2019 verzeichnete der von der Senatsverwaltung für Stadtentwicklung und Wohnen veröffentlichte Mietspiegel, der die Bestandsmieten sowie die Preise für Neuvermietungen erfasst, einen durchschnittlichen Anstieg der Nettokaltmiete von 4,24 Euro pro Quadratmeter im Jahr 2000 auf 6,72 Euro pro Quadratmeter im Jahr 2019. Der Preis bei Neuvermietungen stieg noch rasanter. 2009 lag die Durchschnittsmiete noch bei 6,19 Euro pro Quadratmeter und stieg im ersten Quartal 2020 auf einen Durchschnittspreis von 11,55 Euro (Berliner Morgenpost 2016; Senatsverwaltung für Stadtentwicklung und Wohnen 2019; Guthmann Estate 2020).

Im Zuge der Finanzialisierung gewinnt Wertaneignung in Form von Renten zunehmend an Bedeutung für Kapitalakkumulation (Marazzi 2011; Vercellone 2010). Renten sind eine Form von Wertdistribution und leistungslosem Einkommen, die durch Eigentumstitel ermöglicht werden. Die Aneignung von Wert in Form von Renten kann also insofern als extraktiv beschrieben werden, da sie von einer gewissen Exteriorität des Kapitals gegenüber der lebendigen Arbeit geprägt ist (Gago/Mezzadra 2017, 579; Mezzadra/Neilson 2017, 188). Sandro Mezzadra und Brett Neilson beschreiben, dass extraktive Prozesse herkömmlich mit Formen der Ressourcengewinnung wie beispielsweise im Bergbau assoziiert werden (Mezzadra/Neilson 2019, 138). Die gleiche aneignende und extraktive Profitlogik zeigt sich, so das zentrale Argument der beiden, inzwischen aber zunehmend auch bei vielen Finanzprodukten. Renten werden beispielsweise in Form von Zinsen auf Finanzkapital angeeignet, und die Logik zeigt sich auch bei Derivaten, wenn auf zugrundeliegende Vermögenswerte spekuliert wird (ebd., 92). Bei Gentrifizierungsprozessen wird diese Tendenz ebenfalls sichtbar, da Eigentumstitel an Boden und Immobilien über Mietzahlungen zur Aneignung eines Teils des Einkommens von Lohnabhängigen befähigen (Mezzadra/Neilson 2017, 196).

Diese renten-basierte Profitlogik zeigt sich auch bei Plattformen. Auf Plattformen werden Produkte, Dienstleistungen, aber auch Arbeitskraft wie auf einem Markplatz bereitgestellt. Die Plattform besitzt sozusagen diesen Markplatz und eignet sich Renten in Form von Vermittlungsgebühren an (Staab 2019, 27). Die Exteriorität des Kapitals gegenüber der lebendigen Arbeit sollte dabei aber lediglich als Tendenz verstanden werden. So vermittelt etwa Airbnb auf ihrem Marktplatz Übernachtungen und Urlaubserfahrungen, diese Waren und Dienstleistungen werden aber durch die lebendige Arbeit der Hosts bereitgestellt. Diese Arbeit umfasst u.a. das Putzen und Herrichten des Apartments, die Kommunikation mit den Gästen vor und während des Aufenthalts, das Verwalten der Buchungen und das Kuratieren der Anzeige. Der Arbeitsprozess wird dabei durch die Infrastruktur der Plattform und in Form von „algorithmischem Management" kleinteilig organisiert (Bruni/Esposito 2019; Cheng/Foley 2019).

Neben der Enteignung eines Teils des Werts der Arbeitskraft durch die Vermittlungsgebühr spielt auch die Extraktion von Daten eine entscheidende Rolle für die renten-basierte Profitlogik der Plattformen. Daten werden zum einen für die Verbesserung der eigenen Plattform genutzt sowie an Werbekunden weiterverkauft. Die Inwertsetzung von Daten ist tendenziell spekulativ, da unklar ist, ob überhaupt und zu welchem Zeitpunkt sich der Wert realisieren lässt. Allerdings spielt die Möglichkeit einer Plattform, Daten systematisch und in großen Mengen erfassen zu können, eine Rolle bei der finanziellen Bewertung der Unternehmen und der Risikokapitalfinanzierung, da Investor*innen erwarten, dass datenreiche Unternehmen einen entscheidenden Wettbewerbsvorteil haben (van Doorn/ Badger 2020).

Das Aufkommen des Unternehmensmodells Plattform ist demnach eng verzahnt mit der Finanzialisierung. Dies zeigt sich zum einen daran, dass das Geschäftsmodell und die 'Wachstum vor Gewinn'-Strategie über Risikokapitalinvestitionen funktioniert und zum anderen an der renten-basierten Profitlogik. Diese Logik ist gekennzeichnet durch geringe Investitionen in fixes Kapital (Produktionsmittel) und variables Kapital (Arbeitskraft). Dies wiederum legt nahe, dass das Hegemonialwerden dieser Profitlogik Prozesse der Prekarisierung in Bezug auf Arbeitsverhältnisse verschärft. Die Ausführungen haben zudem gezeigt, dass Infrastrukturen sozialer Reproduktion, wie Wohnraum, im Zuge des neoliberalen Umbaus des Wohlfahrtstaates und der Finanzialisierung zunehmend in die Verwertungslogik des renten-basierten Akkumulationsregimes integriert werden. Es sind also die im Zuge der Finanzialisierung hegemonial werdenden extraktiven Prozesse, die die gegenwärtige Krisenhaftigkeit sozialreproduktiver Verhältnisse bestimmen.

Zur Motivation, Wohnraum über Airbnb zu 'teilen'

Die Analyse im ersten Teil zeigte auf, wie sich der Widerspruch zwischen Kapital und Leben im Zuge der Finanzialisierung strukturell verändert hat und dass der Aufstieg digitaler Plattformen eng verzahnt ist mit jenen sozioökonomischen Transformationen, die die gegenwärtige Krisenhaftigkeit sozial-reproduktiver Verhältnisse bestimmen. Während meiner Feldforschung im Dezember 2019 habe ich sieben Interviews mit Hosts durchgeführt, die einen Teil ihres privaten Wohnraums temporär, aber regelmäßig über Airbnb teilen. Alle Hosts lebten zum Zeitpunkt der Interviews im Wrangelkiez, einer in Friedrichshain-Kreuzberg (Berlin) gelegenen Nachbarschaft. Im Dezember 2019 gab es in dieser Nachbarschaft 160 Anzeigen für Übernachtungsmöglichkeiten, dabei handelte es sich bei etwa 54 um einzelne Zimmer in Privatwohnungen. Wie bereits erwähnt, gibt es auf Seiten der sogenannten „Hosts" vielfältige Nutzungsformen der Plattform.

Neben der bereits erwähnten Vermietung eines Zimmers in einer Privatwohnung werden auch ganze Privatwohnungen auf Airbnb zur Kurzzeitvermietung angeboten. Zudem gibt es auch professionalisierte Anbieter*innen, die mehrere Immobilien besitzen oder ankaufen, um diese dauerhaft als Ferienwohnung über die Plattform zu vermieten.

Im Gespräch mit den Gastgeber*innen wollte ich herausfinden, wie sie die Krisenhaftigkeit sozial-reproduktiver Verhältnisse erfahren und welche Rolle diese Erfahrungen in Bezug auf die Motivation spielen, ihren Wohnraum als Service anzubieten. Alle Befragten gaben ökonomische Motive als Hauptmotivation dafür an, einen Teil ihres Wohnraums über die Plattform zu vermieten. Dabei lassen sich die Motivationen in drei Kategorien unterteilen: (1) die über die Vermietung generierten Einnahmen sind eine dauerhafte und notwendige Einkommensquelle; (2) die Vermietung über Airbnb dient als Überbrückung eines finanziellen Engpasses und erfolgt deswegen zunächst nur übergangsweise; (3) bei der Vermietung über Airbnb handelt es sich um einen sporadischen Zuverdienst.

Anna gehört zur ersten Gruppe, für sie stellt die Vermietung über Airbnb ein fest eingeplantes und regelmäßiges Einkommen dar. Sie vermietet seit ca. fünf bis sechs Jahren regelmäßig ein Zimmer ihrer Wohnung über Airbnb. Ihre Eigentumswohnung, in der sie mit ihrer einjährigen Tochter und einem Mitbewohner wohnt, hat sie 2006, also noch vor der derzeitigen Gentrifizierungswelle, vergleichsweise günstig gekauft. Sie arbeitet selbstständig im Bereich der Immobilienvermittlung, studiert nebenbei in Teilzeit und erzählte im Interview, dass es während ihrer Schwangerschaft im letzten Jahr schwieriger war, zu arbeiten und ausreichend Geld zu verdienen. Derzeit lebt sie vor allem vom Elterngeld sowie der Vermietung über Airbnb, die sie als beständige und gute zusätzliche Einkommensquelle beschreibt:

> Also dank der Wohnung kann ich halt auch selbstständig sein, weil das so wie eine Lebensversicherung ist, ansonsten wäre mir das wahrscheinlich auch viel zu unsicher gewesen so mit diesen schwankenden Einkommen. Es ist zwar schon relativ regelmäßig, dass ich irgendwie was verdien' und was ich verdiene, aber dennoch gibt es Schwankungen, und das ist halt irgendwie schon besser bzw. gut zu wissen, dass man halt irgendwie so eine kleine Versicherung hat.

Normalerweise stellt die regelmäßige Vermietung eines Zimmers in ihrer Privatwohnung für Anna eine zusätzliche Einkommensquelle dar. Als sie aufgrund von erhöhten sozial-reproduktiven Anforderungen während und nach der Schwangerschaft ihrer selbstständigen Tätigkeit aber nicht wie gewohnt nachgehen konnte, wurde die Vermietung über die Plattform zur primären Einkommensquelle. Ihre

Wohnung bzw. die Möglichkeit, einen Teil davon über Airbnb zu vermieten, gibt ihr demnach die nötige Sicherheit, ihrer selbstständigen Tätigkeit nachzugehen.

Dass die Vermietung über Airbnb als eine Art Versicherung für die Selbstständigkeit funktioniert, zeigt sich ebenfalls in Friedas Beschreibung der Motivation, ein Zimmer in ihrer Wohnung regelmäßig über Airbnb zu vermieten. Frieda, 31 Jahre alt, vermietet seit 2018, als ihre Mitbewohnerin ausgezogen ist, das zweite Zimmer in ihrer Mietwohnung über die Plattform. Im gleichen Jahr hat sie sich im gastronomischen Bereich selbstständig gemacht. Ihr Business ist zwar gut angelaufen, doch der Laden, den sie laut eigener Erzählung aus Leidenschaft betreibt, macht zu wenig Umsatz, um sich selbst ein Gehalt auszahlen zu können. Sie zahlt lediglich ihren beiden Angestellten ein Gehalt und lebt selbst von der Vermietung über Airbnb: „Ich bezahl' mir kein Gehalt von hier momentan. Also ich habe gar keine Einkünfte. Ich leb' von der Vermietung von meiner Wohnung, also das ist gerade mein Einkommen. Airbnb macht's möglich!" In Friedas Fall ermöglicht es die regelmäßige Vermietung, einer Tätigkeit nachzugehen, bei der es sich zwar noch nicht um ein profitables Geschäftsmodell handelt, die sie aber nach eigenen Angaben aus Überzeugung macht.

Maria, 43 Jahre alt, gehört ebenfalls zur ersten Gruppe, für sie generiert die regelmäßige Vermietung ein Einkommen, das sie selbst als notwendig bezeichnet. Nachdem ihre Mitbewohnerin ausgezogen ist, hat sie ein Zimmer in ihrer Mietwohnung in ein Gästezimmer umgewandelt, das sie über die Plattform vermietet. Sie hatte bereits eine abgeschlossene Ausbildung und mehrjährige Berufserfahrung, als sie sich vor zwei Jahren dazu entschloss, noch einmal zu studieren. Sie erzählte, dass sie in den Semesterferien Vollzeit arbeitet, sich die Wohnung allerdings nicht leisten könnte, wenn sie das zweite Zimmer als reguläres WG-Zimmer untervermieten würde. Marias unsichere Einkommenslage resultiert zum Teil daraus, dass sie sich entschieden hat, noch einmal zu studieren. Die regelmäßige Vermietung sichert dabei, neben ihrer selbstständigen Tätigkeit, einen Teil ihrer Lebensunterhaltskosten.

Johanna wiederum, 24 Jahre alt und Studentin, vermietet ihr WG-Zimmer seit ca. zwei bis drei Jahren über Airbnb hauptsächlich dann, wenn sie selbst auf Reisen ist. Sie gehört somit zur zweiten Gruppe der Hosts, da die Vermietung bei ihr nur übergangsweise stattfindet und als Überbrückung fungiert. Der Überbrückungsaspekt wurde besonders deutlich, als sie erzählte, dass sie Anfang des Jahres, als sie an einer Abschlussarbeit schrieb und dementsprechend weniger Zeit zu arbeiten hatte, an Wochenenden bei Freund*innen oder ihrer Familie wohnte, um ihr Zimmer über die Plattform anbieten zu können: „Ich habe das [die Einnahmen über die Vermietung] tatsächlich gebraucht, weil sonst hätte ich arbeiten müssen, aber ich habe mich tatsächlich darauf ausgeruht, dass ich da Kapital sitzen habe, also ich hab da ja ein Zimmer, was ich unglaublich einfach und für relativ viel Geld für wenig Aufwand untervermieten kann." Während dieser Zeit nutzte Johanna die Vermietung also zur Überbrückung, als sie aufgrund geringerer Zeitressourcen weniger zu ihrem Lebensunterhalt dazuverdienen konnte. Während des Interviews sprach sie davon, dass sie diese Zeit wahrscheinlich auch durch das Beziehen von Wohngeld gemeistert hätte, dass ihr die Vermietung über Airbnb allerdings als die einfachere Lösung erschien.

Frithjof, 52 Jahre alt, vermietet seit einem halben Jahr regelmäßig ein bis zwei Zimmer über Airbnb. Er lebt mit seiner Partnerin und seinen Kindern in der Eigentumswohnung seiner Partnerin. Das erste Mal vermietete er über Airbnb, als die Familie im Sommer für ein paar Wochen im Urlaub und die Wohnung somit ungenutzt war. Er ist selbstständig tätig, und als es zu einem „Liquiditätsengpass" kam, weil er für bestimmte Jobs zu spät Geld bekam, entschied er sich, die Kurzzeitvermietung noch länger laufen zu lassen. Während er seine Motivation beschrieb, die Plattform nun regelmäßiger zu nutzen, erzählte er, dass seine Partnerin mehr zum Haushaltseinkommen beiträgt. Für ihn ist die Vermietung, um die ausschließlich er sich kümmert, eine Möglichkeit, das Haushaltseinkommen ausgeglichener zu gestalten. Frithjofs Motivation, seinen Wohnraum zu 'teilen', lässt sich demnach sowohl der ersten als auch der zweiten Gruppe zuordnen. Die Vermietung nutzt er bisher zur Überbrückung finanzieller Engpässe, die durch seine unsichere Selbstständigkeit entstehen. In seiner Erzählung wurde allerdings ebenfalls deutlich, dass die Vermietung zu einer längerfristigen und regelmäßigen Einkommensquelle werden könnte.

Jakob, 40 Jahre alt, vermietet seit der Trennung von seiner Frau regelmäßig ein Zimmer in seiner Wohnung über die Plattform. Er vermietet sein Schlafzimmer und zieht währenddessen in das Kinderzimmer, das nur die Hälfte der Woche von seiner Tochter genutzt wird. Seit die Eltern getrennt leben, wohnt seine Tochter die andere Hälfte der Woche bei ihrer Mutter. Bezüglich seiner ökonomischen Motivation gab er zum einen an, dass er über Airbnb vermietet, „um was dazuzuverdienen und die Wohnung bezahlen zu können", und zum anderen, dass er lediglich den Anteil der Mietkosten an seinen monatlichen Ausgaben reduzieren möchte. Als er näher beschrieb, warum er die Wohnung gerne halten möchte, sagte er, dass es sich um ein Mietverhältnis von vor dem „Boom" handle und er sich eine Wohnung dieser Größe und in dieser Gegend heute, das heißt bei einer Neuanmietung, nicht mehr leisten könnte. Es blieb im Gespräch unklar, ob er das über die Vermietung eingenommene Geld im engeren Sinne benötigt, er sich die Wohnung ohne die Untervermietung nicht leisten könnte, oder ob es ihm lediglich darum geht, seine monatlichen Mietkosten zu reduzieren, um mehr Geld für andere Lebensbereiche zu haben. In seiner Erzählung klingt ebenfalls an, dass es sich bei der Vermietung um eine Überbrückung handelt, wobei die aktuelle Berliner Wohnungskrise eine Rolle bei der Entscheidung spielt, seine derzeitige Wohnung halten zu wollen, die nach eigener Aussage eigentlich zu groß für ihn ist.

Markus, 33 Jahre alt, ist der einzige interviewte Host, für den die Vermietung über Airbnb eine sporadisch genutzte Möglichkeit ist, sich etwas dazuzuverdienen. Er unterscheidet sich auch dadurch von den anderen Interviewpartner*innen, da er seinen Wohnraum nie physisch mit den Gästen teilt. Er vermietet seine gesamte Einzimmerwohnung, wenn er am Wochenende oder für längere Zeit verreist ist. Er arbeitet selbstständig in der Veranstaltungsbranche, beschrieb sein Arbeitsverhältnis aber selbst nicht als unsicher, da er sich in einem beständigen Vertragsverhältnis mit zwei größeren Firmen befinde. Laut eigener Aussagen kann er sich die Mietwohnung gut leisten, die Vermietung über die Plattform stellt für ihn lediglich eine Möglichkeit dar, weniger von seinem Monatseinkommen für die Miete auszugeben: „...da ich einfach auch relativ viel unterwegs bin und oft nicht da bin und ich für mich einfach so ein bisschen so ein Limit festgelegt habe, was ich in meinem Leben irgendwie prozentual für eine Wohnung im Monat ausgeben will." Er sagte, dass es sich bei ihm nicht um die Frage drehe, ob er sich die Wohnung leisten könne, sondern ob er sich die Wohnung leisten wolle.

Zusammenfassung: Das Reproduktionsmodell von Airbnb

Die Betrachtungen im vorletzten Teil haben gezeigt, dass die Entstehung und Verbreitung des Geschäftsmodells der Plattformen eng verzahnt ist mit der Finanzialisierung. Somit resultieren sie aus denselben sozioökonomischen Transformationen, die im ersten Teil dieses Artikels als Ursache der gegenwärtigen Krisenhaftigkeit sozial-reproduktiver Verhältnisse identifiziert wurden. Die Motivation der befragten Hosts, ihren Wohnraum als Service über die Plattform anzubieten, legt nahe, dass das Geschäftsmodell von Airbnb noch auf eine weitere Weise eng verzahnt ist mit der gegenwärtigen Krise der sozialen Reproduktion. In den Erzählungen der Gastgeber*innen wurde deutlich, dass die ökonomische Motivation, Wohnraum über die Plattform zu teilen, unter anderem aus ökonomischen Engpässen, prekären Selbstständigkeiten sowie Schwierigkeiten, während und nach einer Schwangerschaft ein Einkommen zu generieren, resultiert. Die Motivation der Ermöglichung eines bestimmten Lebensstils ausgenommen, die bei einem befragten Gastgeber und der sporadischen Vermietung eine Rolle spielte, zeigte sich bei den interviewten Hosts, dass die die regulären Einkommen im Kontext der gegenwärtigen Gentrifizierungsprozesse nicht ausreichen, um die eigene Reproduktion zu sichern und deswegen Airbnb als zusätzliche oder hauptsächliche Einkommensquelle genutzt wird. Auch wenn die Einkommenslagen der Hosts als heterogen einzuschätzen sind, wurde deutlich, dass die Plattform eine individualisierte Lösung für Prekarisierungsprozesse anbietet. Airbnb ermöglicht es, das ungenutzte Zimmer als ein Vermögen zu begreifen, das als Versicherung in unsicheren Lebenslagen funktionieren kann. Dies wurde besonders ersichtlich durch die Erzählung einer Interviewpartnerin, die die Vermietung als Überbrückung nutzt und Airbnb als die einfachere Lösung gegenüber dem Beantragen von Wohngeld beschrieb. In der Suche nach individuellen Lösungen drückt sich jenes selbstverantwortliche Verhältnis zu strukturell bedingter Unsicherheit aus, das im ersten Teil in Bezugnahme auf Loreys Konzept der gouvernementalen Prekarisierung diskutiert wurde.

Tatsächlich stellt Airbnb sich selbst als eine technologiegestützte und individualisierte Lösung für Prekarität dar. In der im März 2017 angekündigten „Airbnb Economic Empowerment Agenda" wird argumentiert, dass die Plattform wirtschaftliche Chancen „demokratisiert":

> At a time of growing economic inequality, Airbnb is democratizing capitalism and creating economic opportunities for the middle class, using technology to help connect and empower our community – not replace it. Our people-for-people platform allows ordinary people to use their house – typically their greatest expense – to generate supplemental income to pay for costs like food, rent, and education for their children. [...] For some, home sharing has helped them stay afloat during tough times. (Airbnb Citizen 2017)

Chris Lehane, ehemaliger Langzeitstratege der Demokratischen Partei in den USA, der heute als Head of Policy bei Airbnb arbeitet, sagte: „I don't think there's another company that I'm aware of whose inherent product is addressing economic inequality" (Kaufman 2015). Diese Aussagen legen nahe, dass die Plattform ihr Unternehmensmodell bewusst auf der Grundlage der Krise sozial-reproduktiver Verhältnisse, Ungleichheit und Prekarität aufbaut und bei der Gestaltung ihres Angebots eben nicht nur Aspekte wie sich verändernde touristische Bedürfnisse im Blick hat.

Um diese Selbstdarstellung von Airbnb kritisch herauszufordern, muss noch einmal genauer betrachtet werden, wen dieses von Airbnb vorgeschlagene Reproduktionsmodell – nämlich die eigene Wohnung oder besser gesagt einen Teil der Wohnung als Vermögenswert und Versicherung in unsicheren Zeiten zu begreifen – anspricht und wen es ausschließt. Auffallend war, dass alle interviewten Hosts einen höheren akademischen Bildungsgrad haben und nach sozialem und ökonomischem Kapital der Mittelschicht zuzuordnen sind. Der Wrangelkiez ist eine migrantisch geprägte Nachbarschaft (Amt für Statistik Berlin-Brandenburg 2019) und somit ist die Feststellung relevant, dass keine der interviewten Gastgeber*innen einen Migrationshintergrund hatte. Zudem spricht das Reproduktionsmodell von Airbnb nur Menschen an, die auf eine Wohnung – ob diese nun eine Eigentums- oder Mietwohnung ist – zurückgreifen können, und die dort über ungenutzten Raum verfügen, der kurzzeitig vermietet werden kann. Dies legt nahe, dass das Reproduktionsmodell von Airbnb im Berliner Kontext nur bestimmte soziale Gruppen anspricht. Für alle anderen verschärft die Plattform Gentrifizierungsprozesse und somit Prekarität und sozial-räumliche Ungleichheit. Dabei sei zum Abschluss noch einmal darauf hingewiesen, dass nicht hauptsächlich die hier dargestellte Kurzzeitvermietung eines Zimmers in einer Privatwohnung die Gentrifizierung beschleunigt. Das zu Beginn des Artikels beschriebene Immobilieninvestment — wenn also Wohnungen angekauft und nicht dem normalen Mietmarkt zugeführt, sondern dauerhaft über die Plattform vermietet werden — spielt hier eine weitaus wichtigere Rolle.

Literatur

Airbnb Citizen, 13. März 2017: *Introducing the Airbnb Economic Empowerment Agenda*. https://web.archive.org/web/20190622102015/https://www.airbnbcitizen.com/introducing-airbnb-economic-empowerment-agenda/ [27. Oktober 2020].

Amt für Statistik Berlin-Brandenburg, 30. Juni 2019: *Bevölkerungsstruktur im 'Lebensweltlich orientierten Planunsgraum' Wrangelkiez in der Bezirksregion südliche Luisenstadt des Bezirks Berlin-Friedrichshain-Kreuzberg*. https://sozialraumdaten.kiezatlas.de/seiten/2019/06/?lor=02030402 [20. Oktober 2020].

Berliner Morgenpost, 2. Februar 2016: *Berliner Mieten seit 2009 – Wo sich die Preise verdoppelt haben*. Berliner Morgenpost. http://interaktiv.morgenpost.de/berlinmieten/ [20. Oktober 2020].

Bhattacharya, Tithi, 2017: *How Not to Skip Class. Social Reproduction of Labor and the Global Working Class*. In: Dies. (Hg.): Social Reproduction Theory. Remapping Class, Recentering Opression. London, 68–93.

–, 2019: *From the production of value to the valuing of reproduction*. In: Alliez, Eric/Osborne, Peter/Russell, Eric-John (Hg.): Capitalism: concept, idea, image. Aspects of Marx's capital today. London, 105–120.

Bruni, Attila/Esposito, Fabio M., 2019: *Digital Platforms: Producing and Infrastructuring Users in the Age of Airbnb*. In: Meyer, Ulli/Schaupp, Simon/Seibt, David (Hg.): Digitalization in Industry. Between Domination and Emancipation. Cham, 207–232.

Castel, Robert, 2017: *From Manual Workers to Wage Laborers. Transformation of the Social Question.* New York.

Cheng, Mingming/Foley, Carmel, 2019: *Algorithmic Management: The Case of Airbnb.* International Journal of Hospitality Management. Heft 83, 33–36.

Cocola-Gant, Agustin/Gago, Ana, 2019: *Airbnb, Buy-to-Let Investment and Tourism-Driven Displacement: A Case Study in Lisbon.* Environment and Planning A: Economy and Space. OnlineFirst. 1–18.

Dalla Costa, Mariarosa/James, Selma, 1975: *The Power of Women and the Subversion of the Community.* Bristol.

Dück, Julia/Hajek, Katharina, 2018: *'Intime Verhältnisse'. Eine gesellschaftstheoretische Erweiterung der Debatte um soziale Reproduktion.* In: Scheele, Alexandra/Wöhl, Stefanie (Hg.): Feminismus und Marxismus. Weinheim/Basel, 218–231.

Duso, Tomaso/Michelsen, Claus/Schäfer, Maximilian/Tran, Kevin, 2020: *Airbnb and Rents: Evidence from Berlin.* SSRN Electronic Journal. 1–47.

Federici, Silvia, 2012: *Revolution at Point Zero.* Oakland.

Feher, Michel, 2009: *Self-Appreciation; or, The Aspirations of Human Capital.* Public Culture. 21. Jg., Heft 1, 21–41.

Ferguson, Sue, 2020: *Women and Work. Feminism, Labour and Social Reproduction.* London.

Ferreri, Mara/Sanyal, Romola, 2018: *Platform Economies and Urban Planning: Airbnb and Regulated Deregulation in London.* Urban Studies. 55. Jg., Heft 15, 3353–3368.

Foucault, Michel, 2004: *Geschichte der Gouvernementalität II. Die Geburt der Biopolitik. Vorlesungen am Collège de France 1978-1979.* Frankfurt am Main.

–, 2005: *Die Maschen der Macht.* In: Defert, Daniel/Ewald, Francois (Hg.): Analytik der Macht. Frankfurt am Main, 220–239.

Fraser, Nancy, 2014: *Behind Marx's Hidden Abode.* New Left Review. Heft 86, 55–72.

–, 2017: *Crisis of Care? On the Social-Reproductive Contradictions of Contemporary Capitalism.* In: Bhattacharya, Tithi (Hg.): Social Reproduction Theory. London, 21–36.

Gago, Verónica/Mezzadra, Sandro, 2017: *A Critique of the Extractive Operations of Capital: Toward an Expanded Concept of Extractivism.* Rethinking Marxism. 29. Jg., Heft 4, 574–591.

Guthmann Estate, 2020: *Immobilienmarkt Berlin 2020.* https://guthmann.estate/de/marktreport/berlin/[27. Oktober 2020].

Kaufman, Alexander C., 9. Februar 2015: *Airbnb Wants to Tackle Income Inequality and Climate Change.* Huffington Post. https://www.huffpost.com/entry/airbnb-chris-lehane-income-inequality-climate-change_n_55e5a8d2e4b0c818f6190cdd?ncid=e ngmodushpmg00000004 [27. Oktober 2020].

Lapavitsas, Costas, 2009: *Financialised Capitalism: Crisis and Financial Expropriation.* Historical Materialism. 17. Jg., Heft 2, 114–148.

Lorey, Isabell, 2015: *State of Insecurity. Government of the Precarious.* London/New York.

Marazzi, Christian, 2011: *The Violence of Financial Capitalism.* Los Angeles.

Marx, Karl, 2013[1962]: *Das Kapital. Kritik der politischen Ökonomie. Erster Band.* Berlin.

Mezzadra, Sandro/Neilson, Brett, 2017: *On the Multiple Frontiers of Extraction: Excavating Contemporary Capitalism.* Cultural Studies. 31. Jg., Heft 2–3, 185–204.

–, 2019: *The Politics of Operations. Excavating Contemporary Capitalism.* Durham.

Senatsverwaltung für Stadtentwicklung und Wohnen, 2019: *Berliner Mietspiegel 2019.* https://www.stadtentwicklung.berlin.de/wohnen/mietspiegel/de/download/Mietspiegel2019.pdf [27. Oktober 2020].

Srnicek, Nick, 2017: *Platform Capitalism.* Cambridge.

Staab, Philipp, 2019: *Digitaler Kapitalismus. Markt und Herrschaft in der Ökonomie der Unknappheit.* Berlin.

Standing, Guy, 2011: *The Precariat. The New Dangerous Class.* London/New York.

Van Doorn, Niels, 2019: *A New Institution on the Block: On Platform Urbanism and Airbnb Citizenship.* New Media & Society. 22. Jg., Heft 10, 1808–1826.

Van Doorn, Niels/Badger, Adam, 2020: *Platform Capitalism's Hidden Abode: Producing Data Assets in the Gig Economy.* Antipode. 52. Jg., Heft 5, 1475–1495.

Vercellone, Carlo, 2010: *The Crisis of the Law of Value and the Becoming-Rent of Profit.* In: Fumagalli, Andrea/Mezzadra, Sandro (Hg.): Crisis in the Global Economy. Financial Markets, Social Struggles, and New Political Scenarios. Los Angeles, 85–118.

Wachsmuth, David/Weisler, Alexander, 2018: *Airbnb and the Rent Gap: Gentrification through the Sharing Economy.* Environment and Planning A: Economy and Space. 50. Jg., Heft 6, 1147–1170.

Plattformarbeit: Geschlecht, Subjektivität, Prekarität

Lisa Bor

Helpling hilft nicht – Zur Auslagerung von Hausarbeit über digitale Plattformen

Zur Reproduktion gehören nicht nur solche Tätigkeiten, die unmittelbar Pflege und Betreuung von Menschen bedeuten. Arbeit im Haushalt widmet sich auch der Instandhaltung der Räume und der Wäsche, dem Garten und den Maschinen. Gerade das Putzen rangiert weit oben auf der Liste der Tätigkeiten, die eine große Zahl an Haushalten gerne als Dienstleistungen einkaufen würde, um sich im Alltag zu entlasten. Die Online-Plattform *Helpling* setzt mit ihrem Marketing an diesem Wunsch an und wirbt damit, ihn kostengünstig in Erfüllung gehen zu lassen – indem die Plattform Reinigungskräfte über eine App vermittelt. „Wochenenden sind zum Brunchen da. Ihre Reinigungskraft finden Sie auf Helpling.de" war einer der Werbeslogans der Kampagne, die im Sommer 2020 in der Berliner U-Bahn zu lesen waren.

In diesem Beitrag soll zunächst kurz das Unternehmen vorgestellt und skizziert werden, wie die Vermittlung zwischen Kund*innen und solo-selbstständigen Dienstleister*innen abläuft. Dann folgt ein kurzer Überblick darüber, wer aktuell zu den Arbeiter*innen und wer zu den Kund*innen gehört und aus welchen Gründen sie jeweils die Plattform nutzen. Dabei interessieren Fragen wie: Welchen Rahmen schafft die Plattform für die Arbeit? Unter welchen Bedingungen findet diese statt? Ich will beschreiben, wie Abläufe durch die technische Gestaltung strukturiert werden, soweit das 'von außen' erkennbar ist. Dabei sollen die Konsequenzen dieser Vorgaben für die Arbeiter*innen diskutiert werden, im Besonderen der Buchungsvorgang, Provisionszahlungen und die Bewertung als plattformspezifische Praxis.

Der Text ist ein Zwischenstand meiner seit zwei Jahren andauernden Forschung zur Plattform Helpling, die eine Analyse der Website, eine achtzehnmonatige beobachtende Teilnahme als Putzkraft bei Helpling, Interviews und Gespräche mit anderen Arbeiter*innen bei Helpling sowie Interviews mit Kund*innen beinhaltet.

Was ist Helpling?

Die deutsche Plattform Helpling bietet vorwiegend Reinigungen, aber auch andere Haushaltsdienstleistungen an, von Kochen und Einkaufen bis zu kleinen handwerklichen Aufträgen und Unterstützung bei Umzügen. Das Unternehmen bewirbt mit Plakat-, Online- und Fernsehwerbung vor allem Reinigungsdienstleistungen. Die Werbeslogans fußen auf der Erzählung, dass Helpling für ein schon lange bestehendes und belastendes Alltagsproblem – das Putzen und andere Haushaltsarbeiten – eine einfache, kluge und technische Lösung gefunden habe: eine App. Und so einfach sieht es zunächst auch aus: Kund*innen buchen Termine über eine Website oder eine App für das Smartphone, wie es sie mittlerweile für unterschiedlichste Serviceangebote oder Onlineshops gibt. Je nach angegebener Postleitzahl wird der interessierten Kundin eine Auswahl „verfügbarer" Reinigungskräfte „in ihrer Nähe" (Helpling.de, 2020) angezeigt. Die gefundenen Treffer können nach Preis, Bewertungen und Erfahrung gefiltert werden, dann lassen sich bis zu sechs Personen zum gewünschten Termin anfragen. Nimmt eine der Dienstleister*innen den Termin an, wird die Vereinbarung verbindlich und kann nur innerhalb einer Frist zurückgenommen werden. Als Dienstleister*innen werden von der Plattform vor allem Neueinsteiger*innen gesucht, die dann als Solo-Selbstständige arbeiten.

Gegründet wurde die Plattform 2014 in Berlin von Philip Huffmann und Benedikt Franke. Das Unternehmen ist mittlerweile international, in den Vereinigten Arabischen Emiraten, Australien, Deutschland, Frankreich, Niederlanden, Italien, Singapur, Großbritannien und Irland aktiv. In der Schweiz und in Deutschland hat Helpling auch die Aufträge von Book A Tiger aufgekauft, einem vormaligen Konkurrenzunternehmen. Immer wieder warb Helpling dafür Investitionen ein, nach eigener Aussage 67 Millionen Euro (Helpling.de/careers).

Seit dem Start des Unternehmens hat sich die Plattform kontinuierlich weiterentwickelt und die Allgemeinen Geschäftsbedingungen (AGB) in Deutschland haben sich mehrmals geändert. Gleich geblieben ist das Geschäftsmodell der provisionsbasierten, sogenannten 'schlanken Plattform' für Gigs (Srnicek 2018, 77f.), die vor allem die Software entwickelt und zur Verfügung stellt, aber keine Arbeitgeberin für die Dienstleister*innen sein will. Stattdessen zahlen die auf der Plattform angemeldeten solo-selbstständigen Arbeiter*innen pro Auftrag einen Anteil der Bezahlung an das Unternehmen. Seit Mai 2019 gelten dazu die folgenden Konditionen: Bei einer regelmäßigen Buchung fallen für die ersten drei Termine 39 Prozent des Gesamtpreises des vermittelten Reinigungsauftrages an. Nach dem dritten Termin sinkt die Provision auf 25 Prozent. Das Unternehmen übernimmt dabei – mittlerweile über einen externen Anbieter, die Firma Stripe – die Zahlungsabwicklung. Es versendet im Namen der Reinigungskraft online eine Rechnung an den Kunden, der an das Unternehmen zahlt. Gleichzeitig stellt Helpling selbst über die Höhe der Provision eine Rechnung an die Reinigungskraft und zahlt nur den Differenzbetrag an sie aus (vgl. Helpling.de/agb-reinigungskraft).

Da für die angemeldeten Putzkräfte auch Gebühren für Stornierung anfallen können, ist es sogar möglich, bei Helpling in der Schuld zu stehen und keine Auszahlungen zu erhalten, bis der Betrag beglichen ist. Diese Vorgaben können als weitreichende Eingriffe in die geschäftliche Selbstständigkeit der Dienstleistenden verstanden werden. Benedikt Franke, bis 2020 Geschäftsführer der Firma, betont dagegen den rein vermittelnden Charakter der Plattform, die geschaffen worden sei, um „Menschen miteinander zusammenzubringen" (Franke 2020). Die Art der Zahlungsabwicklung sieht er nicht als Vorgabe, sondern als (kostenpflichtigen) Service der Plattform für die Dienstleister*innen (Kathmann/Schmidt 2017, 18; Franke 2020). Mit dieser Begründung – dass es nämlich diese Unterschiede zwischen Plattform und Arbeitgeber*in gäbe – weist er jede soziale Verpflichtung des Unternehmens zurück (Höhne 2017). Er schlägt stattdessen eine Absicherung der Solo-Selbstständigen auf staatliche Kosten vor (ebd.; Franke 2020).

Wer sind die Plattformarbeiter*innen?

Um einen Eindruck davon zu bekommen, wer über die Plattform arbeitet, werde ich im Folgenden einen Teil der Website betrachten, auf dem die Profile der Dienstleistenden für Kund*innen einsehbar sind. Dazu habe ich mich als Kund*in registriert. Da hier alle Angaben der Akquise von Aufträgen dienen, fehlen ausführliche Angaben zum persönlichen Hintergrund, die erforderlich wären, um ein umfassendes Bild der Arbeiter*innenschaft nach soziologischen Maßstäben zu erstellen. Dennoch lassen sich einige Informationen aus den Profilen ziehen.

Eine Auswertung von sechs Postleitzahl-Bereichen in Berlin zeigte im Zeitraum Mai bis August 2020 insgesamt 343 unterschiedliche Profile an. Davon hatten 325 Nutzer*innen Texte zur Selbstbeschreibung formuliert – im Umfang von wenigen Stichworten bis zu mehreren Sätzen. Von diesen Profiltexten war im Juni 2020 der deutlich größte Teil (228) auf Englisch verfasst. 27 Inserate waren auf Deutsch geschrieben, davon schien die Hälfte mit einer automatischen Übersetzung erstellt worden zu sein. Aus den Beschreibungen in englischer Sprache geht hervor, dass mindestens 32 Personen nicht Englisch oder Deutsch, sondern Spanisch als erste Sprache sprechen. Für eine sogenannte niedrig qualifizierte Tätigkeit, zu denen die Haushaltsreinigung gezählt wird, weisen die Arbeiter*innen mit mindestens drei Sprachen also umfangreiche Sprachkenntnisse auf.

In 32 Profilbeschreibungen wurden explizit Chile und Argentinien als Herkunftsländer genannt – zur Zeit der Stichprobe kamen also mindestens 10 Prozent der Dienstleistenden aus diesen Ländern. „Amongst migrants from Argentina and other Latin American countries, it is common knowledge that working for Helpling is an option to make a living", halten Altenried, Bojadžijev und Wallis fest, ergänzend zu den Schilderungen der Plattformarbeiterin Cristina aus Argentinien (2020). In den untersuchten Profilen wurden außerdem Italien, Spanien, Griechenland, Brasilien und Indien als Herkunftsländer genannt. Zwei Personen nannten Berlin als Herkunftsort. Obwohl auf dem überwiegenden Teil der 343 Profile keine expliziten Aussagen über die Herkunft zu finden sind, lässt die Auswertung der vorhandenen Angaben den Schluss zu, dass migrantische, junge Neuberliner*innen den Großteil der Arbeitenden ausmachen, während ältere alteingesessene Berliner*innen die kleinste Gruppe darstellen. Diese Beobachtung deckt sich mit Aussagen aus bislang unveröffentlichten Interviews mit Beratungsstellen für Migrant*innen in Berlin: „Das sind junge Menschen, die nach Europa kommen. Viele kommen mit dem Visum für Working Holidays." (LB BS01). Einen weiteren Hinweis auf diese Verteilung gibt die Tatsache, dass die Arbeitsbedingungen der Selbstständigen auf der Plattform und daraus resultierende Probleme dieser Beratungsstelle bekannt sind – im Unterschied zu den zuständigen Gewerkschaften.

Im genannten Zeitraum zeigte die Plattform fast doppelt so viele männliche wie weibliche Dienstleistende mit freien Terminen für Reinigungen an. Die Avatare kennzeichnen die Profile nach einem binären Geschlechtermodell, das heißt nur mit den Kategorien „männlich" und „weiblich". Daher sind nonbinäre, trans* oder intergeschlechtliche Personen nicht zu erkennen.

Der größte Teil der aktiven Profile waren 100 Personen, die zwischen ein und sechs Monaten auf der Plattform registriert waren und zu arbeiten schienen. Rund vierzig Profile waren neu – sie hatten überwiegend noch keine Aufträge erhalten. In den Kategorien „6-12 Monate", „1-3 Jahre" oder „mehr als drei Jahre" Erfahrung waren je rund 50 Personen zu finden. Viele bearbeiten zu Beginn ihrer Zeit auf der Plattform verhältnismäßig viele Aufträge, das zeigt sich an der Zahl der Reinigungen seit der Anmeldung. Doch diese Zahlen steigen nicht in gleichem Maße an, je länger die Arbeiter*innen auf der Plattform registriert sind. Auch ist im Vergleich zu den aktiven Neueinsteiger*innen die Anzahl der länger registrierten Arbeiterinnen um die Hälfte niedriger. Das zeigt eine Tendenz: Viele geben die Arbeit nach sechs bis zwölf Monaten auf oder reduzieren sie zumindest zeitweise stark. Da die Profile nach einer Weile durch das Unternehmen inaktiv geschaltet werden und nicht mehr zu finden sind, ist der tatsächliche Durchlauf noch höher einzuschätzen. Diejenigen, die die Plattform mit über drei Jahren am längsten nutzen, haben zwischen 90 und 2000 Reinigungen abgerechnet. Zum Vergleich: Um auf das Niveau einer Teilzeitstelle mit 20 Stunden in der Woche zu kommen, müssten mindestens 1040 Reinigungen á 2,5 Stunden in über drei Jahren erfolgt sein. Nur vier der 343 betrachteten Profile in Berlin, also nur die wenigsten Reinigungskräfte aus der Stichprobe, erreichten oder übertrafen diese Zahl bislang. Damit ist es nur ein sehr kleiner Anteil der aktiven Nutzer*innen, die sich kontinuierliche, langfristige Arbeit über die Plattform organisieren. Hier ist schon eine der Grenzen dessen zu erkennen, was Helpling den Reinigungskräften in Aussicht stellt: „Flexibel arbeiten, flexibel leben. Entscheiden Sie selbst, wo und wann Sie arbeiten und wie viel Sie verdienen" (Helpling.de/anmelden, 2020).

Motivation der Plattformarbeiter*innen

Warum arbeiten Menschen über die Plattform? In den Selbstbeschreibungen führen die Dienstleister*innen Erfahrung und bestimmte Fähigkeiten an, wie etwa Sprachkenntnisse, aber auch Eigenschaften, mit denen sie sich persönlich als eine gute Wahl anpreisen: „Experienced cleaner […] with great attention to details, friendly and professional. Good disposition to costumer requires [sic!]" (Maria, arbeitet für Helpling, ohne Datum). „I will make your apartment shine because cleaning is my passion" (Mofuluwaso, arbeitet für Helpling, 2020). Es finden sich Aussagen, die eine Leidenschaft zur Tätigkeit ausdrücken und mit einer Art Firmenphilosophie kombinieren, zum Beispiel einer eher allgemeinen Aussage über das Leben oder die Welt: „I enjoy cleaning and I'm happy to help you! I believe that a clean house is a clean mind" (Catalina, arbeitet für Helpling, ohne Datum). Jenseits dieser Motivationen, die – vor allem als Werbeaussagen – in den Profilen zu lesen sind, werde ich hier Eindrücke aus bisherigen Befragungen, persönlichen Gesprächen und Onlinechats mit Arbeiter*innen zusammenfassen und Gemeinsamkeiten herausarbeiten. Auch dieser Teil der Forschung ist noch nicht abgeschlossen, sondern ein Zwischenstand. Der hauptsächliche Ort meiner Forschung ist Berlin, die Ergebnisse beziehen sich also primär auf diese Stadt. Befragt wurden bislang nur Migrant*innen, die wie bereits gesagt einen Großteil der bei Helpling registrierten Arbeiter*innen ausmachen. Unabhängig von ihrer vorigen Ausbildung nehmen viele, die sich bei Helpling anmelden, die Tätigkeit zunächst als eine von mehreren Arbeiten über Plattformen auf. Ihre Motivation ist es, schnell Einkommen zu erzielen. Vor allem der schnelle

Anmeldeprozess und die geringen Zugangshürden machen die Plattform für sie interessant. Sich bei einem traditionelleren Unternehmen zu bewerben, ist im Verhältnis dazu mit viel Aufwand und Unsicherheit verbunden. Die Befragten entscheiden sich dafür, diesen Aufwand zu umgehen und unmittelbar anzufangen. Hilfreich ist für die Arbeiter*innen zum Teil auch, dass sie beim Jobcenter etwa Screenshots von der Kalenderübersicht der Plattform als Nachweis über eine selbstständige Tätigkeit geltend machen konnten, wie ein Anwalt für Sozialrecht berichtet. Entsprechende Nachweise müssten von eigenständig gesuchten Auftraggeber*innen erst erbeten werden (LB BS_07).

Die Arbeitenden gehen normalerweise davon aus, mit der Registrierung auf der Plattform die Grundlage für legale Einkommensverhältnisse zu schaffen. Die Kombination aus Marketing, grafischer Gestaltung und technischer sowie organisatorischer Umsetzung der Plattform erweckt auf Seiten der Dienstleistenden (unabhängig von Sprachkenntnissen und Herkunft) den Eindruck, sie hätten mit der erfolgreichen Freischaltung auf Helpling das Notwendige getan, um legal zu arbeiten. Sie haben den Eindruck, die Innovation der Plattform und ihrer App bestehe darin, eine vereinfachte Bearbeitung bürokratischer Prozesse zu ermöglichen. Die vorhandenen Kenntnisse der Arbeiter*innen über nationales Arbeitsrecht, bürokratische Abläufe und Institutionen sowie über Verpflichtungen und Kosten, die in Deutschland mit einer selbstständigen Tätigkeit einhergehen, reichen selten aus, um diesen Eindruck anzuzweifeln.

Im Vorfeld der Anmeldung adressiert das Unternehmen potenziell Interessierte mit dem Versprechen, die Registrierung funktioniere schnell und simpel. Diese Botschaft wird vom tatsächlichen Ablauf bestätigt: Er besteht lediglich aus dem Ausfüllen von kurzen Online-Formularen mit persönlichen Angaben, teilweise aus dem Upload von offiziellen Dokumenten, darunter einem Ausweisdokument. Laut AGB sind seit 2019 lediglich Adressdaten und Kontoverbindung obligatorisch, weitere Unterlagen werden zwar abgefragt, die Einreichung wird anscheinend aber kaum kontrolliert. Von den gesichteten Profilen hatten nach eigener Angabe weniger als 10 Prozent einen Gewerbeschein eingereicht. Weder Bewertungen noch Preis oder Auftragslage deuten darauf hin, dass dieser Schritt sich in höheren Verdiensten niederschlägt.

Wer sind die Kund*innen?

Auch eine Kund*innenstatistik ist schwer zu erstellen, da offizielle Daten fehlen. Auskünfte von klassischen Reinigungsfirmen, die sehr viel höhere Stundensätze verlangen, lassen den Schluss zu, dass die Kund*innen Helpling aus Kostengründen nutzen und eher zum verbliebenen Mittelstand gehören als zu den überdurchschnittlich Verdienenden. Der kleine Ausschnitt von Kund*innen, die bislang Teil meiner Analyse sind, zeigt bereits eine gewisse Diversität: Zu den 15 Haushalten in Berlin, die von 2017 bis 2020 zu meinen Kund*innen oder denen der befragten Arbeiter*innen gehörten, oder die ich selbst im Interview befragt habe, gehören Kleinfamilien, Wohngemeinschaften, Alleinwohnende und Paare. Eine ihrer Gemeinsamkeiten ist, dass im privaten Umfeld keine Kontakte zu Menschen bestehen, die für sie als Haushaltsreiniger*innen arbeiten würden. So buchen Kinder und Enkel die Dienstleistungen im Auftrag ihrer Angehörigen, die ihrerseits andere Wege nutzen würden. Die meisten Aufträge in Berlin gibt es in den Stadtteilen Friedrichshain, Kreuzberg, Neukölln, Schöneberg und Prenzlauer Berg. Für den Stadtteil Zehlendorf werden dagegen sehr viel weniger „verfügbare" Reinigungskräfte angezeigt. Dies mag daran liegen, dass hier weniger Putzkräfte wohnen und die Anfahrt für sie zu lang ist und/oder weniger Nachfrage nach den Plattformarbeiter*innen besteht.

Die Motive zur Nutzung der Plattform sind unterschiedlich. Im Gespräch geben viele Kund*innen an, diese Möglichkeit einer persönlichen Suche vorzuziehen, da sie ihnen als unkomplizierte und zeitgemäße Form erscheint, um eine regelmäßige Reinigung ihrer Wohnung oder ihrer Geschäftsräume zu organisieren. Andere betonen, dass sie die Anstellung einer Putzkraft aus bürokratischen und ökonomischen Gründen scheuen und daher das Format der Buchung *on demand* vorziehen, das keine Arbeitgeber*innenpflichten für sie mit sich bringt.

Dass sie für die Arbeit bezahlen, anstatt sie eigens zu verrichten, hat unterschiedliche Gründe. „Man hat ja am Wochenende keine Lust, auch noch zu putzen," sagt ein junges Elternpaar in Wilmersdorf. Beide waren durch eine berufliche Auszeit für die Kinderbetreuung ihres Babys freigestellt (LB PP05). Ihr Freund putze ab und an gerne und dann sehr gründlich, erzählte eine Frau, die zur Zeit des Gesprächs mit ihm und einem Kind zusammenwohnte. Aber er sei viel unterwegs und ihr fehle die Lust. Da sie sonst niemanden kenne, habe sie über Helpling eine Reinigung bei mir gebucht (LB PP08). „Ich könnte es auch machen, aber ich meine, wer putzt schon gerne?", sagt ein*e andere* Kund*in aus einem Paarhaushalt bei unserem ersten Treffen (LB PP06). Während diese Befragten putzen könnten, es aber nach eigener Aussage lieber nicht tun, könnten andere die Reinigung ihrer Räume nur mit viel Aufwand oder zu Lasten anderer Arbeiten bewältigen, da sie etwa durch Betreuung von Angehörigen oder Lohnarbeit stark eingespannt sind, oder durch beides. Ebenso spielt Konfliktvermeidung eine Rolle, wenn etwa andere Haushaltsbewohner*innen sich nicht beteiligen und der Streit um die Aushandlung die Beteiligten belastet (LB BS_K_02).

Eine weitere Gruppe muss Geld zur eigenen Versorgung ausgeben, da sie ihre Körper dauerhaft oder temporär nicht mit dieser Arbeit belasten können und diese niemand unbezahlt übernehmen kann oder soll.

Kund*innen begründen ihre Wahl der Plattform außerdem überwiegend damit, dass sie keine undokumentierte Arbeit bezahlen, sondern legale Arbeitsverhältnisse schaffen wollen – und folgen damit der moralischen Argumentation des Unternehmens. Den Preis für eine Stunde undokumentierter Arbeit schätzen sie als geringer ein, als die Preise auf der Plattform betragen. So gehen sie oft fälschlicherweise davon aus, dass dieser – im Vergleich höhere – Preis pro Stunde sich daraus ergebe, dass in ihm neben dem Netto-Stundensatz für die Reinigungskraft auch Abgaben für verschiedene Versicherungen enthalten seien. „Wir bitten Dich auch zu beachten, dass in den Preisen alle weiteren Kosten (u.a. Steuern, Versicherungen und Fahrtkosten) bereits inbegriffen sind. Viele Grüße, Dein Helpling-Team", antwortet das Unternehmen auf eine Anfrage zur Höhe der Preise auf Facebook (Helpling 2020). Dafür erwarten die Kund*innen legale, qualifizierte Arbeit und einen reibungslosen Ablauf. Über die Solo-Selbstständigkeit, also die fehlende Versicherung, sowie die hohe Provision, die die Plattform nimmt und den niedrigen Auszahlungen, die danach übrigbleiben, zeigten sich viele Kund*innen im Gespräch mit mir überrascht. Das Unternehmen profitiert von diesem Missverständnis: Es baut mittels der falschen Vorstellung der Kund*innen ein Vertrauen auf, das die Kundschaft Reinigungsarbeiter*innen auf dem undokumentierten oder freien Arbeitsmarkt jenseits der Plattform nicht entgegenbringt.

Machtmechanismen – Zum Geschäftsmodell

Das Unternehmen macht also Vorgaben zu Arbeitsabläufen, Stornierung und – wenn auch indirekt – zum Leistungsumfang. Darin kann durchaus der Charakter eines Franchisegebens für Solo-Selbstständige (O'Reilly 2016) oder eine Arbeitgeberähnlichkeit gesehen werden. In klassischen Arbeitsverhältnissen, in denen die Arbeiter*innen einen Stundenlohn erhalten, ist dieser niedriger als der Umsatz, den das Unternehmen durch den Arbeitseinsatz macht. Doch Unternehmen – wie auch Haushalte als direkte Arbeitgeber – sind in diesem Fall zur sozialen Absicherung verpflichtet. Stattdessen besteht die Plattform darauf, nur vermittelnde Instanz für einzelne Gigs zu sein und grenzt sich damit vor allem rechtlich von einem Reinigungsunternehmen mit angestellten Putzkräften ab. Dieses Modell ermöglicht es dem Unternehmen, viele der Kosten auf die Arbeiter*innen abzuwälzen – es tritt in dieser Hinsicht in Konkurrenz zum undokumentierten Arbeitsmarkt. Überdies zahlen die Arbeiter*innen Provision und Stornierungsgebühren, sie generieren damit Einnahmen für die Plattform. Dennoch entsteht für sie keine soziale Absicherung durch das Unternehmen.

Diese Entsicherung der Arbeiter*innen kann als eine von mehreren spezifischen Methoden gesehen werden, mit denen die Plattform sich selbst wie auch die Kund*innen den Arbeiter*innen als machtvolle Instanzen gegenübertreten lässt. Niels van Doorn zeigt am Beispiel ähnlicher Plattformen für Haushaltsarbeiten, wie diese eine Art Immunität herstellen, Kontrolle über Daten und Abläufe einrichten und zudem für die Austauschbarkeit (genauer: Fungibilität) und den Überfluss von Arbeiter*innen sorgen, um deren Ausbeutung durchzusetzen. Dabei setzen sie an frühere Formen feminisierter und rassifizierter Ausbeutung häuslicher Dienstleistungsarbeit an (vgl. van Doorn 2017, 907). Ich folge diesem Gedanken bei der Beschreibung der Plattform in gewisser Hinsicht, um die Asymmetrie zwischen den drei Parteien – dem Unternehmen, den Kund*innen und den Arbeiter*innen – zu betonen, die sich in der Gestaltung der Plattform zeigt. Diese Methoden sehe ich als Teil der Technologie „Plattform" an, denn sie sind mit der informatischen Gestaltung der Software verknüpft. Als Ausgangspunkt der folgenden Darstellung werfe ich einen Blick darauf, wie durch die Kund*innen und die Plattform ein Bild von Hausarbeit und Hausarbeiter*innen reproduziert wird, das von einer Einschätzung ihrer Tätigkeit als 'einfache Arbeit' geprägt ist. Dabei stelle ich nur einen 'Ist-Zustand' dar und gehe nicht auf die lange Geschichte der Feminisierung der Hausarbeit ein, die diesen Zustand geprägt hat.

Entqualifizierung: Unterstützung statt Arbeit

Helpling spricht als Dienstleister*innen vorwiegend Personen an, die keine Ausbildung als Reinigungskräfte haben. Damit unterscheidet sich die Plattform von einigen der anderen Vermittlungsplattformen, etwa für konkrete personenbezogene Pflegearbeit, die auch Fachkräfte vermitteln. Die Abgrenzung der Arbeit im Privathaushalt gegenüber der Gebäudereinigung wird unter anderem in den Bewertungskategorien deutlich, anhand derer die Kund*innen jeden Termin und damit die angemeldeten Putzkräfte evaluieren sollen: Mit „Freundlichkeit", „Zuverlässigkeit" und „Qualität" stehen gleich zwei der drei obligatorischen Kategorien nicht in Zusammenhang mit der eigentlichen Reinigungsleistung, sondern beurteilen das Auftreten und Verhalten der Arbeiter*innen. Das unterstreicht den Servicecharakter.

Gleichzeitig reproduzieren die Kund*innen in ihren auf der Plattform öffentlich sichtbaren Kommentaren über die Arbeiter*innen und ihre Leistung die Entqualifizierung von Hausarbeit: Sie bezeichnen die Dienstleister*innen als „Unterstützung", als „Hilfe" oder sogar als „Helpling". Dazu kommen solche Attribute, die vermeintliche persönliche Eigenschaften von Arbeiter*innen benennen, wie „fleißig", „engagiert" oder „gewissenhaft".

Viele Ausführungen sind aus einer Art Sachverständigenperspektive verfasst oder im Stil eines Arbeitszeugnisses gehalten. Die Arbeitsweise wird als „gründlich", „ordentlich" oder „sauber" beschrieben. Dazu drücken Kund*innen ihre eigene Autorität und Weisungsbefugnis aus, indem sie formulieren, sie hätten den Dienstleister*innen „Anweisungen gegeben" (Hyon, Kund*in bei Helpling, ohne Datum) oder „Aufgaben aufgetragen" (Cornelia, Kund*in bei Helpling, ohne Datum). Auch in diesen durchaus positiven Beschreibungen wird die Asymmetrie zwischen den Vertragsparteien deutlich.

Auffällig ist der Widerspruch zwischen dem Marketing von Helpling und der Praxis in Hinblick auf den Aspekt der Legalität der Arbeit. Das Unternehmen grenzt sich vom freien Arbeitsmarkt für solo-selbstständige Putzkräfte ab und suggeriert, diese Form der Arbeit sei immer unseriös oder illegalisiert. Helpling betont dagegen wiederholt, auf der Plattform seien nur geprüfte Reinigungskräfte zu finden.

Diese Werbepraxis verschleiert die Realität und vernachlässigt die Tatsache, dass illegalisierte Formen von Arbeit aus strukturellen Gründen aufgenommen werden. Etwa wenn Personen aufenthaltsrechtlich begründete Beschränkungen der legalen Erwerbsarbeit erfahren oder Arbeitgeber*innen die Anstellung in einem Arbeitsverhältnis verweigern, von dem die Arbeiter*in ökonomisch abhängig ist. Zudem können Solo-Selbstständige jenseits der Plattform Rechnungen schreiben und Steuern zahlen – also legal arbeiten. Stattdessen unterstellt das Unternehmen der Menge der Hausarbeiter*innen auf dem freien Arbeitsmarkt selbst ein kriminelles Potenzial, das durch die Verifizierungspraxis des Unternehmens behoben oder aussortiert würde. Obwohl das Unternehmen selbst nicht prüft, ob die Selbstständigen versichert sind oder ob Steuern abgeführt werden, profiliert es sich damit als vertrauensschaffende Instanz. Kund*innen durchlaufen kein derartiges Verifizierungsverfahren, sondern müssen lediglich Kontodaten angeben und eine Adresse der Räume eintragen, die gereinigt werden sollen. Mit dieser Ungleichbehandlung performt das Unternehmen eine Parteinahme für die Kund*innen.

Wie ist die Arbeit?

Wie sich das Putzen einer Wohnung gestaltet, ist abhängig von vielen Faktoren, die nicht alle unmittelbar mit der Plattform in Verbindung stehen. Wie andere Dienstleistungen im Bereich Haushalt und Care, die in Zeiten der Digitalisierung über Plattformen vermittelt werden, findet auch das Putzen nicht virtuell statt, sondern muss vor Ort erledigt werden. Die Größe der Wohnung, die Art ihrer Einrichtung, aktuelle Verschmutzung sowie die Zeit und die Reinigungsgeräte und -mittel, die den Reinigungskräften zur Verfügung stehen, sind maßgeblich für den Aufwand der Putzarbeiten. Der wiederum betrifft die Dienstleister*innen in unterschiedlichem Maße und in Abhängigkeit von ihrer körperlichen Verfassung und Auslastung.

Reinigungsarbeit ist körperlich belastend. Ergonomische Strapazen und unkomfortable Positionen führen bei Beschäftigten in Reinigungsberufen „besonders häufig zu psychischen Beschwerden, zu Erkrankungen des Muskel- und Skelettsystems und des Herz- und Kreislaufsystems", stellt der Gesundheitsreport des Dachverbands der Betrieblichen Krankenkassen 2016 fest (Knieps/ Pfaff 2016, 22) und weist darauf hin, dass es bei dieser Berufsgruppe „vor allem die Frauen [sind], von denen überdurchschnittlich viele aufgrund der genannten Erkrankungsarten ambulant behandelt wurden" (ebd.). Hinzu kommt die gesundheitliche Belastung durch chemische Reinigungsmittel, die schon bei Haushaltsreinigungen ein bis zu 40-fach höheres Risiko für asthmatische Lungenerkrankungen darstellen können (Svanes u.a. 2018, 1157). Zwar sind die Plattformarbeiter*innen bei Helpling diesen Belastungen meist nicht in gleichem Ausmaß ausgesetzt wie Gebäudereiniger*innen. Doch kann die Arbeit mit gebräuchlichen, aber nicht-professionellen Geräten die Belastung steigern. Eine Einweisung in den Arbeitsschutz findet nicht obligatorisch statt.

Zur Reinigung kommen außerdem allerlei administrative Aufgaben hinzu: Aufträge bearbeiten – annehmen oder ablehnen, aber jedenfalls reagieren –, Termine koordinieren, mit Änderungen umgehen, die Anfahrtswege herausfinden bzw. die Angaben der App überprüfen und die allgemeine Kommunikation mit den Kund*innen. Eine Grenze zwischen Arbeit und Freizeit gibt es für die App nicht, die Auftragsanfragen werden in Echtzeit versendet und können die Arbeiter*innen jederzeit erreichen. All diese Tätigkeiten können nicht in Rechnung gestellt werden und sind damit unbezahlte Arbeitszeit.

In den Berichten von Reinigungskräften über ihre Arbeit kommen auch Fälle von diskriminierendem Verhalten durch die Kund*innen zur Sprache. Die Spanne der Belastungen, die Dienstleister*innen erfahren haben oder denen sie sich durch die Arbeit zum Teil ständig aussetzen, ist weit. Sie reicht von rassistischen Beschwerden über aus Sicht der Kund*innen falsche oder mangelhafte Sprachkenntnisse der Dienstleister*innen bis zu sexistischen Ansprachen und grenzüberschreitendem Verhalten. Die Situation, allein mit den Arbeitgeber*innen zu sein, steigert das Risiko, solche Situationen zu erleben. Da Helpling den Kontakt der

Arbeiter*innen untereinander nicht in die Gestaltung der Plattform aufgenommen hat, ist ein kollegialer Austausch über derartige Erlebnisse auf diesem Weg nicht möglich. Ebenso wenig stellt die Plattform in solchen Fällen eine zentrale Anlaufstelle für die Dienstleistenden dar. Sie müssen auch in dieser Hinsicht für sich selbst sorgen und gegenseitige Unterstützung eigenständig organisieren.

Preispolitik

Die Dienstleister*innen legen ihre Preise auf der Plattform selbst fest. Den richtigen Preis zu finden, der für ein ausreichendes Auskommen sorgt und gleichzeitig erschwinglich genug ist, um Aufträge zu bekommen, fällt nicht leicht. Dazu kommt eine Ungewissheit über die Auftragslage, also darüber, wie viele Anfragen es zu einem bestimmten Zeitpunkt insgesamt gibt und wie groß die Konkurrenz ist. Entsprechende Informationen macht die Plattform nicht öffentlich, sondern erteilt nur Auskunft darüber, welche Preise Dienstleister*innen mit „vergleichbaren Profilen" (Helpling.de/provider) festgelegt hätten – inklusive der Provision. Eine technische Sperre verhindert es zwar, dass 10 Euro als Brutto unterschritten werden können. Da allerdings nach Abzug auch der niedrigsten Provision nur noch 7,50 Euro bleiben, wäre der allgemeine Mindestlohn von 9,35 Euro schon bei diesem 'Mindestsatz' deutlich unterlaufen. Dazu kommt weitere unbezahlte Arbeitszeit wie die oft sehr zeitaufwendige Anreise zu den Terminen. Das Koordinieren der Termine, Besorgen von Arbeitsmitteln wie Masken und Handschuhe und Arbeitswege können über Helpling nicht in Rechnung gestellt werden.

Als Mittel aus allen gefundenen Preisen der Reinigungskräfte in Berlin aus Stichproben vom März, April, Mai und Juni 2020 ergab sich für eine Stunde Reinigung ein Durchschnittspreis von 15,11 Euro. Da von diesem Betrag mindestens 25 Prozent an Helpling gezahlt werden müssen (Helpling.de/agb-reinigungskraft 2020), werden davon nur höchstens 11,30 Euro als Selbstständigenbrutto an die Reinigungskräfte ausgezahlt. Allein um den niedrigsten monatlichen Beitrag von 196 Euro zur gesetzlichen Kranken- und Pflegeversicherung zu finanzieren, sind so mehr als 17 Stunden bezahlte Arbeit notwendig. Das entsprechende monatliche Einkommen von 1061,67 Euro, das die Krankenkassen zur Berechnung anlegen, wäre bei diesen Konditionen in etwa 94 Stunden erwirtschaftet. In dieser Rechnung fehlen Steuerabgaben, inklusive der Umsatzsteuer von 19 Prozent, Beiträge zur Berufsgenossenschaft, berufliche Versicherungen sowie Rücklagen für Krankheitstage, Urlaub oder andere Ausfälle. All das macht es schwer, den tatsächlichen Netto-Stundensatz als Selbstständige zu ermitteln.

Weder längere Arbeitserfahrung noch eine höhere Anzahl von Reinigungen korrelieren mit höherem Stundensatz. Was bei anderen Arbeitsverhältnissen üblich ist, nämlich eine Lohnsteigerung über die Zeit oder durch gute Qualität, ist auf der Plattform kaum zu erreichen. Ebenso wenig erhöhen die Selbstständigen ihre eigenen Preise in relevantem Maße, nachdem sie ein Profil erarbeitet haben, das sie als erfahren und leistungsstark auszeichnet. Helpling grenzt sich von der Kritik von Kund*innen ab, denen die Preise zu hoch erscheinen – schließlich legten die Dienstleister*innen diese Preise fest. Gleichzeitig macht sich das Unternehmen auf diese Weise unangreifbar, wenn es um Forderungen der Arbeiter*innen nach höheren Stundensätzen geht. Bei gleicher Qualifikation und Bewertung spielt der Preis die wichtigste Rolle in der Konkurrenz der Arbeiter*innen um Aufträge. In den Bewertungstexten beschweren sich Kund*innen über Preiserhöhungen. Die Konkurrenz zwischen den Plattformarbeiter*innen sorgt also dafür, dass Löhne niedrig bleiben.

Fallen Termine aus und können sich Kund*in und Dienstleister*in nicht jenseits der Plattform auf einen Ersatztermin einigen, erhält die Plattform entweder von der Kund*in eine Gebühr von 50 Euro und gibt davon eine Stunde als Ausfallzahlung an die Reinigungskraft, oder der gleiche Betrag muss von der Dienstleister*in geleistet werden, die dadurch schnell mehr zahlt als die Höhe ihres entgangenen Einkommens. Die Plattform entscheidet darüber, wer zahlt, indem sie die Schuld für den ausgefallenen Termin der einen oder der anderen Partei zuweist. Nicht immer können dazu alle Beteiligten beim Callcenter ihre Sicht der Dinge zu schildern. Interessant ist in diesem Zusammenhang die Aussage eines Mitarbeiters an der Hotline, der in einem Fall technisches Versagen als Grund ausschloss, obwohl Kund*in und Reinigungskraft davon ausgingen, dass hier der Fehler liegen müsse: „Das ist nicht vorgesehen. Ich kann das hier nicht angeben." (LB PPAnruf03 2019).

Um die Plattform wegen der hohen Provisionen und möglichen Strafgebühren zu umgehen, nutzen einige der befragten Kund*innen und Dienstleister*innen die Plattform nur für erste Kontakte und führen das Arbeitsverhältnis dann jenseits der Plattform weiter. Nimmt die Reinigungskraft neue Aufträge von Kunden an, die nicht über die Plattform abgewickelt werden, erhebt Helpling Anspruch auf eine drastische Ausgleichszahlung von 500 Euro für den Verlust der Provision (Helpling.de/agb-reinigungskraft, 2019).

Im Unterschied zu dem Vorgehen einer Reinigungsfirma findet bei Helpling weder eine Begehung der zu putzenden Räume vorab statt, noch kann im Voraus ein entsprechender Kostenvoranschlag von den Reinigungskräften gemacht oder ein Leistungsverzeichnis erstellt werden. Obwohl es formal Gegenstand der

Aushandlungen zwischen Dienstleister*in und Kund*in bleibt, welche Leistung in welcher Zeit und zu welchem Preis zu erbringen ist, erwarten Kund*innen oft die „Basisreinigung", die auf der Website bis 2019 beschrieben war. Sie gehen häufig davon aus, dass diese in der Mindestzeit zu schaffen sei, die zwischen 2 und 2,5 Stunden variiert. Andere Kund*innen verlassen sich allein auf ihre eigene Zeitkalkulation. Die Angabe der Wohnungsgröße ist optional. Die beschriebene Basisreinigung umfasste das Saugen und Wischen aller Böden in allen Zimmern, Staubwischen, Reinigung aller Oberflächen sowie Armaturen, Küche und Badezimmer (vgl. Helpling.de/agb_reinigungskraft, 2016). Die Beschreibung dieses Leistungskatalogs ist 2019 im Rahmen von Nachbesserungen einer Checkliste gewichen, die nunmehr „nur zur Orientierung" (Helpling.de/so-gehts) dienen soll.

Helpling empfiehlt den Reinigungskräften, eine adäquate Einschätzung abzugeben und gegebenenfalls die Zeit für den Auftrag zu verlängern. Die Plattform entzieht sich so der Verantwortung, für angemessene Rahmenbedingungen zu sorgen und schiebt diese Aufgabe den Arbeiter*innen zu. Diese haben die Wahl, entweder die erwartete Leistung zu erbringen oder die Kund*innen beim ersten Treffen davon zu überzeugen, die Konditionen anzupassen. Von Kund*innen wird ein Nachbessern der Konditionen oder vermeintliche Langsamkeit schnell als unerwünschtes Verhalten bewertet. Ein explizierter Begehungstermin ist nicht buchbar. Die automatisierte Terminbuchung, die die Plattform anstelle einer Begehung mit Kostenvoranschlag eingerichtet hat, ersetzt also die Zwecke einer Vorabsprache nicht adäquat, sondern erschwert es den Reinigungskräften, Preis und Leistung in ein akzeptables Verhältnis zu setzen.

Bewertungen als Kontrollstrategie: Sternchen für Zuverlässigkeit, Freundlichkeit und Qualität

Bewertungen spielen für die Kund*innen bei der Auswahl der Profile eine wichtige Rolle. Ich verwende den Begriff Bewertung, wie ihn Frisch und Stoltenberg in ihrer Untersuchung der Plattform Airbnb benutzen. Sie weisen darauf hin, dass eine Bewertung im Kontext der Plattformen „die technische Umsetzung eines Bewertungssystems, wie auch die Überführung in (routinierte) Praktiken der UserInnen" impliziert (vgl. Frisch/Stoltenberg 2018, 93) Sie stellen fest, dass die Nutzenden dieser Plattform in ihren Beschreibungen zu Euphorisierung neigen, wodurch sich ein positiv verzerrtes Bild von den Angeboten auf der Plattform ergäbe. In der Art der Technisierung von Bewertung als sozialer Praxis sind bei Helpling Ähnlichkeiten und Unterschiede zu anderen Plattformen zu finden, etwa zu Airbnb, aber auch zu Uber. Die Kund*innen werden vom Unternehmen nach jedem Termin automatisch aufgefordert, eine Bewertung in den drei Kategorien „Freundlichkeit", „Zuverlässigkeit" und „Qualität" der Leistung abzugeben. Jeweils ein bis fünf Sterne können vergeben, die Kategorien dann mit Texten kommentiert werden. Das ist für die Auftragslage relevant, denn die Bewertungen werden zu einem Gesamtergebnis verrechnet, das auf dem Profil sichtbar ist und zudem für das Ranking verwendet wird. Es ist nicht transparent, in welchem Maß die Kriterien in diesen Algorithmus einfließen, der bei der Suche nach Reinigungskräften die Vorschläge listet. Durch die insgesamt sehr hohe durchschnittliche Bewertung besteht aber ein hoher Anreiz, nicht weit abzufallen. Kund*innen ist es möglich, Profile mit schlechterer Bewertung auszublenden.

Die Bewertung findet bei den Hausarbeiter*innen vor Ort statt und ist den Kund*innen überlassen – anders als bei Lieferdiensten, bei denen die Kontrolle der Gig-Arbeiter*innen stärker durch technische Funktionen der App ausgeübt werden soll, indem ihre Standorte und Liefergeschwindigkeit verfolgt werden. Nur in wenigen Fällen richten sich Kommentare direkt an die Reinigungskräfte, die bewertet werden, etwa mit einem „Dankeschön!". Überwiegend beschreiben die Kund*innen ihre Erfahrung Dritten gegenüber. Sie adressieren so die Plattform als eine Art Autorität und informieren potenzielle Kund*innen über die gemachte Erfahrung, ihre Zufriedenheit und etwaige Beschwerden. Das zeigt sich in Formulierungen wie „gerne wieder!" (Jessica, Kundin bei Helpling, ohne Datum) oder „ist früher gegangen und hat sehr wenig geschafft" (Nertin, Kunde bei Helpling, ohne Datum). So performen Kund*innen als eine füreinander sorgende Community mit geteiltem Wissen, der von der Plattform die Macht übertragen wird, die Arbeit der Dienstleister*innen zu bewerten – eine weitere übliche Strategie von Plattformen zur Kontrolle der Arbeiter*innen.

Die Auswertung der Kund*innen-Kommentare auf der Website zeigt, dass Elemente in die Bewertung einfließen können, die die Reiniger*innen nicht in der Hand haben. Zum Beispiel Unzufriedenheit über die Erreichbarkeit am Telefon, Geschäftsbedingungen oder Stornogebühren. Es ergibt sich ein zweigeteiltes Bild: Einige Kund*innen können den Unterschied zwischen Helpling als Unternehmen und den selbstständigen Dienstleister*innen nicht erkennen oder beachten ihn nicht. Andere Kund*innen unterscheiden in ihren ausführlichen Erlebnisberichten durchaus zwischen der technischen Funktion der Plattform, dem Unternehmen Helpling bzw. dessen Vorgaben und der individuellen Arbeiter*in. In der Gesamtbewertung ist diese Differenzierung aber nicht abbildbar, stattdessen besteht die Gefahr, dass eine Unzufriedenheit mit der Plattform sich in negativen Bewertungen für die Arbeiter*in niederschlägt.

In der Kategorie „Zuverlässigkeit" spielen weiblich konnotierte Eigenschaften eine wichtige Rolle: Von Kund*innen wird es positiv bewertet und als sorgsames, zuvorkommendes Kommunikationsverhalten beschrieben, wenn die Reinigungskräfte gut erreichbar sind, schnell reagieren, flexibel auf die Änderungsanliegen der Kundschaft eingehen und diese ermöglichen. Kurzfristige Absagen, Verschiebungen oder Verkürzungen des Termins – also Änderungen seitens der Reinigungskräfte – fallen dagegen negativ auf. Sie werden häufig sogar mit der niedrigsten Bewertung, mit nur einem Stern, bestraft, was den Bewertungsdurchschnitt empfindlich senkt. Die geforderte Zuverlässigkeit, also die Verpflichtung, Termine einzuhalten, steht dem Versprechen des Unternehmens entgegen, die Selbstständigen könnten souverän über ihre Zeiteinteilung bestimmen.

Aus den Kommentaren der Kund*innen lässt sich ablesen, dass die meisten Freundlichkeit als Grundvoraussetzung ansehen. Am häufigsten sind die Beschreibungen der Dienstleister*innen als „freundlich", „sympathisch" und „nett". Der Tonfall mancher Kund*innen ähnelt den euphorischen Airbnb-Bewertungen. Kund*innen weisen auch in negativen Bewertungen, die Beschwerden über Geschwindigkeit, Reinigungsumfang oder den Ablauf enthalten, auf das freundliche Auftreten der Dienstleister*in oder deren Pünktlichkeit hin. Die Bewertenden zeigen sich dadurch ihrerseits freundlich und wohlwollend. Gleichzeitig reduziert diese Praxis die gewünschte soziale Kompetenz der Arbeitenden auf wenige weiblich* konnotierte Attribute: freundlich und zuvorkommend, anpassungsfähig. Diese werden als Selbstverständlichkeit vorausgesetzt und nicht als gleichwertiger Teil der Arbeitsleistung behandelt. Sie sind verpflichtend, können aber vermeintliche Mängel bei der Reinigung nicht ausgleichen.

Auf dieser Grundlage bewertet zu werden, birgt die Wahrscheinlichkeit von genderbezogener Diskriminierung in sich, wie Naomi Schoenbaum in einer Untersuchung zur Sharing Economy und Gender herausfand, in der unter anderem TaskRabbit, eine ähnliche Plattform wie Helpling, berücksichtigt wurde (2016). Heilman und Chen prognostizierten 2005 für die damals aufkommende Sharing Economy, dass die neuartigen Bewertungssysteme, die auf persönlichen Einschätzungen von Käufer*innen und Verkäufer*innen – damit letztlich auf emotionaler Arbeit – beruhten, Frauen benachteiligen könnten: „because women are judged less favorably than men when they provide support, and more harshly than men when they decline to provide it" (Heilman/Chen 2005). Wenn es aus Sicht der Bewertenden an fachlicher Kompetenz mangelt, fällt das Urteil negativer aus. In der Konsequenz sagen sie oft weitere Aufträge ab: „S. war unheimlich freundlich und zuvorkommend. Mit der Reinigungsleistung waren wir leider nicht zufrieden. Bewertung 3/5." (F. auf Helpling.de, ohne Datum).

Genauere Maßstäbe für die Vergabe der Sternchen gibt es auch für die Kategorie „Qualität" nicht. Nur in wenigen Ausnahmen wird dies von den Kund*innen reflektiert: „Ich bin anspruchsvoll und gebe daher vier von fünf Sternen für die Reinigungsleistung" erläutert Kund*in C. ihre Vorgehensweise (C. auf Helpling.de/costumer_checkout, ohne Datum). Zudem gibt es im Unterschied zu vielen anderen Plattformen bei Helpling keine Gegenseitigkeit in der Bewertung. Dabei hätten Arbeiter*innen viele gute Gründe, sich über ihre Kund*innen auszutauschen – in der Umfrage und auch in Chats berichten einige, schon mal diskriminierendes oder übergriffiges Verhalten bei der Arbeit erlebt zu haben. Das Unternehmen hat für Dienstleister*innen keine Möglichkeit eingerichtet, technische oder organisatorische Fehler der Plattform öffentlich zu markieren, negative Bewertungen durch eine Gegendarstellung zu ergänzen oder gar ein Sterne-Rating für die Kund*innen zu vergeben. Auch auf diesem Weg wird den Kund*innen und dem Unternehmen zumindest in ihren eigenen virtuellen Räumlichkeiten, auf der Website der Plattform, Immunität gesichert, sie werden für öffentliche Beschwerden der Arbeiter*innen unangreifbar gemacht.

Organisierung der Arbeiter*innen

Die besondere Art der Putzarbeit, die im privaten Raum stattfindet, beeinflusst auch die Möglichkeiten und Motivationen zur Organisierung von Arbeitskämpfen. Dafür gibt es unterschiedliche Gründe: Die Arbeiter*innen von Plattformen wie Helpling arbeiten allein, kennen einander nicht und arbeiten weniger sichtbar als andere Gig-Arbeiter*innen, etwa Lieferkurier*innen, wie Niels van Doorn ausführt:

> For example, whereas food delivery work takes place in public spaces and is highly visible, domestic cleaning takes place in private homes, away from the public eye. The barrier to public protest will therefore be lower for couriers, who are 'at home' in the streets (where they are already visible to each other and the public at large), compared to cleaners who operate in a more isolated workplace. (van Doorn 2019)

In einer Art kollegialem Austausch über Facebook-Gruppen und Chats sorgen die Arbeiter*innen dennoch füreinander, geben sich Tipps oder berichten von Problemen. Eine tatsächliche Organisierung gegen die Plattform scheint dagegen schwierig. Das nahe Verhältnis zu den Kund*innen kann eine Hürde für Streiks oder finanzielle Forderungen darstellen, da man ihnen damit möglicherweise schadet (ebd.). Ein Beispiel dafür ist das Zitat eines langjährigen Arbeiters, der im Gespräch über die Arbeitsbedingungen erklärt, er wolle schon mehr Geld verdienen. Er schließt es aber aus moralischen Gründen aus, mehr zu fordern.

„Alle brauchen Geld, verstehst du? They pay me with their sweat." (D., arbeitet für Helpling, 2020). Er geht davon aus, dass seine Kundschaft ähnlich hart für ihr Geld arbeitet, wie er selbst. Andere hindert vorwiegend die Angst, die Kund*innen zu verlieren: Die Arbeiter*innen haben keinen Anspruch auf Aufträge, und eine Stornierung der Termine ist sehr einfach möglich.

Zudem ist Haushaltsarbeit ein Arbeitsmarkt, der schon vor dem Aufkommen von Plattformen von Entsicherung für Arbeiter*innen geprägt war und in dem es wenig sichtbare Organisierung gab. Große Gewerkschaften sind nicht auf die Ansprache von Solo-Selbstständigen in solchen Verhältnissen spezialisiert. Sie gelten den Arbeiter*innen nicht als Interessenvertretung oder Anlaufstellen für berufliche Schwierigkeiten. So hat ver.di-Referentin Nadine Müller (Bereich Innovation und Gute Arbeit) bereits 2016 in einem medialen Streitgespräch mit dem Geschäftsführer Benedikt Franke über die Verantwortung der Plattform debattiert. Gespräche mit den solo-selbstständigen Reinigungskräften der Plattform haben bisher noch nicht stattgefunden (Kathmann/Schmidt 2017, 26).

Dagegen können informelle Orte sowie virtuelle Räume zur gegenseitigen Beratung dienen: Cafés und Chatgruppen, in denen sich etwa Migrant*innen mit ähnlichen Aufenthaltsbedingungen oder nach gemeinsamer Sprache zusammenfinden, sich austauschen oder sich gegenseitig durch sorgende Nachrichten unterstützen. Eine gemeinsame Identität als Helpling-Arbeiter*innen, die als Gruppe Rechte einfordern und Verbesserungen erstreiten, ist in Berlin bislang nicht öffentlich geworden. Dass sich auch in prekären Arbeitsbereichen Arbeitskämpfe jenseits großer Gewerkschaften führen lassen, zeigen historische, aber auch aktuelle Beispiele, wie die Gruppe Las Kellys aus Spanien, die sich als vorwiegend weibliches Raumpflegepersonal in Hotels zusammengefunden hat (laskellys.org).

Fazit

Die Plattform Helpling agiert in einem Arbeitsbereich, der seit seiner Herausbildung im 19. Jahrhundert als Haushaltsarbeit durch Vergeschlechtlichung und Rassismus abgewertet wird. Das Modell der provisionsbasierten, schlanken Plattform, die Personal nicht einstellt, sondern Solo-Selbstständige verwaltet, reproduziert auf besondere Weise eine Dynamik, die Hausarbeit immer wieder unsicher, prekär macht: Anstatt ein Verhältnis auf Augenhöhe zu ermöglichen, werden die Arbeiter*innen durch die Immunität der Kund*innen und der Plattform angreifbar gemacht, sie werden austauschbar, indem ihre Arbeit als unqualifiziert und als im Übermaß vorhanden dargestellt wird. Der Charakter von Hausarbeit als unsichtbare Arbeit wird dabei verstärkt. Gleichzeitig gelten

Freundlichkeit und Zuverlässigkeit als selbstverständlich und werden dauerhaft von den Arbeiter*innen erwartet. Zudem wird ihre Leistung nach subjektiven Maßstäben von den Kund*innen beurteilt. Weder Kund*innen noch die Plattform werden für soziale Absicherung oder die Einhaltung guter Arbeitsbedingungen in Verantwortung genommen. Auch für Kund*innen kann das Nachteile haben. Sie wünschen sich mehr Verbindlichkeit, als die Arbeiter*innen in diesem Modell schaffen können. Die Organisation der Haushaltsarbeit kann durch die Fluktuation der Plattformarbeitenden sowie deren eingeschränkte Zeitsouveränität mehr Aufwand bedeuten, als dass sie tatsächlich entlastet.

Zudem überträgt sich die Unsicherheit des Start-up-Unternehmens, das sich in der Konkurrenz um die Marktdominanz gegen andere Konzerne durchsetzen will, auf die Arbeiter*innen. Änderungen der AGB werden zum Vorteil des Unternehmens in Anpassung an den Markt vorgenommen. Diese müssen von den Arbeiter*innen akzeptiert werden, um auf der Plattform zu bleiben, obwohl sie für die Arbeit unmittelbare Konsequenzen haben: Vergabealgorithmen, Provisionshöhe, Preis und Zahlungsabwicklung sind Beispiele dafür. Im Alltag und in ihrer Reproduktion müssen sie mit andauernder Prekarität umgehen. Wenn die Krise der Reproduktion auf Ebene der Haushalte mithilfe des Modells Gigwork überwunden werden soll, heißt das, die Haushaltsarbeiter*innen selbst müssen dauerhaft krisenhafte Zustände aushalten – es findet vor allem eine Verlagerung dieser Krisen statt.

Literatur

Altenried, Moritz/Bojadžijev, Manuela/Wallis, Mira, 2020: *Platform (Im)mobilities: Migration and the Gig Economy in Times of COVID-19.* Routed. Bd. 10: Epidemics, Labour and Mobility. https://www.routedmagazine.com/platform-immobilities [8. September 2020].

Bor, Lisa/Müller, Anne (Hg.), 2019: *Sieht aus, als wollte niemand drei Euro mehr zahlen wollen! Mehr Geld fürs Putzen! Online-Umfrage unter Putzkräften der digitalen Plattform Helpling.* Berlin.

Franke, Benedikt, 23. Juni 2020: *Zu hohe Belastung von Niedrigeinkommensbeziehern.* Videonachricht auf dem Videoportal der Deutschen Rentenversicherung zur Gig-Ökonomie. https://www.deutsche-rentenversicherung.de/SharedDocs/Videos/DE/DRV/Gig_Oekonomie/gig-oeko_franke.html [8. Oktober 2020].

Frisch, Thomas/Stoltenberg, Luise, 2018: *Affirmative Superlative und die Macht negativer Bewertungen. Online-Reputation in der Datengesellschaft.* In: Houben, Daniel/Prietl, Bianca (Hg.): Datengesellschaft. Einsichten in die Datafizierung des Sozialen. Bielefeld, 85–108.

Heilman, Madeline/Chen, Julie, 2005: *Same Behavior, Different Consequences: Reactions to Men's and Women's Altruistic Citizenship Behavior.* The Journal of Applied Psychology. 90 Jg., Heft 3, 431–441.

Höhne, Valerie, 4. Februar 2017: „*Wir bekämpfen den Schwarzmarkt.*" *Interview mit Helpling-Gründer Benedikt Franke.* Taz. https://taz.de/Helpling-Gruender-Benedikt-Franke/!5377514/ [21. Dezember 2020].

Ivanova, Mirela/Bronowicka, Joanna/Kocher, Eva/Degner, Anne, 2018: *The App as a Boss? Control and Autonomy in Application-Based Management.* Arbeit | Grenze | Fluss – Work in Progress interdisziplinärer Arbeitsforschung Nr. 2. Frankfurt (Oder).

Kathmann, Ute/Schmidt, Florian A., 2017: *Der Job als Gig – Digital vermittelte Dienstleistungen in Berlin.* Hg. von ArbeitGestalten im Auftrag der Senatsverwaltung Berlin. https://www.arbeitgestaltengmbh.de/assets/projekte/Joboption-Berlin/Der-Job-als-Gig-Expertise-Digital-November-2017.pdf [8. September 2020].

Knieps Franz/Pfaff, Holger (Hg.), 2016: BKK Gesundheitsreport 2016. Berlin.

Schoenbaum, Naomi, 2016: *Gender and the Sharing Economy.* Fordham Urban Law Journal, GWU Law School Public Law Research Paper Nr. 2016-53. https://ssrn.com/abstract=2865710 [8. September 2020].

O'Reilly, Tim, 2015: *What's the Future of Work?* Sebastopol, California.

Srnicek, Nick, 2018: *Plattform-Kapitalismus.* Hamburg.

Svanes, Øistein u.a., 2018: *Cleaning at Home and at Work in Relation to Lung Function Decline and Airway Obstruction.* American Journal of Respiratory and Critical Care Medicine. 197. Band, Heft 9, 1157–1163. https://www.atsjournals.org/doi/pdf/10.1164/rccm.201706-1311OC [8. September 2020].

Van Doorn, Niels, 2017: *Platform labor: On the gendered and racialized exploitation of low-income service work in the 'on-demand' economy.* Information, Communication & Society. 20. Jg., Heft 6, 898–914.

–, 8. Juni 2019: *On the conditions of possibility for worker organizing in platform-based gig economies.* Notes From Below. https://notesfrombelow.org/article/conditions-possibility-worker-organizing-platform [8. September 2020].

Liste der zitierten Interviews, Gespräche und Protokolle (alle erstellt von Lisa Bor)

LB BS01: Interview mit Beratungsstelle 2019

LB BS_K_02: Interview mit Kunde 2018

LB BS_07: Interview mit Anwalt

LB PP05 : Protokoll über Putztermin 2018

LB PP06: Protokoll über Putztermin 2018

LB PP08: Protokoll über Putztermin 2018

LB PPAnruf03 2019: Protokoll über ein Telefongespräch/Hotline Helpling für Dienstleister Januar 2019

Franziska Baum / Nadja Kufner

Widersprüchliche Subjektivierung in der Care-Gigwork
Eine Charakterisierung von Care-Arbeitskraftunternehmer:innen

Pflege- und Betreuungstätigkeiten werden verstärkt in die Marktstrukturen der Gig Economy eingebunden. Start-ups und Kapitalgeber versuchen, in der Pflegebranche als Wachstumsfeld mit vielen Versorgungslücken Fuß zu fassen: So hat sich die 2015 gegründete Plattform *Careship* für die Betreuung und Pflege von Senior:innen im eigenen Zuhause etabliert und mit diesem Geschäftsmodell bisher insgesamt 11,3 Millionen Euro Risikokapital erhalten.[1] Die bereits 2006 gegründete Plattform *Care.com* hat innerhalb von zehn Jahren Investitionen in Höhe von ca. 157 Millionen Dollar eingesammelt und wurde Anfang 2020 für 500 Millionen Dollar an den Internetkonzern InterActive-Corp (IAC) verkauft.[2]

Anknüpfend an Interviews mit solo-selbstständigen Care-Tätigen wollen wir zeigen, dass Gigwork im Care-Bereich einerseits als Symptom der Krise der Reproduktion erscheint, auf diese reagiert und sie verschärft. Andersits scheint sie aber auch Lösungen für die Care-Krise anzubieten: Die interviewten Sorge-Selbstständigen sehen Gigwork als Möglichkeit, ihr Leben mit der Sorgelohnarbeit bestmöglich auszubalancieren. In diesem Artikel wollen wir daher zum einen zeigen, warum es für Arbeiter:innen subjektiv sinnvoll erscheint, ihre Arbeitskraft selbstständig am Markt zu verkaufen. Zum anderen wollen wir rekonstruieren, wie die Selbstständigen eine sorgespezifische Subjektivierung und eine ökonomisierte Selbstvermarktung miteinander verbinden.[3]

---

1 http://www.crunchbase.com/organization/careship#section-funding-rounds [05.10.2020].

2 http://www.crunchbase.com/organization/care-com [05.10.2020]; www.iac.com/media-room/press-releases/iac-announces-agreement-acquire-carecom [05.10.2020].

3 Die Autor:innen stellen eigene Überlegungen an, gespeist aus dem Projekt „Gigwork in sozialen Dienstleistungen". Sie schließen an die Expertise „Gigwork in Betreuung und Pflege" an, die im Rahmen des Projekts „Joboption Berlin" erstellt wurde. Das Projekt wird aus Mitteln der Berliner Senatsverwaltung für Integration, Arbeit und Soziales gefördert. Der Artikel spiegelt weder die Haltung des Projektträgers

Unsere These lautet: Die Gig Economy bietet einen Rahmen, innerhalb dessen es den Selbstständigen möglich ist, sich weiterhin als Teil des Kollektivs der Sorgenden zu verstehen (sorgespezifische Subjektivierung) und zugleich als Arbeitskraftunternehmer:innen autonom und selbstökonomisiert zu agieren (individualisierte Subjektivierung). In diesem Sinne bietet die Gig Economy aus Sicht der Befragten eine Möglichkeit, die Krise der sozialen Reproduktion zu bearbeiten. Andererseits basiert diese Bearbeitung zugleich auf dem selbstökonomisierten unternehmerischen Handeln der Care-Gigworker:innen, und überdies stellen Plattformen einen weiteren Schritt der Ökonomisierung im Pflegesektor dar.

Für die Argumentation legen wir zunächst Begriffe und Grundlagen dar, auf die wir uns beziehen. An dieser Stelle zeigen wir auf, was Gigwork im Care-Bereich besonders macht. Aufbauend auf den empirischen Erkenntnissen zu Selbständigen und Ökonomisierung in der Pflegebranche wollen wir überprüfen, inwiefern sich das Konzept des Arbeitskraftunternehmers (Voß/Pongratz 1998) auf Care-Gigworker:innen übertragen lässt. Dafür beziehen wir die Kritik mit ein, dass es in weiblich konnotierten Care-Tätigkeiten eine spezifische Subjektiviertheit gibt, die im arbeitssoziologischen Diskurs um Subjektivierung stärker berücksichtigt werden muss (Fischer u.a. 2020). Die Empirie enthält zwei Teile: Wir beschreiben zunächst die Subjektivierungsstrategien der Plattformen. Auf Basis von Interviews mit Care-Gigworker:innen rekonstruieren wir anschließend deren Handlungsorientierungen und arbeiten ihre Subjektivierungsweisen heraus. Abschließend charakterisieren wir die Care-Gigworker:innen als Care-Arbeitskraftunternehmer:innen, deren Subjektivierungsweise durch ein Zusammendenken von individualisierter und sorgespezifischer Subjektivierung verständlich wird.

Gigworker:innen und Plattformen in Pflege und Betreuung

Für den Care-Bereich lassen sich folgende drei Plattformmodelle identifizieren.[4] Das klassische Modell der „lean platform" (Srnicek 2018), also der schlank organi-

---

ArbeitGestalten Beratungsgesellschaft GmbH noch die der Senatsverwaltung für Integration, Arbeit und Soziales wider.

4   Im Rahmen des Projekts Joboption Berlin (http://www.joboption-berlin.de) wurden Care-Plattformen in Berlin untersucht. Das Modul „Gigwork in sozialen Dienstleistungen" wurde von Juli 2019 bis Juli 2020 bearbeitet und die Expertise „Gigwork in Betreuung und Pflege" erstellt.

sierten Plattform mit möglichst wenig Anlagevermögen, Fix- und Personalkosten, erscheint in zwei Varianten: Marktplatzanbieter wie *Betreut.de* berechnen von den nach Unterstützung Suchenden eine monatliche Gebühr für die Nutzung der Plattform („Subskriptionsmodell"). Plattformunternehmen wie *Careship* und *Pflegix* wiederum verlangen von den sogenannten „Helfer:innen" 20 bis 30 Prozent Provision pro Einsatzstunde („Provisionsmodell"). Zudem wurden Franchisegeber betrachtet, die nicht der gängigen Definition einer Lean-Plattform entsprechen, aber ebenfalls selbstständige Dienstleistende in Privathaushalte vermitteln, z.B. *Senioren-Assistenten* oder *SeniorenLebenshilfe*. Sie bieten gebührenpflichtige Services und Qualifizierung zu den Themen Selbstständigkeit und Versorgung älterer Menschen an.

Care-Plattformen variieren stark hinsichtlich ihrer Zielgruppen und Geschäftsmodelle. Gemeinsam ist ihnen, in einem Feld zu agieren, das besondere Rahmenbedingungen für das Aufkommen von Plattformen und Gigwork bietet. Diese unterscheiden sich stark von den Branchen, in denen Plattformen in Deutschland bisher betrachtet wurden, d.h. Fahrdienstleistungen und Essenslieferungen. Entscheidendes Kriterium für unser Verständnis von Care-Gigwork und Care-Plattformen ist die Solo-Selbstständigkeit: Der Begriff Care-Gigwork bezeichnet die Übernahme von Einzelaufträgen durch selbstständige Dienstleister:innen in Betreuung und Pflege.

Unter Gigwork werden unterschiedliche Phänomene von Erwerbsarbeit im digitalen Raum gefasst. In diesem Artikel beziehen wir uns ausschließlich auf die ortsbezogene Form von Gigwork: Ein Auftrag bzw. ein „Gig", wie etwa die Auslieferung einer Pizza, wird über eine Plattform digital vermittelt und seine Ausführung ggf. digital gesteuert, muss jedoch zu einem bestimmten Zeitpunkt von einer Person vor Ort erbracht werden. Es entsteht ein direkter Kontakt zu Kund:innen. Als Gig ist eine Lieferung ein abgeschlossener Auftrag, der zunächst nichts mit einem Folgeauftrag zu tun hat. Dieser Einzelcharakter besteht bei Care-Tätigkeiten nur bedingt. Dies führt dazu, dass viele Interviewpartner:innen den Begriff Gigwork für den Care-Bereich ablehnen: Care-Gigworker:innen würden zwar pro Einsatz gebucht, doch sei ihre Vermittlung auf eine längerfristige soziale (Geschäfts-)Beziehung angelegt. Aber auch bei den untersuchten Care-Plattformen gilt: Die Buchung ist ein einmaliger Vorgang und es besteht, anders als in der Daseinsvorsorge üblich, keine Pflicht zur Versorgung oder Übernahme des nächsten Auftrages.

Ein zentraler Aspekt von Sorgearbeit im Allgemeinen und von Care-Gigwork im Speziellen ist die Verletzlichkeit der Kund:innen. Bei der Vermittlung von Care-Tätigkeiten ist diese deutlich höher als bei Nutzer:innengruppen anderer

Plattformen und Bereiche, was mit spezifischen Schutzbedürfnissen und -verpflichtungen verbunden ist. Gefahren bestehen etwa in Verletzungen, Übergriffen (von beiden Seiten), aber auch in fehlender Fachkenntnis bei der Betreuung oder Pflege. Fehler oder Unfälle können weitreichende Folgen haben, weshalb der Pflegebereich hoch reguliert ist. Plattformen und von Plattformen vermittelte Selbstständige fallen jedoch aus dem Netz dieser Regulierung und ihren Kontrollmechanismen heraus.[5]

Der größte Unterschied zu anderen Feldern von ortsbezogener Gigwork ist die Arbeitskräftesituation im Care-Bereich. Durch die Knappheit an Fachkräften, die bereit sind, unter den aktuellen Bedingungen in Pflegeeinrichtungen zu arbeiten, kommt es zu einer starken Überbelastung der verbleibenden festangestellten Fachkräfte. Das wirkt sich wiederum entgrenzend und überfordernd auf Pflegehilfskräfte aus. Auch diese werden händeringend für die Übernahme von Betreuungsaufgaben gesucht, unzählige Weiterbildungen für einen schnellen Einstieg in die professionalisierte Pflegearbeit werden angeboten. Für Fach- und Hilfskräfte werden mitunter hohe Einstiegsprämien bezahlt.

Zudem wird von den Interviewten aus der Pflegepraxis, etwa seitens Beratungsstellen und Trägern, fehlende Unterstützung in Privathaushalten beklagt. Konventionelle private und gemeinwohlorientierte Anbieter sozialer Dienste und ambulanter Pflege sehen sich kaum in der Lage, den Bedarf an niedrigschwelligen Tätigkeiten wie Begleitung und pflegevorbeugender Unterstützung wie Haushaltsführung und soziale Einbindung zu erfüllen. Zumal die Erstattungssätze für diese Tätigkeiten so niedrig sind, dass sie mit Fachkräften und betrieblichen Strukturen nicht kostendeckend erbracht werden können.

Häufig implizieren die Angebote der Plattformen für Gigwork im Privathaushalt eine Kostenübernahme seitens der Pflegekassen, mindestens stellen sich die Plattformen als Unterstützung bei der Beantragung der Leistungen dar. Aufgrund der vorhandenen Finanzierungsmöglichkeiten im Sinne von „Cash for Care", z.B. über die Verhinderungspflege oder den Entlastungbetrag, drängen viele Plattformen auf diesen Markt. Ein besonderes Paradox dabei: Die Selbstständigen werden mittelbar von den Pflegekassen finanziert, während sie selbst nicht sozialversichert sind. Die Surplus-Profiteure lehnen jede Verantwortung für die soziale Absicherung der Gigworker:innen ab und beteiligen sich nicht

---

5   Das Umgehen der Regulierung gelingt, da die Plattformen selbst keine soziale Dienstleistung anzubieten scheinen. Sie erhalten keine direkten Zahlungen von den Ersatzkassen und werden somit auch nicht von diesen kontrolliert.

an der Finanzierung des Solidarsystems, auf dessen Basis die Dienstleistungen erbracht werden.

Die Reproduktionsarbeit ist so zu einem besonders attraktiven Investitionsobjekt des Venture-Kapitals geworden. Es bestehen zwei konkrete Versorgungslücken: Einerseits mangelt es an Fachkräften, die die angespannte Lage in Pflegeeinrichtungen und ambulanten Diensten entlasten und bei denen sich eine Vermittlung in hohen Provisionen niederschlägt. Anderseits fehlen Menschen, die Pflegebedürftige im eigenen Zuhause umsorgen und für die staatliche Finanzierung zur Verfügung steht.

Wer sind nun die Care-Gigworker:innen, die auf den Plattformen buchbar sind? Es lassen sich zwei Gruppen unterscheiden: Zum einen gibt es diejenigen, die vorher keine Berührungspunkte mit beruflichen Care- und Pflegetätigkeiten hatten. Sie werden animiert, einen (Quer-)Einstieg in die Pflege zu wagen, als Unterstützung im Haushalt und als Betreuungskräfte tätig zu sein (z.B. über *Pflegix, Careship, betreut.de*). Die zweite Gruppe sind Pflegefachkräfte, die für einen Einsatz in Pflegeeinrichtungen und für Pflege oder Betreuung im Privathaushalt gewonnen werden sollen (z.B. über *Plycoco* oder *GigWork*). Unter ihnen sind ausgebildete Pflegefachkräfte, die der Pflegearbeit bereits den Rücken gekehrt hatten (Wiedereinstieg verlorener Pflegekräfte) oder nach einer Alternative suchen (Ausstieg aus der institutionalisierten Pflege).

Je nach Qualifikation und den damit verbundenen Verdienstmöglichkeiten ergeben sich für die Care-Gigworker:innen unterschiedliche Verletzlichkeiten und Marktabhängigkeiten. Die Nachfrage ist so groß, dass es gerade für den Bereich der Hauswirtschaft auszureichen scheint, wenn eine eigene, familiäre Erfahrung mit Pflege und Fürsorge vorhanden ist. Da diese Kompetenzen gesellschaftlich wenig anerkannt sind und Frauen*[6] qua Geschlecht als gegeben zugeschrieben werden, verdienen (Einstiegs-)Gigworker:innen in der Betreuung wenig: etwa 10 bis 20 Euro. Ein Angestelltenverhältnis in der Pflegebranche wäre bei Verlust der Aufträge für sie jedoch nicht sofort verfügbar, da sich ihre Pflegeerfahrung nicht in die dafür notwendigen formalen Qualifikationsanforderungen transferieren lassen. Formal qualifizierte Pflegekräfte haben als Care-Gigworker:innen Chancen auf einen guten Verdienst von bis zu 40 Euro. Zudem können sie jederzeit 'zurück' in die institutionalisierte Pflegearbeit wechseln, ob direkt zu einer Einrichtung oder über eine Leiharbeitsfirma. Ausgebildete

---

6   Wir verwenden diese Schreibweise, um die Kategorie Frau als Teil eines binären Geschlechterkonstrukts sichtbar zu machen und zu verdeutlichen, dass Frausein nicht biologisch bestimmbar ist.

Pflegekräfte sind somit weniger verletzlich, sollte ihre selbstständige Tätigkeit im Gigwork-Bereich abrupt wegfallen.

Forschungsstand: Ökonomisierung und Selbstständige in der Pflege

Selbstständige, die nur bemüht sind, den eigenen Lebensunterhalt zu sichern, und keine Angestellten haben, werden als Solo-Selbstständige bezeichnet und gelten als besonders verletzlich und prekär (Motakef 2015, 63–66). In jüngster Zeit wurde das Phänomen der Selbstständigkeit auch für den Pflegesektor beforscht. Um der sorgenden Solo-Selbstständigkeit bei Plattformen nachzugehen, beziehen wir uns zuerst auf die Überlegungen zu Ökonomisierung und Selbstständigkeit in der Pflege (Aulenbacher/Dammayr 2014a, 2014b; Gather/Schürmann 2013), zweitens auf die theoretische Debatte um Subjektivierung der Arbeit und des Arbeitskraftunternehmers (AKU) (Voß/Pongratz 1998). Drittens nutzen wir empirische Einblicke von Fischer u.a. (2020), die das Konzept des AKU aus einer Care-Perspektive kritisieren und eine Überarbeitung vorschlagen, in der die sorgespezifische Subjektivierung von Care-Tätigkeiten mit einbezogen wird.

Der Gesundheitssektor zeichnet sich durch Prozesse zunehmender Ökonomisierung aus (Aulenbacher/Dammayr 2014a, 2014b). An die Stelle ganzheitlichen Sorgens ist eine effizienzorientierte, taylorisierte und rationalisierte Pflegearbeit getreten (Aulenbacher/Dammayr 2014a, 70–74). Diese ist gekennzeichnet durch eine Standardisierung von Leistungen, restriktive Vorgaben zu Arbeitsabläufen und Kürzungen bei zeitlichen und personellen Ressourcen, wodurch Druck auf die Pflegekräfte verlagert wird. Aulenbacher und Dammayr (2014a, 72–73) beschreiben, dass die Anforderungen rationalisierter Pflegearbeit mit den fürsorgeethischen Ansprüchen der Pflegekräfte kollidieren, die diesen Widerspruch und damit einhergehende Entgrenzungserfahrungen bewältigen müssen. Die Forscher:innen nutzen den Begriff der Fürsorgeethik, um die normative Ausrichtung von Pflegenden auf eine fürsorgliche Praxis zu betonen (ebd., 70–71). Sie folge einer spezifischen Rationalität, die das Leben selbst zum Zweck haben soll und einen ganzheitlichen Ansatz erfordert. Die Entstehung von Plattformen verstärkt die Ökonomisierungstendenzen im Pflegesektor. Es ist fraglich, inwiefern in diesem Bereich noch fürsorgeethische Erwägungen, die die Forscher:innengruppe um Aulenbacher als wichtiges Element professioneller Pflegearbeit bestimmt hat, noch eine Rolle spielen.

Weitere wichtige Erkenntnisse für das Verständnis der plattformbasierten Sorge-Selbstständigkeit liefern Einblicke in die Selbstständigkeit von Frauen[*]

im Pflegesektor. Solo-Selbstständige werden in Anlehnung an Voß und Pongratz (1998) häufig als prototypische Arbeitskraftunternehmer (AKU) verstanden, so auch im Care-Bereich (vgl. Gather/Schürmann 2013, 233). Kennzeichnend für den AKU ist eine systematisch erweiterte Selbstkontrolle, der Zwang zur gezielten Selbstökonomisierung des eigenen Arbeitskraftvermögens und Selbstrationalisierung, d.h. eine Verbetrieblichung des gesamten Lebenszusammenhangs (Voß/Pongratz 1998, 12). Das sind Anforderungen, die auch im Care-Bereich bestehen und Strategien, die auch Selbstständigen mit sorgenden Tätigkeiten zu eigen sind.

Die These vom Arbeitskraftunternehmer steht in einem engen Zusammenhang mit der Rationalisierung und Subjektivierung von Arbeit. Subjektivierung bezeichnet den erweiterten Zugriff auf subjektive Ressourcen von Arbeitskräften, der als Teil des Übergangs vom tayloristisch-fordistischen zum postfordistischen Produktionsregime verstanden wird (Voß/Pongratz 1998, 4–6). Die von der Erwerbsarbeit ausgehenden Anforderungen, ebenso wie die an sie gestellten, ändern sich dergestalt, dass die Arbeitenden ihre ganze Person, ihre Emotionen und ihre Lebensweise, also ihre subjektiven Ressourcen, zunehmend in den Arbeitsprozess einbringen müssen. Die Folgen sind eine verstärkte individuelle Verantwortung für die gesamte Organisation der Erwerbsarbeit, eine Auflösung der Grenzen zwischen Leben und Lohnarbeit und die Rationalisierung der eigenen Reproduktionsarbeit und erwerbsarbeitsfreien Zeit (vgl. Winker/Carstensen 2007, 282).

In der Rezeption der Arbeitskraftunternehmer-These verdeutlichen Forscher:innen, dass das Konzept von Voß und Pongratz (1998) die Geschlechterdimension zu wenig beachtet (vgl. Motakef 2015, 43–46; Winker/Carstensen 2007). Fischer u.a. (2020) führen insbesondere aus, dass das AKU-Konzept lediglich industrielle Arbeit im Blick hat und die Spezifika von Sorgetätigkeiten nicht berücksichtigt. Sorgetätigkeiten, so die Autor:innen, erfordern eine Anpassung jenes arbeitssoziologischen Subjektivierungsverständnisses, wie es der Arbeitskraftunternehmer abbildet: „Im Gegensatz zur Industriearbeit" müsse der Zugriff auf die ganze Person „als konstitutiver Bestandteil der Pflegearbeit" anerkannt werden (Fischer u.a. 2020, 46). Die Autor:innen zeigen, dass der Prozess, die ganze Person für die Erwerbsarbeit zu mobilisieren, innerhalb der Care-Arbeit kein neuartiges Phänomen ist (ebd., 46, 51–53). Die Veränderung der Sorgeerwerbsarbeit ist somit anders beschaffen und ihr Ausgangspunkt ein anderer. Es sind „die als weiblich konstruierten Tätigkeiten selbst, die Zugriffe auf subjektive Ressourcen beinhalten und jetzt einer ökonomischen Logik unterworfen werden" (ebd., 46). Zudem werde die individuelle Verantwortung, die jede einzelne Pflegekraft für sich selbst und die zu Pflegenden trägt, von einer Verantwortung für „die Pflege" überlagert. Pflegetätigkeiten bezeichnen die Autor:innen daher als „kollektiv subjektiviert" (ebd., 56). Somit gibt es in der professionellen Pflegepraxis auch keine einfache Hinwendung zu mehr individueller Verantwortung. Sorgetätigkeiten enthalten ein Element der gemeinschaftlichen Verantwortung für eine Versorgung der Bedürftigen. Das Kollektiv der Pflegenden gewährleistet eine Krisenbewältigung und stellt Pflege selbst unter schlechten Rahmenbedingungen bereit (ebd., 53–55). Diese Einsicht ist für unsere Überlegungen besonders relevant: Folgen wir der Argumentation von Fischer u.a. (2020), können wir den Veränderungsprozess innerhalb der Care-Arbeit und der Motivationen für eine selbstständige Sorgearbeit nur verstehen, wenn wir die spezifische Art und Weise berücksichtigen, in der die subjektiven Ressourcen in professionellen Care-Tätigkeiten eingebracht und kollektiviert werden.

Wie passen die Erkenntnisse einer konstitutiven und kollektiven Subjektivierung in der Care-Arbeit zur individualisierten Care-Arbeit in der Selbstständigkeit, die über Plattformen vermittelt wird? Im Fall von Care-Gigwork trifft die spezifische Subjektivierung von Sorgetätigkeiten auf individualisierte Subjektivierungsstrategien der Plattformarbeit. Wie werden diese integriert und miteinander in Einklang gebracht? Bisher wurde die Handlungsorientierung von Plattform-Arbeiter:innen, besonders die der „zusätzlichen" – nicht in der Pflegebranche berufssozialisierten – Care-Arbeiter:innen nicht in die Betrachtungen einbezogen. Offen ist, welche Handlungsorientierung bei Einstiegs-Gigworker:innen und welche bei Ausstiegs-Gigworker:innen zu finden ist.

Im nächsten Abschnitt werden wir darstellen, welche Strategien Care-Plattformen anwenden, um diese widersprüchlichen Motive zu vereinbaren. Anschließend wenden wir uns den Perspektiven der selbstständigen Care-Arbeiter:innen zu.

Narrative der Plattformen

Ausgehend von der kommerziellen Vermittlung selbstständiger Arbeit wurden im Projekt Joboption Berlin[7] Care-Plattformen in Berlin untersucht. Es wurden 20 leitfadengestützte, explorative Interviews mit Expert:innen aus dem Pflegeumfeld, Plattform-Vertreter:innen und sieben selbstständigen Care-Gigworker:innen geführt. Zudem wurde eine vergleichende Fallanalyse von Care-Plattformen vorgenommen und ein Multi-Stakeholder-Workshop durchgeführt. Das alles bildet die empirische Basis unserer Untersuchung, anhand derer wir die Subjek-

---

7   http://www.joboption-berlin.de.

tivierungsstrategien der Plattformen und die Subjektivierungsweisen der Care-Gigworker:innen beschreiben können.

Die Werbemaßnahmen der Care-Plattformen richten sich an verschiedene Nutzer:innengruppen (Auftraggebende): Erstens werden Pflegebedürftige und pflegende Angehörige angesprochen, die Unterstützung bei der Betreuung und Pflege von Familienmitgliedern benötigen. Zweitens werden Einrichtungen und Kliniken adressiert, die Pflegefachkräfte einstellen wollen. Vor allem aber müssen die Plattformen um Dienstleister:innen werben, die ihre Arbeitskraft über die Plattform anbieten sollen (Care-Gigworker:innen). Wir wollen an dieser Stelle aufzeigen, mit welchen Strategien Plattformunternehmen sowohl auf die sorgespezifischen als auch auf die selbstökonomisierenden subjektiven Potenziale der Care-Gigworker:innen abzielen und wie sie diese anpreisen, um Profite zu generieren.

Die individuellen subjektiven Ressourcen („Arbeit aus Liebe") der Care-Gigworker:innen werden insbesondere bei der Vermittlung an private Haushalte kommodifiziert und bilden den Kern der Werbenarrative der Plattformen. Die Plattform *Careship* porträtiert sogenannte „Alltagshelfer" als Menschen, die „Gutes tun, andere Menschen unterstützen und ihnen mehr Lebensfreude ermöglichen".[8] Die Plattformen, die an jeder Vermittlung mitverdienen (Provisionsmodell), bewerben Gigworker:innen für den häuslichen Bereich als Menschen, die ihre Fürsorgetätigkeit nicht als Lohnarbeit bewerten. Sie seien nachbarschaftlich engagiert und persönlich zugewandt. Die Arbeit wird in ein Fürsorgeethos eingebettet, sie sei für Gigworker:innen in erster Linie sinnstiftend. Die Bezahlung von Reproduktions- und Sorgearbeit, die bisher vor allem Frauen* unbezahlt erbracht haben, machen Plattformen einerseits verfügbarer und sichtbarer. Andererseits werden vergeschlechtlichte Stereotype aktualisiert und Care-Tätigkeiten entprofessionalisiert, wenn diese als einfach, nebenberuflich, freizeitlich und in erster Linie sinnstiftend beworben werden. Dies zeigt, dass auch die selbstständige Care-Arbeit für Einsteiger:innen sorgespezifischen Subjektivierungsstrategien unterliegt.

Plattformen, die sich als Partner für Krankenhäuser und Pflegeeinrichtungen verstehen, präsentieren sich als flexible Lösung für kurzfristige Personalbedarfe in Einrichtungen und Kliniken (*Plycoco*, *GigWork*). Sie setzen verstärkt auf Ansprüche, die dem klassischen Verständnis von individueller Subjektivierung entsprechen. Sie werben unter anderem damit, Aussteiger:innen binden und vermitteln zu können. Statt Schichtdienst, unsicherer Dienstplanung und dem „Ruf aus

---

8   http://www.careship.de/unsere-betreuer/[30.08.2020]

dem Frei" bei Arbeitsausfällen der Kolleg:innen wird den Gigworker:innen eine selbstbestimmte Flexibilität dargeboten. Plycoco appelliert an ausgebildete Pflegekräfte, ihr „Leben in die Hand zu nehmen".[9] Die qualifizierten Kräfte werden mit dem Versprechen angeworben, bekannte Probleme in ambulanten Pflegediensten und Einrichtungen zu lösen und somit eine Verbesserung der Arbeitsbedingungen zu ermöglichen. Grundlage des Versprechens ist also die Herauslösung der Gigworker:innen aus dem Kollektiv der Pflegenden und der kollektiv gedachten sorgespezifischen Subjektivierung. Gleichzeitig versprechen die Plattformen, dass ihre Care-Gigworker:innen nicht von der eigentlichen Pflege abgelenkt werden, suchen „Teamworker" und vergleichen sich mit Gewerkschaften.[10]

Vom Pflegearbeitsmarkt und seinen Zwängen grenzen sich die Plattformen in ihren Narrativen aktiv ab. Auch Einsteiger:innen gegenüber positionieren sie sich als bessere Alternative zu den belastenden Bedingungen in der Pflegebranche, der ihr schlechter Ruf insofern vorauseilt.

Sowohl hochqualifizierte Pflegefachkräfte (Aussteiger:innen) als auch formal unqualifizierte Pflegekräfte (Einsteiger:innen) werden damit gelockt, innerhalb der Erwerbsarbeit eigenverantwortlich handeln zu können. Die vermeintlichen Vorteile von Gigwork – selbstbestimmte Verdienstmöglichkeiten und Zeitflexibilität – werden so stark wie möglich betont. Es wird die „totale Freiheit"[11] in der Auswahl von Aufträgen versprochen, was eine individuelle zeitliche Passung an alle Lebenssituationen ermögliche.

Neben der Flexibilität werben Plattformen mit besseren und „fairen" Bedingungen im Vergleich zur beruflichen Pflege, unabhängig vom Qualifikationsniveau der potenziellen Care-Gigworker:innen. An erster Stelle steht ein vermeintlich fairer Verdienst. Dieser rangiert zwischen ca. 10 und 40 Euro brutto pro Stunde. Nur bei Careship ist der Verkaufspreis und damit auch der Verdienst auf 17,50 Euro festgelegt. Bei den anderen Plattformen heißt es „Du bestimmst, was Du verdienst":[12] Die Care-Gigworker:innen können und sollen ihren Verdienst selbst aushandeln. Gleichwohl wird mittelbar Einfluss auf die Preisstruktur genommen, indem beispielsweise Durchschnittswerte angezeigt werden (z.B. bei *Betreut.de*).

Anknüpfend an die Ergebnisse von Fischer u.a. (2020) und ihre feministische Kritik erscheint diese spezifische Subjektivierung von Sorgetätigkeiten wenig

---

9   http://www.plycoco.de/de/infos/pflegekraft [30.08.2020]
10 http://www.plycoco.de/de/infos/pflegekraft [30.08.2020]
11 http://www.pflegekraft-mehralseinberuf.de/start-up-in-der-pflege/[30.08.2020]
12 http://www.pflegix.de/helfer [30.08.2020]

überraschend. Gerade Plattformen für niedrigschwellige Betreuung zeigen eine subjektivierende Arbeitsorganisation, die das ganze Subjekt, also auch die Freizeit von Teilzeitpflegekräften, Rentner:innen und Studierenden einbezieht und für bezahlte, aber nicht abgesicherte Reproduktionsarbeit gewinnen will und ausbeutet. Plattformen für ausgebildete Pflegekräfte zielen eher auf die individualisierte Subjektivierung und locken mit der Möglichkeit, sich von dieser sorgespezifischen Subjektivierung zu befreien.

Subjektivierungsweisen der Care-Gigworker:innen

Nun vollziehen wir nach, wie stark und auf welche Weise die Handlungsorientierung der Gigworker:innen selbstökonomisiert und sorgespezifisch subjektiviert ist. Dafür nutzen wir Einblicke in vier Interviews. Benjamin, Maria, Ingeborg und Roman sind selbstständige Pflegekräfte und zwischen 35 und 50 Jahre alt.[13] Ingeborg und Roman sind ausgebildete, staatlich anerkannte Pflegefachkräfte. Benjamin und Maria fanden ihren Weg in die Betreuungsarbeit über Plattformanbieter bzw. Franchisegeber. Alle Gigworker:innen waren unzufrieden mit ihrer vorhergehenden Tätigkeit. Maria war bereits in einer anderen Branche selbstständig, der Verdienst aber nicht hoch genug. Benjamin war angestellt und suchte nach einer Phase intensiver Arbeitsbelastung eine neue, sinnstiftende Tätigkeit. Ingeborg kehrte der Pflegearbeit zunächst den Rücken und wechselte die Branche, fand aber über eine Bekannte den Wiedereinstieg in die selbstständige Pflege. Roman war unzufrieden mit seinem Team, er lernte eine selbstständige Pflegekraft kennen und folgte ihr in die Sorge-Selbstständigkeit. Nachfolgend werden wir darstellen, wie sich die Interviewten den Marktbedingungen und den beschriebenen Anrufungen der Gig Economy anpassen und inwiefern sich diese mit ihren eigenen Ansprüchen verschränken.

Gefragt nach ihrer Motivation und ihrem persönlichen Weg in die selbstständige Care-Arbeit nennen alle Interviewten Zeitsouveränität und Autonomie als entscheidenden Faktor. Für Maria ist ihre vorhergehende Selbstständigkeit prägend für das Bedürfnis, zeitsouverän zu agieren. Benjamin führt ein früheres Arbeitsverhältnis mit viel Stress und Konflikten als einen Grund für den Eintritt in die selbstständige Care-Arbeit auf. Er kann sich nicht vorstellen, jemals wieder in ein Arbeitsverhältnis, etwa bei einem Pflegedienst, mit Vorgaben zu Zeiteintei-

---

13 Die Aussagen werden über die Vornamen der anonymisierten Fälle der Expertise zugeordnet. So steht Maria für den Fall „Maria Anton", usw. Ausführliche Falldarstellungen der Interviews finden sich in der Expertise.

lung und Arbeitspensum einzutreten. Bei Roman ist es eine Kombination aus Erfahrungen mit schlechter Teamdynamik und einer privaten Sorgeverantwortung. Im Vergleich zur rationalisierten Pflegarbeit in Pflegeeinrichtungen lasse sich die direkte Marktabhängigkeit mit ihren Anforderungen und Zeitzwängen besser schultern, so die Befragten. Sie können sich als Selbstständige besser abgrenzen, da sie als Externe in einen zeitlich begrenzten Einsatz kommen. Dies gilt besonders für die qualifizierten Aussteiger:innen. Ihnen gelingt es besser, sich nach intensiveren Arbeitsphasen Auszeiten zu erlauben und Zeit für sich sowie für eigene, familiäre Sorgearbeiten zu finden. Roman formuliert, er könne nun, anders als zuvor, so arbeiten, dass er immer fit ist. Die Einsteiger:innen Maria und Benjamin verstehen unter selbstbestimmter Zeiteinteilung die Möglichkeit, über Einsätze, Termine und die Frage, wie viele Kund:innen sie betreuen, selbst entscheiden zu können. Um sich solche Freiräume zu schaffen, müssen die Care-Gigworker:innen ihre Aufträge aktiv zeitlich strukturieren und gezielt steuern, in welchen Zeiträumen sie ihre Arbeitsintensität zusätzlich erhöhen. Daraus ergibt sich ein Zwang zur zeitlichen Strukturierung des eigenen Arbeitspensums (Selbstkontrolle). Dies scheint aber dem Autonomiebedürfnis der Befragten zu entsprechen, für die es ein großer Gewinn ist, keinen externen Zeitregimen zu unterliegen.

Ein weiterer Grund dafür, eine selbstständige Care-Tätigkeit aufzunehmen, ist die Möglichkeit, sich 'richtig' um Menschen kümmern zu können. Die Interviewten möchten so sorgen und pflegen, wie sie selbst versorgt und gepflegt werden möchten und wie es ihnen ihre Fürsorgeethik vorgibt. Diese speist sich nicht nur aus einer fachpflegerischen Ausbildung und Tätigkeit, sondern, wie bei Maria, auch aus der eigenen Pflegeerfahrung im familiären Umfeld oder, wie bei Benjamin, aus der Grundlagenqualifizierung und der eigenen Vorstellung vom Altern. Die Care-Gigworker:innen wollen nicht so funktionell und ökonomisiert vorgehen, wie es ihnen in rationalisierten Pflegeeinrichtungen abverlangt werden würde. Diese Ablehnung von ökonomisierter Logik und rationalisierter Pflegearbeit bringen nicht nur Fachpflegekräfte vor. Obwohl sie noch nie in diesem Bereich gearbeitet haben, speisen sich die Handlungsorientierungen von Maria und Benjamin aus fürsorgeethischen Erwägungen: Die beiden wollen das Vakuum füllen, das die Krise der Reproduktion – präziser: die fehlende professionelle, staatlich organisierte Fürsorge und das Verschwinden einer unbezahlten, familiär organisierten Fürsorge – geschaffen hat. So wollen sie etwa Arzt- und Beerdigungsbesuche ermöglichen oder bei der Haushaltsführung unterstützen – Tätigkeiten, die von Pflegediensten nicht in ausreichendem Maße erbracht werden bzw. gar nicht im Leistungskatalog der institutionalisierten Pflege enthalten sind.

Die Einstiegs-Gigworker:innen wollen ihren Kund:innen ein selbstbestimmtes Leben in den eigenen vier Wänden ermöglichen. Dafür bringen sie ihre ganze Person ein: Sie sind Putzkraft, Gefährt:in, Fahrer:in und unterstützen bei der Kommunikation mit Krankenkassen oder bei Besorgungen. Solche Unterstützung leisten die Interviewten im Zweifel auch außerhalb ihrer Arbeitszeit (Maria) und organisieren die eigenen Lebensbereiche systematisch entlang der Bedürfnisse ihrer Kund:innen (Benjamin), obwohl dies im Widerspruch zu ihrem Wunsch nach selbstbestimmter Zeiteinteilung steht. Bei allen zeigt sich eine Tendenz zur Selbstrationalisierung, d.h. unternehmerische Erwägungen bestimmen ihren Lebenszusammenhang. Die Organisation des Lebens ist vor allem bei Benjamin entlang einer betrieblichen Logik strukturiert: Für seine Kund:innen ist er immer erreichbar, so auch während des Interviews. Er arbeitet ca. 60 Stunden die Woche, um die Bedürfnisse seiner Kund:innen zu erfüllen und kauft sich ein größeres Auto, um besser für diese da zu sein. Obwohl er es anstrengend findet, ist er den ganzen Tag im Auto unterwegs. Benjamins Wochenende und viele seiner Abende sind gefüllt mit administrativen Tätigkeiten. Er erwähnt zudem, wie er zum Ausgleich unter der Woche in den Abendstunden gezielt Sport macht, um einerseits für sich zu sein und andererseits, weil diese Aktivität am wenigsten mit Kundenwünschen interferiert. Die Verbetrieblichung dient vor allem der Realisierung eigener fürsorgeethischer Ansprüche und einer ausgleichenden Selbstsorge.

Im Sinne des 'richtigen' Pflegens und Versorgens ist Fairness unabhängig vom formalen Qualifikationsniveau für die Befragten eine wichtige Kategorie. Sie verhandeln ihre Ansprüche auf angemessenen Lohn für gute Pflege und Betreuung mit den Ansprüchen der (zunehmend ökonomisierten) Pflegebranche. Von der „Satt-und-Sauber-Pflege", wie die rationalisierte Pflegearbeit von einigen Befragten genannt wird, grenzen sich alle kritisch ab. Die Bezahlbarkeit der Dienstleistung für die Klient:innen wird häufig angesprochen und priorisiert. Alle Interviewten haben nicht nur ihre eigenen Interessen im Blick, sondern auch die des Gesundheitssystems, der Einrichtungen und der zu Pflegenden, die schlussendlich die Kosten tragen. Obwohl sie ihr eigenes Arbeitsvermögen auf betriebsexternen Märkten anbieten, die der Logik einer Ökonomie der Vermarktung folgen (Voß/Pongratz 1998, 14–15), stellen die Care-Gigworker:innen einen gebrauchsorientierten Einsatz ihres Leistungsvermögens in den Vordergrund, dessen Nutzen an der eigenen Fürsorgeethik gemessen wird. Die Provisionen der Plattformen und Gebühren der Franchisenehmer werden als moderat und im Vergleich zur Leiharbeit, die zunehmend Geld aus dem Gesundheitssystem abziehe, als fairer wahrgenommen. Die Care-Gigworker:innen bleiben so zumindest narrativ Teil des Pflegekollektivs und wenden sich gegen die Ökonomisierung der Care-Arbeit, obwohl sie gleichwohl selbstökonomisiert handeln.

Die interviewten Care-Gigworker:innen haben sich vollumfänglich für die selbstständige Betreuung und Pflege als hauptberufliche Tätigkeit entschieden. Ihr Arbeitsarrangement ist durch die Nutzung mehrerer Kanäle zur Vermittlung und Ausübung ihrer Tätigkeit auf eine spezifische Art hybrid. Ein Beispiel für das hybride Konzept innerhalb der Plattformarbeit ist Benjamins Arrangement: Für den Berufseinstieg nutzt er einen Franchisegeber (*Senioren-Assistenten*). Zusätzlich verwendet er die Plattform (*Careship*) zur Kundenakquise und agiert für einen weiteren Franchisegeber. Er verwendet die jeweiligen Services verschiedener Anbieter nach Bedarf, nutzt Versorgungslücken und entscheidet je nach Leistungsanspruch der Klient:innen und je nach Akquise, ob er einen Auftrag annimmt und welche Bedingungen jeweils gelten. Fast alle Befragten verfolgen insofern ein hybrides Erwerbsmodell, als dass ihr Arrangement auf einer Kombination von mehreren Plattformen basiert. Die Care-Gigworker:innen können so ihre subjektive Sicherheit erhöhen, Folgeaufträge zu erhalten.

Die finanzielle Alleinverantwortlichkeit für die eigene Absicherung gehört für die Befragten zur Selbstständigkeit dazu, als Preis ihres Autonomiegewinns. Sie thematisieren dies nicht als unangemessen oder als Nachteil. Die Care-Gigworker:innen müssen den Erhalt der eigenen Arbeitskraft durch unternehmerisches Handeln selbst organisieren und bei Verdienstausfällen aufrecht halten. Sie nehmen dies als selbstverständlich wahr. Die Care-Gigworker:innen bilden Rücklagen, um eine kurzzeitige Krankheit von maximal sechs Wochen – die im abhängigen Arbeitsverhältnis durch die gesetzliche Lohnfortzahlung gedeckt wäre – zu überbrücken. Anderweitig abgesichert sind sie im Falle eines plötzlichen Verdienstausfalls nicht. Dennoch haben sie kaum prekäre Zukunftsvorstellungen: Die Versorgungslücken und ihr hybrides Erwerbsmodell verringern ihr subjektives Unsicherheitsgefühl.

Care-Arbeitskraftunternehmer:innen

Die interviewten Gigworker:innen verstehen sich als fair und frei am Markt handelnde Care-Tätige und zeigen einen unbedingten Willen zum eigenständigen Marktagieren: Marktanpassung, die eigenverantwortliche Absicherung und Selbstsorge sowie eine gewisse Gewinnorientierung sind wesentliche Aspekte ihrer Handlungsorientierung. Trotz einiger Unterschiede der Subjektivierungsweisen je nach Ausgangspunkt (Ausstieg oder Einstieg), wollen wir die Gemeinsamkeiten ausloten.

Ihre Zeitsouveränität ist für die Gigworker:innen zentral. Sie sorgen für sich selbst, indem sie bestimmen, wann sie für andere sorgen und wie sie das mit ihren eigenen Sorgeverantwortungen in Einklang bringen. Die eigene Gesundheit zu erhalten, ist – im Sinne einer internalisierten Selbstsorge-Anforderung und Aktivierungsmaxime (vgl. Aulenbacher u.a. 2015, 61) sowie einer Selbstrationalisierung der eigenen Arbeitskraft – selbstverständlicher Teil einer am Markt agierenden Arbeitskraftunternehmer:in.

Die Verantwortung für den eigenen Verdienst ist vollständig auf die Care-Arbeitskraftunternehmer:innen ausgelagert. Dies wird als Freiheitsgewinn gerahmt und angenommen. Die Möglichkeiten, den eigenen Verdienst zu bestimmen, werden jedoch nur zum Teil ökonomisch ausgeschöpft. Erkennbar ist ein Zwang zur Selbstökonomisierung in Form einer permanenten Anforderung, den monetären Wert der eigenen Arbeitsleitung auf einem betriebsexternen Markt ständig neu auszuhandeln. Das bedeutet ein zusätzliches Prekaritätsrisiko für die Solo-Selbstständigen (vgl. Gather/Schürmann 2013, 236).

Wie oben erläutert, treten die Normen des richtigen Pflegens mit den Normen der Ökonomisierung in Konflikt und müssen auf individueller Ebene gegeneinander abgewogen werden (vgl. Aulenbacher/Dammayr 2014b, 135). Für die Care-Gigworker:innen sind die Bedürfnisse des Sorgekollektivs und die der Unterstützungsbedürftigen höchst bedeutsam. Ein zentraler Aspekt ihrer Subjektivierung ist, die Selbstständigkeit zu nutzen, um Fürsorgeethik mit ökonomischen Ansprüchen zu vereinbaren. Das richtige Sorgen ist Teil ihres Selbstverständnisses und gelingt ihnen in ihrer Wahrnehmung nur als selbstständig agierende:r Arbeitskraftunterneher:in, die:der Fürsorge und die Lebenssorge im Blick hat.

Vor dem Hintergrund der Care-Krise erleben die Care-Gigworker:innen ihre Tätigkeit als besonders wichtig und nötig. Sie empfinden sich und ihre Kolleg:innen als Pionier:innen und Retter:innen der Pflege, ohne die das System zusammenbräche. Sie verstehen sich als kleine autonome Zellen im Sorgekollektiv. Wir schlagen daher vor, diese Sorge-Subjektivierung als Care-Arbeitskraftunternehmer:in zu bezeichnen. Die präsentierte Subjektivierungsweise enthält verschiedene Aspekte des Sorgens: die Sorge für andere, die Sorge als Kollektiv und die Sorge um „die Pflege" als gesamtgesellschaftliche Aufgabe. Diese werden von den Care-Gigworker:innen mit Aspekten der Selbstverantwortlichkeit im Sinne des AKU verbunden.

Fazit und Ausblick

Betreuungs- und Pflegekräften wird in der Gig Economy ein neuer Beschäftigungsrahmen angeboten, in dem die spezifische Sorge-Subjektivierung mit individualisierten Subjektivierungsstrategien und -weisen der Plattformarbeit kombinierbar sind. Diese Verbindung in Form einer individualisierten Sorge-Subjektivierung wird durch das Erwerbsarrangement Gigwork erleichtert, angenommen und verstetigt sich.

Plattformen sprechen in ihren Subjektivierungsstrategien beide Dimensionen – Fürsorge und sorgespezifische Subjektivierung ('richtiges' Sorgen und selbstloses Kümmern) sowie Selbstökonomisierung und individuelle Subjektivierung (eigene Interessen, Zeitautonomie, Selbstvermarktung) – gleichzeitig an. Auch die Care-Arbeitskraftunternehmer:innen verbinden diese Elemente miteinander. Obwohl sie das System der ökonomisierten, taylorisierten und rationalisierten Pflegearbeit ablehnen, folgen sie den Normen der Selbstökonomisierung und Selbstkontrolle. Gerade um das 'richtige' Sorgen voranzustellen, gehen sie diesen Weg. Die Care-Arbeitskraftunternehmer:in ist ein eindrückliches Beispiel dafür, wie sich im Rahmen der Care-Arbeit der Prozess von der konstitutiven kollektiven Sorge-Subjektivierung hin zur individualisierten Sorge-Subjektivierung vollzieht.

Care-Gigwork ist in vielerlei Hinsicht selbstökonomisiert und -rationalisiert. Aber auch eine Fürsorgeorientierung und eine kollektive Ausrichtung der Subjektivierung ist bei allen erkennbar. Das ursprüngliche Konzept des AKU greift hier zu kurz, da die wesentlichen Momente des Sorgens und der Abwägung von Fürsorgeaspekten gegen Selbstökonomisierung nicht ohne eine Erweiterung des Konzepts um die Dimension Sorge abgebildet werden können. Den Gedanken einer spezifischen Subjektivierungsform in der Care-Arbeit und die fehlende Berücksichtigung im Konzept des Arbeitskraftunternehmers haben wir aufgegriffen und gezeigt, dass unabhängig vom Qualifikationsniveau der Care-Gigworker:innen ein narrativer Bezug zum Kollektiv der Sorgenden über 'gutes Sorgen' und den Ausgleich von Versorgungslücken erfolgt.

Die spezifische Sorge-Subjektivierung ist nicht ausschließlich kollektiv zu denken. Wie wir anhand des empirischen Materials zeigen konnten, ermöglicht es das Gerüst Gigwork, einerseits ethische Ansprüche an Sorgearbeit zu realisieren und anderseits schlechten Arbeitsbedingungen im Care-Sektor zu entgehen. Die Gig Economy erfordert und ermöglicht das Agieren als Arbeitskraftunternehmer:in und erlaubt es gleichzeitig, sich als Teil des Sorgekollektivs zu verstehen.

Die Einblicke in die Subjektivierung von plattformvermittelten Care-AKU bezeugen, dass sich die Tendenz zur Plattformisierung der Care-Arbeit nicht losgelöst von der Transformation der Sorge und ihrer Rahmenbedingungen begreifen lässt (vgl. Hensel 2020, 59, 66, 89). Die Ausbeutung der Arbeitskraft durch Care-Plattformen ist daher etwas anders strukturiert als in anderen Bereichen von ortsbezogener Gigwork.

Die Subjektivierungsweise der Care-AKU sollte Teil der Gleichung im Kampf um Rechte, um bessere Absicherung und bessere Bedingungen in der Care-Arbeit insgesamt sein. Wie können Care-Arbeiter:innen vor diesem Hintergrund Schutzrechte erkämpfen und in ihren Kämpfen gestärkt und unterstützt werden? Für die eigenen Ansprüche innerhalb der Lohnarbeit einzustehen, erscheint für Pflegekräfte aufgrund der kollektiven fürsorgeethischen Ansprüche und der spezifischen Subjektivierung besonders schwierig. Selbstständigkeit und Plattformarbeit bieten einen individuellen Ausweg. Entscheidend aber ist: Auch Care-Arbeitskraftunternehmer:innen ist es alles andere als egal, wie stark die Versorgung alter und hilfebedürftiger Menschen – und damit die Solidargemeinschaft – unter einem Kapitalabzug leidet. Sie entscheiden sich nur für das kleinere Übel und die auf den ersten Blick bessere Vereinbarkeit von Arbeit und Leben und verzichten auf eine Maximierung der Einkünfte. Sie wollen Verantwortung übernehmen und wünschen sich, dass Care als gesamtgesellschaftliche Aufgabe stärkere Beachtung und Anerkennung findet.

Literatur

Aulenbacher, Brigitte / Dammayr, Maria, 2014a: *Krisen des Sorgens. Zur herrschaftsförmigen und widerständigen Rationalisierung und Neuverteilung von Sorgearbeit.* In: Dies. (Hg.): Für sich und andere sorgen. Krise und Zukunft von Care in der modernen Gesellschaft. Weinheim, 65–77.

–, 2014b: *Zwischen Anspruch und Wirklichkeit: Zur Ganzheitlichkeit und Rationalisierung des Sorgens und der Sorgearbeit.* In: Aulenbacher, Brigitte / Dammayr, Maria / Theobald, Hildegard (Hg.): Sorge: Arbeit, Verhältnisse, Regime. Care: Work, Relations, Regimes. Baden-Baden, 125–140.

Aulenbacher, Brigitte / Dammayr, Maria / Décieux, Fabienne, 2015: *Prekäre Sorge, Sorgearbeit und Sorgeproteste. Über die Sorglosigkeit des Kapitalismus und eine sorgsame Gesellschaft.* In: Völker, Susanne / Amacker, Michèle (Hg.): Prekarisierungen. Arbeit, Sorge und Politik. Weinheim, 59–74.

Baum, Franziska / Wegner, Wenke / Kathmann, Ute / Ahlhoff, Elke, 2020: *Gigwork in Pflege und Betreuung. Digital vermittelte soziale Dienstleistungen in Berlin.* Herausgegeben von ArbeitGestalten GmbH. Gefördert aus Mitteln der Senatsverwaltung für Integration, Arbeit und Soziales Berlin. http://www.arbeitgestaltengmbh.de/assets/projekte/Joboption-Berlin/Expertise-Care-Gigwork-Web.pdf [30. August 2020].

Fischer, Gabriele / Lämmel, Nora / Mohr, Jutta / Riedlinger, Isabelle, 2020: *Zum Beispiel Pflege – Fragen an den arbeitssoziologischen Topos der Subjektivierung von Arbeit.* GENDER. 12. Jg., Heft 2, 45–60.

Gather, Claudia / Schürmann, Lena, 2013: *„Jetzt reicht's. Dann machen wir eben unseren eigenen Pflegedienst auf." Selbständige in der Pflegebranche – Unternehmertum zwischen Fürsorge und Markt.* Feministische Studien. 31. Jg., Heft 2, 225–239.

Hensel, Isabell, 2020: *Genderaspekte von Plattformarbeit: Stand in Forschung und Literatur.* Expertise im Auftrag der Sachverständigenkommission für den Dritten Gleichstellungsbericht der Bundesregierung. Herausgegeben von Geschäftsstelle Dritter Gleichstellungsbericht der Bundesregierung/Institut für Sozialarbeit und Sozialpädagogik e.V. Wien, Berlin.

Motakef, Mona, 2015: *Prekarisierung.* Berlin/Bielefeld.

Srnicek, Nick, 2018: *Plattform-Kapitalismus.* Hamburg.

Voß, G. Günter/Pongratz, Hans J., 1998: *Der Arbeitskraftunternehmer. Eine neue Grundform der Ware Arbeitskraft?* Kölner Zeitschrift für Soziologie und Sozialpsychologie. 50. Jg., Heft 1, 131–158. Zitiert nach: https://ggv-webinfo.de/wp-content/uploads/2016/05/AKUKZfSS-Original-neu-formatiert-mit-Abb-1.pdf [30. August 2020].

Winker, Gabriele/Carstensen, Tanja, 2007: *Eigenverantwortung in Beruf und Familie – vom Arbeitskraftunternehmer zur Arbeitskraftmanagerin.* Feministische Studien. 25. Jg., Heft 2, 277–287.

Simiran Lalvani

Geschlechterverträge bei App-basierten Essenslieferdiensten: Eine Untersuchung sozialer Reproduktion durch Nahrungsversorgung in Mumbai

Das Zubereiten von Mahlzeiten ist in Indien seit jeher eine informelle, häufig unbezahlte Form von Arbeit, die Frauen im Haushalt leisten. Doch wer kocht, was gekocht wird, wer isst und mit wem er oder sie dies tut, all das wird über strikte Normen geregelt, die auf Geschlecht, Kaste, Klasse, Religion und Region beruhen (Appadurai 1988; Khare 1992; Kikon 2017; Nandy 2004) – Normen des Essens, seines Verzehrs und der damit verbundenen Arbeitsprozesse wie das Kochen, das Servieren (Dickey 2000; Iversen/Raghavendra 2006; R. Ray/Qayum 2009; U. Ray 2018; Toft Madsen/Gardella 2012) und die Auslieferung. Soziale Reproduktion definiere ich daher als Reproduktion von Geschlechter-, Klassen-, Kasten- und Gemeinschaftsstrukturen (Bakker/Gill 2003) sowie von Normen (Jarrett 2015), nicht bloß als die Reproduktion der Individuen. Der vorliegende Beitrag untersucht den Geschlechtervertrag der Plattformökonomie bzw. die Transformation der sozialen Reproduktionsarbeit der Essensversorgung durch Plattform-Unternehmen.

Mit dem Begriff des Geschlechtervertrags zeigt die politische Theoretikerin und Feministin Carole Pateman auf, wie trotz der Tatsache, dass der Gesellschaftsvertrag allen Menschen bürgerliche Freiheiten zusichert, die Unterordnung von Frauen fortbesteht. Die im 17. und 18. Jahrhundert aufkommende Theorie des Gesellschaftsvertrags verstand die Gesellschaft als eine anti- oder post-patriarchale, denn ihrer Ursprungsgeschichte zufolge wurde die Herrschaft des Vaters zugunsten individueller und bürgerlicher Freiheiten aufgegeben. Laut Pateman besteht die Unterordnung von Frauen jedoch fort, da einem Vertrag stets die Annahme zugrunde liegt, dass alle Individuen Eigentum besitzen, über das sie frei verfügen können. In ihrer Untersuchung von Ehe-, Arbeits-, Prostitutions- und Leihmutterschaftsverträgen zeigt sie dagegen, dass Individuen Wahlfreiheit und Subjektivität nicht gleichermaßen besitzen. Vielmehr bringen Arbeits- und Eheverträge die Figur des arbeitenden Ehemanns sowie die der Hausfrau hervor, und stellen sicher, dass diese Hausfrau arbeitet, „obwohl sie keinen

Lohn bekommt [...], denn über die Verwendung ihrer Arbeitskraft bestimmt ihr Mann, und das nur durch die simple Tatsache, dass er ein Mann ist" (Pateman 1988, 135f). Verträge versprechen den Individuen bürgerliche Freiheit, durch sie konstituiert sich aber auch das Patriarchat, da sie die Freiheit von Frauen zugleich voraussetzen und negieren (ebd.).

Die Konstruktion von Subjekten wie Frauen, ethnischen Minderheiten und unteren Kasten war zentral für die Akkumulation im Kapitalismus (Dalla Costa/ James 1973; Federici 2012) wie auch für den Brahmanismus (Chakravarti 2015). In der Ära des Fordismus definierte der Geschlechtervertrag Weiblichkeitsideale über den Haushalt, setzte er doch eine bestimmte geschlechtliche Arbeitsteilung zwischen Hausfrau und männlichem Ernährer voraus. Mit der Fragmentierung des Produktionsprozesses im Neoliberalismus haben nun irreguläre Beschäftigungsverhältnisse stark zugenommen, die mit Unsicherheit und Verschuldung einhergehen. Vor dem Hintergrund dieser Veränderungen in der Produktion hat sich mit dem „postfordistischen Geschlechtervertrag" auch der Charakter sozialer Reproduktionsarbeit gewandelt. Dieser neue Geschlechtervertrag gibt Frauen die Möglichkeit, außerhalb des Haushalts zu arbeiten, und verändert dadurch die Normen von Weiblichkeit. Doch diese Freiheit erzeugt zugleich enormen Druck, da von Frauen nun erwartet wird, neben der Hausarbeit auch noch Erwerbsarbeit zu leisten (Adkins 2016).

Wie feministische Untersuchungen zeigen, ist ein solches Spannungsverhältnis zwischen neuen Freiheiten für Frauen und gesellschaftlichen Normen nicht neu. Auf den ersten Blick scheinen auch App-basierte Lieferdienste traditionelle *Normen der Essensversorgung* aufzubrechen, da sie männlich dominierte Arbeitsfelder für jedes unternehmerische Individuum öffnen, unabhängig von Kaste, Geschlecht und Religion. Dasselbe gilt für *Normen des Verzehrs von Essen*, denn auch bei der Zubereitung und der Lieferung von Essen kommt es zu neuen Arrangements. Über Plattformen wird Essen, das womöglich in unbekannten Restaurants oder Cloud Kitchens zubereitet wurde, von unbekannten Männern aus der Arbeiterklasse in eine häusliche Sphäre gebracht, die in Indien als heilige Quelle von Essen gilt. Plattformen bedrohen daher potenziell ein über Geschlechter-, Kasten- und religiöse Normen geregeltes Ideal der Reinheit (Dickey 2000; U. Ray 2018). Was also geschieht mit sozial reproduktiven Normen der Essensversorgung, wenn Apps die Arbeit scheinbar demokratisieren? Was macht diese Form der Arbeit mit dem Spannungsverhältnis zwischen den Entscheidungen von Arbeiter*innen und Verbraucher*innen einerseits und den herrschenden Normen der Essensversorgung und des Verzehrs von Essen andererseits?

Die Forschung im Bereich der Plattformökonomie ist bereits häufig der Frage nachgegangen, inwiefern solche App-basierten Beschäftigungsverhältnisse Freiheiten bieten und sie zugleich einschränken. Zumeist wird dabei gezeigt, wie sich Plattformunternehmen als technische Vermittler positionieren oder Informations- und Machtasymmetrien ausnutzen (Rosenblat/Stark 2016), um die Kosten und Risiken der Arbeit auf die Beschäftigten abzuwälzen (Gillespie 2010; Srnicek 2018). Neben diesen wirtschaftlichen Kosten erzeugen Plattformen auch soziokulturelle Belastungen, sei es durch die Anforderung an die Beschäftigten, emotionale Arbeit zu leisten (Raval/Dourish 2016) und stets auf ihr Auftreten zu achten, um gute Kundenbewertungen zu erzielen (Ravenelle 2016b), sei es durch diskriminierendes Verhalten von Airbnb-Gastgeber*innen (Ravenelle 2016a). In diesem Beitrag untersuche ich die soziokulturellen Probleme und Risiken, die für Beschäftigte *und* für Kund*innen entstehen, wenn Plattformen Normen der Essensversorgung und des Verzehrs von Essen infrage stellen. Dabei geht es um drei miteinander verbundene Aspekte: erstens um die Anforderungen an den Haushalt der Beschäftigten (erster Abschnitt), zweitens um die Essensversorgung durch Hausangestellte oder Lieferdienste sowie um die damit verbundenen gesellschaftlichen Bedeutungen und Ängste (die drei folgenden Abschnitte) und drittens darum, wie Plattformen trotz dieser bestehenden Ängste die Nutzung von Lieferdiensten für Haushalte attraktiv machen (letzter Abschnitt).

Die Befunde beruhen auf qualitativen ethnografischen Feldstudien, die ich von Januar bis Mai 2019 mit Fahrer*innen und anderen Beschäftigten von App-basierten Firmen sowie mit Lieferant*innen von Restaurants und Fastfood-Ketten in Mumbai durchgeführt habe. Diese Arbeit war Teil des Projekts „Mapping Digital Labour" am Centre for Internet and Society in Bangalore. Die Darstellung der Kundenperspektive beruht auf Zeitungsberichten und Gesprächen mit Arbeiter*innen.

Im ersten Abschnitt untersuche ich, wie die arbeitsteiligen Arrangements aussehen, mit denen männliche und weibliche Beschäftigte sich selbst mit Essen versorgen, um überhaupt die Stadt mit Essen versorgen zu können. Historisch war die Essensauslieferung in Mumbai von Männern dominiert, sei es durch *Dabbawallas* (die dem Kunden in dessen Haushalt zubereitetes Essen an den Arbeitsplatz bringen) oder durch Auslieferer von Restaurants, *Udupis* (vegetarische Restaurants im Besitz von südindischen Angehörigen höherer Kasten) und Fastfood-Ketten. Die Positionen der beteiligten Individuen sind dabei seit jeher auch von Kastennormen bestimmt: Alle Dabbawallas gehören der Varkari-Sekte an und konsumieren daher weder Alkohol noch Tabak (Quien 1997), die

Eigentümer und Manager von Udupi-Restaurants dagegen sind Brahmanen (Toft Madsen/Gardella 2012). App-basierte Essenslieferdienste haben diese Arbeit für Männer aller Kasten und Religionen sowie für Frauen geöffnet. Laut dem Bericht einer Personalagentur arbeiten in Indien rund eine Million Menschen im Liefergewerbe insgesamt, die Zahl der Frauen unter ihnen ist von 40.000 im Jahr 2016 auf 67.900 im Juni 2019 gestiegen, 60 Prozent von ihnen liefern Essen aus (Mishra/Anjam 2019). Ungeachtet dieser erfolgreichen Öffnung bleibt auch App-basierte Arbeit in Familien- und Verwandtschaftsnetzwerke eingebettet (Lalvani 2019). Es stellt sich in diesem Abschnitt also die Frage: Wie muss die Arbeit im Haushalt beschaffen sein, damit die Beschäftigten überhaupt ihrer Arbeit nachgehen können?

Im zweiten Abschnitt skizziere ich, was den Verzehr von Essen außerhalb des eigenen Haushalts (Restaurantbesuch; Zubereitung von Mahlzeiten durch Hausangestellte und Lieferung an den Arbeitsplatz; Lieferung von außer Haus gekochtem Essen) historisch ausgemacht hat, und was ihn heute ausmacht. Ich beschreibe außerdem die seit der Kolonialzeit mit fremdem Essen verbundenen Ängste und sozialen Bedeutungen (Statussteigerung; Nutzaspekt; Ausgrenzung und Kampagnen für Gleichheit). Der dritte Abschnitt befasst sich damit, wie tradierte Herr-Diener-Beziehungen und die Kontrolle über die Einstellung des Personals das Unbehagen der Arbeitgeber*innen, dass nicht zur Familie gehörige Personen Essen im Haushalt zubereiteten, abfedern konnten.

Im vierten Abschnitt werden App-basierte Essenslieferdienste mithilfe der Wortschöpfung *Arbeitgeberhaushalte* im historischen Kontext dieser Angst ums fremde Essen verortet. Die Online-Bestellung von Essen eröffnet eine breite Auswahl an Möglichkeiten, doch die Tatsache, dass nicht der Kunde, sondern ein Algorithmus entscheidet, wer das Essen ausliefert, erzeugt auch Spannungen. Berichte über Kund*innen, die eine Präferenz für hinduistische Kurier*innen bekundeten oder Lieferungen von muslimischen Beschäftigten ablehnten (ANI 2019; Kuchay 2019), deuten auf eine komplexe Realität hin, in der Kund*innen die algorithmisch auf Arbeiter*innen verteilten Dienstleistungen nicht immer ohne Weiteres akzeptieren. Wie reagieren Unternehmen auf solche diskriminierenden Kundenpräferenzen? Wie machen sie ihr Angebot Konsument*innen schmackhaft, die bestimmte Vorstellungen von Reinheit und Verunreinigung haben?

Der fünfte Abschnitt untersucht die moralische Positionierung von Unternehmen als Akteure, die gegen borniete Normen der Essenszubereitung und des Verzehrs einen gesellschaftlichen Wandel durchsetzen. Der Anspruch von Plattformunternehmen, neutral hinsichtlich Ethnie, Klasse und Geschlecht zu sein, ist in der Forschung bereits kritisch analysiert worden (van Doorn 2017), ebenso wie ihre feministische Rhetorik (Shade 2018). Ich gehe noch einen Schritt weiter und frage, was diese Unternehmen, gewollt oder nicht, durch die Einstellung von Frauen gewinnen. Und wie sehen die Arbeitsbedingungen und Erfahrungen von Frauen in dieser männlich dominierten Branche aus?

Haushaltsbeziehungen männlicher und weiblicher Beschäftigter von Essenslieferdiensten

Jim Stanford deutet technologische Entwicklungen allgemein als Reaktionen auf gesellschaftliche, politische und ökonomische Kräfte und betont, dass auch Gigwork nicht einfach das Ergebnis technischer Innovationen ist, sondern eine Umgestaltung älterer Produktionspraktiken (Stanford 2017). Zudem vertreten Elaine Swan und Maud Perrier die Auffassung, dass gerade die Arbeit in der Essensbranche von Geschlecht, Klasse und *race* bestimmt sei, schließlich zeige sich in sämtlichen Unterbereichen eine Überrepräsentation von Frauen und *People of Color*. In den Debatten über die Zukunft der Arbeit ist dieser Umstand jedoch vernachlässigt worden (Perrier/Swan 2019). Um technologische Innovationen in eine längere Geschichte von Arbeitsverhältnissen einzuordnen, die auf Geschlecht, Klasse und Kaste beruhen, und um das „Neue" an App-basierten Diensten zu verstehen, vergleiche ich diese mit herkömmlichen Essenslieferdiensten. Dabei zeigt sich, dass diese neue Form der Organisation von Arbeit nicht nur finanzielle Ausgaben für Motor- und Fahrräder, Uniformen, Versicherungen und Sprit auf Seiten der Beschäftigten erfordert, sondern auch eine bestimmte Gestaltung der sozialen Reproduktion im Haushalt voraussetzt. Auch wenn diese Voraussetzungen nicht als notwendige Qualifikationen bei der Ausschreibung auftauchen, haben sie einen Einfluss auf Arbeit und Leben der Beschäftigten und auf die Durchführbarkeit dieser Art von Broterwerb.

Über die Arbeit im indischen Gastronomie- und Gastgewerbe liegen kaum Studien vor. Eine wichtige Ausnahme bildet eine Untersuchung von 2006, die auf 60 ausführlichen Interviews mit Hotelbeschäftigten in Bombay und Bangalore beruht, die zwischen 1935 und 2005 als Wanderarbeiter ihre Heimatorte verlassen hatten. Die Verfasser stellten fest, dass „Hotelboys" durch Kastenbeziehungen und ländliche Netzwerke angeheuert wurden und mitunter noch als Minderjährige ihr Zuhause verließen (Iversen/Raghavendra 2006). Laut einer früheren Studie von 1990 über Straßenkinder, Hotelboys und Obdachlose in Mumbai, die auf dem Bürgersteig schlafen, erhielten Hotelboys häufig anstelle des Mindestlohns Verpflegung und Unterkunft, worüber die Arbeitgeber*innen eine enorme Kontrolle über sie ausüben konnten (Patel 1990). In den beengten

Unterbringungen sahen sich die Jüngeren zudem oftmals sexuellen Übergriffen älterer Arbeiter ausgesetzt (Limaye 1940; Patel 1990).

Bei unserer Feldforschung mit Kurier*innen offiziell registrierter Udupis und anderer Restaurants in Mumbai trafen wir auf keine Minderjährigen, stellten aber fest, dass die Einstellung bis heute auch über ländliche Netzwerke stattfindet. Zudem ist der Arbeitstag der Kurier*innen auf die gesamte Öffnungszeit des Restaurants ausgedehnt und damit in der Regel 9 bis 14 Stunden lang. Bezahlt werden sie auf Kommissionsbasis nach der Zahl der Bestellungen. Da App-basierte Lieferdienste sehr beliebt sind und mit Sonderangeboten werben, ist die Zahl der täglichen Bestellungen bei Udupis von 30-35 auf 14-15 gefallen und das Einkommen der Boten um 3.000 bis 4.000 Rupien.[1] Außer den Vorgesetzten wohnen alle Beschäftigten von Udupis und anderen Restaurants gewöhnlich in Personalunterkünften, die sich zumeist in der Nähe des Lokals befinden. In solchen Heimen, die nach Funktionen organisiert sind (Kellner, Lieferbote, Küchenpersonal), leben ausschließlich alleinstehende männliche Arbeitsmigranten. Sieben bis acht von ihnen teilen sich ein Zimmer, Strom und Miete zahlt der *Seth* (Arbeitgeber).

Die Situation im klassischen Liefergewerbe ohne Apps ist allerdings keine einheitliche, denn bei Fastfood-Ketten wie McDonald's oder Domino's Pizza bekommen die Beschäftigten weder Essen noch Unterkunft. Als Voll- oder Teilzeitkräfte erhalten sie stattdessen entweder ein Monatsgehalt oder werden nach Bestellungen bezahlt. Die Unternehmen stellen ihnen ein Motorrad, Sprit sowie einen Vorsorgefonds. Kurier*innen mit festem Monatsgehalt werden angesichts nachlassender Bestellungen zusätzliche Aufgaben im Restaurant übertragen. Bei Bezahlung nach Bestellungen wurde für letztere eine tägliche Obergrenze eingeführt, da die Kurier*innen mitunter mehr verdienten als die Manager*innen.[2]

Im Unterschied zu traditionellen Lieferdiensten werben App-basierte Unternehmen damit, dass der Jobeinstieg leicht sei und man gutes Geld verdienen könne, ohne unter dem Druck eines Chefs zu stehen. Kurier*innen brauchen ein eigenes Fahrzeug und müssen festlegen, wie viele Stunden sie arbeiten wollen – dann heißt es nur noch „einloggen, abholen, ausliefern, Geld verdienen", wie etwa die Webseite von *UberEats* erklärt.[3]

---

1   Udupi-Kuriere I, 19. März 2019.

2   Domino's-Kurier A, 27. März 2019.

3   „Deliver With Uber | Uber Eats Delivery Driver | Uber", https://www.uber.com/in/en/deliver/[11. Dezember 2020].

Obwohl diese Unternehmen die Arbeit als leicht verfügbar anpreisen und Wanderarbeitern bei der Anwerbung „Sicherheit" versprechen, hatten mehrere Männer, die als Auslieferer für Restaurants arbeiteten, Schwierigkeiten, offizielle Papiere mit einer städtischen Meldeadresse zu bekommen, die für die Registrierung bei App-basierten Plattformen nötig ist. Zwar kann man die Adresse auf den Dokumenten auch ändern, doch mehrere alleinstehende Wanderarbeiter ziehen die relative Stabilität vor, die ihnen traditionelle Lieferdienste bieten – ein monatliches Einkommen sowie Unterstützung durch den Arbeitgeber bei Unterkunft, Essen und Benzin.[4] Oft halten sie sich auch nicht für hinreichend lesekundig und weltgewandt, um mit Apps zu arbeiten, eine Tätigkeit, für die sie technische Kenntnisse und die Fähigkeit, Adressen auf Englisch zu lesen, als notwendig ansehen.[5]

Ein Udupi-Bote erklärte, wie wichtig ein eigenes Zuhause sei, um von der Arbeit leben zu können. Damit meinte er nicht Wohneigentum, sondern einen Haushalt, in dem man aufgrund der Arbeitsteilung bekocht wird und so Geld sparen kann:

> Zunächst mal braucht man ein Zuhause … wenn man acht Stunden Rad gefahren ist und sich dann noch selbst etwas kochen soll, ist das ein Problem … Beschließt man deshalb, in einem Hotel essen zu gehen, zahlt man für ein Reisgericht, ja eigentlich für alles, über 200 Rupien. Wenn man das dreimal am Tag macht, auf wie viel beläuft sich das? Die Frage ist ja, wie sinnvoll es ist, für 600 Rupien am Tag außer Haus zu essen, wenn man als Kurier bei Swiggy für zwölf Stunden nur 720 Rupien verdient … Die Arbeit kann man nur machen, wenn man selbst in der Gegend wohnt.[6]

Wie bei traditionellen Lieferdiensten benötigen auch die Beschäftigten bei digitalen Essenslieferdiensten bestimmte Arrangements der sozialen Reproduktion, bei denen sie bekocht werden. Die erwähnten Schwierigkeiten und die daraus folgenden Bedenken, für App-basierte Firmen zu arbeiten, zeigen, wie diese Arrangements als implizite Voraussetzungen für die Ausübung solcher Jobs funktionieren. Solche nicht-ökonomischen Voraussetzungen sind für alleinstehende männliche Wanderarbeiter keine unüberwindlichen Hürden, beeinflussen aber die Tragfähigkeit dieser Jobs. Dennoch war es während des Forschungszeitraums nicht unüblich, dass Ausfahrer zu digitalen Plattformen wechselten[7] oder dies

---

4   Swiggy-Kurierin AS, 23. März 2019.
5   Udupi-Kuriere B, 19. März 2019.
6   Carters Blue J, 11. April 2019.
7   Zomato AY, 4. September 2019.

zumindest wollten.[8] Ein Teamchef bei der Plattform *Zomato* erhielt wegen freier Stellen 25 Anrufe am Tag.[9] Die Plattform *Swiggy* warb während eines Streiks 2018 an einem einzigen Tag 387 Ausfahrer*innen an, obwohl die Bewerber*innen aufgrund des Streiks gewusst haben dürften, dass Unmut über das Unternehmen besteht.[10]

Digitale Plattformen öffnen das bislang männlich dominierte Liefergewerbe zwar für Frauen, doch wie sollen weibliche Beschäftigte die Voraussetzung für solche Jobs erfüllen – nämlich im eigenen Haushalt bekocht zu werden –, wenn sie genau für diese Aufgabe selbst zuständig sind? Von allen Kurierinnen wurde erwartet, solche sozialen Reproduktionsarbeiten selbst zu leisten, anstatt sie in Anspruch zu nehmen, als Mutter, Tochter oder Ehefrau. Verheiratete Frauen klagten, ihre ledigen Kolleginnen hätten es viel einfacher, da sie noch im elterlichen Haushalt lebten und ihre häuslichen Pflichten daher mit ihren Müttern teilen könnten. Doch ob verheiratet oder ledig, Frauen müssen in ihren Familien Belastbarkeit zeigen, da sie Angst haben, dass man sie andernfalls zur Aufgabe ihres Jobs drängen könnte. Eine Befragte zeigte sich erleichtert darüber, dass bei einem Unfall nur ihr Knie, nicht aber ihr Motorroller Schaden genommen hatte. Sie bat andere, ihrem Mann nichts davon zu erzählen, weil sie befürchtete, er könne ihr sonst die Arbeit verbieten.[11]

Die Beteiligung von Frauen an dieser Form der Erwerbsarbeit scheint schwer vereinbar mit dem vorherrschenden Ideal der harmonischen Familie, deren Oberhaupt der männliche Ernährer ist. So hatten sich die interviewten Frauen auch nur deshalb bei den entsprechenden Plattformen registriert, weil ihre Männer seit langem arbeitslos waren, nicht mehr lebten oder – in einem Fall – selbst dort arbeiteten. Eine Befragte erklärte, wenn sie nicht Witwe wäre, könne sie den Job vielleicht gar nicht machen:

> Sehen Sie, ich habe keinen Mann, ich bin die Eigentümerin, ich manage alles, ich entscheide alles; Frauen wie ich können sich den Umständen anpassen. Aber wer in einer Familie lebt, der steht vor einem Problem. In Familien besteht die Sorge um Ansehen, um Abstammungslinien und solche Dinge. Hätte ich heute eine Familie, vielleicht wäre mein Mann dann nicht einverstanden, nicht wahr? Er wäre es nicht. „Du arbeitest in der Essensauslieferung? Du bleibst zu Hause, ich werde selbst was tun."[12]

---

8   KFC B, 13. März 2019.
9   Zomato I TL, 3. Juni 2019.
10 Swiggy-Manager, 14. März 2019.
11 Swiggy-Kurierin A.
12 Swiggy-Kurierin S, Interview.

Für die Beschäftigten stellt sich bei der Aufnahme einer App-basierten Arbeit also die Frage der Planung und Zubereitung der nächsten Mahlzeit, den Kund*innen bietet diese Arbeitsform dagegen den Komfort, ihr Essen direkt an die Tür geliefert zu bekommen. Gleichzeitig haben historisch tradierte Normen der Essenszubereitung und des Verzehrs zur Folge, dass Mahlzeiten, die nicht von Familienangehörigen zubereitet wurden, auch Unbehagen auslösen können. Im folgenden Abschnitt werden deshalb die Entwicklung und die verschiedenen Bedeutungen fremden Essens untersucht.

Die Entwicklung von Essen außer Haus: Statussteigerung und -bedrohung, Ausgrenzung und Nutzaspekt

Wie die Soziologin Priscilla Parkhurst Ferguson festgestellt hat, ist die jeweilige Definition und die gesellschaftliche Bedeutung des 'Essens außer Haus' an einen entsprechenden räumlichen und zeitlichen Kontext gebunden (Parkhurst Ferguson 2014). Auch in Indien hat sich diese Bedeutung historisch stark verändert. Heute umfasst diese Kategorie das Essen in der Öffentlichkeit, von bezahlten Angestellten im eigenen Haushalt zubereitete Mahlzeiten sowie Essenslieferdienste.

Historisch war das Essen in der Öffentlichkeit im städtischen Indien vor allem mit Pilgerfahrten (Conlon 1995) und religiösen Massenveranstaltungen verbunden (Toft Madsen/Gardella 2012). Mit dem Kolonialismus gewann es jedoch aufgrund von Urbanisierung, Land-Stadt-Migration und der oftmals wachsenden Entfernung zwischen Wohnort und Arbeitsplatz an Bedeutung (Conlon 1995). Weil es dabei die mit tradierten Essenspraktiken einhergehenden Kastenregeln untergrub, konnte es Unbehagen auslösen. Städtische Udupis im Besitz von Brahmanen, Bant, Pujarys oder Angehörigen anderer höherer Kasten verboten Dalits den Eintritt oder ließen sie nur von besonderen Tellern essen, die sie selbst abwaschen mussten. Auch getrennte Bereiche für Brahmanen und Muslime waren verbreitet. Iranische Cafés in Mumbai hatten zudem häufig besondere Räume für Familien mit weiblichen Angehörigen. Mit ihren Wänden aus Glas und Holz trennten sie das ehrwürdige Essen im Kreis der Familie von dem der Massen ab (Thakkar 2018).

Da das Essen außer Haus somit auch Ausschlüsse produzierte, wurde es zu einer wichtigen Zielscheibe für Kampagnen gegen die Diskriminierung von „Unberührbaren". Gesetzesreformen, politischer Aktivismus und Kommerzialisierung erzeugten irgendwann genügend gesellschaftlichen Druck, um diese ausschließenden Regeln im Bereich des Essens zu verschieben. Die Anthropologen Stig Toft Madsen und Geoffrey Gardella haben gezeigt, wie Udupi-Restaurants in Mumbai und Bangalore Kund*innen nicht länger aufgrund ihrer Kaste oder Religion abweisen konnten. Gleichzeitig jedoch machten sich Brahmanen, Bant und Pujarys ihre Position ritueller Reinheit zunutze, um als kapitalistische Unternehmer in der Gastronomie zu reüssieren, und spendeten einen Teil ihrer Gewinne an Tempel (Toft Madsen/Gardella 2012). Die Kastenzugehörigkeit beeinflusste in orthodoxen Restaurants zudem die Aufstiegschancen: Höherkastige Arbeiter*innen konnten es bis zum Koch schaffen, niederkastigen blieben nur gering bewertete Tätigkeiten wie das Putzen (Iversen/Raghavendra 2006).

Mit der zunehmenden Verbreitung des Essens in öffentlichen und sozial durchmischten Räumen änderte sich auch seine gesellschaftliche Bedeutung. Es geht heute nicht mehr bloß um einen praktischen Nutzen, sondern auch um die Behauptung von Identitäten (Nandy 2004), um konsumbasierten Statusgewinn für die Mittelklasse (Conlon 1995) sowie für diejenigen, die in sie aufsteigen wollen. Nach der wirtschaftlichen Liberalisierung der 1990er Jahre erlaubte das Essen außer Haus oder zum Mitnehmen, wie es neu entstandene Restaurants anboten, jüngeren Menschen in nicht-städtischen, armen Gemeinden, neue Gerichte kennenzulernen, von denen ihre Eltern noch nie etwas gehört hatten. Aber auch manche Haushalte kauften zur Ergänzung selbstgekochter Mahlzeiten mehrmals pro Woche beispielsweise Sambhar (Linsencurry) in Tüten (Staples 2014).

Solche statussteigernden Praktiken des Essens außer Haus koexistieren meiner Auffassung nach mit seinem rein pragmatischen Nutzen sowie mit Ängsten, gegen essensbezogene Normen zu verstoßen. Seit der Kolonialzeit haben Dabbawallas den Bessergestellten in deren eigenem Haushalt zubereitete Mahlzeiten an den Arbeitsplatz geliefert, da so affektive Bindungen und die Gewohnheit, hausgemachte Speisen zu verzehren, gewahrt wurden (Percot 2005). Solche Lunch-Pakete oder *Tiffin* werden häufig am Fahrstuhl oder vor der Tür abgelegt, aber dem Kunden selten direkt übergeben (ebd.). Heute ermöglicht der Verzehr von Essen, das Frauen in *Bishis* oder *Khanvals* (öffentliche Wohnheime) zubereiten, alleinstehenden männlichen Wanderarbeitern in der Textilindustrie von Dharavi, Geld nach Hause zu schicken (Lalvani, im Erscheinen). Diese von Frauen betriebenen Einrichtungen versorgten bereits die Arbeiter der Baumwollspinnereien im kolonialen Bombay mit Essen (Abbott 1993; Roncaglia 2013).

Außer Haus zu essen, heißt aber nicht nur, außerhalb eines bestimmten physischen Raums zu essen, sondern auch außerhalb der vorgeschriebenen häuslichen Arbeitsteilung. Der nächste Abschnitt beschreibt, wie tradierte Herr-Diener-Beziehungen die potenzielle Bedrohung durch Köche, Bedienstete und andere Hausangestellte entschärfen.

Fremde, die im eigenen Haushalt kochen: Eindämmung von Gefahren durch Herr-Diener-Beziehungen

Neben Essenslieferdiensten besteht bis heute das ältere Modell fort, Köche oder andere Arbeitskräfte im eigenen Haushalt für die Zubereitung von Mahlzeiten einzustellen. Dieses Modell löst seit jeher zweierlei Ängste aus: Es gefährdet einerseits die Kastenreinheit, andererseits die Ausübung der häuslichen Pflichten durch Frauen.

Um die Kastenreinheit zu wahren, haben Haushalte eine bestimmte Arbeitsteilung unter ihren Bediensteten eingeführt. Zum Kochen wurden nur Angehörige höherer Kasten eingestellt. Chefkochs waren angesehene *Naukars* (Bedienstete), die gegenüber *Chakars* oder Hilfsarbeitern im Haushalt als höherrangig galten (Sinha/Varma 2019b). Bis zum 20. Jahrhundert handelte es sich bei Hausköchen um hochkastige Brahmanen, mitunter erhielten sie auch Ehrennamen wie *Maharaj-ji*, *Thakur* oder *Khansamans* (eine Bezeichnung für Butler und Hauswirtschafter). Um für Familien aus hohen Kasten einstellungsfähig zu sein, vermieden es manche dieser Köche auch, für europäische Haushalte zu arbeiten. Einige Hausangestellte versuchten sogar, sich durch das Tragen des *Janeu*[13] als Angehörige höherer Kasten auszugeben (Sinha u.a. 2019a).

Der Einsatz von fremden Arbeitskräften in der Küche gefährdete die Kasten- und Geschlechterordnung im Haushalt, denn durch diese Auslagerung von Arbeit hatten Frauen mehr freie Zeit. So wurde die Sorge bekundet, eine „durch Angestellte verwöhnte moderne Frau" werde außerstande sein, ihre Pflichten als Ehefrau und Mutter zu erfüllen (Sarkar 2019).

Im zeitgenössischen städtischen Indien gilt die Beschäftigung von Bediensteten oder, wie es heute heißt, Hausangestellten als Merkmal der Zugehörigkeit zur Mittelschicht. Doch dass solche Angestellten im eigenen Haushalt ein und aus gehen, nimmt man noch immer als materielle und symbolische Bedrohung wahr. Wie die Anthropologin Sarah Dickey festgestellt hat, fürchten Mittelschichtsfamilien in Madurai, dass Hausangestellte Schmutz ins Haus bringen – seien es Infektionen oder Verhaltensweisen, die auf jüngere Familienangehörige einen schlechten Einfluss haben könnten. Zugleich gibt es die Angst, Angestellte könnten nach draußen mitnehmen, was eigentlich im Haushalt bleiben sollte – sei es durch Klatsch oder durch Diebstahl. Deshalb überwachen die Arbeitgeber das Verhalten und die Bewegungen ihrer Beschäftigten besonders in der Küche und in

---

13 Dieses Band gilt als heilig und ist daher wiedergeborenen oder höherkastigen Männern vorbehalten, die es während einer Zeremonie erhalten – ein Initiationsritus, der eine spirituelle Wiedergeburt ausdrücken soll.

Räumen, in denen Haushaltsangehörige beten und Essen lagern oder zubereiten. In orthodoxen Haushalten bleibt der Zugang zur Küche Angehörigen höherer Kasten vorbehalten, manche Arbeitgeber schließen auch die Tür zur Küche, wenn Bedienstete, die keine Brahmanen sind, den Flur entlang laufen. Als Orte der Reinheit liegen Küchen gewöhnlich am weitesten vom Hauseingang entfernt (Dickey 2012).

Auch die Auswahl von Hausangestellten nach ihrer Kastenzugehörigkeit gehört nicht der Vergangenheit an, denn die Sorge um die eigene Reinheit besteht in Arbeitgeberhaushalten bis heute (Joshi 2017). Arbeitskräften aus bestimmten Kasten werden bestimmte Fähigkeiten wie Putzen oder Bügeln zugeschrieben (Frøystad 2003). Selbst das von hochkastigen Dienstkräften gewaschene Geschirr waschen Arbeitgeber nochmals (R. Ray/Qayum 2009) und schneiden zur Minimierung von direktem Kontakt sogar an ihrer Stelle Gemüse (Dickey 2012). Brahmanische Köche spülen ihrerseits gewöhnlich nichts ab, da sie Angst vor Verunreinigung durch *jhuta* (beschmutzte) Teller und Küchenutensilien haben (R. Ray/Qayum 2009). Häufig stützen sich Arbeitgeber auch auf regionale Stereotype, nach denen bestimmte Arbeitskräfte eine Veranlagung für das Erlernen neuer Fähigkeiten haben (Neetha 2004). Gleichzeitig greifen sie auf „Allround-Bedienstete" zurück, die unabhängig von der Kaste eine ganze Reihe von Aufgaben wie Fegen, Wischen und Kochen übernehmen. Einige solcher Bediensteten, die in fremden Haushalten arbeiten, erhalten aufgrund ihrer Verbindung mit regionalen und religiösen sozialen Netzwerken eine Ausbildung und eignen sich Fähigkeiten an (Grover 2018).

Ambivalenz plattformvermittelter Entscheidungen für Arbeitgeberhaushalte

Historisch konnten Arbeitgeberhaushalte also die Gefahr, die von der Essenszubereitung durch Fremde ausgeht, durch Herr-Diener-Beziehungen bannen, die ihnen sowohl die Kontrolle über die Einstellung der Bediensteten wie auch über die tägliche Arbeit gibt. Der Begriff *Arbeitgeberhaushalt* beleuchtet den Einfluss des Haushalts auf die individuelle Wahl und die Art und Weise, in der Arbeitsbeziehungen zur Reproduktion der Familie und des Individuums genutzt wurden.[14] Ich verwende ihn anstelle von Nutzer oder Verbraucher, um eine Ge-

---

14   Seit der wirtschaftlichen Liberalisierung der 1990er Jahre definiert sich eine aufsteigende, urbane Mittelschicht kulturell durch 'moderne' Praktiken (Fernandes 2006), die sie von der reichen Elite und den Armen unterscheidet (Dickey 2012). Sie erlauben es jungen Familienmitgliedern scheinbar, sich von Traditionen zu lösen

meinsamkeit der Interessen zwischen den Haushaltsmitgliedern aufzuzeigen und zu verdeutlichen, dass das Essen außer Haus als Essen definiert wird, das außerhalb der Normen des Arbeitgeberhaushalts gekocht, gegessen und serviert wird – und nicht nur außerhalb des physischen Raums des Haushalts. App-basierte Essenslieferdienste dagegen bieten dem Kunden zwar eine breite Auswahl an Gerichten, nicht aber an Arbeitskräften – wer das Essen aber bringt, das entscheidet ein Algorithmus. Der Begriff Arbeitgeberhaushalt macht also auch deutlich, dass Kunden sich ihre Arbeiter*innen nicht mehr aussuchen können. Dieser Kontrollverlust bildet den Kontext, in den ich im Folgenden Berichte über diskriminierendes Verhalten von Kunden einbette.

2019 beschwerte sich ein Kunde aus Madhya Pradesh per Twitter bei Zomato darüber, dass das Unternehmen seine Bitte abgewiesen hatte, anstelle des ihm zugewiesenen muslimischen Kuriers einen Hindu zu schicken. Später erklärte er, dass er Lieferungen durch Muslime gewöhnlich akzeptiere, im Monat Shravan (den Hindus als heilig betrachten) dazu aber nicht bereit gewesen sei (Kuchay 2019). Zomato twitterte als Antwort darauf: „Essen hat keine Religion – es ist eine", und stellte sich hinter seinen Kurier. Das Konkurrenzunternehmen Uber-Eats unterstützte dies, während die Kund*innen gespalten waren – die einen lobten die Haltung des Unternehmens, die anderen warfen ihm Diskriminierung vor und riefen zu seinem Boykott auf (Team 2019). Einige Monate später wurde ein weiterer Fall bekannt, bei dem ein Kunde die Essenslieferung durch einen Muslim nicht entgegennehmen wollte (ANI 2019).

Wenige Tage nach dem ersten Vorfall kam es in Kolkata zu einem Protest von hinduistischen Beschäftigten, die sich weigerten, Gerichte mit Rindfleisch auszuliefern, da die Kuh im Hinduismus als heilig gilt. Ihnen schlossen sich muslimische Kolleg*innen an, die kein Schweinefleisch ausliefern wollten (das im Islam als unsauber gilt). Das Unternehmen erklärte daraufhin, „die Angelegenheit zu untersuchen", räumte aber zugleich ein, es könne „unmöglich sicherstellen, dass bei der Lieferlogistik vegetarische und nicht-vegetarische Präferenzen berücksichtigt werden". Später wurde bekannt, dass sich der Protest in Kolkata ursprünglich gegen die Lohnkürzung von 60 auf 25 Rupien pro Lieferung richtete, aufgrund des Einflusses eines führenden lokalen Politikers der BJP (Bharatiya Janta Party)

---

und sich einer neuen, globalen Welt hinzuwenden. Gleichzeitig ermöglichen sie aber Kontinuität durch generationsübergreifende Bindungen und Traditionen (Donner 2016) – eine Bürde, die oft Frauen zufällt (Radhakrishnan 2009). Der Umgang mit neuen Technologien, etwa durch eine von der Familie gebilligte Arbeit bei einem multinationalen IT-Unternehmen (Baas 2009; Radhakrishnan 2009), gilt dabei als Ausdruck von Modernität und geistiger Offenheit.

dann aber eine andere Wendung nahm (Dasgupta u.a. 2019). Doch ob es nun um Löhne oder religiöse Gefühle ging, die Proteste machen die große Bedeutung religiöser Speisenormen für Kund*innen wie Fahrer*innen deutlich. Dessen ungeachtet erklärten die meisten Arbeiter*innen, mit denen ich Kontakt hatte, dass sie es sich nicht leisten könnten, Arbeit abzulehnen, um solchen Normen Respekt zu zollen. Eine Frau aus Mumbai, die der Religionsgruppe der Jains angehört, schilderte zum Beispiel, wie sie ihre Familie dazu bewegen konnte, sie weiter arbeiten zu lassen, obwohl sie auch nicht-vegetarische Mahlzeiten auslieferte (Jains sollen sich vegetarisch ernähren und dabei Wurzelgemüse wie Zwiebeln und Knoblauch vermeiden). Um ihrer Familie zu versichern, dass sie nicht direkt mit dem Essen in Berührung kommt, schickte sie ihnen Fotos der versiegelten Verpackungen.

Festhalten lässt sich, dass die Kund*innen digitaler Plattformen die Arbeiter*innen nicht direkt beschäftigen, aber häufig 'Präferenzen' bekunden, die an die auf Kaste, Herkunftsregion und Religion beruhenden Einstellungspraktiken von Arbeitgeberhaushalten sowie die dortigen Herr-Diener-Beziehungen erinnern. Die Kund*innen sind weiterhin von jeder Verantwortung für die Arbeiter*innen befreit, können sie aber durch ein Rating-System evaluieren (van Doorn 2017). Angesichts des Verlusts der Kontrolle über die Auswahl der Beschäftigten stellt sich die Frage, ob Arbeitgeberhaushalte überhaupt Gefallen an einem Essen finden können, das Unbekannte außer Haus ihnen zubereitet und geliefert haben.

Plattformen schmackhaft machen: Sozialer Wandel durch neue Arbeit für Frauen

Essenslieferdienste öffnen ein männlich dominiertes Arbeitsfeld für Frauen, erklären das Essen selbst zu einer Religion und stellen sich damit als indifferent gegenüber religiösen und engstirnigen Normen dar. In ihrer Untersuchung des Werbematerials von Uber und Task Rabbit argumentiert Leslie Regan Shade, dass solche Plattformen ein *empowerment* von Kundinnen und Arbeiterinnen durch den flexiblen Charakter ihrer Dienstleistung versprechen, zugleich aber, indem sie sich des individualisierenden Diskurses des neoliberalen Feminismus bedienen, Kategorien von *race* und Klasse unsichtbar machen (Shade 2018). Hinter dieser 'farbenblinden' Frischzellenkur verbirgt sich das Modell eines je nach Bedarf flexiblen Rückgriffs auf Arbeitskräfte, das die Eigentümer*innen der Plattformen und ihre Kund*innen von jeder Verantwortung als Arbeitgeber*innen befreit. Gleichzeitig üben die Unternehmen durch Überwachungs-, Anreiz- und Kundenbewertungssysteme eine engmaschige Kontrolle über die Arbeiter*innen aus. Dieses Modell produziert eine „vergeschlechtlichte und rassifizierte Unterordnung von Niedriglohnarbeiter*innen" und beruht auf der Existenz einer Reservearmee von Arbeitskräften (van Doorn 2017).

Plattformen für Essensauslieferung in Indien erscheinen als Akteure gesellschaftlicher Veränderung, indem sie Frauen integrieren und, wie im geschilderten Fall von Zomato auf Twitter, für säkulare Positionen eintreten. Diese Integration von Frauen kommt meiner Auffassung nach aber nicht nur potenziell der wirtschaftlichen Position von Unternehmen zugute, indem das Arbeitskräfteangebot vergrößert wird. Die Unternehmen stärken dadurch auch ihre moralische Position und steigern das Vertrauen in ihre Dienstleistungen. Ein führender Manager in der Uber-Zentrale in Mumbai erklärte, sein Unternehmen sei sehr daran interessiert, Frauen einzustellen und dadurch gesellschaftlich zu stärken, erkannte aber auch die Schwierigkeiten dabei an: „Frauen möchten vielleicht arbeiten, aber ihr Haushalt, ihre Verwandten lehnen das unter bestimmten Umständen oder in bestimmten Lebenslagen ab. Die Frauen haben dann das Gefühl: 'Ich kann fahren, ich kann arbeiten und etwas verdienen, aber unsere Community lässt das nicht zu.'"[15]

Ob beabsichtigt oder nicht, die sichtbare Präsenz von Frauen in entsprechenden Uniformen ermöglicht es den Unternehmen, mit Vorstellungen von Sicherheit und Respektabilität assoziiert zu werden. Eine Kurierin bemerkte, die Mitarbeit von Frauen sei für das Unternehmen zu einem Symbol für Fortschritt geworden.[16] Eine andere machte eine ähnliche Beobachtung: Allein dass sie dieser Arbeit nachgehe, gebe Kund*innen ein gutes Gefühl hinsichtlich des gesellschaftlichen Status von Frauen.[17] Eine weitere Kurierin erklärte, Kund*innen vertrauten Frauen eher und bäten sie, hineinzukommen – ein Privileg, das es im Liefergewerbe noch nie gab:

> Sie [die Kund*innen] vertrauen den Damen und machen sich in ihrer Gegenwart keine Sorgen. Denn heute ist es schwierig, in ein Haus zu kommen. Es kann sein, dass es einem gelingt, dass man jemanden dazu bewegen kann, die Tür aufzumachen, aber es gehört schon ein gewisses Vertrauen dazu, jemanden hineinzubitten – das macht heute fast niemand, auch nicht bei jemandem, der für einen Lieferdienst arbeitet.[18]

Die Präsenz von Frauen scheint die Position von Unternehmen und ihren Dienstleistungen somit aufzuwerten. Doch die Frage bleibt, ob sie die aufgrund tradier-

---

15 UberEats-Manager.
16 Swiggy-Kurierin AS.
17 Swiggy-Kurierin S.
18 Swiggy-Kurierin S.

ter Normen heikle Arbeit der Essensauslieferung auch für Arbeitgeberhaushalte vertrauter oder gar schmackhaft macht. Solche Haushalte haben Erfahrungen mit weiblichen Hausangestellten gesammelt. Dadurch scheinen sie gelernt zu haben, wie man statusgefährdende Interaktionen mit Frauen aus der Arbeiterklasse gestaltet.

Für die Fahrerinnen stärkt die Arbeit außerhalb des eigenen Haushalts das eigene Selbstvertrauen, denn nun stehen ihnen vormals verschlossene Räume und neue Tätigkeiten offen.[19] Swiggy feierte den Frauentag, indem es seine Fahrerinnen in die Zentrale einlud, wo sie ein Geschenk, eine Grußkarte und ein Stück Kuchen bekamen.[20] Für Frauen macht das Unternehmen auch Ausnahmen und lockert die Regeln – nur sie bekommen einen Helm gestellt.[21] Und während Männer aufgefordert sind, Schuhe zu tragen und zerrissene Jeans zu vermeiden,[22] gibt es für Frauen keine Kleidungsvorschriften. Der Manager gab seine private Telefonnummer ausschließlich seinen Mitarbeiterinnen und führte mit ihnen samstags Sondertreffen durch.[23]

Doch wie haben sich diese Entlastungen auf die Arbeitsbedingungen und Erfahrungen der Frauen in einem männlich dominierten Gewerbe ausgewirkt? Ungeachtet aller Intentionen wird ihre Präsenz nach wie vor als eine Anomalie betrachtet, was häufig nachteilige Folgen wie niedrigere Löhne oder Einschränkungen bei Abend- und Nachtschichten hat. Laut dem Bericht einer Personalfirma wächst zwar der Anteil von Frauen in der Branche, aber sie verdienen 8 bis 10 Prozent weniger als Männer (Kar 2019).

In unserer Feldstudie haben wir festgestellt, dass Frauen schlechter bezahlt werden und nach 18 Uhr nicht mehr arbeiten können. Der örtliche Bereich, in dem sie ausliefern, ist genauso groß wie bei Fahrradkurieren, obwohl sie Motorroller benutzen – der Radius ihrer motorisierten männlichen Kollegen fällt also viel größer aus. Aufgrund dieser kürzeren Strecken bekommen sie weniger Geld als Männer. Zudem schaltet sich die Swiggy-App nach 18 Uhr für Fahrerinnen aus, weil die Kund*innen abends rauer seien und es mehr „Fake-Bestellungen" gebe.[24] Neben Bemühungen des Unternehmens um die Sicherheit seiner weiblichen Beschäftigten halten die Frauen selbst es für richtig, mit Fahrern freundlich

---

19 Swiggy-Kurierin, Interview.
20 Swiggy-Kurierin S.
21 Swiggy-Kurierin K, 19. Mai 2019.
22 Swiggy-Manager, Interview.
23 Swiggy-Manager, Interview.
24 Swiggy-Flottenmanager, Interview.

umzugehen, aber zugleich einen gewissen Abstand zu halten. Wie eine von ihnen erklärte:

> Ich bin nicht gerne zu eng mit den Jungs. Dadurch nehmen sie uns anders wahr. Einmal hat mir ein älterer Mann die Hand auf die Schulter gelegt, da meinte ich, eine andere Frau fände das vielleicht in Ordnung, aber er solle das nicht auf mich übertragen. Der gefällt vielleicht alles Mögliche, aber mir nicht. Meistens benutzen die Leute die respektvolle *Aap*-Anrede für mich. Respekt entsteht durch Verhalten.

Ihrem Eindruck nach gehen die Restaurants mit ihr vorsichtiger und respektvoller um und bitten sie zum Beispiel, drinnen zu warten – vielleicht weil sie der Ansicht sind, dass sie bei den anderen Arbeitern nicht sicher sei. Mitunter treten Fahrerinnen auch weniger feminin auf, um sich in verlassenen Gegenden sicherer zu fühlen, etwa indem sie ihre Arme bedecken und einen Helm tragen.[25] Außerdem wahren sie Abstand zu männlichen Arbeitern, um respektabel zu erscheinen.[26] Und schließlich haben sie keine Unterstützung durch *Bhais* (von *Bambaiyya*, Hindi für „Bruder"), die Neulingen beibringen, mit der App umzugehen, die Vielzahl von Regeln zu beachten und bei Regen zu fahren (Lalvani 2019).

Dass Verstöße gegen die Normen von Weiblichkeit schwerwiegend sein können, zeigt der Fall der Fahrerin Priyanka Mogre, die in ein heftiges Wortgefecht mit der Polizei geriet und mittlerweile seit über einem Jahr im Gefängnis sitzt. Keiner ihrer Freund*innen und Familienangehörigen war bereit, eine Kaution für sie zu hinterlegen, denn die Polizeivideos des Streits verbreiteten sich rasant in den sozialen Medien. Auch Zomato schaltete sich nicht ein. Die Anklagepunkte nach dem indischen Strafgesetzbuch lauteten: tätlicher Angriff oder kriminelle Gewalt, um einen Beamten von der Erfüllung seiner Pflicht abzuhalten, versuchter Raub, obszöne Handlungen oder Äußerungen in der Öffentlichkeit und vorsätzliche Beleidigung mit der Absicht, Unfrieden zu stiften (Brahme 2020).

Im August 2020 entschied Zomato, allen menstruierenden Beschäftigten zehn freie Tage im Jahr zu gewähren, solange sie diese Möglichkeit nicht missbrauchen. Das Unternehmen erklärte, die Maßnahme solle „Vertrauen, Wahrhaftigkeit und Akzeptanz" fördern, und rief in einer separaten „Mitteilung für Männer"

---

25 Swiggy-Kurierin A.

26 So waren wir bei unserer Feldforschung auf der Suche nach Kurierinnen – die auf den Straßen weniger sichtbar sind als Kuriere – auf männliche Arbeiter angewiesen, etwa auf Schuster, die stets die Straße im Blick haben. Sie hatten für bestimmte Kurierinnen Namen wie *woh moti wali'* („die Dicke"), aber nicht unbedingt Kontaktdaten, da die Distanz zwischen Arbeitern und Arbeiterinnen ein Ausdruck von Respekt ist, den beide Seiten nicht unterlaufen wollen.

dazu auf, Menstruation nicht länger als Stigma zu betrachten (PR Team 2020). Dies ist zwar ein bemerkenswerter Schritt vorwärts, doch was bedeutet er für die selbständigen Fahrerinnen, die das Unternehmen nicht als Angestellte anerkennt? In unserer Feldstudie stellten wir fest, dass sie nicht davon ausgehen, während der Arbeit Zugang zu Toiletten zu haben. Eine Fahrerin mied grundsätzlich öffentliche Toilettenhäuser und zog stattdessen die in Restaurants und Einkaufszentren vor – oder sie „hielt durch". Eine andere Arbeiterin aus Dahisar fragte, ob es eine realistische Erwartung sei, dass das Unternehmen Toiletten bauen würde, wenn sich die Frauen über diesen Mangel beklagten: „Wenn wir uns beschweren und sagen: 'Sir, hier gibt es keine Toiletten!' – werden sie dann welche bauen?"[27]

Fazit: Geschlechterverträge in der App-basierten Essensauslieferung

Der Begriff des Geschlechtervertrages macht sichtbar, wie die Garantie von Freiheiten in verschiedenen Wirtschaftsformen mit der Unterordnung von Frauen koexistiert. Durch dieses Prisma habe ich untersucht, wie Lieferplattformen die sozial-reproduktive Arbeit der Essensversorgung öffnen. Dabei treten sie mit den Versprechen von Demokratisierung für die Beschäftigten sowie von Komfort für die Kund*innen auf und präsentieren sich als Akteure sozialen Wandels, nicht bloß als Wirtschaftsunternehmen. Im Kontext dieser Versprechen bin ich der Frage nachgegangen, ob die Einführung und Popularität solcher Plattformen einen Bruch mit Normen der Essensversorgung und des Verzehrs von Mahlzeiten bedeutet. In unserer Feldforschung mit Arbeiter*innen und bei der Analyse von Ereignissen, die Kund*innen und Plattformen betreffen, sind wir auf keinen solchen klaren Bruch gestoßen, vielmehr auf Chancen, Ängste und gesellschaftlichen Druck auf drei Ebenen.

Erstens: Indem Plattformen wirtschaftliche Kosten auf die Beschäftigten abwälzen, wälzen sie zugleich nicht-wirtschaftliche Kosten der Reproduktion auf die Arbeiter*innen-Haushalte ab. Eine längerfristige Tätigkeit auf diesem Feld setzt eine bestimmte Arbeitsteilung im eigenen Haushalt voraus, durch die man Geld sparen kann, indem man dort zubereitete Mahlzeiten zu sich nimmt. Frauen können an dem männlich dominierten Gewerbe zwar nun teilhaben, auf Dauer wird ihnen dies jedoch durch die Erwartung erschwert, dass sie selbst im eigenen Haushalt kochen.

---

27 Swiggy-Fahrerin S.

Zweitens: Für Arbeitsgeberhaushalte verspricht diese Dienstleistung Komfort, birgt aber auch Risiken, weil sie keine Kontrolle mehr darüber haben, wer für sie arbeitet. Dabei verkompliziert der Begriff des Arbeitgeberhaushalts die schlichte Vorstellung eines Nutzers oder Kunden. Kund*innen können die Arbeiter*innen durch Bewertungen beeinflussen, während sie von den Plattformen weiterhin davor bewahrt werden, Verantwortung für diese zu übernehmen (van Doorn 2017). Aussuchen können sie die Arbeiter*innen aber nicht, das übernimmt ein Algorithmus. In diesen Kontext eines Kontrollverlusts durch technologische Vermittlung habe ich Berichte über diskriminierende Präferenzen eingebettet. Um mehr über die Erfahrungen von Arbeitgeberhaushalten sagen zu können, müssen wir das Profil der Kund*innen solcher Plattformen ebenso verstehen wie die Auswirkungen ihrer Nutzung auf die Dynamik im Haushalt und auf die Arbeit von Köchen und anderen Hausangestellten. Bei zukünftigen Forschungsarbeiten wäre es zudem interessant zu untersuchen, ob die Spannungen innerhalb solcher Haushalte seit der wirtschaftlichen Liberalisierung der 1990er Jahre einen Einfluss auf die Entstehung eines Kund*innenstamms haben. Wie nehmen Familien Apps wahr, die Normen der Essensversorgung und des Verzehrs von Mahlzeiten offenbar infrage stellen?

Drittens habe ich festgestellt, dass die moralische Positionierung der Plattformen – ob beabsichtigt oder nicht – in Verbindung zu bestimmten Bedenken von Arbeitgeberhaushalten steht. So erklärte etwa Zomato angesichts der diskriminierenden Präferenzen von Kund*innen, die Religionszugehörigkeit seiner Beschäftigten sei unerheblich. Es war jedoch nicht selten zu hören, dass muslimische Arbeiter*innen von Kund*innen sehr kühl behandelt wurden: „Niemand sagt es einem ins Gesicht, aber es ist spürbar."[28] Die Integration von Frauen in das Gewerbe entspricht ihrem Charakter nach einer Gegenüberstellung zwischen gefügiger Arbeiterin und aufsässigem Arbeiter, das prägend gewesen ist für Politik und Entwicklungsmaßnahmen (John 1996). Sie baut darauf, dass Haushalte bereits Erfahrungen damit haben, Frauen zu beschäftigen. Diese vertraute Präsenz von Arbeiterinnen ermöglicht Arbeitgeberhaushalten eine erprobte Form der Interaktion. Arbeiterinnen selbst erfahren in der Essensauslieferung eine neue Freiheit, doch gerade die übertriebene Betonung der Neuartigkeit ihrer Partizipation trägt dazu bei, dass ihnen Rechte vorenthalten werden: Sie erhalten weniger Lohn als ihre männlichen Kollegen und sind bei Abend- und Nachtschichten mit Beschränkungen konfrontiert.

Aus dem Englischen von Felix Kurz

---

28 UberEats B, Interview, 12. April 2019.

Literatur

Abbott, Dina, 1993: *Women's home-based income-generation as a strategy towards poverty survival. Dynamics of the khannawalli (mealmaking) activity of Bombay*. Dissertation. The Open University, Großbritannien.

Adkins, Lisa, 2016: *The Financialisation of Social Reproduction. Domestic Labour and Promissory Value*. In: Dies./Dever, M. (Hg.): *The Post-Fordist Sexual Contract. Working and Living in Contingency*. London, 129–145.

ANI, 2019: *3 months after Zomato row, Hyderabad man refuses food from Muslim delivery agent*. ThePrint. https://theprint.in/india/3-months-after-zomato-row-hyderabad-man-refuses-food-from-muslim-delivery-agent/311812/ [28. November 2020].

Appadurai, Arjun, 1988: *How to Make a National Cuisine. Cookbooks in Contemporary India*. Comparative Studies in Society and History. 30. Jg., Heft 1, 3–24.

Baas, Michiel, 2009: *The IT Caste: Love and Arranged Marriages in the IT Industry of Bangalore*. Journal of South Asian Studies. 32. Jg., Heft 2, 285–307.

Brahme, Nitin, 4. Oktober 2020: *Mumbai: A Year Later, Zomato Delivery Woman Held for Verbal Abuse Still in Jail*. The Wire. https://thewire.in/rights/mumbai-zomato-delivery-woman-arrest-verbal-abuse-jail [17. Dezember 2020].

Chakravarti, Uma, 2015: *Conceptualising Brahmanical Patriarchy in Early India*. Economic and Political Weekly. 28. Jg., Heft 14, 7–8.

Conlon, Frank, 1995: *Dining Out in Bombay*. In: Breckenridge, C.A. (Hg.): Consuming modernity: Public culture in a South Asian world. Minneapolis, 90–127.

Dalla Costa, Mariarosa/James, Selma, 1973: *Die Macht der Frauen und der Umsturz der Gesellschaft*. Berlin.

Dasgupta, Piyasree/Sathe, Gopal/Sethi, Aman, 13. August 2019: *In Modi's India, Labour Disputes Become Beef and Pork Controversies*. HuffPost India.

Dickey, Sara, 2000: *Permeable Homes. Domestic Service, Household Space, and the Vulnerability of Class Boundaries in Urban India*. American Ethnologist. 27. Jg., Heft 2, 462–489.

–, 2012: *The Pleasures and Anxieties of Being in the Middle. Emerging Middle-Class Identities in Urban South India*. Modern Asian Studies. 46. Jg., Heft 3, 559–599.

Donner, Henrike, 2016: *Doing it our Way. Love and Marriage in Kolkata middle-class families*. Modern Asian Studies. 50. Jg., Heft 4, 1147–1189.

Federici, Silvia, 2012: *Caliban und die Hexe. Frauen, der Körper und die ursprüngliche Akkumulation*. Wien.

Fernandes, Leela, 2006: *India's new middle class. Democratic politics in an era of economic reform*. Minneapolis.

Frøystad, Kathinka, 2003: *Master-Servant relations and the domestic reproduction of caste in Northern India*. Ethnos. 68. Jg., Heft 1, 73–94.

Gillespie, Tarleton, 2010: *The Politics of 'Platforms'*. New Media and Society. 12. Jg., Heft 3, 347–364.

Grover, Shalini, 2018: *English-speaking and Educated Female Domestic Workers in Contemporary India. New Managerial Roles, Social Mobility and Persistent Inequality.* Journal of South Asian Development. 13. Jg., Heft 2, 186–209.

Iversen, Vegard/Raghavendra, P. S., 2006: *What the signboard hides. Food, caste and employability in small South Indian eating places.* Contributions to Indian Sociology. 40. Jg., Heft 3, 311–341.

Jarrett, Kylie, 2015: *Feminism, labour and digital media: The digital housewife.* London.

John, Mary E., 1996: *Gender and Development in India, 1970s-1990s.* Economic and Political Weekly. 31. Jg., Heft 47, 7.

Joshi, Yogesh, 9. September 2017: *Pune scientist who filed complaint against cook for not being Brahmin draws ire.* Hindustan Times. https://www.hindustantimes.com/cities/pune-scientist-who-filed-complaint-against-cook-for-not-being-brahmin-draws-ire/story-7DMnuyuizLgBDiPGVRkjsJ.html [28. November 2020].

Kar, Sanghamitra, 30. Juli 2019: *Women bag frontline roles in gig economy, but lag behind in wages.* The Economic Times. https://m.economictimes.com/jobs/women-bag-frontline-roles-in-gig-economy-but-lag-behind-in-wages/amp_articleshow/70442660.cms [28. November 2020].

Khare, Ravindra S., 1992: *Food with Saints. An aspect of Hindu Gastrosemantics.* In: Ders. (Hg.): The Eternal Food. Gastronomic ideas and experiences of Hindus and Buddhists. New York, 27–39.

Kikon, Dolly, 2017: *Eating Akhuni in India.* In: Bhushi, K. (Hg.): Farm to Fingers. Cambridge, 80–102.

Kuchay, Bilal, 8. Februar 2019: *India. Police warn Hindu man for rejecting Muslim Zomato driver.* https://www.aljazeera.com/news/2019/08/india-police-warn-hindu-man-rejecting-muslim-delivery-driver-190802092906954.html [28. November 2020].

Lalvani, Simiran, im Erscheinen: *Khanavals and Dabbas. Examining Women's Work through Food in a Changing Bombay.* In: Dhumatkar, A. (Hg.): Gender in Indian History.

–, 7. April 2019: *Workers' fictive kinship relations in Mumbai app-based food delivery.* Platypus. http://blog.castac.org/2019/07/workers-fictive-kinship-relations-in-mumbai-app-based-food-delivery/ [28. November 2020].

Limaye, G. A., 1940: *Study of Two Hundred and Fifty Boys Employed in Hotels in Bombay.* Indian Journal of Social Work Archive.

Mishra, Ishita/Ajmal, Anam, 21. August 2019: *Scooter girls are the new 'delivery boys'.* The Times of India. https://timesofindia.indiatimes.com/india/scooter-girls-are-the-new-delivery-boys/articleshow/70509508.cms [28. November 2020].

Nandy, Ashis, 2004: *The Changing Popular Culture of Indian Food: Preliminary Notes.* South Asia Research. 24. Jg., Heft 1, 9–19.

Neetha, N., 2004: *Making of Female Breadwinners. Migration and Social Networking of Women Domestics in Delhi.* Economic and Political Weekly. 39. Jg., Heft 17, 1681–1688.

Patel, Sheela, 1990: *Street Children, hotel boys and children of pavement dwellers and construction workers in Bombay – How they meet their daily needs.* Environment and Urbanization. 2. Jg., Heft 2, 9–26.

Parkhurst Ferguson, Priscilla, 2014: *Word of Mouth. What We Talk about When We Talk about Food.* Berkeley.

Pateman, Carole, 1988: *The Sexual Contract.* Stanford.

Percot, Marie, 2005: *Dabbawalas, Tiffin Carriers of Mumbai. Answering a Need for Specific Catering.* https://Halshs.Archives-Ouvertes.Fr/Halshs-00004513 [28. November 2020].

Perrier, Maud/Swan, Elaine, 10. Dezember 2019: *Foodwork, racialised, gendered and classed labour and the future of work.* Servings. http://servingsblog.com/foodwork-racialised-gendered-and-classed-labour-and-the-future-of-work/ [28. November 2020].

PR Team von Zomato, 8. August 2020: *Introducing period leaves for women.* https://www.zomato.com/blog/period-leaves [28. November 2020].

Quien, Alexandra, 1997: *Mumbai's Dabbawalla. Omnipresent Worker and Absent City-Dweller.* Economic and Political Weekly. 32. Jg., Heft 13, 637–640.

Radhakrishnan, Smitha, 2009: *Professional Women, Good Families: Respectable Femininity and the Cultural Politics of a „New" India.* Qualitative Sociology, Jg. 32, Heft 2, 195–212.

Raval, Noopur/Dourish, Paul, 2016: *Standing Out from the Crowd. Emotional Labor, Body Labor, and Temporal Labor in Ridesharing.* Proceedings of the 19th ACM Conference on Computer-Supported Cooperative Work & Social Computing, 97–107.

Ravenelle, Alexandrea, 2016a: *Belong Anywhere? How Airbnb Is Dismantling Generations of Civil Rights in the Name of Progress.* SSRN E-Journal. https://papers.ssrn.com/sol3/papers.cfm?abstract_id=2838219 [21. Dezember 2020].

–, 2016b: *A return to Gemeinschaft. Digital impression management and the sharing economy.* In: Daniels, J./Gregory, K./McMillan Cottom, T. (Hg.): Digital Sociology in Everyday Life. Bristol, 27–46.

Ray, Raka/Qayum, Seemin, 2009: *Cultures of servitude. Modernity, domesticity, and class in India.* Stanford.

Ray, Utsa, 2018: *Culinary Culture in Colonial India. A Cosmopolitan Platter and the Middle-Class.* Global Food History. 4. Jg., Heft 1, 98–101.

Roncaglia, Sara, 2013: *Feeding the City. Work and Food Culture of the Mumbai Dabbawalas.* Cambridge.

Rosenblat, Alex/Stark, Luke, 2016: *Algorithmic Labor and Information Asymmetries. A Case Study of Uber's Drivers.* International Journal of Communication. 10. Jg., 3758–3784.

Sarkar, Tanika, 2019: *Caste-ing servants in colonial Calcutta.* In: Sinha, Nitin/Varma, Nitin (Hg.): Servants' Pasts, Bd. 2: Late-eighteenth to Twentieth Century South Asia. Neu-Delhi, 239–264.

Shade, Leslie Regan, 2018: *Hop to it in the gig economy. The sharing economy and neo-liberal feminism.* International Journal of Media & Cultural Politics. 14. Jg., Heft 1, 35–54.

Sinha, Nitin/Varma, Nitin/Jha, Pankaj (Hg.), 2019a: *Servants' Pasts,* Bd. 1: *Sixteenth to Eighteenth Century South Asia.* Neu-Delhi.

Sinha, Nitin/Varma, Nitin (Hg.), 2019b: *Servants' Pasts,* Bd. 2: *Late-eighteenth to Twentieth Century South Asia.* Neu-Delhi.

Srnicek, Nick, 2018: *Plattform-Kapitalismus.* Hamburg.

Stanford, Jim, 2017: *Historical and Theoretical Perspectives on the Resurgence of Gig Work.* Economic and Labour Relations Review. 28. Jg., Heft 3, 382–401.

Staples, James, 2014: *Civilizing Tastes. From Caste to Class in South Indian Foodways.* In: Klein, Jakob A./Murcott, Anne (Hg.): Food Consumption in Global Perspective. Essays in the Anthropology of Food in Honour of Jack Goody. London, 65–86.

Team, B. W., 1. August 2019: *Zomato snubs customer seeking non-Muslim rider, earns praise and brickbats.* Business Standard India. https://www.business-standard.com/article/current-affairs/zomato-snubs-customer-seeking-non-muslim-rider-earns-praise-and-brickbats-119080100560_1.html [28. November 2020].

Thakkar, Priyal R., 2018: *The Social History of the Irani Community and the rise of the Irani Cafes in Mumbai, through snapshot and documentary photography.* Mumbai.

Toft Madsen, S./Gardella, G., 2012: *Udupi Hotels. Entrepreneurship, Reform and Revival.* In: Ray, K./Srinivas, T. (Hg.): Curried Cultures. Globalisation, Food and South Asia. Berkeley, 91–109.

Van Doorn, Niels, 2017: *Platform labor. On the gendered and racialized exploitation of low-income service work in the 'on-demand' economy.* Information, Communication & Society. 20. Jg., Heft 6, 898–914.

Vicky Kluzik

Zur Aktualisierung von Flexploitation: Sorge, Prekarität und digitale Plattformen

Digitale Technologien und flexibilisierte Arbeitsverhältnisse stellen Gesellschaften vor neue Herausforderungen. Die Verbreitung plattformisierter Arbeit ist vor dem Hintergrund der Verschiebung von hierarchischen, fordistischen Arbeitsstrukturen hin zu vernetzten Organisationsformen zu verstehen. Dabei tritt, entgegen dem, was Plattformbetreiber häufig propagieren, die digitale (Arbeits-)Plattform keinesfalls nur als neutrale Infrastruktur der bloßen web- oder App-basierten Arbeitsvermittlung auf. Während Arbeiter:innen größtmögliche Flexibilität versprochen wird, sind sie durch Metriken, Ranking- und Reputationsmechanismen des algorithmischen Managements gesteuert und mit niedrigem Lohn, fehlender sozialer Absicherung und erschwerter Selbstorganisation konfrontiert. Darüber hinaus treiben Plattformen eine zunehmende Kommerzialisierung von Dienstleistungen und immateriellen Gütern voran, lassen die Grenzen zwischen Produktion und Reproduktion, Arbeit und Leben weiter verschwimmen und operieren durch einen spezifischen Modus der Valorisierung, also der Inwertsetzung affektiver Arbeit.

Während sich die mediale und wissenschaftliche Aufmerksamkeit für den Aufstieg der Plattform- oder Gig-Ökonomie hauptsächlich auf Amazon, Uber oder Airbnb konzentrierte, wurde die digital vermittelte Sorge-, Pflege- oder Care-Arbeit bislang weniger genau betrachtet. Die geringere Aufmerksamkeit spiegelt zunächst – wenig überraschend – die historische Abwertung und die institutionalisierte Unsichtbarkeit der reproduktiven Arbeit wider, obwohl diese zentral für das Funktionieren von Gesellschaften ist. In der feministischen Debatte weist etwa Nancy Fraser auf die Unverzichtbarkeit der sozialen Reproduktion für die wirtschaftliche Produktion in einer kapitalistischen Gesellschaft hin. Im finanzialisierten Kapitalismus der Gegenwart führte die Unterordnung der Reproduktion und der stufenweise Um- und Abbau des Wohlfahrtsstaates schließlich zu einer „dualisierten Organisation der sozialen Reproduktion, zur Ware für diejenigen, die sie bezahlen können, und zur Privatisierung für diejenigen, die sie nicht bezahlen können" (Fraser 2016, 111). Genau vor diesem

Hintergrund bieten nun digitale Plattformen in tech-solutionistischer Manier (Morozov 2013) einen *just-in-time*-Lösungsansatz an, um immer größer werdende Reproduktionslücken zu schließen.

Was noch nicht ausreichend erforscht ist, sind asymmetrische Machtverhältnisse und der spezifische Modus, in dem Prekarität und Prekarisierung über digitale Plattformen verhandelt werden, sowie die Frage, welche Rolle dabei Care-Plattformen einnehmen. Welche sozialen Praktiken bringen Prozesse der Plattformisierung, in diesem Fall die Plattformisierung der Sorge, hervor? Wie stehen diese im Verhältnis zu Prozessen der Prekarisierung? Der vorliegende Beitrag nimmt also in den Blick, wie die Plattformisierung der Sorge als strukturelles Phänomen und als subjektive Erfahrung verstanden werden kann. Ich werde Sorgearbeit als Schauplatz der Biopolitik begreifen und fragen, wie sich Plattformisierung, Prozesse der „radikalen Verantwortlichkeit der Arbeitskraft" (Fleming 2017) und flexible räumliche Assemblagen zueinander verhalten. Ziel ist es dabei nicht, Plattformen und Prekarisierung als „empty signifiers" zu entlarven, sondern anhand einer konkreten Analytik der Machtverhältnisse digital vermittelter Sorgearbeit einen Betrag zur florierenden Debatte um Plattformarbeit zu leisten.

Zunächst werde ich auf aktuelle Debatten der Plattformökonomie und die Plattformisierung von Arbeit aus prozessualer Perspektive eingehen. In einem zweiten Schritt rekonstruiere ich die Prekaritätsdebatte und Tendenzen der gleichzeitigen Vermarktlichung, (Re-)Privatisierung und Vergemeinschaftung von Sorgearbeit. In einem dritten Schritt werde ich die beiden Stränge zusammenbringen. Dafür werde ich zunächst die Plattformisierung der Sorge als strukturelles Phänomen begreifen und in einem anschließenden Schritt den durch Pierre Bourdieu geprägten Begriff der *Flexploitation* einsetzen, um Prozesse der Subjektivierung von Arbeiter:innen nachzuzeichnen. Der Beitrag folgt einer zugegebenermaßen eklektischen Synthese zweier Analyseperspektiven, die bisher noch nicht zusammengedacht wurden. Im Rahmen dieses Beitrags werde ich diesen Versuch nicht auf Basis eigener empirischer Untersuchungen unternehmen, sondern beziehe mich auf Sekundärquellen. So soll der Beitrag eine Forschungs- und insbesondere Theorieperspektive anbieten, mit der sich aufbrechende Produktions- und Reproduktionsverhältnisse in den Blick nehmen lassen.

Plattformkapitalismus und tech-solutionistische Zukünfte

Während Social-Media-Plattformen wie Facebook oder Twitter eine „Demokratisierung der Kommunikation" propagierten, die mit ihrer Einführung einherginge, schmückten Digitalkonzerne und Start-ups das Aufkommen der sogenannten Sharing Economy mit einem Narrativ der „Demokratisierung der Arbeit" (Pasquale 2016). Wie kann man den Wandel von der fordistisch-tayloristischen Arbeitsorganisation hin zu tech-solutionistischen Zukunftsvorstellungen von risikokapitalfinanzierten Tech-Unternehmern erklären und deren konkrete sozial-räumliche Restrukturierung öffentlicher Infrastruktur begreifen? Dazu ist es notwendig, zunächst die Phänomene Plattformkapitalismus, Plattformarbeit und Plattformisierung in ihrer Prozesshaftigkeit zu beschreiben.

In seinem 2017 erschienenen und viel beachteten Buch *Platform Capitalism* hat Nick Srnicek die Entwicklung dieses neuen Paradigmas nachgezeichnet. Folgt man Srnicek, sind Plattform-Infrastrukturen spezifische *sozio-technologische Architekturen* und zugleich wirtschaftliche *Akteure*, die zu Beginn des 21. Jahrhunderts entstanden und seither konventionelle wirtschaftliche Transaktionen, die Re-Organisation von Arbeit und damit verbundene soziale und kulturelle Praktiken unter dem Diktum der Disruption verändert haben. Den Entwicklungsweg dieses neuen Paradigmas beschreibt Srnicek anhand spezifischer historischer Krisen: zunächst der Abschwung der 1970er Jahre, der „Boom and Bust" der 1990er Jahre und die Nachwirkungen der Finanz- und Wirtschaftskrise von 2008. Durch Netzwerkeffekte und eine Tendenz zur Monopolisierung, so Srnicek, können Plattformen ihre Marktmacht ausbauen. In ähnlicher Manier beschreibt der Soziologie Philipp Staab, dass heutzutage „das Digitale" durch „Automatisierung, Globalisierung, Kommodifizierung und Finanzialisierung" (Staab 2019, 59) als neues Gravitationszentrum des Kapitalismus wirkt. Auch wenn sich Srnicek und Staab primär auf die Hegemonialwerdung der GAFA-Unternehmen (Google, Apple, Facebook, Amazon) beziehen, so sind die diesem Prozess zugrunde liegenden politökonomischen Zusammenhänge zentral für das Entstehen neuer Wertschöpfungs- und Arbeitsmodelle sowie sozialer Praktiken.

Der Aufstieg von digitalen (Arbeitsvermittlungs-)Plattformen wie Uber und Deliveroo kann als *Plattformisierung der Arbeit* verstanden werden, wie sie Ursula Huws und andere in einer breit angelegten empirischen Studie zur Plattformarbeit in Europa untersucht haben. Zentral ist hierbei, dass die Inanspruchnahme von Plattformarbeit allgemein sowie die Anzahl an Plattformarbeiter:innen in ganz Europa zugenommen hat, jedoch empirisch nur ein Bruchteil des zusammengesetzten Monatslohns durch die Arbeit über eine Plattform generiert wird. Viele Arbeiter:innen arbeiten parallel auf mehreren Plattformen oder nutzen den durch Plattformarbeit generierten Lohn, um ein anderweitiges Einkommen aufzustocken – ein Phänomen, das die Autor:innen als „patchwork livelihood", als zusammengeflickte Lebensgrundlage, bezeichnen (Huws u.a. 2019, 8). Colin

Crouch bezeichnet diese Tendenz der Plattformisierung als „Diversifizierung des Portfolios des prekären Selbst" (2019, 3). Diese Erkenntnis ist zentral für das Verständnis der Plattformisierung, also einer Fragmentierung einzelner Aspekte der Arbeit sowie einer Inwertsetzung informeller, immaterieller und affektiver Arbeit.

Plattformen dienen als sozio-technologische Architekturen zur Verbindung von Angebot und Nachfrage, sie fungieren als *matchmaker*. Hierbei treten die Plattformen aber nicht als neutrale Infrastrukturen der bloßen web- oder App-basierten Arbeitsvermittlung auf, sondern werden als „extraktive Datenapparate" (Srnicek 2017, 48) verstanden. Plattformen sprechen dabei nicht von Arbeiter:innen, sondern, wie der Fahrdienst Uber, von „Partner:innen". Dabei sind Arbeiter:innen durch Feedbackschleifen des algorithmischen Managements zur permanenten Selbstoptimierung ihrer Profile angehalten. In Bezug auf die Vermittlung von Arbeit durch digitale Plattformen werden zwei Typen unterschieden: Der erste Typus beschreibt Arbeit, die ortsunabhängig und webbasiert durchgeführt wird, was mit Begriffen wie „crowdwork" (Howcroft/Bergvall-Kåreborn 2019; Altenried 2020), „clickwork" (Huws u.a. 2016) oder „remote gig work" (Wood u.a. 2019) bezeichnet wird.[1] Die zweite Form der Plattformarbeit ist ortsspezifisch, wird also per Online-Auftritt oder App organisiert, aber vor Ort durchgeführt, und als „Offline-Plattformarbeit" oder als gebundenes Modell (Woodcock/Graham 2020, 50) benannt. Bei dieser Art von Arbeit sind räumliche Nähe und zeitliche Synchronität erforderlich, wie zum Beispiel bei Liefer-, Kurier- und Transportdiensten sowie bei Sorgetätigkeiten.

Die Herausforderungen für Arbeiter:innen sind vielfältig, sodass Niels van Doorn bemerkt: „In der Welt der Plattformökonomie ist Ungleichheit ein Grundzug und kein Fehler" (van Doorn 2017, 907). Plattformarbeiter:innen profitieren nicht von sozialer Absicherung, erhalten einen niedrigen Stücklohn bei hoher Provision für die Plattformbetreiber, Versicherungen und Arbeitsmaterial müssen

---

1 Dabei geht es entweder um einfache Arbeiten, die für wenige Cents über Plattformen wie *Amazon Mechanical Turk* (AMT) erledigt werden, oder um hochqualifizierte Arbeiter mit Spezialwissen, etwa Softwareentwickler:innen. Clickwork ist in ein globales Arbeitsmarktsystem eingebettet, in dem häufig Arbeitnehmer:innen aus Ländern mit niedrigem und mittlerem Einkommen Aufgaben für Kunden in Ländern mit hohem Einkommen erfüllen. Unter den Bedingungen der globalisierten Geographien der Arbeit assistieren neue Managementstrategien der „Ranking- und Reputationslogik" bei der Stratifizierung der „Crowd" und stellen die Crowdworker:innen in einen internen Wettbewerb globalen Ausmaßes (Gerber/Krzywdzinski 2019, 140f.).

selbst gestellt werden (z.B. Autos oder Fahrräder für Lieferdienste). Die Räume für Selbstorganisation oder eine gewerkschaftliche Vertretung sind begrenzt.[2]

Die Verbreitung von Plattformen als Infrastrukturen des täglichen Lebens fassen Thomas Poell, David Nieborg und José van Dijck als „Plattformisierung", also als „Durchdringung der Infrastrukturen, wirtschaftlichen Prozesse und staatlichen Rahmenwerke von Plattformen in verschiedenen Wirtschaftssektoren und Lebensbereichen" (Poell u.a. 2019, 6). Sie beschreiben eine simultan ablaufende „Plattformisierung von Infrastrukturen" und eine „Infrastrukturierung von Plattformen", wenn Plattformen zu neuen Formen vormals kollektiver oder öffentlicher Infrastruktur aufsteigen. Auch wenn dieser Aspekt im vorliegenden Beitrag nicht detailliert besprochen werden kann, ist die Frage nach der Gewährleistung öffentlicher Daseinsvorsorge von zentraler Bedeutung. Festzuhalten ist, dass diese prozessuale Perspektivierung ermöglicht, die voranschreitende Reorganisation kultureller Praktiken und Imaginationen rund um Plattformen in den Blick zu bekommen. Bevor ich mich den spezifischen Prozessen der Plattformisierung der Sorge zuwende, ziehe ich die Prekaritätsdebatte heran, um einzelne Momente der Plattformisierung und Prekarisierung zusammenzudenken.

Soziale Reproduktion und Prekarität

In der feministischen Debatte werden unter den Begriffen der Care-Krise oder der Krise der (sozialen) Reproduktion die Veränderungen von geschlechtlicher Arbeitsteilung, das Aufkommen neuer Reproduktionslücken bei einer gleichzeitigen Erosion der 'sorgenden' Institutionen des Wohlfahrtsstaat und der öffentlichen Daseinsvorsorge sowie des traditionellen, heteronormativen Familienmodells mit einem männlichem Hauptversorger diskutiert (Aulenbacher 2020; Gutiérrez Rodríguez 2010; Völker/Amacker 2015). Eine Perspektive, um die Krisenhaftigkeit sozial-reproduktiver Verhältnisse kritisch abzubilden, bietet die Auseinandersetzung mit dem Begriff der Prekarität. Dieser Begriff, der lange Zeit zentral für das Verständnis von Arbeit im Postfordismus war, wurde bisher kaum zur Untersuchung von Plattformen herangezogen. Aber auch in den aktuellen Debatten um die Krisen der sozialen Reproduktion spielt er für die Beschreibung der krisenhaften Prozesse kaum eine Rolle.

---

2 An dieser Stelle sei angemerkt, dass die Selbstorganisation der Plattformarbeiter:innen in den letzten Jahren stark zugenommen hat, siehe etwa die Independent Workers Union (IWGB) in Großbritannien oder der Zusammenschluss von Lieferkurier:innen in Deutschland „Liefern am Limit".

Die verschiedenen transdisziplinären Impulse, die der Begriff der Prekarität befördert hat,[3] lassen sich vier zentralen, sich teilweise überlappenden Strömungen zuordnen. Zunächst kann man den Begriff arbeitssoziologisch verwenden und Prekarität innerhalb der Sphäre der Erwerbsarbeit betrachten (Castel/ Dörre 2009; Standing 2011; Kalleberg 2009); zweitens lässt er sich aus einer geschlechtersoziologischen Forschungsperspektive betrachten (wie beispielsweise Aulenbacher 2009); drittens aus der Perspektive sozialer Bewegungen, für die der Begriff insbesondere im Zuge der EuroMayDay-Proteste Anfang der 2000er Jahre mit politischem Gehalt aufgeladen wurde (Marchart 2013; Doerr 2010); sowie viertens aus einer politiktheoretisch-queeren Lesart. Letztere ist eine zu Teilen poststrukturalistische oder post-operaistische Perspektive, die das Hauptaugenmerk auf den sozial-ontologischen Charakter einer lebensumfassenden Prekarität legt. Hierbei werden Prekarisierungsprozesse relational betrachtet und neben der Erwerbsarbeit auch andere lebensweltliche Sphären beleuchtet (Butler 2009; Butler/Athanasiou 2014; Lorey 2012; Butler 2006). Diese Erweiterung ist sinnvoll, um die Subjektivierungsprozesse von Arbeiter:innen wie Konsument:innen in Infrastrukturen des Plattformkapitalismus aus verschiedenen Perspektiven zugleich nachzuvollziehen. Ich möchte dafür einen bisher wenig beachteten Aspekt aus Pierre Bourdieus Instrumentarium, den Aspekt der *Flexploitation*, mit einer politiktheoretischen Argumentation in Rückgriff auf Michel Foucault zusammendenken. Dadurch soll die Prekarisierung von Arbeit und Leben ins Verhältnis gesetzt und die Relationalität und der prozessuale Charakter der Subjektivierung im flexiblen Kapitalismus konturiert werden.

In der französischsprachigen Soziologie haben Klassiker der Prekarisierungsforschung schon frühzeitig die Erosion der Erwerbsarbeit, den Rückbau des Wohlfahrtstaates sowie entstehende „Unsicherheitsgesellschaften" (Castel/Dörre 2009) in den Blick genommen. 1998 schreibt Pierre Bourdieu: „Prekarität ist omnipräsent" („la précarité est aujourd'hui partout"). Bourdieu, der bereits mit seiner Dissertation zu Erfahrungen von Arbeitslosen und prekär Beschäftigten in Algerien forschte, erläuterte so kurz vor seinem Tod 2002 nochmal zentrale Aspekte der Produktion von Unsicherheitserfahrungen in der Erwerbsarbeit. In der kurzen Notiz von 1998 weist er darauf hin, dass die Prekarität keinesfalls wirtschaftlich unvermeidbar („fatalité économique") geworden ist, sondern in

---

3   Um eine Zusammentragung der verschiedenen Perspektiven des vielschichtigen Begriffs haben sich im letzten Jahrzehnt einige Autorinnen bemüht, siehe den Sammelband für die englischsprachige Debatte von Armano u.a. (2017), die Monographie von Motakef (2015) sowie den Sammelband von Völker/Amacker (2015).

Wirklichkeit einem politischen Willen („volonté politique") folgt (Bourdieu 1998). Den Herrschaftsmodus der flexiblen Ausbeutung globalisierter Produktionsverhältnisse zwischen 'entwickelten' OECD-Ökonomien und Ländern des Globalen Südens beschreibt Bourdieu als „Ausdruck von Flexploitation". Damit zielt er auf die Nutzbarmachung der Unsicherheit von Arbeiter:innen, die in einem globalen Wettbewerb in Konkurrenz zueinander gebracht werden. So konturiert er den Wettbewerb zwischen Arbeiter:innen in entwickelten Industriestaaten auf der einen Seite und denjenigen in 'weniger entwickelten' Ländern, deren Gehorsam und Unterwerfung durch „scheinbar natürliche Mechanismen" einer „sozialen Natur" gestützt wird. Diese Perspektive eignet sich gut, um nicht nur die Vermittlung von Arbeit via digitalen Plattformen nachzuzeichnen, sondern auch deren Entwicklung zu prognostizieren. Arbeiter:innen werden in einen durch Interfaces und Algorithmen verwalteten Wettbewerb zueinander gesetzt, der globale und lokale Geographien nicht außer Acht lässt.

Diese Perspektive ist für die vorliegende Analyse allerdings nicht ausreichend, insbesondere hinsichtlich zweier zentraler Kritikpunkte. Zum einen konzentriert sie sich zu stark auf strukturelle Merkmale von Prekarität zulasten von subjektiven Erfahrungen der Prekarität. Darüber hinaus ist dem Ansatz zweitens eine fehlende Sensibilität für intersektionale, also auf Klasse, Geschlecht und *race* basierende Ungleichheiten zu attestieren. Deshalb soll er um einen politiktheoretischen-dekolonialen Zugang ergänzt werden, der Prekarität als allgemeine ontologische Erfahrung und soziale Bedingung menschlichen Lebens anerkennt. Insbesondere unter Rückgriff auf Michel Foucaults Konzepte der Biopolitik und der Gouvernementalität[4] lässt sich ein neoliberales Regieren durch Prekarisierung produktiv nachzeichnen, wie es Isabell Lorey in beispielloser Weise getan hat (2012; 2015). Lorey plädiert für drei Dimensionen des Prekären: Prekär-sein, Prekarität und gouvernementale Prekarisierung. *Prekär-sein* beschreibt in Anlehnung an Judith Butler eine sozial-ontologische Dimension von Leben und Körpern, die immer relational ist und einen Zustand darstellt, der sowohl dem menschlichen als auch dem nicht-menschlichem Leben innewohnt. Zweitens ist *Prekarität* eine spezifische Ordnungskategorie, die die Auswirkungen unterschiedlicher

---

4   Michel Foucault hat einen relationalen Begriff der Biopolitik entwickelt, der zunächst eine politische Ökonomie des Lebens bezeichnet. Insbesondere in seiner Vorlesung am Collège de France „Die Geburt der Biopolitik" (1979) zeichnet er eine spezifische Kunst der Menschenführung nach. Gouvernementalität versteht demgegenüber unterschiedliche Praxisfelder, die auf die Regierung von Individuen und Kollektiven abzielen. Für einen Überblick über die Foucault'sche Analytik und ihre Weiterentwicklungen von Agamben bis Hardt/Negri siehe Lemke (2007).

politischer, sozialer und rechtlicher Verhältnisse einer allgemeinen Prekarität bezeichnet. Dabei geht es um die „Herrschaftsverhältnisse, durch die Schutz, Sorge und Ab-Sicherung aufgeteilt und verteilt werden" (Lorey 2015, 28). Die dritte Dimension versteht Lorey in Anschluss an Michel Foucaults Konzept der Gouvernementalität als *gouvernementale Prekarisierung*. Foucault bezeichnete damit in seinen Vorlesungen am Collège de France spezifische Regierungstechniken, die durch die Verwobenheit von individualisierter Selbstregierung und staatlicher Führung gekennzeichnet sind.

Mit diesem theoretischen Werkzeug kann nicht nur eine Destabilisierung durch Beschäftigung, sondern auch eine Destabilisierung der Lebensführung und damit der Körper und Subjektivierungsweisen nachvollzogen werden. Prekarisierung ist demnach als eine strukturelle Kategorie ordnender, segmentierter Gewalt- und Ungleichheitsverhältnisse zu verstehen, sie wird zu einem normalisierten politisch-ökonomischen Instrument. Während John Locke und Adam Smith das Recht des Individuums auf Selbstbestimmung als Verhältnis zum eigenen Körper als Eigentumsverhältnis in den Mittelpunkt stellten, wandelte sich im 20. Jahrhundert der Diskurs in Richtung einer (relativen) sozialstaatlichen Unabhängigkeit und fokussierte die Figur des männlichen Ernährers. Die Idee der männlichen Freiheit und Unabhängigkeit durch Lohnarbeit ist durch die Festigung geschlechtsspezifischer Trennungen zwischen bezahlter, produktiver und unbezahlter, reproduktiver Arbeit sowie der klaren Trennung zwischen einer öffentlichen und einer privaten Sphäre aufrechterhalten worden.

Der zweite erwähnte Kritikpunkt kommt aus postkolonialer Perspektive. Hier erscheinen insbesondere die Überlegungen von Encarnacíon Gutiérrez Rodríguez hilfreich, die sowohl umfassende Analysen zur transnational organisierten Sorgearbeit (2010; 2007) wie auch zur Feminisierung der Prekarität (2014b) verfasst hat. Entscheidend ist dabei die zusätzliche Belastung und Verschärfung der sozialen Ungleichheiten aus einer intersektionalen Perspektive, die andro- und eurozentrische Machtverhältnisse kritisiert und Prekarität und Prekarisierung ebenfalls relational versteht. So hat die Feminisierung der Arbeit, also die Integration von mehr und mehr Frauen in die Erwerbsarbeit, nicht dazu geführt, dass historisch „feminisierte" und dadurch devaluierte Tätigkeiten wie Sorge- und Hausarbeit aufgewertet wurden. Im Gegenteil:

> Die gesellschaftliche Anerkennung dieser Arbeit folgt einem heteronormativen Skript, das Frauen die alleinige Zuständigkeit dafür zuschreibt. Hausarbeit auf physische Tätigkeiten zu reduzieren, blendet den weniger greifbaren und quantifizierbaren Wert dieser Arbeit als Affektarbeit aus. Sie sind jedoch untrennbar mit persönlichem Wohlergehen verbunden. (Gutiérrez Rodríguez 2014a, 86)

Auch staatliche Eingriffe oder Initiativen von internationalen Organisationen wie der Internationalen Arbeitsorganisation (ILO) konnten dieser fehlenden Anerkennung nichts entgegensetzen. Gutiérrez Rodríguez plädiert dafür, ebenfalls Foucaults Begriffen folgend, Sorgearbeit auf biopolitischer Ebene als reproduktiv-affektive Arbeit zu betrachten, „as women are involved in resisting the power of life to make them other than they know themselves to be" (2007, 72). Durch die geschlechtsspezifische Arbeitsteilung werden die angerufenen Arbeitssubjekte durch Selbsttechnologien und Normalisierungsstrategien auf gouvernementaler Ebene reguliert. Im Zusammenhang mit globalen Migrationsprozessen verschränken sich hier Prozesse der Unsichtbarmachung feminisierter und migrantisch gelesener Arbeiten, die einer intersektionalen Ungleichheitsproduktion gleichkommen. Anhand überlappender Cleavages von Klasse, Geschlecht und *race*[5] werden prekäre Arbeitssubjekte ko-produziert.

Ich verstehe unter Prekarität und Prekarisierung daher eine Ordnungskategorie, die nicht nur die Sphäre der Erwerbsarbeit, sondern auch die unbezahlte, reproduktive Sphäre in den Blick nimmt. Betrachtet man die Flexibilisierungs-, Fragmentierungs- und Entgrenzungsprozesse, die die Welt der Erwerbsarbeit maßgeblich verändert haben, so haben diese Prozesse auch Auswirkungen auf die reproduktive Sphäre. Prekarisierung nach der biopolitischen Wende zu begreifen, bedeutet also, sie in diesen beiden Sphären zu betrachten. Hier kann Bourdieus Begriff der Flexploitation eine Leerstelle füllen, beschreibt er doch die subtile Ausbeutung von Arbeiter:innen bei gleichzeitigem Propagieren von Flexibilität und die zunehmende Verschmelzung von produktiver und reproduktiver, von bezahlter und unbezahlter Arbeit. Dabei scheint es nicht ausgemacht, dass die neoliberale Flexibilisierung der Arbeitsverhältnisse die hierarchisch organisierte geschlechtliche Arbeitsteilung verändert. Im Gegenteil: Wie die gegenwärtige Covid-19-Krise aufgezeigt hat, werden traditionelle Geschlechterrollen perpetuiert. Um die Relevanz von Prekarisierungsprozessen im Kontext gegenwärtiger Sorgeökonomien zu illustrieren, werde ich konkret am Beispiel der Plattformisierung der Sorge die Ambiguitäten dieser besonderen Form von Plattformarbeit beleuchten.

---

5   Zur Schwierigkeit des *race*-Begriffs in der deutschsprachigen Debatte siehe Lutz/Amelina 2017.

Plattformisierung von Arbeit und Leben: Zum Verständnis gegenwärtiger Sorgeökonomien

Plattformisierung von Sorge

Mit der Feminisierung der Arbeit, der zunehmenden Integration von Frauen in die Erwerbsarbeit, ging eine Mehrfachbelastung einher, die die Vereinbarung von Lohn- und Sorgearbeit betrifft. Sorgeökonomien der Gegenwart sind nicht ausgenommen von der fortwährenden Grenzverschiebung zwischen öffentlich und privat, produktiv und reproduktiv – vielmehr stehen sie im Zentrum dieser Neujustierung. Digitale Plattformen, die hierbei die Entgrenzung der Arbeit vorantreiben, müssen zunächst einmal als ein strukturelles Phänomen begriffen werden.

Was sich hier beobachten lässt, möchte ich als *Plattformisierung der Sorge* bezeichnen. Unter dem Begriff sind ineinander verschränkte Prozesse der zunehmenden (I) Fragmentierung, (II) Inwertsetzung und (III) räumlichen Reorganisation von Sorgetätigkeiten zu verstehen.

Fragmentierung bedeutet in diesem Zusammenhang, dass immer kleinteiligere reproduktive Tätigkeiten als Services über digitale Plattformen angeboten werden. Das Angebot von Sorgearbeiten, die über Plattformen angeboten und vermittelt werden, ist groß: Auf der Website von *Betreut.de*, dem deutschen Pendant von *Care.com*, findet man Babysitter, Nannys, Tagesmütter, Leih-Omas, Kinder- und Seniorenbetreuungen, Hunde- oder Katzensitter sowie Haushaltshelfer. So hat sich beispielsweise *Helpling* auf die Vermittlung von Reinigungskräften spezialisiert, baut allerdings kontinuierlich das eigene Portfolio aus. Diese Entwicklung kann man im Anschluss an Arlie Russell Hochschild als „market take-away and give-back" bezeichnen. In ihrem soziologischen Klassiker *The Outsourced Self* beschreibt Hochschild das Outsourcing von Tätigkeiten, die in der Vergangenheit klassischerweise von der Gemeinschaft oder der (heteronormativen) Kleinfamilie übernommen wurden. Sie schreibt: „Während Tendenzen der Vermarktlichung zur Destabilisierung beitrugen und Unsicherheiten in der Erwerbsarbeit wie im Haushalt zu beobachten waren, so ist es nun ironischerweise genau der Markt, der Unterstützung und Erleichterung bietet" (Hochschild 2012, 10). Auch wenn Hochschild sich auf den spezifischen Fall der US-amerikanischen Konsumgesellschaft um die Jahrtausendwende konzentriert, lässt sich diese Entwicklung nicht von der Experimentierphase der Internetkonzerne Google und Co. abkoppeln, die den Weg für die Plattformökonomie geebnet haben.

Zweitens findet mit der Plattformisierung der Sorge eine *Inwertsetzung* reproduktiv-affektiver Arbeit statt, die die Grenzen zwischen Produktion und

Reproduktion verschwimmen lässt. In der jüngeren Debatte zur Inwertsetzung reproduktiver Arbeit im weiteren Sinne, die seit geraumer Zeit insbesondere in den Science and Technology Studies (STS) geführt wird, werden primär neue Orte der Kommerzialisierung und kapitalistischen Wertschöpfung untersucht (siehe exemplarisch Cooper 2011). Die hier benannte Inwertsetzung von Sorgetätigkeiten möchte ich an dieser Stelle nur im engeren Sinn als Formalisierung bezeichnen, als einen Prozess, durch den diese Tätigkeiten mit einem Preisschild versehen werden. Die strukturelle Devaluierung und Invisibilisierung von Sorgetätigkeiten wurde in der Vergangenheit durch das Framing dieser reproduktiven Tätigkeiten als „labor of love" erleichtert. So können Plattformen zunehmend von sich behaupten, dass sie zur Wertschätzung, Formalisierung und letztlich Abschöpfung des „emotional surplus value" beitragen.

Drittens bedeutet die Plattformisierung der Sorge ihre zunehmende *räumliche Reorganisation*. Diese geschieht, eng verzahnt mit den Prozessen gouvernementaler Prekarisierung, in zwei parallel ablaufenden Prozessen: einerseits durch die Auslagerung auf Gemeinschaften und eine Re-Familiarisierung von reproduktiven Tätigkeiten, andererseits durch eine Vermarktlichung und die steigende Popularität digitaler Plattformen. Die Gründe für beide Prozesse hat die Geographin Lizzie Richardson (2020b; 2020a) näher spezifiziert. Im Gegensatz zu vorherrschenden Foci der Plattform als *Unternehmen* (Srnicek) sowie als *On-Screen-Interface und versteckter Algorithmus* (van Doorn) bietet Richardson eine erweiterte Perspektive. Sie beschreibt die spezifische räumliche Produktion durch Plattformen als *flexible räumliche Assemblage*[6], ein Zusammenspiel von unterschiedlich vernetzten Akteuren, die durch die Plattform orchestriert werden. Dabei orientiert sie sich an Ansätzen der Akteur-Netzwerk-Theorie, insbesondere an Michel Callon (2016), um die Spezifika der „gelieferten Mahlzeit" als *platform good* durch die Plattform Deliveroo anzusehen. Die konkreten Geographien digitaler Arbeit, so Richardson, sind nie statisch, sondern werden bei jeder Transaktion neu konfiguriert und zusammengesetzt. Der Vorteil des Assemblage-Ansatzes liegt auf der Hand: Er erlaubt eine multiperspektivische Untersuchung der Akteure, Algorithmen und Interfaces, um die Aspekte jenes Vermittlungsprozesseses zu beleuchten, der vormals nur als Black Box in Er-

---

6 Der Begriff *Assemblage* (im französischen Original „agencement") wurde durch Gilles Deleuze und Félix Guattari geprägt und durch neuere Einflüsse in den STS, wie etwa durch Bruno Latour, weiterentwickelt. Auch in humangeographischen Zugängen erfreut sich die Assemblage großer Beliebtheit: Assemblagen verkörpern die Multiperspektivität sozialer Realitäten sowie die Vielzahl an menschlichen und nicht-menschlichen Komponenten sozialer Entitäten.

scheinung getreten ist. Bei Sorgeplattformarbeit muss der Service der gebuchten Tätigkeit räumlich eingebettet werden. Weil die Arbeiter:in selbst den Service darstellt, und es kein zu lieferndes Produkt gibt, wie im Fall von Essenskurieren, wird der Mensch hier selbst zum *platform good*.

Allerdings ist mit dieser Skizze der Plattformisierung der Sorge als strukturelles Phänomen nicht ausreichend auf die Subjektivierung der Arbeiter:innen eingegangen worden. Daher möchte ich im Rückgriff auf die Prekaritätsdebatte vorschlagen, im Folgenden mithilfe eines erweiterten Konzepts der Flexploitation die Verwobenheit von Plattformisierungs- und Prekarisierungsprozessen zu verstehen.

Flexploitation als Prozess der (Un-)Sichtbarmachung?

Im Bereich der Care-Plattformen scheint eine – für die Analyse von Arbeitsverhältnissen im Plattformkapitalismus übliche – Fixierung auf Datenextraktion, Überwachung und Nudging der Arbeiter:innen auf den ersten Blick nicht geboten. So merken Sandro Mezzadra und Brett Nielson an, dass die soziale Reproduktion niemals vollständig von den Logiken der Kommodifizierung und Monetarisierung abhängig gemacht werden kann. Gleichzeitig weisen sie darauf hin, dass auch der Haushalt zunehmend von kapitalistischen Logiken durchzogen ist (Mezzadra/ Neilson 2019, 90). Während das Hauptaugenmerk der theoretischen und empirischen Auseinandersetzung mit den Herrschafts- und Ungleichheitsverhältnissen, die über digitale Plattformen verhandelt werden, auf Arbeitskämpfen der sichtbaren Arbeit liegt, so werden Plattformen, die historisch devaluierte Sorgetätigkeiten vermitteln, in der florierenden Debatte häufig nicht mitgedacht.

Mithilfe eines angereicherten und aktualisierten Begriffs der Flexploitation lassen sich Regierungstechniken von Arbeiter:innen über Sorgeplattformen nachzeichnen. Die Konzeptualisierung der Flexploitation, der subtilen Ausbeutung von Arbeiter:innen bei gleichzeitigem Propagieren von Flexibilität, ermöglicht es, die Privatisierung von Risiken und die Vielzahl von Krisenmomenten in den Feldern Arbeit, Geschlecht, Staat und Gemeinschaft nachzuzeichnen.

Flexibilität als das vorherrschende Narrativ in der Plattformökonomie lässt sich schnell durch die gleichsam operierende Logik der Ausbeutung unterminieren: sowohl auf der Ebene der Selbsttechnologien als auch auf der plattform-gouvernementalen Ebene des Arbeitskraftmanagements, die sich zudem miteinander verschränken. Von zentraler Bedeutung ist hier die Art und Weise, wie eine Plattform 'sieht', also durch algorithmisch gesteuerte Subjektivierungsagenten sorgende Körper zu orchestrieren versucht. Aufgrund des Überangebots von Arbeiter:innen auf Plattformen, die man als „sorgende Reservearmee" bezeichnen kann, müssen diese besonders herausstechen. Dabei müssen sie notgedrungen verschiedene Praktiken des Sichtbarkeitsmanagements betreiben, um sich im Pool der Sorgearbeiter:innen zu behaupten. Julia Ticona und Andrea Mateescu beschreiben in ihrer Studie zu Care-Plattformen in den USA Sorgearbeiter:innen als 'cultural entrepreneurs' (Tilona/Mateescu 2018). Dazu zählt etwa die Kuratierung ihrer Profile anhand der erwünschten Eigenschaften (pünktlich, zuverlässig) zur Optimierung ihrer Sichtbarkeit – die allerdings stets durch plattformspezifische Metriken gesteuert und für die Nutzer:innen nur schwer nachzuvollziehen sind. Erstens werden die Arbeiter:innen dazu angehalten, sich als „unternehmerisches Selbst" (Bröckling 2017) neu zu erfinden, um konstante Kundenorientierung, Innovation und Kreativität zur Schaffung von Mehrwert zu demonstrieren. Den „intimen Unbekannten" werden Selbstgestaltung und ästhetische Verantwortung zugeschrieben, weil die „Produktion von Aufrichtigkeit und Vertrauen zu jedermanns Beruf" (Groys 2009) auf digitalen Plattformen geworden ist. Letztlich führt dies zu einer Verstärkung der intersektionalen Ungleichheiten in der Plattformökonomie, wie Alex Rosenblat und Luke Stark (2017) in ihrer Untersuchung des „racial bias" beim Fahrdienst Uber konstatieren. Zweitens müssen sich die Pflegekräfte mit Bewertungssystemen auseinandersetzen, die nur in begrenztem Maße auf schlechte Bewertungen reagieren (etwa wenn die Arbeitnehmer:innen zu spät kommen). Auch wenn es aus Sicht der Plattformbetreiber keine „Diktatur der Sterne" gibt, wie Helplings Co-Gründer Benedikt Franke verkündet,[7] scheint doch das Gegenteil der Fall zu sein: Durch Bewertungspraktiken wird reziprokes Sichtbarkeitsmanagement auf Plattformen durch Nutzer:innen und Arbeiter:innen analysiert, hierarchisiert und schließlich (in-)visibilisiert.

Durch die Plattformisierung von Arbeit sieht man generell eine „radikale Responsibilisierung der Arbeitskräfte" (Fleming 2017) und eine Zuspitzung der zentralen anthropologischen Figur des flexiblen Kapitalismus, des unternehmerischen Selbst. Technologische Infrastrukturen ko-kreieren prekäre Arbeiter:innen, denen durch automatisierte Feedbackschleifen, Self-Tracking, Kontroll- und Optimierungssystemen ihr Platz in der App-Ökologie zugewiesen wird. Durch die Prozesse der Fragmentierung, Inwertsetzung und räumlichen Reorganisation werden wir so Zeug:innen einer Plattformisierung von Arbeit und Leben. Es ist produktiv, die Plattformisierung der Sorge in den Spannungsfeldern Produktion/Reproduktion, Sichtbarkeit/Unsichtbarkeit, öffentlich/privat zu begreifen. So kann man sich einer gegenwärtigen Krisendiagnose (in diesem Fall der

---

7 https://taz.de/Helpling-Gruender-Benedikt-Franke/!5377514/ [30. August 2020].

Care-Krise) annähern, um Subjektivierungsprozesse und Handlungsfähigkeit im flexiblen Plattformkapitalismus in den Blick zu nehmen, ohne strukturelle Privilegierungs-, Diskriminierungs- und „kontrollgesellschaftliche Sichtbarkeitsregime" (Bröckling 2010, 405) außer Acht zu lassen.

Schlussbemerkung

Der vorliegende Beitrag sollte den Blick für eine Plattformisierung der Sorge schärfen, sowohl auf struktureller Ebene als auch auf der Ebene der Subjektivierung von Arbeiter:innen, sowie die Verwobenheit von Plattformisierungs- und Prekarisierungsprozessen offenlegen. Prekarisierung nach der biopolitischen Wende zu begreifen, bedeutet, Flexibilisierungs-, Fragmentierungs- und Entgrenzungsprozesse in der produktiven wie reproduktiven Sphäre zu betrachten. Die Plattformisierung der Sorge offenbart sich als flexible Assemblage ineinander verschränkter Prozesse der zunehmenden Fragmentierung und Inwertsetzung von Sorgetätigkeiten sowie der räumlichen Reorganisation. Das affirmative Narrativ der Flexibilität und die gleichzeitige subtile Ausbeutung von Arbeiter:innen durch Plattformbetreiber kann zudem mit dem Begriff der Flexploitation, der subtilen Ausbeutung der Arbeiter:innen unter dem Deckmantel der Flexibilität, gefasst werden. Durch das Ineinandergreifen verschiedener Logiken der Responsibilisierung werden immer kleinteiligere Tätigkeiten in den Kreislauf kapitalistischer Inwertsetzung aufgenommen, wie es der private Haushalt und vielfältige Sorgetätigkeiten und deren Vermittlung als Service zeigen.

Bereits 1996 attestierte Manuel Castells in seinem Buch *The Rise of the Network Society*: „Wir leben nicht in einem globalen Dorf, sondern in maßgeschneiderten Häusern, die global produziert und lokal verteilt werden" (1996, 341). Diese von Castells beschriebene Doppelstruktur von globalen Produktions-, Kommunikations- und Informationsnetzwerken einerseits und der Einbettung in lokale Kontexte mit einer Vielzahl an Akteuren trifft auch auf die neue Arbeits- und Lebenswelt im Plattformkapitalismus zu. Die Plattformisierung der Sorge sollte in den Debatten um die Plattformökonomie nicht vernachlässigt werden, da hier eine Vielzahl von blinden Flecken der zeitgenössischen Organisation von Produktion und Reproduktion, von Öffentlichkeit und Privatheit, von Vermarktlichung und Re-Familiarisierung zusammenkommen. Dabei wird das Portfolio des prekären Selbst durch die Vielzahl an Plattformen und die Möglichkeit des Anbietens und Nachfragens von Arbeitskraft weiter diversifiziert. Im Zuge der attestierten Plattformisierung der Sorge wird reproduktiv-affektive Arbeit in Wert gesetzt. Plattformen agieren hier allerdings als Agenten gesellschaftlicher und individueller Unsicherheit, indem sie versuchen, *Unsichtbarkeit zu regieren*. Von zentraler Bedeutung ist hier der Modus, wie eine Plattform 'sieht', also versucht, die „sorgende Reservearmee" durch akribisches Management von Singularitäten zu orchestrieren. Eine solche Theorieperspektive kann dabei helfen, stetig neu zu verhandelnde Verhältnisse von Arbeit, Sorge und technologischer Entwicklung in den Blick zu nehmen.

Literatur

Altenried, Moritz, 2020: *The Platform as Factory: Crowdwork and the Hidden Labour behind Artificial Intelligence*. Capital & Class. 44. Jg., Heft 2, 145–158.

Armano, Emiliana/Bove, Arianna/Murgia, Annalisa, 2017: *Mapping Precariousness, Labour Insecurity and Uncertain Livelihoods*. London.

Aulenbacher, Brigitte, 2009: *Arbeit, Geschlecht und soziale Ungleichheiten*. AIS-Studien 2. Jg., Heft 2, 61–78.

–, 2020: *Auf neuer Stufe vergesellschaftet: Care und soziale Reproduktion im Gegenwartskapitalismus*. In: Becker, Karina/Binner, Kristina/Décieux, Fabienne (Hg.): Gespannte Arbeits- und Geschlechterverhältnisse im Marktkapitalismus. Wiesbaden, 125–147

Bourdieu, Pierre, 1998: *La précarité est aujourd'hui Partout*. Contre-Feux, 95–101.

Bröckling, Ulrich, 2010: *Nachwort*. In: Ders. (Hg.): Michel Foucault: Kritik des Regierens. Frankfurt am Main, 401–439.

–, 2017: *Das unternehmerische Selbst*. 6. Auflage. Frankfurt am Main.

Butler, Judith, 2006: *Precarious Life: The Powers of Mourning and Violence*. London/New York.

–, 2009: *Precarious Life, Grievable Life*. In: Dies.: Frames of War. London/New York, 1–32.

Butler, Judith/Athanasiou, Athena, 2014: *Die Macht der Enteigneten. Das Performative im Politischen*. Zürich/Berlin.

Callon, Michel, 2016: *Revisiting Marketization: From Interface-Markets to Market-Agencements*. Consumption Markets & Culture. 19. Jg., Heft 1, 17–37.

Castel, Robert/Dörre, Klaus, 2009: *Einleitung*. In: Dies. (Hg.): Prekarität, Abstieg, Ausgrenzung. Die soziale Frage am Beginn des 21. Jahrhunderts. Frankfurt am Main/New York, 11–18.

Castells, Manuel, 1996: *The Rise of the Network Society*. Cambridge/Oxford.

Cooper, Melinda E., 2011: *Life as Surplus: Biotechnology and Capitalism in the Neoliberal Era*. Seattle.

Crouch, Colin, 2019: *Will the Gig Economy Prevail?* Cambridge/Medford.

Doerr, Nicole, 2010: *Politicizing Precarity, Producing Visual Dialogues on Migration: Transnational Public Spaces in Social Movements*. Forum Qualitative Sozialforschung/

Forum Qualitative Social Research. 11. Jg., Heft 2. https://www.qualitative-research. net/index.php/fqs/article/view/1485/3000 [17. Dezember 2020].

Fleming, Peter, 2017: *The Human Capital Hoax: Work, Debt and Insecurity in the Era of Uberization.* Organization Studies 38. Jg., Heft 5, 691–709.

Fraser, Nancy, 2016: *Contradictions of Capital and Care.* New Left Review. Heft 100, 99–117.

Gerber, Christine/Krzywdzinski, Martin, 2019: *Brave New Digital Work? New Forms of Performance Control in Crowdwork.* In: Vallas, Steven P./Kovalainen, Anne (Hg.): Work and Labor in the Digital Age. London, 121–143.

Groys, Boris, 2009: *Self-Design and Aesthetic Responsibility.* E-Flux #07. https://www. e-flux.com/journal/07/61386/self-design-and-aesthetic-responsibility/[17. Dezember 2020]

Gutiérrez Rodríguez, Encarnación, 2007: *The „Hidden Side" of the New Economy: On Transnational Migration, Domestic Work, and Unprecedented Intimacy.* Frontiers: A Journal of Women Studies 28. Jg., Heft 3, 60–83.

–, 2010: *Migration, Domestic Work and Affect: A Decolonial Approach on Value and the Feminization of Labor.* New York/London.

–, 2014a: *Haushaltsarbeit und Affektive Arbeit. Über Feminisierung und Kolonialität von Arbeit.* Prokla. Zeitschrift für kritische Sozialwissenschaft. 44. Jg., Heft 1, 71–92.

–, 2014b: *The Precarity of Feminisation.* International Journal of Politics, Culture, and Society 27. Jg., 2. Heft, 191–202.

Hochschild, Arlie Russell, 2012: *The Outsourced Self: Intimate Life in Market Times.* New York.

Howcroft, Debra/Bergvall-Kåreborn, Birgitta, 2019: *A Typology of Crowdwork Platforms.* Work, Employment and Society. 33. Jg., Heft 1, 21–38.

Huws, Ursula/Spencer, Neil. H./Joyce, Simon, 2019: *The Platformization of Work in Europe.* https://www.feps-europe.eu/attachments/publications/the%20platformis ation%20of%20work%20in%20europe%20-%20final%20corrected.pdf [17. Dezember 2020]

Kalleberg, Arne L., 2009: *Precarious Work, Insecure Workers: Employment Relations in Transition.* American Sociological Review 74. Jg., Heft 1, 1–22.

Lemke, Thomas, 2007: *Gouvernementalität und Biopolitik.* Wiesbaden.

Lorey, Isabell, 2012: *Die Regierung der Prekären.* Wien/Berlin.

–, 2015: *Freiheit und Sorge. Das Recht auf Sorge im Regime der Prekarisierung.* In: Völ-ker, Susanne/Amacker, Michèle (Hg.): Prekarisierungen: Arbeit, Sorge und Politik. Weinheim/Basel.

Lutz, Helma/Amelina, Anna, 2017: *Gender, Migration, Transnationalisierung: Eine intersektionelle Einführung.* Bielefeld.

Marchart, Oliver, 2013: *Die Prekarisierungsgesellschaft. Prekäre Proteste. Politik und Ökonomie im Zeichen der Prekarisierung.* Bielefeld.

Mezzadra, Sandro/Neilson, Brett, 2019: *The Politics of Operations: Excavating Contemporary Capitalism*. Durham.

Morozov, Evgeny, 2013: *To Save Everything, Click Here: The Folly of Technological Solutionism*. New York.

Motakef, Mona, 2015: *Prekarisierung*. Bielefeld.

Pasquale, Frank, 2016: *Two Narratives of Platform Capitalism*. Yale Law & Policy Review. 35. Jg., Heft 1, 309–319.

Poell, Thomas/Nieborg, David/van Dijck, José, 2019: *Platformisation*. Internet Policy Review. 8. Jg., Heft 4. https://policyreview.info/concepts/platformisation [17. Dezember 2020].

Richardson, Lizzie, 2020a: *Coordinating the City: Platforms as Flexible Spatial Arrangements*. Urban Geography. 41. Jg., Heft 3, 458–461.

–, 2020b: *Platforms, Markets, and Contingent Calculation: The Flexible Arrangement of the Delivered Meal*. Antipode. 52. Jg., Heft 3, 619–636.

Rosenblat, Alex/Stark, Luke, 2017: *Algorithmic Labor and Information Asymmetries: A Case Study of Uber's Drivers*. International Journal of Communication. 10. Jg., Heft 27, 3758–3784.

Srnicek, Nick, 2017: *Platform Capitalism*. Cambridge.

Staab, Philipp, 2019: *Digitaler Kapitalismus. Markt und Herrschaft in der Ökonomie der Unknappheit*. Berlin.

Standing, Guy, 2011: *The Precariat: The New Dangerous Class*. London.

Tilona, Julia/Mateescu, Andrea, 2018: Trusted Strangers: Carework platforms' cultural entrepreneurship in the on-demand economy. New Media & Society, 20(11), 4384-4404.

Van Doorn, Niels. 2017: *Platform Labor: On the Gendered and Racialized Exploitation of Low-Income Service Work in the 'on-Demand' Economy*. Information, Communication & Society. 20. Jg., Heft 6, 898–914.

Völker, Susanne/Amacker, Michèle (Hg.), 2015: *Prekarisierungen: Arbeit, Sorge und Politik*. Weinheim/Basel.

Wood, Alex J./Graham, Mark/Lehdonvirta, Vili/Hjorth, Isis, 2019: *Good Gig, Bad Gig: Autonomy and Algorithmic Control in the Global Gig Economy*. Work, Employment and Society. 33. Jg., Heft 1, 56–75.

Woodcock, Jamie/Graham, Mark, 2020: *The Gig Economy: A Critical Introduction*. Cambridge.

Digitale Heimarbeit, (Im-)Mobilität
und Klassenzusammensetzung

Mira Wallis

Digitale Arbeit und soziale Reproduktion: Crowdwork in Deutschland und Rumänien

Die Corona-Pandemie hat tiefgreifend in den Arbeits- und Lebensalltag vieler Menschen eingegriffen. Für viele wurde die Veränderung am deutlichsten spürbar durch die Verlagerung ihres Arbeitsplatzes in die häuslichen vier Wände. Während das Home Office für manche einen Zugewinn an Flexibilität und Autonomie darstellte, bedeutete es für andere zusätzlichen Stress und Prekarität – etwa durch beengte Wohnverhältnisse oder durch die Herausforderung, Lohnarbeit und Care-Arbeit auf neue Art und Weise miteinander vereinbaren zu müssen. Die Krise löste eine breite Debatte darüber aus, ob das Home Office bzw. ortsungebundenes Arbeiten auch über die Pandemie hinaus zur neuen Normalität werden könnten („remote is the new normal").

Julia[1] hingegen, 36 Jahre alt und wohnhaft in einer Kleinstadt in Rheinland-Pfalz, arbeitete bereits Jahre vor der Pandemie von zu Hause aus. Über die digitale Plattform *Upwork* erledigt sie tagtäglich diverse Tätigkeiten – von Übersetzungen über Kundendienst bis hin zu Social Media Marketing. Für diese Form der digitalen und solo-selbstständigen Heimarbeit hat sie sich vor allem entschieden, um mehr Zeit mit ihren zwei kleinen Kindern verbringen zu können. Einen Großteil der Arbeit übt sie am späten Abend aus, wenn ihre Kinder schlafen.

Dieses Beispiel verdeutlicht, dass die gegenwärtige Debatte um das Home Office oftmals eine vermeintliche prä-pandemische 'Normalität' mit klaren Grenzen zwischen dem (privaten) Zuhause und dem (öffentlichen) Arbeitsplatz imaginiert, die es so nie gegeben hat – nicht nur mit Blick auf unbezahlte reproduktive Arbeit im Haushalt, die immer noch zum Großteil von Frauen* erledigt wird. Sondern auch mit Blick auf all diejenigen, deren privates Zuhause bereits vor der Corona-Krise auch der Ort ihrer Lohnarbeit war. 260 Millionen Heimarbeiter*innen haben laut der Internationalen Arbeitsorganisation (ILO) 2019 zur globalen Wirtschaftsleistung beigetragen, sei es in der Textil-, der Elektro- oder der IT-

---

1 Die Namen meiner Interviewpartner*innen sind zum Zwecke der Anonymisierung geändert.

Industrie (2020, 2). Entgegen der weit verbreiteten Betrachtung von Heimarbeit als Relikt einer vor- oder frühkapitalistischen Vergangenheit, zeigt ein Blick auf die globale Geschichte industrieller Heimarbeit, dass diese Form der Arbeit auch im 20. und 21. Jahrhundert keineswegs verschwunden, sondern von immer neuen Konjunkturen geprägt war und ist, die wiederum eng verknüpft sind mit technologischen Entwicklungen (Wallis/Altenried 2018).

Dieser Artikel beschäftigt sich mit einer spezifischen Gruppe von Heimarbeiter*innen und zwar solchen, die – wie Julia – in der ortsungebundenen Gig Economy[2] arbeiten. Auf sogenannten Crowdwork-Plattformen wie Upwork oder *Amazon Mechanical Turk* erledigen sie webbasierte Aufgaben vor dem PC oder mit dem Smartphone, für Auftraggeber*innen aus der ganzen Welt. Die Aufgaben reichen von kleinteiligen und ohne große Anlernung ausführbaren Arbeiten wie der Kategorisierung von Bildern oder dem Einsprechen von Beispielsätzen (*microtasks*), die jeweils mit Centbeträgen entlohnt werden, bis hin zu komplexen und zeitaufwendigen Aufträgen wie Übersetzungen, Programmier- oder Designtätigkeiten (*macrotasks*), die zum Teil mit Stundenlohn bezahlt werden. Mit einem digitalen Endgerät und einer stabilen Internetverbindung kann Crowdwork potenziell zu jeder Zeit und von jedem Ort aus durchgeführt werden. Nichtsdestotrotz findet sie meist im privaten Wohnraum statt – wodurch sich Millionen von Wohnzimmern, Küchen und Schlafzimmern auf der ganzen Welt in kleine, individualisierte Arbeitsplätze verwandeln. Deswegen lässt sich diese Form der Plattformarbeit auch als digitale Heimarbeit bezeichnen.

Im Unterschied zu vielen der Tätigkeiten auf Gig-Economy-Plattformen, um die es in anderen Artikeln in diesem Band geht (z.B. Reinigung oder Pflege), handelt es sich bei Crowdwork weder um eine bezahlte reproduktive Tätigkeit im engeren Sinne, noch intervenieren alle Crowdwork-Plattformen in ein bereits lange existierendes Berufsfeld. Im Gegenteil: Viele der Tätigkeiten, die über solche Plattformen vermittelt werden, sind erst in den letzten zehn Jahren mit der rasanten Entwicklung digitaler Technologien entstanden, so zum Beispiel die Produktion von Trainingsdaten für Künstliche Intelligenz und maschinelles

---

2 Ich unterscheide hier zwischen der *ortsgebundenen* und der *ortsungebundenen* Gig Economy. Erstere bezeichnet Formen von Plattformarbeit, die zwar digital organisiert und kontrolliert, aber nicht ausschließlich über das Smartphone ausgeführt werden. Beispiele sind Taxidienste, Essenslieferung oder Reinigung, die in urbanen Räumen am weitesten verbreitet sind. Letztere bezeichnet Formen von Plattformarbeit, die nicht nur digital reguliert, sondern auch digital ausgeführt werden. Sie können theoretisch von überall ('remote') erledigt werden, solange ein Zugang zum Internet und digitale Endgeräte verfügbar sind.

Lernen. Trotz alledem – so will der Artikel zeigen – greift auch dieser Bereich des Plattformkapitalismus in das Feld der sozialen Reproduktion ein. Zudem beeinflussen die in diesem Band diagnostizierten multiplen Krisen der sozialen Reproduktion wiederum die zunehmende Verbreitung von Crowdwork, befördern sie möglicherweise sogar.

Die hier nur grob skizzierten Zusammenhänge zwischen Crowdwork und sozialer Reproduktion will ich im Folgenden anhand von zwei Fragen genauer beleuchten: Erstens gehe ich der Frage nach, warum sich Menschen für Crowdwork entscheiden und in welchem Zusammenhang diese Motivationen mit den lokalen Reproduktionsbedingungen stehen. Inwiefern handelt es sich bei ihrer Entscheidung für digitale Plattformarbeit auch um eine Bearbeitungsstrategie lokaler Krisen der sozialen Reproduktion? Zweitens frage ich danach, wie Crowdworker*innen die unterschiedlichen Räumlichkeiten und Zeitlichkeiten navigieren, die durch die Arbeit auf einer globalen digitalen Arbeitsplattform vom privaten Zuhause aus entstehen.

Beide Fragen beziehen sich auf das spezifische Verhältnis zwischen den Sphären der Produktion und der Reproduktion. Zweifelsohne existiert jede Form der Lohnarbeit nur in Verbindung mit unterschiedlichen Arten von bezahlter und unbezahlter reproduktiver Arbeit (wie u.a. Ursula Huws in diesem Band herausstellt). Nancy Fraser charakterisiert das Verhältnis von ökonomischer Produktion und sozialer Reproduktion als eine beständige Unterordnung und Abwertung letzterer, bei gleichzeitig unverkennbarer Abhängigkeit der Kapitalakkumulation von stabilen Reproduktionsverhältnissen – ein zentraler Widerspruch des Kapitalismus an „der Wurzel der sogenannten Care-Krise" (Fraser 2016, 100ff, eigene Übers.). Fraser plädiert dafür, den Blick auf die Grenze zwischen den Sphären der Produktion und der Reproduktion zu richten, eine Grenze, die sich in der historischen Transformation des Kapitalismus immer wieder verschoben hat (ebd., 103). Meine zuvor beschriebenen Fragestellungen zielen letztlich also auch darauf ab, die Rolle von Crowdwork-Plattformen bei der gegenwärtigen Verschiebung dieser Grenze zu skizzieren.

Die Gliederung des Textes folgt diesen beiden Fragestellungen, die ich anhand meines empirischen Materials zu Crowdwork beleuchte, das ich im Rahmen des laufenden Forschungsprojekts „Digitalisierung von Arbeit und Migration" seit Mai 2018 erhoben habe.[3] Dazu zählen neben einer Online-Ethnographie

---

3   Das Projektteam besteht aus Manuela Bojadžijev, Moritz Altenried und mir und
    wird gefördert von der Deutschen Forschungsgemeinschaft (DFG) – Projektnummer
    398798988.

qualitative Interviews mit 37 Crowdworker*innen in Deutschland und Rumänien, die hauptsächlich auf den Plattformen *Appen, Figure Eight, Upwork, Fiverr* und *Microworkers* tätig sind.[4] Obwohl ein bedeutender Teil der globalen Arbeiter*innenschaft aus osteuropäischen Ländern kommt (Kuek u.a. 2015, 30), gibt es bislang nur wenige Studien, die die Arbeits- und Lebensbedingungen dieser Crowdworker*innen untersuchen. Rumänien ist nicht nur für sich genommen, sondern auch im Verhältnis zu Deutschland interessant, da die beiden Länder sowohl eine lange Geschichte der Migration als auch wirtschaftliche Beziehungen, insbesondere das Outsourcing deutscher Unternehmen nach Rumänien, verbindet. Beides wird sich unter dem Einfluss digitaler Plattformen möglicherweise verändern.[5]

Mein eigenes empirisches Material ordne ich in die Forschungslandschaft um digitale Plattformarbeit ein und konzeptionell in Debatten um die Krise sozialer Reproduktion, Entgrenzung und Plattformkapitalismus.

Wege in die digitale Heimarbeit

Crowdwork-Plattformen operieren mit unterschiedlichen Versprechen zeiträumlicher Flexibilität. Ihren Auftraggeber*innen – Unternehmen wie Privatkunden – bieten Sie Abhilfe bei jeglichen Formen von Arbeitskraftmangel sowie den Zugang zu einer kostengünstigen, flexibel skalierbaren und kulturell heterogenen Arbeiter*innenschaft. In ihrem Werbespot „Maternity Leave" wirbt die US-amerikanische Plattform *Upwork* beispielsweise damit, Mitarbeiterinnen in Elternzeit durch solo-selbstständige und ortsungebundene Crowdworker*innen vertreten zu

---

4   Darüber hinaus beinhaltet die Forschung eine Online-Befragung von 200 Crowdworker*innen auf fünf Plattformen, die zu diesem Zeitpunkt jedoch noch nicht ausgewertet ist.

5   Eine Studie der Weltbank stufte Rumänien für den Zeitraum 2014-2015 als eines der weltweit führenden Online-Outsourcing-Länder ein, wenn man die Zahl der Crowdworker*innen ins Verhältnis zur Gesamtbevölkerung des Landes setzt (Kuek u.a. 2015, 30). In Deutschland wiederum ist Crowdwork zwar weniger stark verbreitet als in Rumänien, stellt aber auch eine immer häufigere Form der Erwerbstätigkeit dar – wobei es in beiden Fällen kaum verlässliche Zahlen gibt. Der „Crowdworking-Monitor" vom Bundesministerium für Arbeit und Soziales (BMAS) schätzt den Anteil der im Jahr 2018 aktiven Crowdworker*innen an der wahlberechtigten deutschen Bevölkerung bei bis zu 4,8 Prozent, von denen 70 Prozent (entsprechend 3,4 Prozent von allen) – also rund 2 Millionen – ein Erwerbseinkommen erzielten (Serfling 2018). Weitaus geringer schätzen Bonin/Rinne die Zahl der aktiven Plattformarbeitenden – und zwar auf 0,85 Prozent der deutschsprachigen Erwachsenen (2017, 17).

lassen.[6] Die deutsche Plattform *Clickworker* hingegen wirbt mit einer vielfältigen, global verteilten Crowd, die „einen breiten Querschnitt der Bevölkerung"[7] darstelle. Die Crowdworker*innen selbst, auch „contributor", „freelancer" oder „user" genannt, werben die Plattformen wiederum mit Versprechen von Selbstbestimmung und Autonomie, der Vereinbarkeit von Lohn- und Sorgearbeit oder einem mobilen Lebensstil an. Aber was steckt hinter diesen Narrativen? Das folgende Unterkapitel beschreibt die unterschiedlichen Wege, die Menschen in Deutschland und Rumänien in die digitale Heimarbeit auf Crowdwork-Plattformen führen und fragt, welche Dimensionen krisenhafter sozial-reproduktiver Verhältnisse sich mit Blick auf ihre Motivationen beobachten lassen.

Vereinbarkeit von Lohn- und Sorgearbeit

Einleitend wurde bereits Julia erwähnt, die mit ihrem Mann und ihren zwei Kindern in einer Kleinstadt in Rheinland-Pfalz lebt und seit vier Jahren auf der Crowdwork-Plattform *Upwork* arbeitet. Bei Upwork handelt es sich um eine der weltweit größten englischsprachigen Plattformen für Freiberufler*innen, die alle möglichen Formen der (zumeist höherqualifizierten) digitalen Arbeit vermittelt – von Marketing, Buchhaltung und Web-Entwicklung bis hin zu Copywriting. Julia ist erst seit kurzem zurück in Deutschland. Zuvor lebte sie 10 Jahre mit ihrer Familie in Kanada, wo die gelernte Krankenpflegerin im Kundenservice auf ihren beiden Muttersprachen Deutsch und Englisch arbeitete. Auf Upwork stieß sie auf der Suche nach einem Nebenverdienst, der notwendig wurde, weil ihr komplettes Gehalt bereits in die in Kanada vollständig privatisierte Kinderbetreuung floss. Zudem wollte Julia austarieren, ob sie sich durch die freiberufliche Plattformarbeit möglicherweise irgendwann selbstständig machen könnte, um mehr Zeit mit ihren Kindern verbringen zu können. Da sie durch lange Pendelzeiten bereits zehn Stunden pro Tag außer Haus war, wollte sie gerne eine Nebentätigkeit finden, die sie von zu Hause aus erledigen konnte. Zurück in Deutschland arbeitet sie mittlerweile als Vollzeit-Freiberuflerin auf Upwork. Bei ihren diversen Kunden handelt es sich vor allem um nordamerikanische und deutsche Logistik- und Versandhandelsfirmen, für die sie Übersetzungen anfertigt und im Kundendienst

---

6   Siehe You-Tube-Kanal von Upwork, 15. Januar 2019: *Maternity Leave.* https://www. youtube.com/watch?v=Dh3jTCP2myA [6. November 2020].

7   Siehe die Beschreibung der „Clickworker-Community" auf der Internetpräsenz der Plattform. https://www.clickworker.de/unsere-crowd-die-clickworker/ [3. Dezember 2020].

arbeitet. Bevor sie mit dieser Arbeit begann, hatte Julia sich bereits auf der Plattform *Fiverr* registriert, dort aber dem Unterbietungswettbewerb mit „Billiganbietern" nicht standhalten können, ohne sich, wie sie es ausdrückt, „unter Wert zu verkaufen". Auf Upwork bietet sie ihre Arbeitskraft für 11 Euro die Stunde an, wovon ihr nach Abzug der Gebühr, die die Plattform für jede Transaktion von den Selbstständigen einzieht, umgerechnet noch 8,80 Euro bleiben – ein Stundenlohn, der unter dem gesetzlichen Mindestlohn in Deutschland liegt und keine Sozial- und Rentenversicherung beinhaltet. Nichtsdestotrotz hat sie sich für diese Form der Arbeit entschieden, um mehr Zeit mit ihren Kindern verbringen und Haushaltsarbeit mit Lohnarbeit verbinden zu können.

Alexandra ist um die 30 Jahre alt und lebt mit ihrem Partner und ihrem acht Monate alten Baby in einer mittelgroßen Stadt in der Region Siebenbürgen in Rumänien, wo sie als Geschäftsführungsassistenz im Personalmanagement arbeitet. Bei ihrem Arbeitgeber handelt es sich um ein multinationales Unternehmen, das Teile seiner Produktion nach Rumänien ausgelagert hat. Aufgrund ihres Babys ist sie zurzeit in Elternzeit. 2018 begann sie mit der Arbeit auf der Plattform *Appen*, nachdem sie schon lange Zeit nach einer Möglichkeit gesucht hatte, von zu Hause aus zusätzliches Einkommen zu erwirtschaften. Appen hat sich darauf spezialisiert, durch menschliche Arbeit produzierte oder bearbeitete Daten bereitzustellen, die für maschinelles Lernen und künstliche Intelligenz erforderlich sind, zum Beispiel für die Optimierung von Suchmaschinen oder die Entwicklung von Spracherkennungsprogrammen. Das Plattformunternehmen hat einen spezifischen Bedarf an einer globalen und heterogenen Arbeiter*innenschaft, um beispielsweise die Spracherkennungsalgorithmen seiner Kund*innen mit unterschiedlichen Akzenten und Dialekten füttern zu können. Alexandras Tätigkeit auf der Plattform besteht darin, anonymisierte Audio- und Videoaufnahmen von Social-Media-Nutzer*innen zu transkribieren und der KI dabei zu helfen, zwischen menschlichen und nicht-menschlichen Geräuschen zu unterscheiden. Dafür bekommt sie durchschnittlich 5 Dollar pro Stunde,[8] ein nach ihren Angaben höherer Stundenlohn als bei ihrem regulären Arbeitgeber.[9] Alexandra hat über eine Online-Werbung zu Appen gefunden. Das Plattformunternehmen

---

8 Appen bezahlt seine Crowd zum Teil nicht nur stücklohnbasiert, sondern schließt temporär begrenzte Verträge mit den Selbstständigen ab, beispielsweise für ein zweimonatiges Projekt à 20 Stunden pro Woche.

9 Der Mindestlohn in Rumänien lag 2019 bei 446 Euro pro Monat, das durchschnittliche monatliche Nettoeinkommen betrug um die 650 Euro (vgl. National Institute of Statistics. https://insse.ro/cms/en/content/earnings-1991-monthly-series [21. November2020]).

schaltet beispielsweise Anzeigen in Facebook-Gruppen für IT-Jobs in Rumänien. Dabei versucht es, gezielt solche Menschen zu erreichen, die Sorgeverantwortlichkeiten haben, etwa Kinder betreuen müssen. Auch auf dem Blog des Unternehmens (Appen 2019) finden sich zahlreiche Artikel, in denen Crowdwork als ideale Lösung zur Vereinbarkeit von Lohnarbeit und reproduktiven Tätigkeiten präsentiert wird: „Working from home also allows for an easier work-life balance if personal responsibilities like studying or childcare are still a big factor of your daily life." Es ist dieses Versprechen von Flexibilität, Autonomie und Vereinbarkeit von Lohnarbeit und Kinderbetreuung, das Alexandra, ähnlich wie, Julia auf die Suche nach digitaler Heimarbeit gebracht hat.

Beide Beispiele aus meiner qualitativen Forschung unterstreichen, worauf quantitative Erhebungen zu den vergeschlechtlichten Dimensionen von digitaler Plattformarbeit in den letzten Jahren bereits mehrfach hingedeutet haben: Auf Crowdwork-Plattformen gibt es einen großen Anteil weiblicher Arbeitenden,[10] die als Motivation für diese Form der Arbeit oft die Möglichkeit angeben, „in irgendeiner Form zu arbeiten und ein Einkommen zu erzielen und sich gleichzeitig um Kinder oder ältere Angehörige zu kümmern und Hausarbeit zu leisten" (Berg u.a. 2018, 69, eigene Übers.; vgl. auch Posch u.a. 2018, 10; Altenried 2017). Viele weibliche Crowdworker*innen haben kleine Kinder (Casilli u.a. 2019, 40) und mehr weibliche als männliche Arbeitende geben an, aufgrund von Sorgeverantwortlichkeiten nur von zu Hause aus arbeiten zu können (Berg u.a. 2018, 38). Zudem übernehmen Frauen häufiger schlecht bezahlte Tätigkeiten auf Crowdwork-Plattformen, so zum Beispiel Übersetzung und Schreibtätigkeiten (Andjelkovic u.a. 2019, 7) sowie Umfragen, Unterricht und Mikroarbeit, wie etwa das zuvor beschriebene Transkribieren von Audiodateien (Aleksynska u.a. 2018, 31).

Die Beispiele von Julia und Alexandra, ebenso wie viele weitere meiner Interviews, zeigen aber auch, dass es sich bei der Entscheidung für digitale Heimarbeit oftmals nicht nur um eine ökonomische Notwendigkeit handelt. Die wenigsten weiblichen Crowdworker*innen mit Sorgeverantwortlichkeiten sind tatsächlich an ihr Zuhause 'gebunden' und können ausschließlich von dort aus arbeiten. Vielmehr wählen die meisten die Arbeit über eine Plattform, weil sie auf der Suche

---

10 Die quantitativen Daten zum Anteil von Frauen auf Crowdwork-Plattformen unterscheiden sich in unterschiedlichen Studien zum Teil stark, insbesondere mit Blick auf den geographischen Kontext und die Art der Plattform. Vgl. z.B. für Deutschland Pongratz/Bormann 2017, 168; Krzywdzinski/Gerber 2020, 14; für Frankreich Casilli u.a. 2019, 31; für Ghana, Kenia, Nigeria und Tansania Onkokame u.a. 2018, 3; für die USA Posch u.a. 2018, 10.

nach „zeitlicher Autonomie" (Dubal 2020) sind, die es ihnen erlaubt, mehr und selbstbestimmter Zeit mit ihren Kindern zu verbringen.

Es sind aber nicht nur Frauen, die sich für digitale Heimarbeit entscheiden. Durch den niedrigschwelligen Zugang zu Plattformarbeit und die zeiträumliche Flexibilität der Arbeit zeichnet sich die Arbeiter*innenschaft auf Crowdwork-Plattformen gerade durch ihre Heterogenität aus (Altenried 2017). Zudem lässt sich der Zusammenhang zwischen Crowdwork und sozialer Reproduktion keineswegs auf die Vereinbarkeit von Lohnarbeit mit Kinderbetreuung beschränken, auch andere Formen der Gebundenheit an das private Zuhause spielen eine Rolle:

Nehmen wir Darian, einen 38-jährigen Informatiker und Grafikdesigner aus Sibiu, einer anderen mittelgroßen Stadt in Siebenbürgen. Seit 2007 arbeitet er mal mehr und mal weniger auf Upwork, bzw. dem Vorläufer der Plattform *O-Desk*, entwirft dort für Kund*innen aus aller Welt Logos oder übernimmt kleinere Programmierarbeiten. Lange Zeit stellte Upwork für ihn nur eine Nebeneinkunft dar, die einen flexibleren Lebensstil ermöglichte – bis seine Partnerin an Krebs erkrankte, er seinen regulären Job in einem internationalen Telekommunikationsunternehmen aufgeben musste, um von zu Hause aus arbeiten und sich um seine Freundin kümmern zu können. Mit den Einkünften auf Upwork versuchte er, die Behandlungskosten abzudecken, die durch ihre staatliche rumänische Krankenversicherung nicht übernommen wurden. Für Darian ist Freelancing „nicht wie ein Job", sondern „etwas, wofür man persönliche Gründe haben muss".

Auch die 60-jährige Eliana aus Bukarest hat sich für digitale Heimarbeit entschieden. Bis zum Konkurs ihres Arbeitgebers 2017 im Zuge der Wirtschaftskrise in Rumänien war sie als Elektroingenieurin tätig. Aufgrund ihres Alters hatte sie bereits Schwierigkeiten, einen neuen Job zu finden, als sie ernsthafte gesundheitliche Probleme bekam, die eine Arbeit außer Haus verunmöglichten. Seitdem verdient sie ca. 100 Dollar im Monat auf *Microworkers*, beispielsweise durch das „Liken" oder Kommentieren von Videos auf YouTube. Ältere Menschen und/oder Rentner*innen wie Eliana sind auch unter den von mir befragten Crowdworker*innen in Deutschland. Sie entscheiden sich für Plattformarbeit, weil ihnen, insbesondere im ländlichen Raum, oft nicht viele andere Möglichkeiten auf dem Arbeitsmarkt bleiben, um ihre Rente aufzubessern.

Lokale Ausschlüsse und Crowdwork als Zugang zur globalen digitalen Ökonomie

Auch für eine andere Gruppe von Arbeitenden, die Crowdwork-Plattformen nutzen, stellen diese einen Weg da, den Ausschlüssen auf dem lokalen, hier spezifischer auf dem nationalen Arbeitsmarkt zu entgehen, insbesondere in Deutschland. So finden sich auf den global agierenden und mehrsprachig verfügbaren Plattformen wie Figure Eight oder Upwork etliche Migrant*innen, denen der Einstieg in den Arbeitsmarkt aufgrund von Sprache, Arbeitsverboten und/oder rassistischer Diskriminierung erschwert ist. Crowdwork bietet ihnen eine Einkommensmöglichkeit in der globalen digitalen Ökonomie (Altenried/ Bojadžijev/Wallis 2020). Obwohl viele von ihnen schon seit Jahren, oftmals bereits vor der Migration, Crowdwork-Plattformen nutzen, wird die Arbeit häufig als Überbrückung eines Wartezustands auf einen 'richtigen' Job charakterisiert.

Ein Beispiel ist Marik, 28 Jahre alt, der im November 2019 aus Ägypten nach Deutschland kam, um im Ruhrgebiet einen studienvorbereitenden Deutschkurs zu absolvieren und später Informatik zu studieren. Marik hat viele Jahre Erfahrung mit den unterschiedlichsten Formen von digitaler Plattformarbeit, mit denen er in Ägypten ein höheres Einkommen als in seinem gelernten Beruf als Produktionsingenieur erzielen konnte. Die Plattform Appen zahlt Crowdworker*innen je nach Aufenthaltsland unterschiedliche Stundenlöhne – in Ägypten verdiente Marik 4 Dollar pro Stunde. Auch in Deutschland sucht er beständig nach den unterschiedlichsten Möglichkeiten, über digitale Plattformen Einkommen zu erzielen, weil er während seines Deutschkurses keine offizielle Arbeitserlaubnis hat und von seinen Ersparnissen leben muss. Auf Appen darf er offiziell erst nach drei Jahren Aufenthalt in Deutschland arbeiten, da die Plattform für die Evaluation von Social-Media-Inhalten Arbeitende benötigt, die mit dem deutschen Kontext vertraut sind. Deswegen arbeitet er stattdessen auf Figure Eight, eine von Appen aufgekaufte Microtask-Plattform, wo er unter anderem Umfragen ausfüllt.

Im Gegensatz zu Marik hat es Eric – 37 Jahre alt, Doktorand und wohnhaft in einer mittelgroßen ostdeutschen Stadt – geschafft, in Appens Crowd für den deutschen Sprachraum aufgenommen zu werden. Eric hat sich für Crowdwork entschieden, um neben dem Stipendium und dem Einkommen seiner Partnerin mehr Geld für seine drei Kinder zur Verfügung zu haben. Jeden Tag arbeitet er eine Stunde auf der Plattform für Projekte im Bereich „social media rating" – das heißt, er beurteilt unter anderem die Passgenauigkeit von Suchmaschinenergebnissen und überprüft die Arbeit anderer Crowdworker*innen. Dafür zahlt Appen ihm 18 Dollar die Stunde, was den Job für ihn trotz der schwankenden Auftragslage sehr attraktiv macht. Eric kommt aus Kamerun und erzählt, dass auch die meisten anderen Crowdworker*innen, die in Deutschland für Appen arbeiten, keine Deutsch-Muttersprachler*innen seien.

Neben ökonomischen Zwängen, gesellschaftlichen Ausschlüssen, Immobilität sowie Wünschen nach zeiträumlicher Flexibilität spielen auch zahlreiche andere

Motivationen eine Rolle bei der Entscheidung für Crowdwork: Beispielsweise hat der Zugang zur globalen digitalen Ökonomie, den die Plattformen bieten, für einige Crowdworker*innen auch eine soziokulturelle Dimension: Insbesondere Arbeitende aus Rumänien heben den Kontakt zu Kund*innen aus aller Welt als einen positiven Faktor hervor. In einigen Fällen geht dieser Kontakt weit über Geschäftsbeziehungen hinaus, sogar Freundschaften werden über und jenseits der Plattform geknüpft – auch wenn diese oftmals von asymmetrischen Abhängigkeitsverhältnissen geprägt bleiben. Andere entscheiden sich auch deshalb für Crowdwork, weil sie von technologischen Entwicklungen fasziniert sind und die Verbesserung von KI-Systemen unterstützen möchten. Wieder andere möchten sich mit der Arbeit einen mobilen Lebensstil ermöglichen, der sie eben nicht an einen bestimmten Ort bindet. Auch der Wunsch, selbstbestimmt zu arbeiten und sich der Kontrolle von direkten Vorgesetzten entziehen zu können, spielt eine nicht geringe Rolle für viele Crowdworker*innen. Frühere, negative Erfahrungen auf dem 'traditionellen' Arbeitsmarkt werden hierbei oftmals als Negativfolie genannt.

Crowdwork als Bearbeitungsstrategie von Krisen der Reproduktion

Was folgt aus diesen empirischen Ausschnitten für unser Verständnis des Zusammenhangs zwischen der Entscheidung für Crowdwork und Krisen der sozialen Reproduktion? Zunächst einmal, dass wir es stets mit einem Zusammenspiel unterschiedlicher Dimensionen von Krise zu tun haben. Ich unterscheide hier mit Bezug auf Julia Dück zwischen einer „stofflichen" und einer „subjektiven" Krise der sozialen Reproduktion. *Stoffliche* Dimensionen dieser Krise meinen eine Situation, in der Menschen schwerlich oder nicht mehr dazu in der Lage sind, sich zu reproduzieren, beispielsweise nicht mehr ihre Miete zahlen, ihre Kinder betreuen oder ihre gesundheitliche Versorgung sicherstellen können. Die *subjektiven* Dimensionen der Krise der sozialen Reproduktionen wiederum umfassen das unterschiedliche Erleben sowie die verschiedenen Umgangsstrategien der Subjekte mit materiell krisenhaften Situationen – etwa solche, in denen Menschen gezwungen sind, ihre tradierten Alltagspraxen, Gewohnheiten oder Denkweisen zu verändern (siehe Dück in diesem Band). Die zuvor skizzierten Motivationen von Crowdworker*innen sind Beispiele dafür, wie digitale Plattformarbeit als eine Bearbeitungsstrategie genutzt wird, um stofflichen wie subjektiven Krisen der Reproduktion zu begegnen.

Die Krisen meiner Interviewpartner*innen nehmen viele unterschiedliche Dimensionen an: Eine mangelnde öffentliche Infrastruktur zur Betreuung von

Kindern (wie Julia sie in Kanada erlebt hat) kann Menschen in prekäre Arbeitsverhältnisse auf Crowdwork-Plattformen treiben, ebenso wie ein unterfinanziertes staatliches Gesundheitssystem, Niedriglöhne, Altersarmut und Arbeitslosigkeit in einer strukturschwachen Region (wie Alexandra, Darian und Eliana sie in Rumänien erleben). Aber auch rassistische Ausschlüsse auf dem Arbeitsmarkt verschlechtern die lokalen Reproduktionsbedingungen und führen dazu, dass Menschen in der digitalen Ökonomie nach Einkommensmöglichkeiten suchen. Diese lokalen Reproduktionsbedingungen unterscheiden sich nach diversen Faktoren wie sozialem Status, finanziellen Rücklagen, Staatsbürgerschaft, dem Zugang zu staatlichen Leistungen und dem geographischen Kontext. So finden sich in meinem Sample beispielsweise mehr Crowdworker*innen in Rumänien als in Deutschland, die in Crowdwork eine langfristige Berufsperspektive sehen und Vollzeit auf Plattformen arbeiten. Dies könnte damit zusammenhängen, dass die Erwartung an einen funktionierenden Wohlfahrtsstaat als Lösung der eigenen Reproduktionskrisen, etwa in Bezug auf die Gesundheitsversorgung oder das Rentensystem, in Rumänien weniger ausgeprägt ist als in Deutschland.[11] Ähnliches lässt sich bei meinen Interviewpartner*innen mit Migrationserfahrungen in Deutschland feststellen. In anderen Worten: Je weniger das klassische Normalarbeitsverhältnis und der Wohlfahrtsstaat als tatsächliche Optionen zur Absicherung von Lebensunterhalt, Rente und gesundheitlicher Versorgung erscheinen, desto attraktiver wird eine solo-selbstständige Arbeit auf globalen Crowdwork-Plattformen, auf denen mitunter zumindest ein höherer Stundenlohn erzielt werden kann als auf dem traditionellen Arbeitsmarkt. Crowdwork muss folglich immer im Verhältnis zu anderen Optionen der Einkommensgenerierung sowie im Verhältnis zu lokalen sozialen Infrastrukturen betrachtet werden.

Gleichzeitig, auch das verdeutlichen die hier angeführten empirischen Beispiele, ist es nie nur ein einfaches Motiv, das Menschen zu Crowdwork führt. Vielmehr müssen wir den Blick auf ihre spezifischen Lebensverläufe und Lebenswelten werfen, um zu verstehen, warum Menschen sich für diese Form der Arbeit entscheiden. Wie die auf Menschen mit Sorgeverantwortlichkeiten gerichtete Anwerbestrategie Appens beispielhaft gezeigt hat, setzen sich Plattformunternehmen zum Teil sehr genau mit diesen Lebenswelten und den lokalen Reproduktionsbedingungen auseinander, um neue Arbeitskraft zu mobilisieren.

---

11 Ähnlich argumentieren Dubal (2020) und Krzywdzinski/Gerber (2020) mit Blick auf den Zusammenhang zwischen der Entscheidung für Crowdwork und der Ausprägung des Wohlfahrtsstaates in Deutschland und den USA.

Rhythmen und Räume von Arbeit im Crowdworking-Alltag

Der vorherige Abschnitt hat gezeigt, wie die Narrative von Crowdwork-Plattformen bezüglich zeiträumlicher Flexibilität, Vereinbarkeit und Mobilität auf die Motivationen von Crowdworker*innen einwirken und sich bei der Entscheidung für die digitale Heimarbeit auf je spezifische Weise mit den jeweiligen lokalen gesellschaftlichen Reproduktionsbedingungen der Arbeitenden und ihren individuellen Lebensverläufen verknüpfen. Blicken wir nun aber über die Motive hinaus auf den konkreten Arbeitsalltag von Crowdworker*innen: Wie navigieren sie die unterschiedlichen Räumlichkeiten und Zeitlichkeiten, die durch die Arbeit auf globalen digitalen Plattformen entstehen? Anhand meines empirischen Materials werde ich verdeutlichen, wie Crowdworker*innen diese diversen Zeit/räume navigieren – zwischen on- und offline, Lohnarbeit und Reproduktion, globaler Plattform und lokaler Eingebundenheit, 'physischer' Immobilität und virtueller Mobilität. Damit sind unterschiedliche Dimensionen von Nähe und Distanz, Intimität und Anonymität verbunden, die die Plattform zu regulieren versucht.

Logged in: *Fragmentierung und Elastizität des Arbeitstages*

Wir haben bereits Julia kennengelernt, die auf Upwork als Übersetzerin und im Kundenservice arbeitet, um mehr Zeit mit ihren zwei Kindern verbringen zu können. Die zeitlichen Rhythmen ihrer Arbeit muss sie an zwei Anforderungen anpassen: Einerseits muss sie den Fristen ihrer zu einem Großteil in Nordamerika ansässigen Kund*innen gerecht werden. Andererseits kann sie nur dann arbeiten, wenn ihr jüngstes Kind schläft oder in der Kita ist. In der Konsequenz arbeitet sie meistens abends nach 20 Uhr, oft bis spät in die Nacht. Zurzeit geht Julias jüngstes Kind zwar in die Kita, doch als Freiberuflerin hat sie in Rheinland-Pfalz bis zum vollendeten zweiten Lebensjahr ihres Kindes nur dann Anspruch auf Betreuung, wenn keine anderen Eltern mit einem 'traditionellen' Vollzeitjob den Kitaplatz benötigen:

> „Klar ich habe mich [für Plattformarbeit] entschieden, damit ich eben bei den Kindern sein kann und eben nicht unbedingt auf den Kindergartenplatz angewiesen bin, weil ich weiß, er kann mir schnell wieder weggenommen werden. [...] Weil die Plätze sind wirklich so dünn gesät, dass Kindergärtenplätze nur noch für die arbeitende Bevölkerung vorenthalten werden."

Julia betonte im Interview, dass sie sich von der Politik nicht ernst genommen fühle, weil ihre Tätigkeit als Freiberuflerin nicht als vollwertiger Job anerkannt werde und ihr Kita-Platz deswegen prekär sei. Ohne diese Betreuung wiederum kann sie auf die Abend- und Nachtarbeit auf Upwork nicht verzichten. Nichtsdestotrotz versucht sie eigene Grenzen zu setzen, um dem Verschwimmen zwischen produktiven und reproduktiven Tätigkeiten entgegenzuwirken. Beispielsweise hat sie sich entschieden, nicht mehr für einen kanadischen Kunden zu arbeiten, für dessen Geschäftsmeetings sie zum Teil um 4 Uhr nachts verfügbar sein musste.

Abend- und Nachtarbeit ist auch für Alexandra in Siebenbürgen Alltag. Babysitter können sie und ihr Partner sich nicht leisten, für den Kindergarten ist ihr Kind noch zu jung. Deswegen versucht Alexandra, jeden Tag von 20 Uhr bis Mitternacht auf Appen zu arbeiten. Die Tätigkeiten findet sie oft ermüdend, vor allem wenn sie Audio- oder Videomaterial transkribieren muss – eine sehr akribische Arbeit, die hohe Konzentration erfordert. Im Gegensatz zu Julia kann Alexandra weder direkte Beziehungen zu Kund*innen aufbauen, die ihr eine mehr oder weniger langfristige Jobperspektive bieten könnten, noch kann sie es sich erlauben, Projekte abzulehnen, da die Verfügbarkeit von Arbeit auf Appen extremen Schwankungen unterliegt.

Eric wiederum, der in Deutschland auf Appen arbeitet und sich auch um zwei Kinder kümmert, scheint die Integration von Lohnarbeit in seinen Alltag leichter zu fallen. Seine Arbeit im Bereich Social Media Rating erledigt er oft parallel zu anderen reproduktiven Tätigkeiten mit dem Smartphone:

> So at times, in the morning, when I just get up, since I do an hour per day, I just take my phone. Before I do any other thing, I just do it before I start my activity. [...] And so it doesn't really affect me. [...] It's just very easy to me, like brushing your mouth in the morning or brushing before you get back to bed.

An anderer Stelle im Interview gibt Eric jedoch die Betreuung seiner Kinder als einen Grund dafür an, bisher nicht mehr Stunden auf der Plattform arbeiten zu können und beschreibt, dass er dafür manchmal „alles stehen und liegen lassen" müsse (eigene Übers.).

Diese kurzen empirischen Ausschnitte fügen sich in breitere quantitative Forschungen zu Crowdwork ein: Erste Studien zeigen beispielsweise, dass insbesondere weibliche Crowdworker*innen häufig nachts arbeiten (Aleksynska u.a. 2018, 37; Berg u.a. 2018, 67ff) und dass Frauen seltener feste Arbeitstage haben, sondern 6-7 Tage auf Plattformen tätig sind (Adams-Prassl/Berg 2017, 10). Isabell Hensel vermutet, dass Frauen auch deswegen stärker von den prekären Arbeitsverhältnissen auf Plattformen betroffen sind, weil Plattformarbeit für sie häufiger als für Männer die einzige Verdienstmöglichkeit darstelle. Männer seien „erst dann betroffen, wenn sie Crowdworking als 'ernsten' Verdienst wahrnehmen" würden (Hensel 2020, 59f).

Diese Erkenntnisse mögen mit Blick auf den Diskurs zur Entgrenzung der Arbeit im Home Office wenig überraschen. Arbeitsintensivierung, die Verschmel-

zung von Beruf und Sorgearbeit sowie Stress durch ständige Erreichbarkeit –
zusätzlich zu der nach wie vor häufig überproportional von Frauen geleisteten
unbezahlten Haus- und Sorgearbeit – werden hier als Kehrseite der zeiträumli-
chen Flexibilität thematisiert (ebd., 51f.). Studien zum Zusammenhang zwischen
Entgrenzung und Digitalisierung weisen darauf hin, dass sich diese negativen
Tendenzen bei digitaler Arbeit (Busch-Heizmann u.a. 2018), insbesondere bei
Plattformarbeit (Hensel 2020, 52) noch verschärfen. Crowdwork-Plattformen
tragen zu dieser Verschärfung durch einige Faktoren bei. Zum einen etablieren
sie neue Formen teilautomatisierter Kontrolle, die noch stärker in den Alltag der
Arbeitenden eingreifen können, so etwa bei der Arbeitszeitkontrolle durch auto-
matisierte Screenshots des privaten Desktops[12] oder durch algorithmenbasierte
Rating- und Rankingsysteme, die zu lange Abwesenheiten und Inaktivität (z.B.
durch Urlaub) oder spätere Antwortzeiten durch eine schlechtere Sichtbarkeit des
Profils für Kund*innen bestrafen. Zum anderen wird die Entgrenzung von Arbeit
und Leben durch die globale Konkurrenz auf Crowdwork-Plattformen verschärft.
Diese Konkurrenz ist ein zentraler Faktor, dem in national angelegten Studien
zu Crowdwork oft zu wenig Beachtung geschenkt wird, obwohl es sich um einen
wichtigen Unterschied im Vergleich zu „traditioneller" Heimarbeit handelt. So
beruht das Geschäftsmodell der Plattformen auf einem ständigen Überangebot
von Arbeitskraft, die zu jeder Tages- und Nachtzeit zur Verfügung stehen soll –
und dementsprechend auch die Arbeitenden zu ständiger Verfügbarkeit zwingt.

Ursula Huws beschreibt diesen Zustand als eine Auflösung der „Einheit von
Zeit und Raum des traditionellen Arbeitsplatzes" und eine Verschiebung der
Bedeutung von „Präsenz" „bei der Arbeit", die sich nun mehr und mehr dar-
über definiere, „eingeloggt" zu sein (Huws 2016, 21f., eigene Übers.). Digitale
Arbeiter*innen seien auf unterschiedliche Weisen „logged", also im wörtlichen
Sinne „erfasst": Erstens durch die Fragmentierung ihrer Arbeit in separate Auf-
gaben, zweitens durch die permanente Kontrolle ihrer Arbeit durch Kund*innen
oder Vermittler*innen (wie z.B. die Plattform) und drittens durch die Erfordernis,
ständig online und für Arbeit verfügbar zu sein (ebd.). Von genau dieser ständigen
Verfügbarkeit profitieren wiederum die Unternehmen, die über die Plattfor-

---

12 Upwork bietet seinen Nutzer*innen beispielsweise eine Desktop App zur Protokol-
lierung der Arbeitszeit für solche Jobs an, die nicht über Stücklohn bezahlt werden.
Die App macht in unregelmäßigen Abständen sechs Screenshots pro Stunde vom
Desktop der Arbeiter*innen, die den Kund*innen übermittelt werden. Möchten
die Arbeiter*innen einen Screenshot löschen lassen, geht dies laut einer meiner
Interviewpartner*innen mit einem automatischen Abzug von bezahlter Arbeitszeit
einher.

men Arbeiter*innen aus unterschiedlichen Zeitzonen synchron und zugleich temporär befristet in ihre internen Arbeitsläufe einbinden können. Shehzad Nadeem beschreibt diesen Vorgang als „Zeit-Arbitrage", eine „Ausbeutung von Zeitunterschieden zwischen geographischen Arbeitsmärkten mit dem Ziel der Profitgenerierung" (2009, 21, eigene Übers.).

Statt also das völlige Verschwinden der zeitlichen Grenzen zwischen den Sphären der Produktion und der Reproduktion zu prognostizieren (wie der Diskurs um die Entgrenzung von Arbeit es oft suggeriert), erscheint es mit Blick auf den Arbeitsalltag von Crowdworker*innen sinnvoller, von einer „Elastizität" (Huws 2016, 35) und „Fragmentierung" des Arbeitstages zu sprechen. Insbesondere Crowdworker*innen mit Sorgeverantwortlichkeiten stehen dabei vor der Herausforderung, zwischen der in viele kleine Aufgabenpakete zerstückelten Lohnarbeit und reproduktiver Arbeit zu navigieren und ihren Arbeitstag jeden Tag aufs Neue so „elastisch" zu gestalten, dass sie dem durch die Plattform vermittelten Druck der ständigen Verfügbarkeit begegnen können. Diese zeitliche Flexibilität funktioniert nur durch die Überlappung von Arbeits- und Wohnraum. Im Folgenden möchte ich zeigen, dass der private Wohnraum allerdings nicht nur Ort, sondern auch Gegenstand von Crowdwork sein kann, und Arbeitende daher in ihrem Arbeitsalltag oft viele unterschiedliche Dimensionen von Intimität navigieren müssen.

Intime Verhältnisse: Der Haushalt als Ort und Gegenstand der Arbeit

Melissa Gregg benutzt den Begriff der Intimität in Verbindung mit Heimarbeit, um die Rolle digitaler Technologien beim Eindringen von Lohnarbeit in das private Zuhause zu beleuchten und die intimen Verhältnisse zu beschreiben, die Arbeiter*innen im Home Office zu ihrer Arbeit entwickeln (Gregg 2011). Bei Crowdwork lassen sich zwei qualitativ neue Dimensionen dieser Intimität von Arbeit beobachten: Die erste Dimension betrifft den Haushalt als *Ort* der Arbeit. Wie ich im Folgenden zeigen werde, bedingt diese spezifische Verräumlichung von Crowdwork nicht nur die bereits beschriebenen neuen Kombinationen von Lohn- und Sorgearbeit der Arbeitenden, sondern bezieht oftmals auch andere Mitglieder des Haushalts in die Plattformarbeit ein. Die zweite Dimension von Intimität bezieht sich auf den Haushalt als *Gegenstand* der Arbeit. Microtask-Plattformen, die sich auf die Optimierung von KI-Systemen spezialisiert haben, bieten ihren Kund*innen über Crowdwork Zugang zur Intimsphäre des privaten Zuhauses.

Schauen wir uns zunächst die erste Dimension an. Wir haben schon Marik kennengelernt, der bereits viele Jahre auf unzähligen Crowdwork-Plattformen in Ägypten tätig war, bevor er Ende 2019 nach Deutschland kam, wo er unter anderem auf der zu Appen gehörenden Plattform Figure Eight Online-Umfragen ausfüllt, während er für andere, besser bezahlte Jobs auf Appen gesperrt ist, weil er noch nicht lange genug in Deutschland wohnt. Weil er seinen Appen-Account an seinem neuen Wohnort nicht nutzen kann, verleiht er ihn an seine Cousine in Ägypten, die von dort aus Aufgaben erledigt. Währenddessen nutzt er den „deutschen" Appen-Account eines ägyptischen Freundes in Deutschland, um Geld zu verdienen. Darüber hinaus arbeiten noch zwei weitere seiner Cousinen in Ägypten auf Figure Eight. In einer Facebook-Gruppe tauschen sie sich über die neuesten *tasks* auf den Plattformen aus und teilen ihre Accounts, solange die Plattform dies nicht über die automatisierte Prüfung des Aufenthaltsorts der Arbeitenden über die IP-Adresse verhindert. Marik ist nur einer von vielen Crowdworker*innen aus meinem Sample, die ihre Accounts mit Familienangehörigen, Freund*innen oder Haushaltsmitgliedern teilen.

Ein anderer ist Adrian, 23 Jahre alt, der aus einer Kleinstadt im Nordwesten Rumäniens kommt, in Cluj Elektrotechnik studiert und seit sieben Jahren gemeinsam mit seiner Mutter auf Figure Eight (vormals *Crowdflower*) arbeitet, wo er zwischen 2 und 10 Dollar pro Stunde verdient. Als er 16 Jahre alt war, stieß er im Internet auf unterschiedliche „paid-to-click"-Websites und schlug seiner Mutter vor, einen gemeinsamen Account bei Crowdflower einzurichten, weil er selbst noch nicht volljährig war. Auch seine Mutter begann in der Folge, Plattformarbeit neben ihrem Vollzeitjob als Lehrerin am Wochenende zu erledigen, um laut Adrian ihren Kindern „ein besseres Leben" zu ermöglichen. Da die Plattform nur einen Account pro IP-Adresse erlaubt, teilen sie sich den Account noch heute. Während seine Mutter vor allem Umfragen ausfüllt, erledigt Adrian häufiger Aufgaben zur Optimierung von KI-Systemen, wie etwa das Einsprechen von Sätzen für die Entwicklung virtueller Haushaltshilfen.

Die Beispiele von Marik und Adrian verdeutlichen einmal mehr, dass Räumlichkeit durch digitale Arbeitsplattformen keineswegs obsolet, sondern vielmehr rekonfiguriert wird. Es entstehen neue „kollaborative" (Gray/Suri 2019, 128ff) Praktiken zwischen Haushaltsmitgliedern wie das Teilen von Accounts[13] und

---

13 Das Teilen und Verleihen von Accounts ist unter Crowdworker*innen weit verbreitet und kann unterschiedliche Formen annehmen. Es reicht von der hier beschriebenen Zusammenarbeit von Haushaltmitgliedern und dem Teilen von Accounts zwischen Freund*innen und Bekannten bis hin zum informellen Verleih von Accounts gegen Gebühr. Die Grenzen zwischen solidarischer und kommerzieller Praxis sind dabei nicht immer klar gezogen (vgl. Gray/Suri 2019; Durward/Blohm 2017; Lehdonvirta u.a. 2015).

das gemeinsame Bearbeiten von Gigs. Diese Praktiken erinnern zugleich an traditionellere Formen der Heimarbeit, die sich oft durch die (notgedrungene) Zusammenarbeit von allen Familienmitgliedern auszeichnete.[14]

Neu ist auch hier die globale Dimension, wie das Beispiel von Marik zeigt: Er befindet sich zwar nicht physisch im selben Haushalt wie seine Verwandten in Ägypten, organisiert aber die Reproduktion der Familie zum Teil über die gemeinsame Lohnarbeit auf digitalen Plattformen. Digitale Plattformarbeit kann hier auch als eine Strategie verstanden werden, den lokalen Reproduktionsbedingungen durch die „virtuelle Arbeitsmigration" (Aneesh 2006; Altenried/ Bojadžijev 2017) der eigenen Arbeitskraft über eine globale Arbeitsplattform zu entgehen, ohne physisch den Aufenthaltsort zu ändern. Durch den Zugang zu Mariks Account bei Figure Eight versuchen seine Cousinen beispielsweise auf in Deutschland besser entlohnte Gigs zuzugreifen. Im Interview berichtete Marik darüber hinaus auch von anderen Versuchen ägyptischer Crowdworker*innen, ihre IP-Adresse durch VPN-Klienten zu verändern, um auf besser entlohnte Aufträge in Ländern des Globalen Nordens zuzugreifen. Die Plattformen versuchen diese Praxis aber immer wieder zu verhindern. Auf ähnliche Weise lässt sich die Aussage eines rumänischen Teilnehmers meiner Online-Umfrage deuten, der auf die Frage, was er an Plattformarbeit verändern würde, antwortete: „Ich würde mein Land mit einem VPN verändern, aber nur online, weil ich Rumänien nicht verlassen würde."[15] Auch auf Plattformen für höher qualifizierte Tätigkeiten lassen sich solche Strategien beobachten. So berichtete beispielsweise Darian von Anfragen von Crowdworker*innen von den Philippinen, die seinen Account nutzen wollten, um besser bezahlte Aufträge von Kund*innen zu erhalten, die in Jobbeschreibungen zum Teil ausdrücklich bestimmte Nationalitäten (aus dem globalen Süden) ausschließen würden.

---

14 Marx beschrieb schon Mitte des 19. Jahrhunderts die Funktion von Heimarbeiter*innen als Reservearmee der Fabrik (insbesondere in der Textilbranche) und stellte dabei die zentrale Rolle von Frauen und Kindern heraus (Marx 2008[1890], 485f.). Ein jüngeres historisches Beispiel liefern Pellow/Park (2002, 160) in ihrer Beschreibung der Heimarbeit von migrantischen Familien in der Elektroindustrie des Silicon Valley in den 1980/90er Jahren.

15 Die Frage lautete: „Wenn Sie etwas an Plattformarbeit ändern könnten, was wäre es?" und beinhaltete ein offenes Antwortformat. Der Online-Fragebogen wurde von November 2019 bis Juni 2020 über zwei Macrotask-Plattformen und drei Microtask-Plattformen verteilt. Teilnehmen konnten Crowdworker*innen, die zum Zeitpunkt der Befragung mindestens drei Monate in Deutschland oder Rumänien wohnhaft waren. Die Auswertung der Umfrage ist noch nicht abgeschlossen.

Blicken wir nun auf die zweite Dimension von Intimität in Bezug auf den Haushalt als *Gegenstand* der Arbeit. Dies trifft vor allem auf Plattformen wie Figure Eight/Appen, Clickworker oder Microworkers zu, die sich auf die Entwicklung und Optimierung von KI-Systemen spezialisiert haben und ihren Kund*innen die flexible Integration menschlicher Arbeitskraft in teilautonome Arbeitsprozesse anbieten – von der Produktion von Trainingsdaten bis hin zur Überprüfung und Korrektur von Machine-Learning-Systemen (Schmidt 2019, 11f). Die Nachfrage nach solchen sogenannten „human-in-the-loop"-Dienstleistungen entsteht durch Unternehmen, die beispielsweise automatisierte Fahrzeuge entwickeln wollen, oder aber digitale Sprachassistenten im Bereich Hausautomatisierung (Stichwort „Smart Home"). Auf Crowdwork-Plattformen greifen diese Unternehmen nicht nur aus Kostengründen zu, sondern auch weil sie zunehmend *heterogene* Daten benötigen, um ihre Produkte breiter vermarkten zu können. So zum Beispiel einen Sprachassistenten, der die Anweisungen von älteren Menschen, Kindern oder Personen mit Dialekten und Akzenten verstehen kann. Oder aber ein Gesichtserkennungsprogramm, das diverse Menschen zu identifizieren vermag.

Auf Microtask-Plattformen spiegelt sich dieser Bedarf in einer Vielfalt von Gigs wider, die Crowdworker*innen dazu aufrufen, ihren Haushalt in die Tätigkeiten einzubeziehen, beispielsweise ihre Kinder oder ältere Angehörige Beispielsätze einsprechen zu lassen, Bilder von religiösen Symbolen im Haushalt aufzunehmen, Videos mit anderen Personen oder Haustieren im Hintergrund zu filmen oder aber solche Videos von anderen Crowdworker*innen in ihren privaten Wohnräumen zu klassifizieren. Andere Aufgaben beziehen sich mehr auf die eigene Identität der Crowdworker*innen, die dann zum Beispiel gebeten werden, Fotos von sich selbst, ihrem Pass oder ihrer Heiratsurkunde aufzunehmen. Die Plattform positioniert sich hierbei als „Vermittlerin von Intimität" (vgl. Attwood u.a. 2017), die ihren Kund*innen einen Einblick in die intimen, privaten Räume von Crowdworker*innen auf der ganzen Welt bietet. Intimität, so ließe sich argumentieren, wird somit zur Ware, zu der Plattformen Zugang verschaffen. Die individuellen Arbeiter*innen wiederum erscheinen den Kund*innen der Plattformen nur als anonyme Masse von Bildern oder Sprachdateien, als IP-Adresse und gekennzeichnet durch statistische Kategorien wie Nationalität, Geschlecht oder Sprachkenntnisse. Digitale Heimarbeiter*innen müssen folglich nicht nur die zeitlichen Rhythmen von Lohnarbeit und reproduktiver Arbeit beständig miteinander synchronisieren, sondern auch diese unterschiedlichen Dimensionen von Intimität durch den Haushalt als Ort und in einigen Fällen auch Gegenstand der Arbeit navigieren.

Fazit: Crowdwork und die Krise der sozialen Reproduktion

Crowdwork-Plattformen präsentieren sich als ideale Lösung für multiple Krisen der sozialen Reproduktion. Während sie Auftraggeber*innen den Zugang zu einer kostengünstigen, zu jeder Tages- und Nachtzeit verfügbaren und flexibel skalierbaren Arbeiter*innenschaft bieten, mobilisieren sie Arbeiter*innen mit Versprechen von zeiträumlicher Flexibilität, Vereinbarkeit und Mobilität. Der erste Teil des Artikels hat gezeigt, wie diese Plattform-Narrative auf die Motivationen von Crowdworker*innen einwirken und sich dabei auf je spezifische Weise mit den jeweiligen lokalen Reproduktionsbedingungen der Arbeitenden verknüpfen.

Crowdworker*innen sind oft an einen bestimmten Ort gebunden und suchen in der globalen digitalen Ökonomie nach Einkommensstrategien jenseits des lokalen 'Offline'-Arbeitsmarktes. Während die einen aufgrund von Sorgeverpflichtungen oder eigenen physischen Einschränkungen zu Hause bleiben wollen oder müssen, sind die anderen aufgrund von Visa-Regimen, Arbeitsverboten oder anderen Ausschlüssen in ihrer Mobilität oder bei der Jobsuche eingeschränkt. Dabei können unterschiedliche Dimensionen der Krise der sozialen Reproduktion eine Rolle spielen: von einer mangelnden öffentlichen Infrastruktur zur Betreuung von Kindern, einem unterfinanzierten staatlichen Gesundheitssystem über Niedriglöhne, Altersarmut und Arbeitslosigkeit in strukturschwachen Regionen bis hin zu rassistischen Ausschlüssen auf dem Arbeitsmarkt. All dies sind Faktoren, die die lokalen Reproduktionsbedingungen verschlechtern und digitale Heimarbeit auf globalen Plattformen trotz ihres prekären Charakters attraktiv machen.

Wenn auch nicht repräsentativ, weist mein qualitatives empirisches Material darauf hin, dass prekäre Arbeit auf Crowdwork-Plattformen umso attraktiver wird, je weniger das klassische Normalarbeitsverhältnis und der Wohlfahrtsstaat als tatsächliche Optionen zur Absicherung von Lebensunterhalt, Rente und gesundheitlicher Versorgung erscheinen. Auch wenn dieser Faktor vermutlich dazu führt, dass mehr Crowdworker*innen in Rumänien als in Deutschland Plattformarbeit als langfristige Option der Einkommensgenerierung und nicht nur als temporäre Ergänzung anderer Einkommensquellen betrachten, spielt hier nicht nur der nationale geographische Kontext eine Rolle. Auch Faktoren wie Stadt/Land, sozialer Status, Alter, Geschlecht oder Staatsbürgerschaft sind relevant. Insbesondere die Arbeits- und Lebensbedingungen migrantischer Crowdworker*innen in Deutschland sollten in der Forschung mehr Beachtung finden.

Die Entscheidung für Crowdwork kann allerdings nur als eine von vielen Bearbeitungsstrategien sozial-reproduktiver Krisen für diese heterogene Gruppe von Arbeitenden betrachtet werden. Zudem kann sie häufig nicht auf ökonomische Zwänge und/oder gesellschaftliche Ausschlüsse reduziert werden. Vielmehr müssen wir den Blick auch auf die spezifischen Biografien und Lebenswelten von Crowdworker*innen werfen, auf ihre bisherigen Erfahrungen mit Lohnarbeit und ihre Lebensentwürfe, die digitale Heimarbeit in Verbindung mit unterschiedlich gelagerten ökonomischen Zwängen attraktiv werden lassen.

Der zweite Teil des Textes hat auf den konkreten Arbeitsalltag von Crowdworker*innen geblickt und gefragt, was die von den Plattformen proklamierte zeiträumliche Flexibilität eigentlich für die Arbeitenden bedeutet. Entgegen dem von Plattformen verbreiteten „anyplace-anytime-Paradigma" (Will-Zocholl u.a. 2019) werden Raum und Zeit im Crowdworking-Alltag keineswegs obsolet. Digitale Arbeit wird ebenso wie traditionellere Arbeitsformen räumlich und zeitlich strukturiert und organisiert (Sauerborn 2019). Plattformen übernehmen bei dieser Strukturierung entscheidende Funktionen: Durch ihre digitalen Infrastrukturen, neue Formen teilautomatisierter Kontrolle, Rating- und Rankingmechanismen sowie der Beförderung eines globalen Überangebots an Arbeit zwingen sie die Arbeitenden zu ständiger Verfügbarkeit. Dabei beruht das derzeitige Geschäftsmodell von Crowdwork-Plattformen auf zentrale Weise auf der Überlappung von Zuhause und Arbeitsplatz, da nur so der flexible Zugriff auf die Zeitressourcen der Arbeitenden organisiert und die Kosten der Reproduktion der Arbeitskraft gesenkt werden können.

Mit Nancy Fraser gesprochen tragen Crowdwork-Plattformen also zu einer weiteren Transformation des Verhältnisses zwischen den Sphären der Produktion und der Reproduktion bei. Dabei lässt sich weniger von einer völligen Entgrenzung oder einem Verschwimmen sprechen. *Zeitlich* gesehen handelt es sich vielmehr um eine neue Form der Elastizität und Fragmentierung des Arbeitstages: Um dem Druck der ständigen Verfügbarkeit begegnen zu können, müssen Crowdworker*innen ihren Arbeitstag jeden Tag aufs Neue so elastisch wie möglich gestalten und ihre reproduktive Arbeit den Rhythmen der in viele kleine Aufgabenpakete zerstückelten fragmentierten Plattformarbeit anpassen. Dadurch entstehen möglicherweise wiederum neue Krisen der sozialen Reproduktion für die Arbeitenden.

Mit Blick auf die *räumlichen* Rekonfigurationen von Arbeit hat der Artikel gezeigt, dass Crowdwork nicht nur zu einer Überlappung von Arbeitsplatz und Zuhause führt, die beispielsweise neue Kombinationen von Lohn- und Sorgearbeit ermöglicht. Vielmehr wird der private Wohnraum nicht nur Ort, sondern in manchen Fällen auch Gegenstand der Arbeit. Microtask-Plattformen, die sich auf die Optimierung von KI-Systemen spezialisiert haben, kommodifizieren Intimität, indem sie ihren Kund*innen Zugang zu Daten, privaten Dokumenten, Gesichtern, Einrichtungsgegenständen oder Einstellungen von Crowdworker*innen auf der ganzen Welt bieten.

Aus diesen Beobachtungen zum Zusammenhang zwischen Crowdwork und multiplen Krisen der sozialen Reproduktion lässt sich die folgende These entwickeln: Das Geschäftsmodell von Crowdwork-Plattformen beruht auf der *Nutzbarmachung* lokal unterschiedlicher Reproduktionsbedingungen. In anderen Worten: Der Plattformkapitalismus macht es sich zunutze, dass Menschen aus verschiedensten Gründen an einen bestimmten Ort gebunden sind. Plattformunternehmen beziehen die unterschiedlich gelagerten Formen von Immobilität und Prekarität ebenso in ihre Anwerbestrategien neuer Arbeiter*innen ein wie deren Wünsche nach Flexibilität, Autonomie und Vereinbarkeit von Lohnarbeit und reproduktiven Tätigkeiten. Ihr Geschäftsmodell beruht aber oftmals nicht ausschließlich auf der Nutzbarmachung lokal unterschiedlicher Reproduktionsbedingungen. Es geht also nicht nur um den Preis der Arbeitskraft, sondern auch um ihre „Heterogenität" (vgl. Altenried, im Erscheinen). Crowdwork-Plattformen bieten ihren Kunden sowohl günstige und flexible, als auch eine kulturell diverse Arbeiter*innenschaft, die beispielsweise KI-Systeme mit lokalen Sprachen und kulturellen Praktiken füttern kann.

Aber nicht nur die Kapitalseite kreiert durch Crowdwork neue Arbeits- und Lebensweisen, neue Zeit/räume von Arbeit. Auch die Arbeitenden selbst produzieren, „vervielfältigen" (Will-Zocholl u.a. 2019) und manipulieren neue Räume zu ihrem eigenen Vorteil. Die Crowdworker*innen, die ich in diesem Artikel präsentiert habe, schaffen etwa transnationale Räume der (Re)produktion durch das Teilen von Plattformarbeit mit Familie und Freund*innen, produzieren neue Outsourcing-Ketten durch den Verleih ihrer Accounts oder entwickeln Strategien zur virtuellen Arbeitsmigration, wie das Vortäuschen eines anderen Aufenthaltsortes, um Zugriff auf höhere Löhne oder bessere Aufgaben auf den Plattformen zu erhalten. Mark Graham und Mohammad Amir Anwar weisen auf ähnliche Praktiken von digitalen Arbeiter*innen hin und resümieren: „While it is true that capital can produce space, so too can labor" (Graham/Anwar 2019, 5).

Literatur

Adams-Prassl, Abi/Berg, Janine, 2017: *When Home Affects Pay: An Analysis of the Gender Pay Gap Among Crowdworkers*. SSRN.

Aleksynska, Mariya/Bastrakova, Anastasia/Kharchenko, Natalia, 2018: *Work on Digital Labour Platforms in Ukraine*. Genf. https://www.ilo.org/wcmsp5/groups/public/

---ed_protect/---protrav/---travail/documents/publication/wcms_635370.pdf [3. Dezember 2020].

Altenried, Moritz, 2017: *Die Plattform als Fabrik. Crowdwork, Digitaler Taylorismus und die Vervielfältigung der Arbeit.* PROKLA. Zeitschrift für kritische Sozialwissenschaft. 47. Jg., Heft 2, 175–192.

–, im Erscheinen: *The Digital Factory.* Chicago.

Altenried, Moritz/Bojadžijev, Manuela, 2017: *Virtual Migration, Logistics, and the Multiplication of Labour.* Spheres. Journal for Digital Cultures (Media and Migration). Heft 4, 1–16.

Altenried, Moritz/Bojadžijev, Manuela/Wallis, Mira, 2020: *Platform (Im)mobilities: Migration and the Gig Economy in Times of COVID-19.* Routed (Epidemics, Labour and Mobility). 10. Jg.

Andjelkovic, Branka/Sapic, Jelena/Skocajic, Milica, 2019: *Digging into Gig Economy in Serbia: Who are the digital workers from Serbia and why do they work on global platforms?* Belgrad. https://publicpolicy.rs/publikacije/961581c6008514f57a7635bbdf8c7bc1cbe24fea.pdf [3. Dezember 2020].

Aneesh, Aneesh, 2006: *Virtual migration. The programming of globalization.* Durham.

Appen, 13. Februar 2019: *How Remote Work can help you return to the workforce.* https://appen.com/life_at_appen/how-remote-work-can-help-you-return-to-the-workforce-lifeatappen/ [2. Dezember 2020].

Attwood, Feona/Hakim, Jamie/Winch, Alison, 2017: *Mediated intimacies. Bodies, Technologies and Relationships.* Journal of Gender Studies. 26. Jg., Heft 3, 249–253.

Berg, Janine/Furrer, Marianne/Harmon, Ellie/Rani, Uma/Silberman, M. Six, 2018: *Digital labour platforms and the future of work. Towards decent work in the online world.* Genf. https://www.ilo.org/wcmsp5/groups/public/---dgreports/---dcomm/---publ/documents/publication/wcms_645337.pdf [3. Dezember 2020].

Bonin, Holger/Rinne, Ulf, 2017: *Omnibusbefragung zur Verbesserung der Datenlage neuer Beschäftigungsformen.* Kurzexpertise im Auftrag des Bundesministeriums für Arbeit und Soziales. Bonn.

Busch-Heizmann, Anne/Entgelmeier, Ines/Rinke, Timothy, 2018: *Digitalisierung und Entgrenzung.* Düsseldorf. https://www.boeckler.de/pdf/p_fofoe_WP_092_2018.pdf [3. Dezember 2020].

Casilli, Antonio u.a., 2019: *Le Micro-travail en France. Derrière l'automatisation de nouvelles précarités au travail?* Abschlussbericht des Projekts „Digital Platform Labor" (DiPLab). http://diplab.eu. [3. Dezember 2020].

Dubal, Veena, 2020: *The Time Politics of Home-Based Digital Piecework.* Symposium des Centre for Ethics at the University of Toronto, 15. Mai 2020. https://c4ejournal.net/2020/07/04/v-b-dubal-the-time-politics-of-home-based-digital-piecework-2020-c4ej-xxx/ [2. Dezember 2020].

Durward, David/Blohm, Ivo, 2017: *The Rise of Crowd Aggregators – How Individual Workers Restructure Their Own Crowd.* 13th International Conference on Wirtschaftsinformatik (WI), St. Gallen. https://wi2017.ch/images/wi2017-0311.pdf [2. Dezember 2020].

Fraser, Nancy, 2016: *Contradictions of Capital and Care*. New Left Review. Heft 100, 99–117.

Graham, Mark/Anwar, Mohammad Amir, 2019: *Digital Labour*. In: Ash, James/Kitchin, Rob/Leszczynski, Agnieszka (Hg.): Digital geographies. London, 177–187.

Gray, Mary L./Suri, Siddharth, 2019: *Ghost work. How to stop Silicon Valley from building a new global underclass*. Boston.

Gregg, Melissa, 2011: *Work's intimacy*. Cambridge.

Hensel, Isabell, 2020: *Genderaspekte von Plattformarbeit: Stand in Forschung und Literatur*. Expertise für den Dritten Gleichstellungsbericht der Bundesregierung. https://www.dritter-gleichstellungsbericht.de/de/article/220.genderaspekte-von-plattformarbeit-stand-in-forschung-und-literatur.html [2. Dezember 2020].

Huws, Ursula, 2016: *Logged labour. a new paradigm of work organisation?* Work Organisation, Labour & Globalisation. 10. Jg., Heft 1, 7–26.

International Labour Organisation (ILO), 2020: *Working from Home. Estimating the worldwide potential*. Policy Brief. https://www.ilo.org/global/topics/non-standard-employment/publications/WCMS_743447/lang--en/index.htm [2. Dezember 2020].

Krzywdzinski, Martin/Gerber, Christine, 2020: *Varieties of platform work. Platforms and social inequality in Germany and the United States*. Arbeitspapier. Weizenbaum Series, 7. Berlin.

Kuek, Siou Chew u.a., 2015: *The Global Opportunity in Online Outsourcing*. Washington, D.C.

Lehdonvirta, Vili/Hjorth, Isis/Graham, Mark, 2015: *Online Labour Markets and the Persistence of Personal Networks: Evidence from Workers in Southeast Asia*. Paper presented at ASA 2015, Chicago. https://vili.lehdonvirta.com/files/Online%20labour%20markets%20and%20personal%20networks%20ASA%202015.pdf [2. Dezember 2020].

Marx, Karl, 2008[1890], *Das Kapital, Band 1*. Berlin.

Nadeem, Shehzad, 2009: *The uses and abuses of time: globalization and time arbitrage in India's outsourcing industries*. Global Networks. 9. Jg., Heft 1, 20–40.

Onkokame, Mothobi u.a., 2018: *What Is the State of Microwork in Africa? A View from Seven Countries*. Policy Paper Series 5 (Research ICT Africa, 2018). https://media.africaportal.org/documents/After-Access_The-state-of-microwork-in-Africa.pdf [2. Dezember 2020].

Pellow, David N./Park, Lisa Sun-Hee, 2002: *The Silicon Valley of dreams. Environmental injustice, immigrant workers, and the high-tech global economy*. New York.

Pongratz, Hans J./Bormann, Sarah, 2017: *Online-Arbeit auf Internet-Plattformen. Empirische Befunde zum 'Crowdworking' in Deutschland*. AIS-Studien. 10. Jg., Heft 2, 158–181.

Posch, Lisa/Bleier, Arnim/Strohmaier, Markus, 2018: *Characterizing the Global CrowdWorkforce: A Cross-Country Comparison of Demographics*, arXiv preprint. arXiv:1812.05948.

Sauerborn, Elgen, 2019: *Digitale Arbeits- und Organisationsräume. Räumliche Dimensionen digitaler Arbeit am Beispiel Crowdworking.* Zeitschrift für Arbeitsforschung, Arbeitsgestaltung und Arbeitspolitik. 28. Jg., Heft 3, 241–262.

Schmidt, Florian Alexander, 2019: *Crowdproduktion von Trainingsdaten. Zur Rolle von Online-Arbeit beim Trainieren autonomer Fahrzeuge.* Düsseldorf.

Serfling, Oliver, 2018: Crowdworking Monitor Nr. 1. für das Verbundprojekt „Crowdworking Monitor". https://www.bmas.de/SharedDocs/Downloads/DE/PDF-Meldungen/2018/crowdworking-monitor.pdf?__blob=publicationFile&v=1 [2. Dezember 2020].

Wallis, Mira/Altenried, Moritz, 2018: *Zurück in die Zukunft: Digitale Heimarbeit.* Ökologisches Wirtschaften. 33. Jg., Heft 4, 24–26.

Will-Zocholl, Mascha/Flecker, Jörg/Schörpf, Philip, 2019: *Zur realen Virtualität von Arbeit: Raumbezüge digitalisierter Wissensarbeit.* Mannheim.

Wiebke Frieß / Iris Nowak

Menschen mit Beeinträchtigungen als Crowdworker_innen – Inklusion in die Prekarität?

Die gesellschaftliche Verbreitung neuer Technologien verändert vorherrschende Lebensweisen, Arbeitsprozesse und die ungleich verteilten Möglichkeiten der Partizipation. Grundsätzlich wird davon ausgegangen, dass die Digitalisierung von Arbeit für Menschen mit körperlichen Beeinträchtigungen[1] Chancen bereithält, weil kognitive Fähigkeiten wichtiger werden als körperliche Mobilität (Zander 2016, 2). Dazu gehört, dass sich Möglichkeiten der Ortsungebundenheit – also etwa das Arbeiten von zuhause – sowie assistive Techniken stärker verbreiten (Engels 2019, 223). Allerdings wird zugleich auf (Re-)Produktionen von Exklusion und Diskriminierung hingewiesen (ebd., 224). Im Folgenden diskutieren wir dieses Spannungsfeld zwischen neuen Chancen und veränderten Formen des Ausschlusses, die für Menschen mit Beeinträchtigungen entstehen können, anhand der Möglichkeiten von Teilhabe durch Crowdwork.[2] Unter Crowdwork verstehen wir Arbeit, die über Internet-Plattformen angeboten und reguliert und von Selbstständigen vollständig online erledigt wird.

---

1 Indem wir von *Menschen mit Beeinträchtigungen* schreiben, möchten wir vermeiden, Personen auf das Beeinträchtigt-Sein zu reduzieren. Zugleich unterscheiden wir zwischen *Beeinträchtigung*, die die körperliche oder psychische Seite der Behinderung hervorheben soll, und *Behinderung*, die die gesellschaftlichen Barrieren und Ausschlüsse aufgrund der gesundheitlichen Beeinträchtigungen beschreibt. Mit dieser Differenzierung markieren wir die gesellschaftliche Verantwortung und das Behindert-Werden, möchten jedoch nicht einer binären Einteilung in 'Natur' und 'Kultur' Vorschub leisten (Waldschmidt 2005, 18ff.).

2 Dies untersuchen wir im Rahmen des Forschungsprojektes *Teilhabe durch Crowdworking* (Laufzeit: 04.2019 – 03.2022) an der Universität Hamburg in Zusammenarbeit von Prof. Dr. Wolfgang Menz, Prof. Dr. Florian Schramm, Prof. Dr. Daniela Rastetter, Wiebke Frieß und Iris Nowak, das durch das *Bundesministerium für Arbeit und Soziales* im Rahmen des Fördernetzwerks Sozialpolitikforschung gefördert wird. In dem Projekt werden zudem Crowdworker_innen mit familiären Sorgeverpflichtungen sowie aus strukturschwachen Regionen in den Blick genommen, die in diesem Artikel nicht berücksichtigt werden.

Im Kontext von Krisen der sozialen Reproduktion kann für Menschen mit Beeinträchtigungen von „Dauerkrisen der Reproduktion" (Bader u.a. 2011, 19) ausgegangen werden: Die Ambivalenzen und Widersprüche zwischen „ökonomischer Profitmaximierung einerseits und Reproduktion der Arbeitskraft andererseits" (Winker 2013, 119) gelten für sie schon immer in zugespitzter Form – ohne dass die Situation permanent als Krise wahrgenommen wird (Bader u.a. 2011, 11). Die Formen des Ausschlusses von Menschen mit Beeinträchtigungen und ihrer Verortung als 'Abweichung' von der gesellschaftlichen Norm unterliegen dabei historischen Wandlungen. Im neoliberalen Umbau der Gesellschaft kommt es nicht einfach zu einem Abbau von staatlichen Versorgungsstrukturen, sondern zu einem qualitativen Umbau der Strukturen und politischen Praktiken, über die die gesellschaftliche Positionierung von Menschen mit Beeinträchtigungen reguliert wird. In diesem Zuge werden emanzipatorische Forderungen nach Selbstbestimmung marktlogisch überformt und umgesetzt. Sofern Menschen mit Beeinträchtigungen nachgefragte Kompetenzen haben und entsprechende Leistungsfähigkeit zeigen, können und sollen sie durch Marktteilhabe eigenständig ihre Existenz sichern.

Die Arbeitsbedingungen in Crowdwork führen in gewisser Weise zu einer zugespitzten Form der Anrufung und der Möglichkeit zur individualisierten Marktteilhabe für alle. Allerdings gibt es für den deutschen Kontext[3] bisher keine wissenschaftlichen Untersuchungen oder politische Diskussionen über die Teilhabe von Menschen mit Beeinträchtigung an Crowdwork. In unserem Projekt nähern wir uns dieser Forschungslücke über qualitative und quantitative Untersuchungen. Im Folgenden verorten wir zunächst die aktuelle Situation von Menschen mit Beeinträchtigungen in Diskursen zur Krise der sozialen Reproduktion, indem wir auf Wechselwirkungen zwischen Ab- und Umbau gesellschaftlicher Versorgungsstrukturen, dem Wandel des Verständnisses von Beeinträchtigung und der Inklusion in Arbeit eingehen. In einem nächsten Abschnitt charakterisieren wir Crowdwork als prekären Zugang zu Erwerbsarbeit und zeigen die Forschungslücke zum Zusammenhang von Crowdwork und Teilhabechancen von Menschen mit Beeinträchtigungen auf. Wie die potenziellen Chancen dieser Tätigkeit für diese in der internationalen Crowdwork-Forschung bisher diskutiert werden, zeichnen wir in einer weiteren Passage nach. Schließlich

---

3 Das Forschungsprojekt bezieht sich ausschließlich auf in Deutschland ansässige Crowdwork-Plattformen.

diskutieren wir anhand erster eigener empirischer Erkenntnisse[4], dass zwar auch für die hiesigen Verhältnisse von einem Spannungsverhältnis zwischen Bedarfen von Menschen mit Beeinträchtigungen an guter Lohnarbeit[5] und den strukturellen Gegebenheiten auf Crowdwork-Plattformen in Deutschland ausgegangen werden kann. Gleichwohl wird in unserer Online-Befragung von Crowdworker_innen deutlich, dass Menschen mit Beeinträchtigungen auf Plattformen überproportional vertreten sind. Insgesamt reflektieren wir Ambivalenzen und Widersprüche gegenwärtiger Entwicklungen, um Anregungen zu geben, wie die Inklusion von Menschen mit Beeinträchtigungen in der Crowdwork-Forschung kritisch einzubeziehen wäre.

Die Krisen sozialer Reproduktion und die Widersprüche aktivierender Politik

Verortet man die Situation von Menschen mit Beeinträchtigungen in Diskursen zu Krisen der sozialen Reproduktion[6], ist es erforderlich, die historischen Entwicklungen deutscher 'Behindertenpolitik', der entsprechenden (staatlichen) Maßnahmen und des zugrundeliegenden Verständnisses von Beeinträchtigung nachzuvollziehen. Die unzureichende Berücksichtigung von Menschen, die (vermeintlich) nicht den herrschenden Leistungsnormen entsprechen, ist ein Phänomen, das zu den Grundlagen kapitalistischer Gesellschaften gehört. Effizienzorientierte Produktionsprozesse bringen regulär Arbeitsplätze hervor, die an einer 'Normalarbeiterschaft' orientiert sind, die 'gesund' und stets leistungsbereit ist.[7] Hiermit einhergehend werden Menschen mit Beeinträchtigungen – historisch stets unter verschiedenen Vorzeichen – als das von der Norm abweichende 'Andere' konstruiert und in der Folge von der Gesellschaft segregiert, ein Prozess, der sich über Biologisierungen und Pathologisierungen vollzieht. Ab dem 18.

---

4   Die hier diskutierten Ergebnisse sind vorläufig; das Entstehen dieses Artikels fällt mitten in die Erhebungs- und Auswertungsphase der quantitativen Befragung auf zwei Crowdwork-Plattformen.

5   Angelehnt an den DGB-Index zu *Standards guter Arbeit* ist das Ziel des Projektes, die Teilhabechancen vor dem Hintergrund von Kriterien wie fairer Entlohnung und Gestaltungsmöglichkeiten zu diskutieren.

6   Vgl. für die grundlegenden Argumentationen innerhalb dieser Diskurse z.B. die Beiträge von Ursula Huws oder Julia Dück in diesem Band.

7   Zudem ist diese 'Normalarbeitskraft' als männlich*, in Vollzeit arbeitend und ohne größere familiäre Sorgeverpflichtungen, *weiß*, mittleren Alters, christlichen Glaubens usw. charakterisiert.

Jahrhundert bildet sich – im Zuge der Differenzierung und Kategorisierung von Beeinträchtigungen durch Medizin und Pädagogik – ein Anstaltswesen heraus, das 'Heilung' und Therapeutisierung zum Ziel hat.[8] Vor diesem Hintergrund kommt es zu einer „paternalistische[n] Fürsorgepolitik" (Waldschmidt 2012, 40), die Sonderzonen einrichtet, welche wiederum Sonderpädagogik und *Werkstätten für Menschen mit Behinderungen* beinhalten. Die Existenzsicherung ist unter diesen Vorzeichen durch starke Fremdbestimmung gewährleistet (ebd.). Seit Ende der 1960er Jahre kämpfen Menschen mit Beeinträchtigungen – in Deutschland zunächst als *Krüppelbewegung* – gegen diese Repressionen und gesellschaftlichen Ausschlüsse und fordern Selbstbestimmung in allen Lebensbereichen (Köbsell/ Waldschmidt 2006).[9] Die deutsche Rehabilitationspolitik seit den 1970er Jahren ermöglicht Menschen mit Beeinträchtigungen den Zugang zum Bildungswesen und Arbeitsmarkt, wenn auch häufig weiterhin in Sonderzonen (Waldschmidt 2012, 49). Der Fokus liegt zunehmend auf einer individuellen Förderung und Integration von Menschen mit Beeinträchtigungen, über die eine Teilhabe an Erwerbsarbeit und Gesellschaft ermöglicht werden soll.

Das (Selbst-)Verständnis von Beeinträchtigung/Behinderung entfernt sich in den letzten Jahren zunehmend von der Perspektive eines individuellen Problems oder medizinischen Resultats hin zu einem sozialen Verhältnis, in dem vielfältige Barrieren für Menschen mit Beeinträchtigungen existieren, die als Formen der Unterdrückung kritisiert werden können (Waldschmidt 2005).[10] Im Rah-

---

8   Diese historischen Entwicklungen sind insbesondere in Bezug auf körperliche und psychische Beeinträchtigungen differenzierter zu betrachten. Während Menschen mit Beeinträchtigungen in der Vormoderne als „Gegenstand von Nächstenliebe und Mildtätigkeit" (Waldschmidt 2012, 35) produziert, aber zugleich gedemütigt und in Zuchthäusern mit weiteren von der Norm abweichenden Subjekten zur Bestrafung und Besserung interniert werden (vgl. ebd., 42), wird nun damit begonnen, Beeinträchtigungen zu differenzieren und zu kategorisieren. Damit können Menschen mit Beeinträchtigungen Ziel unterschiedlicher Maßnahmen werden.

9   Damit einher geht eine Entpädagogisierung, Deinstutionalisierung und Selbstvertretung. Die Unterstützungen sollen offenere Formate beinhalten, zentral ist das Konzept der (persönlichen) Assistenz, das ein selbstbestimmtes Leben außerhalb von Einrichtungen ermöglichen soll und bei dem die Assistenznehmer_innen die Unterstützung selbst anleiten und organisieren.

10 Vgl. Fußnote 1. Dieses sogenannte soziale Modell von Behinderung liegt dem *Übereinkommen über die Rechte von Menschen mit Behinderungen* (zumeist als *UN-Behindertenrechtskonvention* (UN-BRK) abgekürzt) zugrunde, das 2009 von Deutschland ratifiziert wurde. Mit diesem Übereinkommen wird das Recht auf Selbstbestimmung und Teilhabe grundsätzlich gestärkt.

men der Durchsetzung aktivierender Sozialpolitik und der Verallgemeinerung marktförmiger Regulierungsformen findet dabei eine partielle Übernahme der Forderungen aus den sozialen Bewegungen statt. Stand 'die Behindertenpolitik' des Fordismus[11] unter den Vorzeichen „Betreuung, Fürsorge, Förderung" (Waldschmidt 2005, 44) innerhalb von Sonderzonen, ist sie im Neoliberalismus durch Selbstbestimmung statt Fremdbestimmung gekennzeichnet. Verstärkte Eigenverantwortung ist dieser Logik inhärent – für Menschen mit Beeinträchtigungen mit widersprüchlichen Folgen: Wurden sie in den langen Zeiten der Internierung in eine bestimmte Position in der Gesellschaft gezwungen, werden sie nun angerufen, aus sich heraus mobil und dynamisch zu sein (ebd., 46f.). In diesem Sinne verspricht die Selbstbestimmung im Neoliberalismus zugleich Befreiung von Unterdrückung und Bevormundung[12] sowie die Anerkennung als bürgerliche Subjekte, verstärkt jedoch auch eine Individualisierung und Privatisierung von sozialen Problemlagen (ebd., 48) bei gleichzeitiger Erosion der Fürsorgestrukturen und des Sozialstaates (ebd., 49). Die Emanzipation und Selbstbestimmung von Menschen mit Beeinträchtigungen trifft auf die neoliberalen Anrufungen der Selbstvermarktung und -optimierung sowie auf die Marktanforderungen der Flexibilität und Mobilität (ebd.).

Diese widersprüchliche Einbindung von emanzipatorischen Ansätzen in hegemoniale Politik, die durch den damit einhergehenden Ab- und Umbau gesellschaftlicher Sicherungssysteme die Krise der sozialen Reproduktion hervorbringt, zeigt sich auch an dem Konzept der Inklusion.[13] Dieses beinhaltet insofern ein „revolutionäres Potential" (Maskos 2016, 1), als mit ihm – im Gegensatz zum

---

11 In den Zeitraum fordistisch geprägter Warenproduktion fällt auch der Nationalsozialismus mit seinen Euthanasie-Programmen, in denen über 300.000 Menschen mit Beeinträchtigungen umgebracht wurden (Köbsell 2006). Diese Anmerkung soll keine bloße Fußnote der Geschichte sein, eine angemessene Auseinandersetzung mit der NS-Ideologie und ihren Auswirkungen kann im Rahmen dieses Beitrags jedoch nicht stattfinden.

12 Sonderbehandlungen und eine Unterbringung in spezifischen Einrichtungen sind dabei noch immer gegeben, jedoch nicht unter repressiven Vorzeichen.

13 Während in der deutschsprachigen amtlichen Fassung der UN-BRK *inclusion* mit *Integration* und *Einbeziehung* übersetzt wird, findet in der Schattenübersetzung (Netzwerk Artikel 3 e.V. 2018) treffenderweise der Begriff *Inklusion* Verwendung (Pieper/Haji Mohammadi 2014, 235). Dies hat – wie oben argumentiert – konzeptionelle Konsequenzen für das Verständnis von Beeinträchtigung/Behinderung. Die Schattenübersetzung ist eine von Verbänden eigens erstellte, aber informelle, nicht rechtskräftige Übersetzung des englischsprachigen Originaltextes der UN-BRK, die aus der Unzufriedenheit mit der amtlichen Wortwahl resultiert.

Konzept der Integration – gefordert wird, dass jede Person, unabhängig von ihren individuellen Fähigkeiten, in allen Bereichen gleichermaßen teilhaben können muss. Konsequent zu Ende gedacht, würde dies auch eine Infragestellung von Konkurrenzdruck und Wettbewerb voraussetzen (ebd.). Zugleich findet der Begriff mittlerweile im gesellschaftlichen Mainstream (wie etwa in Leitbildern globaler Unternehmen) Verwendung. Dies sorgt zwar für mehr Sichtbarkeit von Behinderungen, doch wird der Begriff damit Teil einer gesellschaftlichen Entwicklung, innerhalb derer die Frage nach einer gelungenen Teilhabe und Existenzsicherung – ähnlich wie schon bei der Idee der Integration – verstärkt als individuelles Problem artikuliert wird. Inklusion bedeutet dann für die Einzelnen, sich selbst (vor dem Hintergrund einer angebotsorientierten Wirtschaft und einer Prekarisierung von Arbeitsmärkten) als Ware zu definieren, sich fit zu machen für den Arbeitsmarkt und nicht „nach den anderen zu fragen, nach dem Staat oder nach dem Arbeitgeber, sondern selbst Lösungen zu finden, Probleme zu individualisieren, autonom zu sein und seine Angelegenheiten privat und eigenständig zu regeln" (ebd., 6).

Das Recht auf Arbeit, das Menschen mit Beeinträchtigungen im Rahmen der UN-BRK zugesprochen wird, „beinhaltet das Recht auf die Möglichkeit, den Lebensunterhalt durch Arbeit zu verdienen, die in einem offenen, inklusiven und für Menschen mit Behinderungen zugänglichen Arbeitsmarkt und Arbeitsumfeld frei gewählt oder angenommen wird".[14] Dies ist eine Abkehr von der Logik der 'Verwahrung' oder Beschäftigung in gesellschaftlichen Sonderzonen, eröffnet stattdessen Möglichkeiten der Partizipation an regulärer Erwerbsarbeit. Ein solches Recht wäre, einmal real umgesetzt, zentral für Inklusion, da die Befriedigung von Bedürfnissen nach sinnvoller Tätigkeit, materieller Absicherung und Anerkennung, sozialen Beziehungen und Selbstwirksamkeit nach wie vor eng an die Lohnarbeit gekoppelt ist (Gersdorff 2020). Es birgt insofern Potenziale für eine erweiterte Selbstbestimmung. Zugleich entspricht dieses Recht innerhalb der gegenwärtigen Verhältnisse auch neoliberalen Politiken. Da alte Fürsorgestrukturen zunehmend ab- und umgebaut wurden, ohne zugleich Alternativen bereitzustellen bzw. ohne verlässliche Verfahren, Arbeitsmärkte so zu gestalten, dass sie tatsächlich Offenheit für Beschäftigte mit unterschiedlichen individuellen Voraussetzungen bieten, setzt die freie Wahl des Arbeitsumfelds eine Anpassung an herrschende Marktbedingungen voraus. Wer das entsprechende Ideal eines unternehmerischen Selbst (Bröckling 2007) trotz der Versprechen auf mehr Frei-

---

14 Vgl. Art. 27, Abs. 1 der UN-BRK. Dies ist ein Auszug aus der Schattenübersetzung.

heiten nicht selbsttätig übernimmt, wird – durch staatlich-aktivierende Politik oder auch ökonomische Zwänge – im Zweifelsfall dazu gezwungen.

Dabei bleiben die realen Möglichkeiten einer eigenständigen Existenzsicherung prekär, da Menschen mit Beeinträchtigungen trotz guter Qualifikationen häufiger von Arbeitslosigkeit betroffen sind. 11,2 Prozent der Menschen mit Schwerbehinderung waren 2018 arbeitslos gemeldet (Deutscher Gewerkschaftsbund 2019). Im Vergleich zur 'allgemeinen' Arbeitslosenquote von 6,5 Prozent liegt diese also beinahe doppelt so hoch (vgl. ebd.). Die Zahlen sind seit Jahren auf einem ähnlich hohen Niveau und die im SGB IX festgeschriebene Beschäftigungspflicht schwerbehinderter Arbeitnehmer_innen wird von 60 Prozent der Unternehmen nicht oder nicht vollständig erfüllt (Rehadat Statistik 2018).[15] Arbeitsplätze auf dem sogenannten zweiten Arbeitsmarkt haben teilweise deutlich schlechtere Arbeitsbedingungen[16] und befinden sich weiterhin in 'Sonderzonen'. Durch Digitalisierung eröffnen sich zwar neue Optionen, allerdings vor allem für hochqualifizierte Arbeitnehmer_innen oder für solche mit Qualifikationen, die besonders nachgefragt sind (Engels 2019, 224, 230). Diese Widersprüche zwischen Versprechungen, zum Teil realen Erweiterungen von Handlungsmöglichkeiten und einem zugleich strukturell bedingten massenhaften Scheitern müssen Menschen in ihrem alltäglichen Handeln subjektiv verarbeiten. Crowdwork ist ein Tätigkeitsfeld, in dem diese Widersprüche von Selbstoptimierung und Marktteilhabe für Menschen mit Beeinträchtigungen eine Zuspitzung erfahren.

Crowdwork als (prekärer) Zugang zu Erwerbsarbeit

Da Menschen mit Beeinträchtigungen innerhalb dieser gesellschaftlichen Ausrichtung an unternehmerischem Handeln häufig gesellschaftlich ausgeschlossen waren und sind, wird Crowdwork in einigen Forschungsansätzen als Potenzial für sie angesehen. Dabei zeigt schon ein Blick auf die Grundstrukturen von Crowdwork, dass diese eine prekäre Form der Erwerbsarbeit darstellt. Crowd-

---

15 In Artikel 154, Absatz 1 SGB IX ist festgeschrieben, dass Unternehmen ab 20 Arbeitsplätzen 5 Prozent dieser Arbeitsplätze an Menschen mit Schwerbehinderung vergeben müssen, ansonsten wird eine sogenannte Ausgleichsabgabe fällig, die mit monatlich zwischen 125 und 320 Euro pro unbesetztem Pflichtarbeitsplatz sehr gering ausfällt.

16 Nach wie vor existiert mit den *Werkstätten für Menschen mit Behinderungen* ein eigener Arbeitsmarkt, der zwar eine bedeutende marktwirtschaftliche Rolle in Deutschland spielt, aber geringe Löhne und keine Arbeits- oder Tarifverträge bereithält (vgl. Gersdorff 2020).

worker_innen sind gegenüber den Plattformen als Solo-Selbstständige positioniert. Daraus resultiert zum einen, dass mit dieser Arbeit keine Form der sozialen Absicherung verbunden ist.[17] Zum anderen gibt es in der Regel keine Planbarkeit hinsichtlich der Menge und des Umfangs der Aufträge, die Crowdworker_innen angeboten werden – häufig sind zu wenig Aufträge vorhanden. Die Honorare für einzelne Aufträge schwanken stark; sie können sich bei Microtask-Plattformen im Cent-Bereich bewegen, bei komplexeren Tätigkeiten auf Marktplatz-Plattformen oder im Innovations- und Grafikbereich hingegen höher ausfallen.[18]

Bisherige quantitative Erhebungen zu Crowdwork in Deutschland[19] zeigen, dass diese Tätigkeit in der Regel einen eher kleinen Anteil des monatlichen Gesamteinkommens darstellt, das zugleich aus (mehreren) anderen Verdienstformen generiert wird. Einkünfte liegen bei den von uns untersuchten Plattformtypen überwiegend bei unter 100 Euro (Microtask) bzw. 500 Euro (Marktplatz) und machen durchschnittlich je nach Plattformtyp 10 bzw. 35 Prozent des Gesamteinkommens aus (Leimeister u.a. 2016, 48). Antwortmöglichkeiten, die sich auf eine finanzielle Angewiesenheit auf Crowdwork beziehen, wird in diesen Untersuchungen deutlich seltener zugestimmt als Motivationen, die auf zeitliche oder räumliche Flexibilität, einen „netten Nebenerwerb" und „Spaß" an der Tätigkeit verweisen (Bertschek u.a. 2016, 9, 39; Baethge u.a. 2019, 20; Al-Ani/ Stumpp 2015, 21). Solche standardisierten Erhebungen können Zusammenhänge zwischen der Notwendigkeit, Niedriglöhne zu akzeptieren, einer kritischen Haltung zu Crowdwork und dem Sinn, der den Arbeitsinhalten dennoch subjektiv beigemessen wird, nicht darstellen. Für unsere Fragestellung kommt hinzu, dass viele Items zu allgemein formuliert sind. So wird etwa die Angewiesenheit auf Erwerbstätigkeit von zuhause aus gesundheitlichen Gründen ebenso wie Bedarfe von hochmobilen Selbstständigen gleichermaßen als „räumliche Flexibilität" abgebildet.

Inwieweit sich Menschen mit Beeinträchtigungen unter Crowdworker_innen in Deutschland befinden und inwiefern diese Daten auf sie zutreffen, dazu lassen sich bisher keine Aussagen machen, da der Gesundheitszustand bzw. Beeinträch-

---

17 Eine Ausnahme besteht dort, wo Plattformen im Kreativbereich in die Künstlersozialkasse einzahlen.

18 Bei der Einteilung der Plattformen in verschiedene Plattformtypen folgen wir Giard u.a. (2019, 7).

19 Ob diese Studien repräsentativ sind, lässt sich nicht abschätzen, da es über die Zahl von Crowdworker_innen in Deutschland unterschiedliche Einschätzungen gibt (Jansen 2020). Während Serfling (2018) von 3,5 Millionen aktiven Plattformarbeiter_innen ausgeht, ermitteln Bonin und Rinne (2017) nur 350.000 Plattform-Arbeiter_innen.

tigungen von Crowdworker_innen in hiesigen Erhebungen nicht abgefragt wer-den.[20] In diese Forschungslücke intervenieren wir mit unserem Forschungsprojekt in mehrfacher Hinsicht. Bevor wir erste Ergebnisse vorstellen, setzen wir uns mit internationalen Forschungsstudien auseinander, die Crowdwork als Parti-zipationsmöglichkeit für Menschen mit Beeinträchtigungen untersuchen, und legen dar, wie die Diskussionen dieser Studien unsere Herangehensweise an das Forschungsfeld geprägt haben.

Forschungsperspektiven: Crowdwork als Tätigkeit von Menschen mit Beeinträchtigungen

Aufgrund der zeitlichen und örtlichen Flexibilität wird davon ausgegangen, dass Crowdwork Vorteile für Menschen mit Beeinträchtigungen beinhalten kann (Zyskowski u.a. 2015; Swaminathan u.a. 2017), etwa den Wegfall des Arbeits-weges (Zyskowski u.a. 2015), die Nicht-Sichtbarkeit des arbeitenden Körpers als Schutz vor Diskriminierungen (ebd.) oder die nicht-mündliche Online-Kommunikation für Menschen auf dem Autismus-Spektrum (Hara/Bigham 2017). Für Menschen mit bestimmten psychischen Beeinträchtigungen[21] ordnet Hug (2017) die Flexibilität von Crowdwork dagegen als kontraproduktiv für die Erkrankung ein. Die Anforderungen einer schnelllebigen, komplexer werdenden digitalen Arbeitswelt kollidieren mit Bedarfen an Ruhe und Übersichtlichkeit. Darüber hinaus bietet das Plattformsystem zu wenig Struktur und Planbarkeit sowie eine nur schwach ausgeprägte Feedbackkultur (ebd.). All diese Studien konstatieren, dass es spezifischer Analysen mit Berücksichtigung der Art der Beeinträchtigungen und des Plattformtyps[22] bedarf.

---

20 In einer internationalen Studie der International Labour Organization (ILO) geben 19 Prozent der Befragten an, langfristige psychische oder physische Beeinträchtigun-gen zu haben (Berg u.a. 2018, 39). Darüber hinaus wird deutlich, dass gesundheitliche Einschränkungen relevant sind, wenn Befragte als Motivation für Crowdwork ange-ben, dass sie zuhause oder nur von zuhause aus arbeiten können (ebd., 37f.). Für die Crowdworker_innen auf *Amazon Mechanical Turk* wurde ein Anteil von Menschen mit Beeinträchtigungen von ca. 20 Prozent erhoben; dies entspricht ihrem Anteil an der Gesamtbevölkerung der USA (Lund u.a. 2018).

21 Hug (2017) verdeutlicht, dass psychische Beeinträchtigungen sehr unterschiedlich sind und verschiedene Auswirkungen auf eine Inklusion in den Arbeitsmarkt haben können.

22 Alle beschriebenen Studien beziehen sich mit ihren Untersuchungen auf Microtask-Plattformen.

Zyskowski u.a. (2015) arbeiten heraus, dass einige der Risiken, die für Crowdworker_innen grundsätzlich existieren (Berg u.a. 2018), für Menschen mit Beeinträchtigungen in zugespitzter Form problematisch sind: Die Suche nach geeigneten Jobs, die letztlich eine unbezahlte Arbeit darstellt, dauere bei einer Behinderung tendenziell länger, da frühzeitig entschieden werden muss, ob die Aufgaben mit den vorliegenden Beeinträchtigungen durchführbar sind. Uneindeutige Aufgabenbeschreibungen gehen ebenso wie Zeitlimits verstärkt mit dem Risiko einher, Jobs abbrechen zu müssen, deshalb für bereits getätigte Arbeit keine Entlohnung zu erhalten und in der Folge die Reputation auf der Plattform zu verschlechtern, was Auswirkungen auf zukünftiges Einkommen haben kann. Entsprechende Schwierigkeiten, passende Jobs zu finden, arbeiten Hara und Bigham (2018) heraus, die Menschen auf dem Autismus-Spektrum bei der Jobsuche auf Crowdwork-Plattformen begleitet haben. Vashistha u.a. (2018) heben Zugangs- und Nutzungsbarrieren von sehbeeinträchtigten/blinden Personen hervor, die auf *Amazon Mechanical Turk* (AMT) arbeiten. Die Webseite weist nach ihrer Analyse Mängel in der Schnittstellenkonfiguration auf, so sind zum Beispiel Eingabefelder oder Überschriften im HTML-Code nicht eindeutig zugewiesen, was eine Nutzung mit Screen Readern erschwert.

Diese beiden Studien ziehen aus den eingeschränkten Zugängen die Konsequenz, technische Tools zu entwickeln, mit denen die Nutzung der Plattformen für die Personengruppe verbessert wird. So kreieren Vashistha u.a. (2018) einen eigenen Marktplatz namens *BSpeak* und testen diesen – mit dem Ergebnis, das die Jobs für blinde/sehbeeinträchtigte Crowdworker_innen im Vergleich zu AMT besser zugänglich sind und Aufgaben im Bereich der Transkription von Audiodateien mit einer besseren Erfolgsrate und in kürzerer Zeit fertiggestellt werden können. Hara und Bigham (2017) entwickeln mit ATQ (*Assistive Task Queue*) ein Tool, das die Zeit für den Job-Person-Matching-Prozess für Menschen mit Autismus reduzieren soll. Hierfür wird die Suche nach bestimmten Aufgaben der Bildtranskription vereinfacht und die Aufgabenstellung der Plattformen in kleinere Schritte zergliedert. Grundsätzlich halten die Autor_innen dies für lohnenswert, weil Plattformarbeit keine direkten sozialen Interaktionen verlangt und Aufgaben mit wiederkehrenden Mustern angeboten werden, die keine komplexen Steuerungsprozesse erfordern.[23] Beide Studien nehmen die schlechten Einkommensverhältnisse von Menschen mit Beeinträchtigungen

---

23 Die Vorstellung, dass Menschen mit Autismus eine Affinität zu Mustern, repetitiven Aufgaben und ein Problem mit sozialer Interaktion haben, begegnet uns in diesem Forschungsprojekt häufig; wir sehen eine derartige Homogenisierung kritisch.

zum Ausgangspunkt und diskutieren Crowdwork als erweiterte Möglichkeit, Einkommen zu generieren.

Diese Studien schärfen den Blick dafür, in welchen Formen Barrieren auf Plattformen existieren können. Hierbei geht es um technische Fragestellungen wie auch um Fragen der digitalen Arbeitsorganisation. Deutlich wird zudem, dass technische Alternativen möglich sind, die potenziell neue Partizipations- und Verdienstmöglichkeiten hervorbringen können. Problematisch erscheint uns zugleich, wenn mit technischen Neuerungen Sonderlösungen geschaffen werden, ohne zugleich systematisch zu fordern, Plattformen an sich zugänglich(er) zu gestalten. Damit einhergehend reflektieren die Autor_innen selten kritisch, dass die Einkommens- und Arbeitsverhältnisse auf Plattformen prekär bleiben[24] und bisherige soziale Standards unterlaufen.[25] Menschen mit Beeinträchtigungen werden darin angeleitet, sich bestmöglich in vorherrschende Leistungs- und Konkurrenzkriterien einzugliedern. Dies geschieht auf Basis der Annahme, dass sie gerade aufgrund ihrer Beeinträchtigung Eigenschaften haben, die Anforderungen in Microtask-Sektoren erfüllen. Der Rekurs auf die Fähigkeiten von Menschen auf dem Autismus-Spektrum für repetitive Tätigkeiten oder das Erkennen von Mustern appelliert dabei an die Selbstoptimierung der Subjekte, sich auf einem nach kapitalistischen Logiken funktionierenden Arbeitsmarkt mit diesen Fähigkeiten einzubringen (Maskos 2016, 5). Es geht mit den Tools nicht um Inklusion (weder auf Plattformen noch in die Gesellschaft), sondern um eine Assimilation in eine für sie ausgewiesene „'Sonder-Arbeitswelt'" (Gersdorff 2020). Damit erfolgt eine Individualisierung von Problemen, die sich aus der Beeinträchtigung ergeben (Pieper/Haji Mohammadi 2014), während gesellschaftliche Strukturen stabilisiert und (re-)produziert werden. Aus dieser marktkonformen Selbstoptimierung erwächst eine Differenzierung in 'verwertbare' Beeinträchtigungen und solche, die es nicht sind.

---

24 So verweisen Hara und Bigham (2017, 10) zwar darauf, dass schon der Durchschnittsverdienst auf AMT für die Mehrheit der Arbeitenden weit unter dem Mindestlohn liegt, diese Einsicht fließt aber nicht in eine kritische Diskussion ein.

25 Beispielsweise errechnen Vashishta u.a. (2018, 10), dass es einen Spielraum gibt, den Verdienst für blinde/sehbeeinträchtigte Nutzer_innen auf *BSpeak* zu erhöhen und dennoch unter dem bisherigen Industriestandard zu bleiben.

Partizipation an der Prekarität? Empirische Befunde

Ausgehend von diesen Studien fragen wir im Rahmen unserer empirischen Erhebungen, welche Zusammenhänge zwischen den Arbeitsbedingungen auf Crowdwork-Plattformen in Deutschland und der Beteiligung von Menschen mit Beeinträchtigungen existieren. Dabei soll unsere Forschung eine Sichtbarmachung konkreter Barrieren und den (individuellen) Strategien ermöglichen und zugleich die vorgefundenen Arbeitsbedingungen und -erfahrungen auf Maßstäbe guter Arbeit beziehen.

Durch Expert_innen-Interviews haben wir zunächst Crowdwork-spezifische Fragestellungen in der arbeits(markt)politischen Landschaft in Deutschland kontextualisiert. Zudem ließen wir vier Plattformen[26] auf ihre technische Zugänglichkeit für Menschen mit körperlichen Beeinträchtigungen prüfen.[27] Gegenwärtig analysieren wir die Bedeutung von Crowdwork als Tätigkeit von Menschen mit Beeinträchtigung anhand von quantitativen Befragungen unter Crowdworker_innen[28]. Hierbei interessieren uns das Ausmaß, in dem sie diese Arbeit leisten, ihre individuellen Arbeitserfahrungen und ihre Lebenssituationen, aus denen Motivationen für Crowdwork als Tätigkeitsfeld entspringen. Schließlich werden wir in einer weiteren Projektphase anhand von qualitativen Interviews mit Crowdworker_innen Fragen nach der subjektiven Bedeutung dieser Tätigkeit und den damit einhergehenden Partizipationsmöglichkeiten vertiefen.

Expert_innen-Interviews: Inklusionsperspektiven auf Crowdwork in Deutschland

Expert_innen-Interviews mit Aktivist_innen sowie Mitarbeiter_innen im Bereich (Arbeitsmarkt)Inklusion ergeben zunächst, dass Crowdwork arbeitsmarkt- oder inklusionspolitisch in Deutschland bisher keine Rolle spielt. Keine der Interviewpersonen hatte konkrete Erfahrung mit Crowdwork im arbeitspoliti-

---

26 Betrachtet wurden eine Microtask-Plattform, zwei Marktplatz-Plattformen sowie eine Testing-Plattform.

27 Es erfolgte keine vollständige Überprüfung nach Kriterien der Barrierefreie-Informationstechnik-Verordnung (BITV), der Richtlinie zur barrierefreien Gestaltung von Informationstechnologien, mit der die Gleichstellung von Menschen mit Beeinträchtigungen gewährleistet werden soll.

28 Befragt wurden bisher 260 Crowdworker_innen auf einer Marktplatz-Plattform und 240 Crowdworker_innen auf einer Microtask-Plattform. Die Durchführung der Befragung auf einer dritten Plattform steht noch aus.

schen Kontext. Auch für die Zukunft sehen sie kaum Teilhabechancen in dieser Tätigkeitsform. Maßnahmen zur Inklusion zielen – auch von Seiten der Jobcenter – auf Partizipation an Arbeit, die den Lebensunterhalt langfristig sichert und staatliche Transferzahlungen ablöst. Crowdwork könne aufgrund der niedrigen und unsicheren Einkommen sowie der fehlenden sozialen Absicherung in dieses Ziel nicht sinnvoll integriert werden. Zudem weisen mehrere Expert_innen auf die Widersprüche verschiedener Argumente hin, mit denen Crowdwork als Chance diskutiert wird: Das Argument, Crowdwork sei vorteilhaft, weil dadurch lange Arbeitswege mit Barrieren im öffentlichen Raum vermieden werden, stehe dem Prinzip der gesellschaftlichen Barrierefreiheit entgegen. Eine Erweiterung von Handlungsmöglichkeiten stelle Crowdwork nur dar, wenn diese Arbeit nicht aufgrund von strukturellen Hindernissen beim Zugang zu anderer Erwerbsarbeit geleistet werde. Wenn Anonymität und Nicht-Sichtbarkeit dazu führen, dass Diskriminierungen vermieden werden, stelle dies individuell einen Vorteil dar. Zugleich gelte aber auch hier, dass es um einen Abbau entsprechender Vorurteile gehen müsse. Generell wurden die Teilhabechancen durch Crowdwork nur für eine kleine Personengruppe gesehen und hervorgehoben, dass diese auch von persönlichen Präferenzen in Bezug auf Arbeit abhängig seien.

In Gesprächen mit Vertreter_innen der Managementebene von Crowdwork-Plattformen[29] zeigen sich diese interessiert an einer verbesserten Partizipation für Menschen mit Beeinträchtigungen.[30] Zugleich wird deutlich, dass es innerhalb der Plattformen keine Anlaufstellen oder betriebliches Wissen zu Bedarfen von Menschen mit Beeinträchtigungen gibt. Auf keiner der Plattformen herrscht Arbeitskräftemangel, daher ist davon auszugehen, dass es für sie keine ökonomischen Gründe gibt, sich systematisch mit Inklusion oder dem Abbau (technischer) Barrieren zu beschäftigen. Darüber hinaus verweisen die Vertreter_innen der Plattformen darauf, dass die Arbeit für die Crowdworker_innen häufig ein Nebenerwerb oder eine nette Freizeitbeschäftigung darstelle. Fragen der sozialen Absicherung oder der Verstetigung von Einkommensmöglichkeiten betrachten sie vor diesem Hintergrund nicht als ihre Verantwortung.

---

29 Einbezogen in diese Befragung wurden jene vier Plattformen, die auch auf ihre Zugänglichkeit hin geprüft wurden (vgl. Fußnote 26) sowie eine Innovationsplattform.

30 Kleinere technische Veränderungen wurden aufgrund der Ergebnisse des Barrieretests sofort vorgenommen, größere Barrieren sollen in der weiteren Plattformentwicklung zumindest thematisiert werden. Je nach Plattform und Aufgabenangebot sind den Partizipationsmöglichkeiten jedoch auch Grenzen gesetzt, was z.B. Grafikarbeiten für sehbeeinträchtige Personen angeht.

Der Barrieretest[31] auf vier Plattformen ergab, dass bei allen erhebliche technische Hindernisse bestehen, sodass sie für sehbeeinträchtigte/blinde Personen überhaupt nicht zugänglich und für Tastaturnutzer_innen nur schwer nutzbar sind.[32] Grundsätzlich können im digitalen Kontext viele Barrieren mit assistiven Techniken gut kompensiert werden (Engels 2019, 223). Der Abbau der vorgefundenen Barrieren würde allerdings bei allen Plattformen umfangreiche Änderungen voraussetzen.

Menschen mit Beeinträchtigung als Crowdworker_innen

Da bisher keine Daten zu Crowdworker_innen mit Beeinträchtigungen in Deutschland vorliegen, haben wir im Zuge unserer quantitativen Erhebung auf zwei Crowdwork-Plattformen[33] untersucht, inwieweit Menschen mit Beeinträchtigungen in Deutschland – trotz der aufgezeigten Barrieren – auf Crowdwork-Plattformen tätig sind und welche Beeinträchtigungen bei ihnen vorliegen. Um ihren Anteil zu bestimmen, haben wir eine Selbstdefinition als Maßstab angelegt und u.a. nach langfristigen körperlichen und psychischen Beeinträchtigungen sowie chronischen Erkrankungen gefragt. Bei ähnlich offener Definition von Behinderung kommt der Teilhabebericht der Bundesregierung (BMAS 2016) auf einen Anteil der Menschen mit Beeinträchtigungen an der Bevölkerung in Deutschland von knapp 16 Prozent.[34]

---

31 Durchgeführt von Petra Kowalewski (vgl. *UA 4 All – Universal Accessibility for all*; http://ua4all.de).

32 Auf allen Plattformen sind schlechte Kontraste und Fokushervorhebungen zu verzeichnen, Vergrößerungsfunktionen sind nicht nutzbar und die Navigation mit Screen Readern ist teilweise nicht möglich. Zudem wurde uns in Interviews mit Vertreter_innen der Plattformen von Einzelfällen blinder/sehbeeinträchtigter Crowdworker_innen berichtet, denen individuell geholfen wurde, bestimmte Barrieren zu umgehen. Dies zeigt (ebenso wie unsere weiteren Ergebnisse), dass Menschen mit Beeinträchtigungen sich trotz der Hindernisse Zugänge zu den Plattformen verschaffen, hierbei aber auf Unterstützung durch die Plattform angewiesen bleiben.

33 Die Befragungen wurden bisher auf zwei Plattformen durchgeführt (vgl. Fußnote 28). Da sie mit dem Verfassen dieses Artikels zusammenfallen, können wir im Folgenden lediglich erste Auswertungsergebnisse aufzeigen. Wir bedanken uns bei den studentischen Mitarbeiter_innen Laura Rode und Justus Henze für die großartige Unterstützung bei Erhebung und Auswertung der Daten.

34 Der Teilhabebericht erläutert die Schwierigkeiten der an amtlich anerkannter Schwerbehinderung orientierten offiziellen Statistiken, die der Definition nach Art. 2, Abs.

In den offenen Samples[35] geben 37,6 Prozent (Marktplatz) bzw. 26,5 Prozent (Microtask) an, eine Beeinträchtigung zu haben; in den an die spezifischen Personengruppen gerichteten Samples sind es 57,9 Prozent (Marktplatz) bzw. 92 Prozent (Microtask). Das bedeutet, Menschen mit Beeinträchtigungen sind in all unseren Stichproben überproportional vertreten. Der Anteil der Befragten mit einer staatlich anerkannten Schwerbehinderung am jeweiligen Gesamtsample liegt in den offenen Samples bei 8,9 Prozent (Marktplatz) bzw. 6,1 Prozent (Microtask); bei den spezifischen Samples bei 6,1 Prozent (Marktplatz) bzw. bei 14 Prozent (Microtask) – damit liegt er in allen Samples näher am bundesdeutschen Durchschnitt.[36] Das bedeutet, die Differenz zwischen der Anzahl der Menschen mit staatlich anerkannter Schwerbehinderung und der Anzahl derer, die sich selbst als langfristig beeinträchtigt bezeichnen, ist in all unseren Samples höher als in der Gesamtbevölkerung. In einer ersten Interpretation diskutieren wir die These, dass dies mit dem hohen Anteil derer, die eine psychische Beeinträchtigung angeben, zusammenhängt. Von den Befragten, die eine Beeinträchtigung bejahen, geben 51,3 bzw. 46,2 Prozent in den offenen Samples und 69,6 bzw. 73,9 Prozent in den spezifischen Samples an, dass eine psychische oder sozialemotionale Beeinträchtigung[37] vorliegt.[38] Statistisch betrachtet ist die Anerken-

---

1 und 2 SGB IX folgen, und errechnet den eigenen Wert auf Grundlage des Mikrozensus und des SOEP (vgl. BMAS 2016, 41f.).

35 Entsprechend der Möglichkeiten, die uns auf den Plattformen zur Verfügung standen, sind wir bei dem Feldzugang unterschiedlich vorgegangen: Auf der *Marktplatz-Plattform* haben wir in einer ersten Befragung alle drei im Projekt definierten Personengruppen gleichzeitig adressiert – Menschen mit Beeinträchtigungen, Menschen mit familiären Sorgeverpflichtungen sowie solche aus strukturschwachen Regionen (spezifisches Sample); in einem folgenden zweiten Aufruf haben wir ohne Beschränkungen alle Crowdworker_innen angesprochen, die länger als sechs Monate regelmäßig Crowdwork betreiben (offenes Sample). Auf der *Microtask-Plattform* wurde (nach einem Pretest) zunächst eine Befragung durchgeführt, die für alle Crowdworker_innen offen war (offenes Sample). Danach folgten drei Befragungen, die jeweils nur eine der Personengruppen adressierte. Daher haben wir hier ein spezifisches Sample, das nahezu vollständig aus Menschen mit Beeinträchtigungen besteht. Im Folgenden geben wir, unterschieden nach der Plattform, immer die Zahlen für das offene und das spezifische Sample an.

36 Laut Statistik haben 9,5 Prozent der Bevölkerung in Deutschland (ca. 7,9 Millionen Menschen) diesen Status (Statistisches Bundesamt 2020).

37 Dabei waren Mehrfachantworten möglich; es kann also auch eine Beeinträchtigung neben anderen sein.

38 Die Zunahme von psychischen Erkrankungen in Deutschland ist bekannt (exemplarisch Bauer 2018), trotzdem ist hier ein Vergleich der Zahlen schwierig. Abgesehen von

nung von Schwerbehinderung aufgrund von psychischer Beeinträchtigung noch relativ selten (Statistisches Bundesamt 2018). Neben diesem großen Anteil von Crowdworker_innen mit psychischen Beeinträchtigungen gibt es 4,2 Prozent sehbeeinträchtigte/blinde Crowdworker_innen über alle Befragten hinweg, für die vermutlich digitale Barrierefreiheit und die Optimierung der Screen Reader-Nutzung von Bedeutung sind.

Von den Befragten mit Beeinträchtigung geben im offenen Sample der Microtask-Plattform 30 Prozent an, dass die Beeinträchtigung Einfluss auf die Art der Lohnarbeit hat, der nachgegangen wird bzw. würde; in den anderen drei Samples trifft dies auf über die Hälfte der Befragten zu. Bei den Angaben zu den Motivationen, Crowdwork nachzugehen, werden manche Gründe von Menschen mit Beeinträchtigungen häufiger angegeben als von den anderen Befragten. Auf beiden Plattformen ist die Anzahl derer, die als Grund angeben, ausschließlich von zuhause arbeiten zu können, unter den Menschen mit Beeinträchtigungen deutlich höher (Marktplatz: 21 bzw. 28 Prozent; Microtask: 23 bzw. 20 Prozent) als bei jenen ohne Beeinträchtigung (Marktplatz: 12,7 Prozent; Microtask: 13,6 Prozent).

Keine andere Arbeit zu finden, geben auf der Marktplatz-Plattform 15,8 bzw. 18,5 Prozent der Menschen mit Beeinträchtigungen als Grund für ihre Crowdwork-Tätigkeiten an. Nur Menschen mit psychischen Beeinträchtigungen betrachtet, sind es sogar jeweils ca. 25 Prozent (gegenüber 7,9 Prozent bei Menschen ohne Beeinträchtigung). Bei der Microtask-Plattform hingegen ist der Anteil derer, die diese Antwort bejahen, insgesamt und auch unter den Menschen mit Beeinträchtigungen gering (ca. 4 Prozent). Hierzu diskutieren wir die These, ob dieser Unterschied zwischen den Plattformen mit ihren Arbeitsinhalten und -abläufen sowie daran ausgerichteten Verdienstmöglichkeiten zusammenhängt. Die Arbeit auf Microtask-Plattformen ist einfacher, weniger umfangreich und niedriger entlohnt. Möglicherweise geht dies mit einer geringeren Identifikation mit der Tätigkeit einher als bei der Arbeit auf der Marktplatz-Plattform, die inhaltlich anspruchsvoller ist und teilweise langfristiger Einarbeitung und Recherche bedarf, was auch höhere Einnahmen ermöglicht. In der Folge kann sie nur mit mehr Aufwand durch eine andere Tätigkeit ersetzt werden – sowohl hinsichtlich der Einnahmen als auch der Arbeitsinhalte. Auch wenn Jobalternativen für Microtask-Arbeitende offenbar existieren, zeigt sich bei Menschen mit Beeinträchtigung hier dennoch insofern eine finanzielle Angewiesenheit, als 23,1

---

der Schwerbehindertenstatistik wird in keiner Erhebung nach Art der Behinderung differenziert (Weller 2017, 22f.).

bzw. 26,1 Prozent von ihnen angeben, dass ihr Einkommen ohne Crowdwork nicht zum Leben reichen würde (gegenüber 5,6 Prozent bei Menschen ohne Beeinträchtigung). Schließlich weisen unsere Zahlen darauf hin, dass auch für Menschen mit Beeinträchtigungen die materielle Notwendigkeit nicht eindimensional als einzige Motivation für Crowdwork diskutiert werden kann. In allen Samples geben viele Crowdworker_innen (mindestens 60 Prozent) an, Crowdwork zu leisten, weil ihnen die Arbeit auf den Plattformen Spaß mache.

Crowdwork und (gute) Teilhabe an Erwerbsarbeit – ein problematisches Verhältnis

Die Ergebnisse unserer Online-Erhebung zeigen, dass Menschen mit Beeinträchtigungen auch in Deutschland auf Crowdwork-Plattformen vertreten sind. Auf den von uns befragten Portalen ist ihr Anteil höher als in internationalen Erhebungen und höher als im Durchschnitt der Bevölkerung in Deutschland. Dabei ist der Zusammenhang zwischen der Beeinträchtigung und der Entscheidung, Crowdwork zu leisten, auf der Marktplatz-Plattform stärker ausgeprägt. Insgesamt hat dieser Zusammenhang für Menschen mit psychischen Beeinträchtigungen offenbar eine hohe Relevanz. Deutlich wird, dass es notwendig wäre, in den zahlreichen Untersuchungen, die aktuell zu Crowdwork in Deutschland durchgeführt werden, den Anteil von Menschen mit Beeinträchtigung und ihre Situation als Crowdworker_innen konsequent mitzuerheben. Hierbei ist für Forschungsprojekte und politische Gestaltungsvorschläge eine Differenzierung nach Art und Schwere der Beeinträchtigung und nach Plattformtyp wichtig, da ein verallgemeinerndes Sprechen über Bedarfe, die aus einer Beeinträchtigung entstehen, nicht möglich ist. Erst dies eröffnet den Weg, die Beteiligung an Crowdwork als Antwort auf Dauerkrisen der sozialen Reproduktion herauszuarbeiten und spezifische „krisenhafte Entwicklungen zu thematisieren, sie damit sichtbar und zum Gegenstand der gesellschaftlichen Diskussion und Entscheidung zu machen" (Bader u.a. 2011, 8). Solange dies nicht geschieht, bleibt die Überwindung der Barrieren zwischen den Bedarfen und Ansprüchen von Menschen mit Beeinträchtigungen und den strukturellen sowie technischen Vorgaben auf Crowdwork-Plattformen eine individuell zu lösende Angelegenheit.

Wenn hierfür spezielle technische Tools entwickelt werden, mit denen sich diese Barrieren partiell überwinden lassen, entstehen neue Nischen für einen kleinen Personenkreis mit entsprechenden Präferenzen bezüglich digitaler Arbeit. Würde stattdessen für grundsätzliche Verbesserungen auf den bereits existierenden Plattformen gesorgt, würde dies allen Crowdworker_innen zugutekommen (vgl. Zyskowski u.a. 2015; Hara/Bigham 2017). Die Prekarität der entstehenden Einkommensmöglichkeiten bleibt mit diesem Fokus ebenso eine unhinterfragte Norm wie die fehlenden Formen der sozialen Absicherung und Partizipation. Die Erörterungen politischer Gestaltung von Crowdwork im Sinne guter Arbeit sollten im Kontext einer allgemeinen Hybridisierung von Erwerbsformen diskutiert werden (vgl. Bührmann u.a. 2018), da Crowdwork in Deutschland häufig als Nebenerwerb und als eine Tätigkeit unter vielen ausgeübt wird. Für Menschen mit Beeinträchtigungen ist hier relevant, die Verdienstmöglichkeiten und -grenzen bei dem Bezug von Renten und Transferleistungen neu zu regeln. Auch Fragen nach staatlich geförderten Maßnahmen, z.B. in Form eines *supported employment*, mit dem Erfahrungen mit Crowdwork durch Jobcoaches begleitet werden (vgl. Hug 2017, 71ff.), gilt es, als befristete Möglichkeit zu diskutieren.

Eine inklusive Perspektive einzunehmen, bedeutet für uns, die Frage nach dem Abbau konkreter Barrieren, der Menschen mit Beeinträchtigungen einen besseren Zugang zu Crowdwork ermöglichen würde, und die notwendige Kritik an den prekären Strukturen von Crowdwork nicht gegeneinander auszuspielen. Zugänge zu Crowdwork zu verbessern, heißt tatsächlich 'nur', einen Arbeitsmarkt für Menschen mit Beeinträchtigung weiter zu öffnen, auf dem in der Regel sehr geringe Löhne gezahlt werden, zu wenig Jobangebote vorhanden sind und keine soziale Absicherung gewährleistet ist. Allerdings eröffnet dieser Arbeitsmarkt insofern Chancen, als auch diese geringen Einkommen in den gegenwärtigen Verhältnissen eine Notwendigkeit darstellen können bzw. eine Möglichkeit, die eigene Lebensqualität ein Stück weit zu verbessern – dies gilt verstärkt für Menschen mit Beeinträchtigungen, die häufiger von Arbeitslosigkeit und Diskriminierung beim Zugang zu Erwerbsarbeit betroffen sind. Insgesamt muss sich jede Auseinandersetzung mit Teilhabechancen von Menschen mit Beeinträchtigungen durch Crowdwork in diesem Widerspruch bewegen, um den Abbau konkreter Barrieren zu kämpfen und zugleich strukturelle und gesellschaftliche Fragen zu stellen.

Literatur

Al-Ani, Ayad/Stumpp, Stefan, 2015: *Motivationen und Durchsetzung von Interessen auf kommerziellen Plattformen. Ergebnisse einer Umfrage unter Kreativ- und IT-Crowdworkern.* Herausgegeben von Alexander von Humboldt Institut für Internet und Gesellschaft. Berlin.

Bader, Pauline/Becker, Florian/Demirović, Alex/Dück, Julia, 2011: *Die multiple Krise – Krisendynamiken im neoliberalen Kapitalismus.* In: Dies. (Hg.): VielfachKrise. Im finanzmarktdominierten Kapitalismus. Hamburg, 11–28.

Baethge, Cathrine Bettina/Boberach, Michael/Hoffmann, Anke/Wintermann, Ole, 2019: *Plattformarbeit in Deutschland. Freie und flexible Arbeit ohne soziale Sicherung.* Bertelsmann-Stiftung. https://www.bertelsmann-stiftung.de/de/publikationen/publikation/did/plattformarbeit-in-deutschland/[4. Dezember 2019].

Bauer, Shantala, 2018: *Arbeit und Gesundheit Generation 50+. Zahlen, Daten, Fakten.* In: Knieps, Franz/Pfaff, Holger (Hg.): BKK Gesundheitsreport, 42.2018. https://www.bkk-dachverband.de [23. September 2020].

Berg, Janine/Furrer, Marianne/Harmon, Ellie/Rani, Uma/Silberman, M. Six, 2018: *Digital labour platforms and the future of work. Towards decent work in the online world.* International Labour Organization. Genf.

Bertschek, Irene/Ohnemus, Jörg/Viete, Steffen, 2016: *Befragung zum sozioökonomischen Hintergrund zu den Motiven von Crowdworkern.* Berlin.

BMAS (Bundesministerium für Arbeit und Soziales) (Hg.), 2016: *Zweiter Teilhabebericht der Bundesregierung über die Lebenslagen von Menschen mit Beeinträchtigungen. Teilhabe – Beeinträchtigung – Behinderung.* https://www.bmas.de/DE/Service/Medien/Publikationen/a125-16-teilhabebericht.html [25. September 2020].

Bonin, Holger/Rinne, Ulf, 2017: *Omnibusbefragung zur Verbesserung der Datenlage neuer Beschäftigungsformen.* Kassel.

Bröckling, Ulrich, 2007: *Das unternehmerische Selbst. Soziologie einer Subjektivierungsform.* Frankfurt am Main.

Bührmann, Andrea D./Fachinger, Uwe/Welskop-Deffaa, Eva M. (Hg.), 2018: *Hybride Erwerbsformen. Digitalisierung, Diversität und sozialpolitische Gestaltungsoptionen.* Wiesbaden.

Deutscher Gewerkschaftsbund, 2019: *Arbeitslosigkeit schwerbehinderter Menschen überdurchschnittlich hoch.* Arbeitsmarkt: Zahl des Monats. https://www.dgb.de/themen/++co++2f7b94c4-0bdc-11ea-913d-52540088cada [21. September 2020].

Engels, Dietrich, 2019: *Chancen und Risiken der Digitalisierung für die Beschäftigung von Menschen mit Behinderung.* In: Skutta, Sabine/Steinke, Joß (Hg.): Digitalisierung und Teilhabe: Mitmachen, mitdenken, mitgestalten! Baden-Baden, 223–235.

Gersdorff, Anne, 2020: *Inklusion in der Leistungsgesellschaft: Geht das überhaupt?* https://dieneuenorm.de/arbeit/leistungsgesellschaft-behinderung-arbeit/[20. Oktober 2020].

Giard, Nicole/Hemsen, Paul/Hesse, Marc/Löken, Nils/Nouri, Zahra/Reddehase, Jannik u.a., 2019: *Technical Report. Interdisziplinäre Befragung von Crowdworkern.* Forschungsschwerpunkt Digitale Zukunft. Bielefeld.

Hara, Kotaro/Bigham, Jeffrey P., 2017: *Introducing people with ASD to crowd work.* Research Collection School of Information Systems (1), 42–51.

Hug, Andrea Simone, 2017: *Crowdwork als Form der Arbeitsintegration von jungen Erwachsenen mit einer psychischen Störung.* https://www.fhnw.ch/de/studium/sozialearbeit/master/media/hsa_ma_thesis_2017_hug_andrea_simone.pdf [25. September 2020].

Jansen, Andreas, 2020: *Wachsende Graubereiche in der Beschäftigung. Ein interdisziplinärer Forschungsüberblick über die Entstehung und Entwicklung neuer Arbeits- und Beschäf-*

tigungsformen in Deutschland. Hans-Böckler-Stiftung Working Paper 167. https:// www.boeckler.de/de/faust-detail.htm?sync_id=HBS-07577 [8. September 2020].

Köbsell, Swantje, 2006: *Towards Self-Determination and Equalization: A Short History of the German Disability Rights Movement*. Disability Studies Quarterly. 26. Jg., Heft 2. https://dsq-sds.org/article/view/692/869 [27. August 2020].

Köbsell, Swantje/Waldschmidt, Anne, 2006: *Disability Studies in Austria, Germany and Switzerland*. In: Disability Studies Quarterly. 26. Jg., Heft 2. https://dsq-sds. org/article/view/4256/3596Building [27. August 2020].

Leimeister, Jan Marco/Durwald, David/Zogaj, Shkodran, 2016: *Crowd Worker in Deutschland. Eine empirische Studie zum Arbeitsumfeld auf externen Crowdsourcing-Plattformen*. Düsseldorf.

Lund, Emily M./Nadorff, Michael R./Galbraith, Kate/Thomas, Katie B., 2018: *Using Amazon Mechanical Turk to Recruit Participants with Disabilities*. https://dx.doi. org/10.4135/9781526437280 [23. September 2020].

Maskos, Rebecca, 2016: *Thesen zur Inklusion – Utopie einer besseren Gesellschaft oder neoliberale Anrufung behinderter Menschen?* Vortrag beim Zentrum für Disability Studies (ZeDiS), Universität Hamburg. https://rebecca-maskos.net/2016/12/13/ thesen-zur-inklusion-utopie-einer-besseren-gesellschaft-oder-neoliberale-anrufung-behinderter-menschen/[3. September 2020].

Netzwerk Artikel 3 e.V. (Hg.), 2018: *Schattenübersetzung: Übereinkommen über die Rechte von Menschen mit Behinderungen*. Behindertenrechtskonvention – BRK. Berlin.

Pieper, Marianne/Haji Mohammadi, Jamal, 2014: *Partizipation mehrfach diskriminierter Menschen am Arbeitsmarkt. Ableism und Rassismus – Barrieren des Zugangs*. In: Wansing, Gudrun/Westphal, Manuela (Hg.): Behinderung und Migration. Inklusion, Diversität, Intersektionalität. Wiesbaden, 221–252.

Rehadat Statistik, 2018: *Beschäftigungsstatistik schwerbehinderter Menschen*. https:// www.rehadat-statistik.de/statistiken/berufliche-teilhabe/beschaeftigung/bescha-eftigungsstatistik-schwerbehinderter-menschen [22. Oktober 2020].

Serfling, Oliver, 2018: *Crowdworking Monitor Nr. 1. für das Verbundprojekt „Crowdworking Monitor"*. https://www.bmas.de/SharedDocs/Downloads/DE/PDF-Meldungen/2018/crowdworking-monitor.pdf?__blob=publicationFile&v=1 [12. Dezember 2019].

Statistisches Bundesamt (Hg.), 2018: *Statistik der schwerbehinderten Menschen 2017*.

– (Hg.), 2020: *7,9 Millionen schwerbehinderte Menschen leben in Deutschland*. https:// www.destatis.de/DE/Presse/Pressemitteilungen/2020/06/PD20_230_227.html [23. Oktober 2020].

Swaminathan, Saiganesh/Hara, Kotaro/Bigham, Jeffrey P., 2017: *The Crowd Work Accessibility Problem*. In: Proceedings of the 14th Web for All Conference on The Future of Accessible Work.

Vashistha, Aditya/Sethi, Pooja/Anderson, Richard, 2018: *BSpeak: An Accessible Crowdsourcing Marketplace for Low-Income Blind People*. In: CHI '18: Proceedings of the 2018 CHI Conference on Human Factors in Computing Systems (57), 1–13.

Waldschmidt, Anne, 2012: *Selbstbestimmung als Konstruktion: Alltagstheorien behinderter Frauen und Männer.* Wiesbaden.

–, 2005: *Disability Studies: Individuelles, soziales und/oder kulturelles Modell von Behinderung?* In: Psychologie und Gesellschaftskritik. 29. Jg., Heft 1, 9–31.

Weller, Sabrina Inez, 2017: *Tätigkeiten Erwerbstätiger mit Behinderung. Eine empirische Anwendung des tätigkeitsbasierten Ansatzes für die Beschreibung von Arbeitsplätzen von Erwerbstätigen mit Behinderung in Deutschland.* Bielefeld.

Winker, Gabriele, 2013: *Zur Krise sozialer Reproduktion.* In: Baumann, Hans (Hg.): Care statt Crash. Sorgeökonomie und die Überwindung des Kapitalismus. Zürich, 119–133.

Zander, Michael, 2016: *Kapitalismus, Krise, Behinderung: Ein Streifzug durch die (deutsche) Geschichte. Behinderung ohne Behinderte!? Perspektiven der Disability Studies.* Vortrag an der Uni Hamburg, 06.12.2016. https://www.zedis-ev-hochschule-hh.de/downloads/index.html [23. September 2020].

Zyskowski, Kathryn / Ringel Morris, Meredith / Bigham, Jeffrey P. / Gray, Mary L. / Kane, Shaun K., 2015: *Accessible Crowdwork? Understanding the Value in and Challenge of Microtask Employment for People with Disabilities.* In: CSCW '15: Proceedings of the 18th ACM Conference on Computer Supported Cooperative Work & Social Computing, 1682–1693.

Plattform-Kooperativismus als Alternative?

Jonas Pentzien

Vom Plattform-Kapitalismus zum Plattform-Kooperativismus?
Potenziale und Grenzen kooperativer Unternehmungen
in der Plattformökonomie

Nicht erst seit dem Ausbruch der Corona-Pandemie im Frühjahr 2020 ist der Aufstieg digitaler Plattformen in aller Munde. Dem häufig fast mantraartig vorgetragenen Credo, dass Plattformen zu wesentlichen Infrastrukturen des gesellschaftlichen Zusammenlebens im 21. Jahrhundert geworden seien (Dijck u.a. 2018), verliehen Kontaktbeschränkungen und Ausgangssperren jedoch eine neue Relevanz. So waren Sozialkontakte in Zeiten des *physical distancing* für viele gleichbedeutend mit Gesprächen über Zoom. Restaurants waren im Kontext weitreichender Bewirtungsverbote zum Überleben weitestgehend auf Essenslieferplattformen wie Deliveroo angewiesen, Arbeiten und Lernen wurde vielerorts in die Cloud verlegt. Während das Überleben zahlreicher Großunternehmen wie Lufthansa oder Air France im Kontext der Krise überhaupt nur durch enorme staatliche Finanzspritzen sichergestellt werden konnte, fuhren Cloud- und Streamingplattformen wie Amazon Web Services oder Netflix im ersten Quartal 2020 Rekordgewinne ein (Die Zeit 2020).[1] Pandemie und Profitabilität stellten aus Sicht vieler Plattformen somit keinen unvereinbaren Gegensatz dar. Vielmehr verlieh die Krise den Gewinnern unter den digitalen Plattformen zusätzliche Hebelkraft, um prekäre Arbeitsbedingungen zu verstetigen (Palmer 2020) und ihre politische Einflussnahme auszubauen (Scott u.a. 2020). Substanziell herausgefordert wurde die mit dem Prozess der „Plattformisierung" (Helmond 2015) einhergehende Zentralisierung von Daten, Kapital und Macht in den Händen weniger Plattformunternehmen (Bratton 2016) durch die Corona-Pandemie nicht.

Im Angesicht der vielfältigen mit dem Aufkommen des sogenannten ʽPlattform-Kapitalismusʼ (Srnicek 2017) verbundenen sozioökonomischen Probleme – unter ihnen eine zunehmende digitale Prekarisierung (Cherry 2016), mangelnder

---

1 Ein großer Dank geht an Greta Franke und Dominik Piétron für ihre hilfreichen Kommentare zu früheren Versionen dieses Kapitels.

Datenschutz (Zuboff 2019) und plattformbasierte Diskriminierung (Schor 2017) –, überrascht es nicht, dass in den vergangenen Jahren auch Diskussionen um Alternativen neuen Auftrieb erhielten. Neben dem Ruf nach stärkerer Regulierung und dem Aufbau öffentlicher Plattformen (Morozov/Bria 2017) wurde dabei vermehrt die Idee kooperativ ausgestalteter Plattformmodelle als mögliche „Silberkugel" gegen die vielfältigen negativen Auswüchse der Plattformisierung ins Spiel gebracht (Scholz 2016; Schneider 2018). Kollektiveigentum und demokratische Governance anstelle von Shareholder Value und algorithmischem Management – so lässt sich das Motto umschreiben, unter dem die sogenannte Plattform-Kooperativismus-Bewegung darauf hinzuwirken versucht, sowohl die Wertschöpfung als auch die Wertverteilung in der Plattformökonomie von Grund auf zu demokratisieren.[2]

Was wäre, wenn sich Taxifahrer*innen nicht den Gebühren und Regelsetzungen von Uber unterwerfen müssten, sondern selbst im Besitz der App wären? Was, wenn nicht Airbnb aus dem Silicon Valley heraus Übernachtungen in Berlin vermittelte, sondern die Stadt selbst? Anders ausgedrückt: Der Plattform-Kooperativismus fungiert als Sammelbecken für Plattform-Unternehmen, die sowohl auf (moralische) Werte wie auch auf *(economic) values* rekurrieren, Geschäftsmodell und Gerechtigkeit nicht als inhärent widersprüchliche Konzepte begreifen und an der Schnittstelle zwischen Markt und Zivilgesellschaft operieren wollen. Dabei changiert die Bewegung kontinuierlich zwischen aktivistischer und unternehmerischer Ausrichtung, präsentiert sich in politischer Hinsicht aber explizit eher reformerisch als revolutionär. Trebor Scholz zufolge, einem der Vordenker der Bewegung, will der Plattform-Kooperativismus die „dark overlords of Uber" nicht grundlegend auslöschen, sondern vielmehr ihre sozioökonomische Einbettung transformieren – „[writing] them over in people's minds, incorporating different ownership models, and then inserting them back into the mainstream" (2016). Im Gegensatz zu anderen sich ebenfalls gegen die

---

2   Die Idee des Plattform-Kooperativismus kann zeitlich auf einen im Jahr 2014 von Trebor Scholz veröffentlichten Artikel mit dem Titel „Platform Cooperativism vs. the Sharing Economy" zurückgeführt werden, in dem der als ausbeuterisch skizzierten Sharing Economy eine demokratisch-kooperative Alternative gegenübergestellt wurde. In den Folgejahren wurde diese Idee sowohl wissenschaftlich, u.a. in Veröffentlichungen von Nathan Schneider, wie auch aktivistisch, im Rahmen internationaler Konferenzen in New York City und Hong Kong, aufgegriffen und weiterentwickelt. Als Teil der Bewegung werden heute sowohl Plattformen angesehen, die sich den sieben Prinzipien der International Co-operative Alliance verschreiben, als auch Unterstützungsakteure, die explizit auf die Förderung solcher Plattformen abzielen.

Auswüchse des Plattformkapitalismus positionierenden Kampagnen wie „Make Amazon Pay" zielen Plattform-Kooperativen größtenteils darauf ab, innerhalb des Kapitalismus zu einem sozialen Wandel beizutragen. Weder die digitale Plattform als neuartiger Koordinationsmechanismus noch die Institution des Marktes werden von Grund auf abgelehnt (Sandoval 2019).

Die großen Hoffnungen auf eine in diesem Sinne kooperativ ausgestaltete Plattformökonomie konnten bisher jedoch nur in begrenztem Umfang realisiert werden. Aufgrund der hohen Relevanz von Netzwerkeffekten in Plattformmärkten, inadäquater Wettbewerbsregeln und mangelnder politischer Unterstützung kämpfen viele der in den letzten Jahren gegründeten Plattform-Alternativen derzeit eher um ihr Überleben, als dass sie in echte Konkurrenz zu ihren marktdominierenden Pendants treten könnten. Ob der Plattform-Kooperativismus überhaupt transformatives Potenzial entfalten kann, ist deshalb stark umstritten. Während auf der einen Seite argumentiert wird, dass die Etablierung unternehmerischer Alternativen in der Plattformökonomie aufgrund der oben skizzierten Probleme von Grund auf zum Scheitern verurteilt sei (Srnicek 2017), wird auf der anderen Seite darauf verwiesen, dass digitale Tools gänzlich neue Möglichkeiten schaffen würden, um Gruppenprozesse zu organisieren und damit auch Antworten auf traditionelle Probleme der Entscheidungsfindung in kooperativen Modellen zu liefern (Schneider 2018). Genau an diesem Spannungsfeld setzt dieser Beitrag an. Um unser Verständnis der Potenziale und Grenzen kooperativer Ansätze im Kontext der Plattformökonomie zu verbessern, soll folgender Frage auf den Grund gegangen werden: Unter welchen Bedingungen können kooperative Plattformen zu einer Demokratisierung der Plattformökonomie beitragen?

Dabei geht der Artikel wie folgt vor: In einem ersten Schritt wird das Feld des Plattform-Kooperativismus definitorisch und empirisch vermessen. Darauf aufbauend wird eine Typologisierung von Plattform-Kooperativen in Infrastrukturplattformen, Arbeitsplattformen und Dachplattformen vorgenommen und untersucht, welchen spezifischen Problemen am Markt sich diese unterschiedlichen Plattformtypen gegenübergestellt sehen. Anknüpfend an eine Analyse der Problembearbeitungsstrategien wird zuletzt diskutiert, unter welchen Bedingungen Plattform-Kooperativen ihre Ziele realisieren könnten. Das Kapitel kommt zu dem Schluss, dass kooperative Unternehmungen in vielerlei Hinsicht Potenziale für eine Demokratisierung der Plattformökonomie mit sich bringen. Diese Potenziale können unter gegebenen sozio-politischen Vorzeichen vor allem dann realisiert werden, wenn Plattform-Kooperativen (1) darauf abzielen, lokale Netzwerkeffekte zu ermöglichen, (2) den Aufbau einer plattformspezifischen

Community vorantreiben und (3) sich im Sinne eines Social Franchising in übergeordneten Netzwerken engagieren.

Definition & Empirische Vermessung des Feldes

Trotz der vielfältigen Schwierigkeiten, mit denen sich Plattform-Kooperativen derzeit konfrontiert sehen, ist die Idee einer kooperativ-ausgerichteten Plattformökonomie mehr als nur utopisches Gedankenspiel. Beispiele für aktive Plattform-Kooperativen finden sich weltweit in vielen Märkten und Sektoren. *Fairmondo* aus Berlin beispielsweise betreibt eine sich im Kollektivbesitz befindende kooperative Marktplatz-Plattform. *Up & Go* aus New York City vernetzt von Migrant*innen geführte Reinigungsgenossenschaften. Und *CoopCycle* aus Paris entwickelt Software für Lieferdienstkollektive in mehr als 20 Städten in ganz Europa. Dabei ist der Plattform-Kooperativismus kein einförmiges Phänomen, sondern durch vielfältige Organisationstypen, Geschäftsmodelle und normative Bezugsrahmen gekennzeichnet. Während sich manche Plattformen besonders auf das Versprechen von selbstbestimmten Arbeitsverhältnissen fokussieren (*SMart*), positionieren sich andere primär im Feld der Datensouveränität (*midata*) oder der Gemeinwohlorientierung (*WECHANGE*) (siehe auch Pentzien 2020).

Was aber ist der gemeinsame Nenner dieser unterschiedlichen Motivationen und Ansätze? Plattform-Kooperativen lassen sich entlang dreier Merkmale definieren. In erster Linie sind sie Unternehmen, die – wie andere Plattformen auch – unter Verwendung von mobilen Anwendungen (bspw. Smartphone-Apps), Protokollen oder Webseiten Waren oder Dienstleistungen vermitteln (Scholz 2016). Im Gegensatz zu den derzeit dominanten Plattformen US-amerikanischer und chinesischer Prägung wie Amazon, Facebook oder Alibaba sollen sich Plattform-Kooperativen dabei aber zweitens vollständig im Besitz ihrer Nutzer*innen befinden. Im Sinne des genossenschaftlichen Identitätsprinzips sind Mitglieder zugleich Eigentümer*innen und Nutzer*innen. Drittens sollen Entscheidungen in Plattform-Kooperativen im Kollektiv getroffen werden. Hierbei gilt klassisch: *one person, one vote*. Diese Kombination aus plattformbasiertem Geschäftsmodell, geteiltem Eigentum und kollektiver Entscheidungsfindung konstituiert den Rahmen des kooperativen Plattformmodells.[3]

---

3   Plattform-Kooperativen lassen sich demnach nicht über die gewählte Rechtsform identifizieren. Im Gegenteil: Im Feld finden sich ganz unterschiedliche rechtliche Ausgestaltungen, von eingetragenen Genossenschaften bis hin zu informellen As-

Empirische Studien, die auf eine Vermessung des Feldes abzielen, sind derzeit noch rar gesät. Die einzige relevante Datenquelle stellt die durch die Akteure der Bewegung gepflegte Registry der Internet-of-Ownership-Vereinigung dar. Zum Zeitpunkt des Verfassens dieses Artikels wurden dort 304 Ökosystem-Akteure erfasst, von denen 111 im engeren Sinne als Plattform-Kooperativen bezeichnet werden können (Internet of Ownership 2020). Laut Registry liegt das Epizentrum der Bewegung derzeit noch in Europa und den USA, hier finden sich ca. zwei Drittel der registrierten Plattformen. Aktuelle Entwicklungen lassen jedoch darauf schließen, dass das Phänomen auch verstärkt in Ländern des globalen Südens auf Interesse stößt. So haben sich in Südafrika kürzlich Lastwagenfahrer*innen zu einer Plattform-Kooperative zusammengeschlossen, um ihre Verhandlungsposition in der Containerindustrie zu stärken. Und in Brasilien koordinieren Müllsammler*innen ihre Arbeitsabläufe verstärkt kooperativ über die *Cataki*-Plattform.

Auch Unternehmensdaten von Plattform-Kooperativen, aus denen beispielsweise ihre jeweilige ökonomische Relevanz abgeleitet werden könnte, sind bisher nicht systematisch aufgearbeitet, sodass die jeweilige Unternehmensgröße meist im Unklaren bleibt. Ein Screening der Webseiten der Plattform-Kooperativen impliziert jedoch eine starke Differenzierung hinsichtlich der Plattformgröße. Während die kanadische Plattform-Kooperative *Stocksy United* angibt, in 2017 einen Jahresumsatz von 10,7 Millionen US-Dollar erwirtschaftet zu haben – und damit erfolgreich im Markt für Archivfotos mit Plattformen wie *Getty Images* oder *Shutterstock* konkurriert –, geben andere Plattformen (fast) gar keine ökonomischen Rahmendaten preis. In vielen Fällen lässt sich den Webseiten entnehmen, dass Plattform-Kooperativen primär von externen Geldgebern abhängig sind. Den allerwenigsten der in der Registry gelisteten Plattformen scheint es bisher gelungen zu sein, selbsttragende Geschäftsmodelle zu entwickeln, die eine Unabhängigkeit von externen Geldgebern ermöglichen.

Von Teilhabe, Transparenz und Selbstbestimmung – Eine zielorientierte Typologie von Plattform-Kooperativen

Um definitorische Klarheit in das heterogene Feld des Plattform-Kooperativismus zu bringen, haben sich in den letzten Jahren mehr und mehr Wissenschaftler*innen an einer Differenzierung unterschiedlicher Typen von Plattform-Kooperativen

---

soziationen. Welchen Rechtsformen sich Plattform-Kooperativen bedienen, hängt dabei stark von ihrem politischen Kontext ab (Pentzien 2020).

versucht (Scholz 2016; Borkin 2019). Häufig wird dabei auf Merkmale aus dem traditionellen Genossenschaftssektor zurückgegriffen und nach Konsum-, Beschaffungs-, oder Produktivgenossenschaften unterschieden. Eine in diesem Sinne trennscharfe Typologisierung von Plattform-Kooperativen vorzunehmen, gestaltet sich aber nicht nur aufgrund der Ambiguität der Bewegung (Aktivismus – Unternehmung) als schwierig, sondern auch, wie Nathan Schneider aufzeigt, aufgrund der ökonomischen Eigenheiten der Plattformökonomie. Dass Wertschöpfung in der Plattformökonomie größtenteils nicht durch Angestellte im klassischen Sinne vorangetrieben wird, führe dazu, dass Plattform-Kooperativen organisational grundsätzlich anders ausgestaltet seien als klassische Genossenschaften (2018).

Um dieser empirischen Beobachtung gerecht zu werden, wird im Folgenden ein Ansatz entwickelt, der es erlaubt, Plattform-Kooperativen nicht entlang traditioneller genossenschaftlicher Formen, sondern auf Basis der Diskurse, in denen sie sich verorten, sowie in Bezug zu ihren organisationalen Zielsetzungen zu typologisieren. Besonders im Hinblick auf das Vorhaben dieses Kapitels – Potenziale und Grenzen des Plattform-Kooperativismus zu identifizieren – bietet sich eine solche Differenzierung an, da die jeweiligen Zielsetzungen und die mit ihnen zusammenhängenden Handlungslogiken häufig mit spezifischen Problemstellungen korrelieren (wie der vierte Abschnitt zeigen wird).

Basierend auf einem Screening der Webseiten der sich als Plattform-Kooperativen bezeichnenden Unternehmen lassen sich drei Typen von Plattform-Kooperativen mit klar abgrenzbaren Zielstellungen identifizieren: (1) Plattform-Kooperativen, die auf eine Demokratisierung der technologischen Infrastrukturen des Internets abzielen (*Infrastrukturplattformen*); (2) Plattform-Kooperativen, die das Ziel verfolgen, Arbeitsbedingungen in der Plattformökonomie zu verbessern (*Arbeitsplattformen*); und (3) *Dachplattformen*, die darauf abzielen, Netzwerke aus heterogenen Plattform-Kooperativen aufzubauen. Im Folgenden wird diese Typologisierung plausibilisiert, um im Anschluss die zentralen Problemfelder des Plattform-Kooperativismus wie auch gegenwärtige Bearbeitungsstrategien evaluieren zu können.

Unter dem Begriff (1) *Infrastrukturplattformen* werden Plattform-Kooperativen gefasst, die darauf abzielen, bestehende Plattform-Modelle in einem kooperativen Sinne umzudeuten und dadurch zu einer Demokratisierung digitaler Infrastrukturen beizutragen. Im Sinne einer „'cooperatization' of digital platforms" (van Doorn 2017) sollen demokratische Alternativen zu den gegenwärtigen Plattformgiganten neu aufgebaut oder existierende Plattformen in eine genossenschaftliche Struktur überführt werden. Aus Geschäftsmodellperspektive unterscheiden sich kooperative Infrastrukturplattformen dabei nicht von den dominanten Plattform-Giganten: Als Matchmaker (Evans/Schmalensee 2016) stellen sie digitale Marktplätze bereit, über die prinzipiell alle Interessierten Güter und Dienstleistungen vermarkten können. Abgegrenzt wird sich primär in normativer Hinsicht. Der Marktplatz *Fairmondo* beispielsweise positioniert sich als faire Alternative zu Amazon, die Streamingplattform *Resonate* als künstlerorientiertes Spotify und das soziale Netzwerk *Ampled* als nachhaltiges Patreon. Der diskursive Fokus liegt dabei häufig auf Aspekten wie Gemeinschaft, Datenschutz, algorithmische Souveränität oder Transparenz. Viele der derzeit aktiven Infrastrukturplattformen appellieren an ein übergeordnetes Gemeinwohl, zu dem sie mit ihren Aktivitäten beitragen wollen. Aufgrund des propagierten Zieles, bestehende dominante Plattformen abzulösen, zielen Infrastrukturplattformen dabei häufig auch auf Wachstum und positive Skaleneffekte ab, sprich: sie versuchen mehr Transaktionen bei gleichbleibenden Investitionen zu vermitteln (Kenney/Zysman 2016). Dafür müssen sie, analog zu den marktdominierenden Plattformen, auch Nutzungsgruppenmanagement betreiben und Strategien entwickeln, um Netzwerkeffekte zu ermöglichen (Srnicek 2017).[4] Demokratische Teilhabe stellt dabei in vielerlei Hinsicht den *unique selling point* dar, entlang dessen sich von den derzeitigen Marktführern abgegrenzt wird. Um Teilhabe zu garantieren, sollen alle durch das Matchmaking betroffenen Nutzungsgruppen – u.a. Anbietende, Nachfragende, Angestellte der Plattform – als Mitglieder in die Kooperative integriert werden. Um diese Form von *user ownership* zu ermöglichen, wird in Hinblick auf die Rechtsform häufig auf Multi-Stakeholder-Modelle zurückgegriffen (Münkner 2018), anhand derer Aushandlungsprozesse zwischen den heterogenen beteiligten Gruppen organisational ermöglicht werden sollen.

Im Gegensatz zu den auf Matchmaking, Gemeinwohl und Skalierung ausgerichteten Infrastrukturplattformen verfolgen (2) *Arbeitsplattformen* das primäre Ziel, Arbeitsbedingungen in der Plattformökonomie zu verbessern. Aus organisationaler Perspektive sind sie dadurch charakterisiert, dass die Personen, die über eine bestimme Plattform ihre Arbeitskraft verkaufen, selbst im Besitz dieser Plattform sind. Anstelle von *user ownership* wird somit primär auf *worker ownership* abgezielt. Aspekte wie gesamtgesellschaftliche Teilhabe oder Trans-

---

4   Im Kontext der Plattformökonomie beschreibt der (indirekte) Netzwerkeffekt, dass eine Plattform für Kunden auf der einen Seite des mehrseitigen Marktes umso wertvoller wird, je mehr Kunden auf der anderen Seite aktiv sind. So ist Airbnb für Übernachtungsgäste nur deshalb attraktiv, weil auf der Plattform auch Zimmer eingestellt sind.

parenz rücken in den Hintergrund, die Abhängigkeiten zwischen Plattform und Arbeitnehmer*innen in den Vordergrund. Arbeitsplattformen können demnach primär in den Diskursen um die *gig economy* (Cherry 2016) und *platform labor* (Huws 2015) verortet werden. Im Sinne van Doorns (2017) entstehen Arbeitsplattformen dabei häufig durch eine „platformization of existing coops", sprich: dadurch, dass vormals analog arbeitende und räumlich gebundene Kooperativen in den digitalen Raum migrieren. Dieses Verhältnis von On- und Offline-Organisierung lässt sich gut anhand der Entstehungsgeschichte der katalonischen Lieferplattform *Mensakas* verdeutlichen. Gegründet wurde die Plattform 2018 von ehemaligen Deliveroo-Fahrer*innen, die aufgrund ihres gewerkschaftlichen Engagements von Deliveroo ausgeschlossen wurden. Die an den Aufbau einer eigenen kooperativen Plattform geknüpfte Hoffnung bestand darin, neue Einkommensquellen für die gekündigten Fahrer*innen zu generieren. Bevor Mensakas jedoch mit dem Aufbau der eigenen Plattform begann, wurden erste Gigs in direkter Kooperation mit einzelnen Restaurants durchgeführt. Bevor zur Nutzung des spezifischen Geschäftsmodells der Plattform übergegangen wurde, sollte zuerst die Community der Kooperative aufgebaut werden. Hieran wird deutlich, dass Arbeitsplattformen – im Gegensatz zu Infrastrukturplattformen – größtenteils nicht die Rolle von Matchmakern spielen, sondern vielmehr neue Vertriebskanäle bereits bestehender kooperativ organisierter Unternehmen mit klaren Organisationsgrenzen darstellen.[5] Im Sinne des genossenschaftlichen Selbsthilfeprinzips wird somit in den meisten Fällen nicht auf ein zu definierendes Gemeinwohl abgezielt, sondern vielmehr auf die Förderung einer klar differenzierten (und organisational begrenzten) Gruppe. Da es somit weniger um die Vermittlung und das Zusammenspiel unterschiedlicher Gruppen von Mitgliedern geht, sind Arbeitsplattformen auch seltener als Multi-Stakeholder-Organisationen strukturiert.

Zuletzt können noch (3) *Dachplattformen* von den ersten beiden Typen abgegrenzt werden. Im Gegensatz zu Infrastruktur- wie auch einem Großteil der Arbeitsplattformen vermitteln Dachplattformen selbst keine Dienstleistungen

---

5   In der Praxis finden sich natürlich auch Plattformen, die Elemente von Infrastruktur- und Arbeitsplattformen verbinden. Vor allem Lieferdienstkollektive wie *Kolyma2* aus Berlin, das im Rahmen ihrer App Konsument*innen, Lieferant*innen und Restaurants vernetzt und damit ein ähnliches Geschäftsmodell wie Deliveroo verfolgt, fallen hier ins Auge. So wird auf diesen Plattformen im Sinne des Matchmaking einerseits die Infrastruktur für die Interaktion zwischen Restaurant und Konsument*in bereitgestellt, andererseits werden die eingehenden Aufträge aber durch ein lokal gebundenes Lieferant*innen-Kollektiv mit klaren Organisationsgrenzen bearbeitet.

und Interaktionen, und fungieren demnach im engeren Sinne nicht als Match-maker. Stattdessen zielen sie darauf ab, unterschiedliche Plattform-Kooperativen im Kontext einer Dachorganisation zusammenzubringen – egal, um welchen Typ von Plattform es sich dabei handelt. Mannan zufolge kann eine Dachplattform als eine Organisation beschrieben werden „that builds a cooperatively-governed technological infrastructure for shared use among cooperatives in a network, using the resources contributed by those cooperatives" (2020). Das primäre Ziel liegt also darin, den Aufbau und die Weiterentwicklung unterschiedlicher und regional verteilter Plattformen durch ein *pooling* von Ressourcen zu unterstützen. Besondere Relevanz kommt dabei derzeit vor allem den Dachplattformen zuteil, die sich der Entwicklung von Software für Infrastruktur- und Arbeitsplattfor-men verschreiben. Beispiele sind vielfältig. *CoopCycle* aus Paris entwickelt eine Software für kooperativ organisierte Lieferplattformen in ganz Europa. Die im CoopCycle-Netzwerk organisierten Kooperativen erhalten eine Instanz der Soft-ware und leiten im Gegenzug einen Teil ihrer über die Plattform generierten Einnahmen an das Netzwerk weiter. Da die Dachplattform selbst kooperativ organisiert ist, werden Entscheidungen über die Weiterentwicklung der Soft-ware sowie das Netzwerk durch alle im Netzwerk organisierten Plattformen gemeinsam getroffen. Propagiertes Ziel ist es, eine horizontale Skalierung zu ermöglichen: Während die übergeordnete Software-Entwicklung zentral erfolgt, adressieren die einzelnen Anwendungsinstanzen spezifische lokale Bedürfnis-se. Dachplattformen können somit diskursiv in den Debatten um sogenannte Shared-Service-Genossenschaften (ebd.) oder Social Franchising (Zajko/Hojnik 2018) verortet werden, sprich: sie adressieren die Frage, unter welchen Bedingun-gen es für Primärorganisationen sinnvoll (und kostensenkend) sein kann, sich zusammenzuschließen, um Aufgaben an eine ihnen übergeordnete sekundäre organisationale Instanz abzugeben.[6]

---

6   *Obran* aus Baltimore stellt ein weiteres Beispiel für diesen Plattformtyp dar. Im Ge-
     gensatz zu CoopCycle fungiert Obran jedoch nicht als Dachplattform für Plattform-
     Kooperativen innerhalb *eines* Sektors, sondern in *unterschiedlichen* Sektoren. Konkret
     werden im Rahmen der Kooperative unterschiedliche Plattformen aufgebaut, die
     zwar die gleiche technologische Grundlage nutzen, aber heterogene Zielgruppen –
     derzeit ehemalige Häftlinge und *tech workers* – adressieren. Obwohl beide Gruppen
     unterschiedliche Instanzen der Plattform nutzen, werden Entscheidungen über die
     Entwicklung der Dachplattform und die geteilte Software gemeinsam im Kollektiv
     getroffen – mit dem Ziel, nicht nur unterschiedliche Geschäftsmodelle zu verbinden,
     sondern auch heterogene soziale Gruppen unternehmerisch in Kontakt zu bringen.

Problemfelder und Erfolgsbedingungen des Plattform-Kooperativismus

Welche Probleme finden diese unterschiedlichen Typen von Plattform-Kooperativen unter gegebenen politökonomischen Bedingungen vor? Und welche Strategien verfolgen sie, um sie zu überwinden? Auf übergeordneter Ebene können zwei Arten von Problemen unterschieden werden, denen sich alle Plattform-Kooperativen – unabhängig von ihrer konkreten Zielsetzung und organisationalen Ausgestaltung – gegenübergestellt sehen: Probleme in Bezug auf den inneren Zusammenhalt der Kooperative und in Bezug auf das äußere Umfeld, in das die Kooperative eingebettet ist (van Doorn 2017). In Bezug auf ihren inneren Zusammenhalt muss die Kooperative sicherstellen, dass demokratische Entscheidungsstrukturen bei gleichzeitiger Unterwerfung unter Marktzwänge aufrechterhalten werden können. Rosa Luxemburg zufolge liegt genau hier der zentrale Knackpunkt aller kooperativen Unternehmungen, müssen Arbeiter*innen doch sich selbst gegenüber die Rolle des kapitalistischen Unternehmers spielen, etwa in Bezug auf Lohnauseinandersetzungen – eine widersprüchliche Situation, an der viele Kooperativen scheitern (Luxemburg 2010[1899]). In Bezug auf das äußere Umfeld wiederum muss die Kooperative einen Weg finden, um sich im Kontext der spezifischen politökonomischen Herausforderungen, die die Plattformisierung mit sich bringt, zu behaupten. Konkret müssen Strategien entwickelt werden, um in durch globale Netzwerk- und Skaleneffekte geprägten Märkten bestehen zu können. Weiterhin muss sichergestellt werden, dass politische Bestimmungen dem Erfolg der Plattform-Kooperative zumindest nicht im Wege stehen. Da sowohl den politischen wie auch den Governance-bezogenen Probleme an anderer Stelle bereits substanziell auf den Grund gegangen wurde (Pentzien 2020; Sandoval 2019), wird im Folgenden entlang zweier Fragen primär auf Probleme der Marktverortung abgezielt: (1) Wie kann die *Gründungsfinanzierung* von Plattformunternehmen sichergestellt werden? (2) Wie kann die Entwicklung einer *wettbewerbsfähigen* Plattform vorangetrieben werden?[7]

---

7 Märkte sind dabei keine gottgegebenen Institutionen, sondern das Ergebnis politischer Entscheidungen (Mazzucato 2015). Diese Entscheidungen könnten demnach auch so getroffen werden, dass der Möglichkeitsraum für Plattform-Kooperativen erweitert würde. Da die gegenwärtige Plattform-Politik jedoch größtenteils in eine andere Richtung weist (Pentzien 2019), wird das Augenmerk in diesem Artikel auf die Potenziale gelegt, die unter gegebenen Marktbedingungen bestehen.

Gründungsfinanzierung

Unter kapitalistischen Bedingungen stehen Plattformen in der Gründungsphase in der Regel zwei Formen von Kapital zur Verfügung: vollhaftendes Eigenkapital, das durch Wagniskapitalgesellschaften bereitgestellt wird, oder gezielte staatliche Subventionen, über die im Sinne einer aktiven Industriepolitik 'Gewinnerunternehmen' bestimmt werden (Mazzucato 2015). Aufgrund ihrer horizontalen Eigentümerstruktur fallen kooperativ strukturierte Unternehmen durch das Raster beider Finanzierungsmodelle. So stellt die Wagniskapital-Option US-amerikanischer Prägung aufgrund des in Kooperativen nur eingeschränkt realisierbaren *return on investment* keinen gangbaren Weg dar, während die chinesische Spielart des *picking winners* in marktwirtschaftlich organisierten Nationalökonomien wie denen der USA oder Deutschland häufig in Konflikt mit den jeweiligen Handelsrechtsbestimmungen gerät, die eine indirekte Diskriminierung ausländischer Handelspartner unterbinden. Aufgrund eingeschränkter Finanzierungsmöglichkeiten scheitern viele Plattform-Kooperativen also bereits in der Gründungsphase (Borkin 2019).

Obwohl das Problem der eingeschränkten Finanzierungsoptionen Infrastruktur- und Arbeitsplattformen gleichermaßen betrifft, unterscheiden sich die Bearbeitungsstrategien deutlich. So fällt es Infrastrukturplattformen, die auf ein abstraktes Gemeinwohl abzielen und es prinzipiell allen Interessierten ermöglichen, ihre eigenen Güter und Dienstleistungen über die Plattform zu vermarkten, in der Tendenz leichter, die interessierte Öffentlichkeit als mögliche Geldquelle zu mobilisieren. So griff Fairmondo (bis 2014: *Fairnopoly*) in seiner Gründungsphase erfolgreich auf das Tool einer Crowdfunding-Kampagne zurück, im Rahmen derer auch Mitgliedsanteile erworben werden konnten. Dadurch schlug die Plattform zwei Fliegen mit einer Klappe: Auf der einen Seite konnte Eigenkapital für die Gründung generiert werden, während auf der anderen Seite im Sinne des Community Building auch gleich eine breite Basis an potenziellen Nutzer*innen erschlossen wurde.

In Ländern wie den USA, Frankreich und Deutschland, in denen das Genossenschaftsrecht Multi-Stakeholder-Modelle ermöglicht (Pentzien 2020), besteht für die Generierung von internem Eigenkapital in der Gründungsphase zusätzlich die Option, externe Investoren als stimmberechtigte eigene Gruppe in die Kooperative aufzunehmen. In den USA wurde mit der Verabschiedung des Colorado Uniform Limited Cooperative Association Act (ULCAA) hierfür kürzlich eine rechtliche Grundlage geschaffen. Die an dieses Gesetz geknüpfte Hoffnung ist, dass neue Möglichkeiten der Investoren-Partizipation auch neue Investitionen in das kooperative Ökosystem nach sich ziehen. In der Praxis wird diese Strategie der Investoren-Einbindung derzeit vor allem von Infrastruktur- und Dachplattformen verfolgt, die sowohl Skalierung wie auch Profitgenerierung in den Vordergrund stellen und so den im Feld der Wagniskapitalfinanzierung gepflegten Habitus bedienen können.

Eine weitere Möglichkeit, Gründungskapital zu akquirieren, besteht darin, externe Investoren einzubinden, die aber selbst nicht zu Miteigentümern der Kooperative werden. Dabei kann es sich beispielsweise um *ethical capital* (Bull u.a. 2010) – also um sozial verantwortliche Investitionen durch Privatpersonen oder institutionelle Anleger – oder um staatliche Fördermittel handeln. Arbeits-plattformen wie Mensakas scheint es dabei deutlich leichter zu fallen, öffentliche Gelder zu akquirieren. Durch ihre lokale Gebundenheit schaffen sie Mehrwert – in ökonomischer wie auch in sozialer Hinsicht – tendenziell in geografisch klar abgrenzbaren Räumen, sodass Vertreter*innen von Kommunen oder Städten häufig ein Eigeninteresse daran haben, Gründungsprozesse zu unterstützen. Potenziale entstehen somit vor allem dann, wenn Arbeitsplattformen ihren konkreten Nutzen für eine spezifische Community nachvollziehbar darlegen können und es ihnen gelingt, öffentliche Stellen aktiv in den Gründungsprozess einzubinden.

Zuletzt sind in den vergangenen Jahren auch erste Inkubatoren entstanden, die explizit auf die Neugründung von Plattform-Kooperativen abzielen. Bei-spielsweise hat *Start.Coop* – ein US-amerikanischer Zusammenschluss diverser Einzelpersonen, Stiftungen und Institutionen, der auf eine Weiterentwicklung des kooperativen Feldes abzielt – ein Förderprogramm aufgesetzt, das Plattform-Kooperativen in der Gründungsphase mit 18.000 US-Dollar unterstützt. Einzige Gegenleistung: Die Plattform verpflichtet sich dazu, bei Erfolg ihres Modells in die Neugründung einer weiteren Plattform-Kooperative zu investieren. Im Sinne des sechsten Genossenschaftsartikels – der Genossenschaften zur „gegenseitigen Hilfe" verpflichtet – zielen Inkubatoren wie Start.Coop demnach darauf ab, ein Netzwerk aufzubauen, das schlussendlich in der Lage ist, sich selbst Unterstüt-zung zu organisieren.

Wettbewerbsfähigkeit

Problematisch für Plattform-Kooperativen ist aber nicht nur die Finanzierung ihres Gründungsprozesses. Das wohl größte strukturelle Problem liegt in dem Aufbau einer wettbewerbsfähigen Plattform, die sich in durch Netzwerk- und Skaleneffekte strukturierten Märkten behaupten kann. Marktführende Platt-formen wie Uber oder Facebook erreichen nämlich nicht nur deshalb eine so dominante Position, weil sie (mit lauteren und unlauteren Mitteln) darauf abzielen, ihre monopolähnliche Position vor potenziellen Wettbewerbern zu schützen (beispielsweise über Akquisition oder durch den Ausschluss von Wettbewerbern von ihrem eigenen Dienst), sondern auch auf Grund ihrer datenbasierten Geschäftsmodelle, die sie befähigen „scalable and frictionless commercial user experiences" zu niedrigen Preisen (bzw. umsonst) anzubieten (van Doorn 2017).

Da die Aufmerksamkeitsbindung von Nutzer*innen den zentralen Aspekt der Profitgenerierung darstellt, ist die Optimierung dieser „user experience" über das Sammeln und Auswerten von Nutzungsdaten – auf deren Basis eine effiziente Koordinierung von Arbeitsprozessen und damit auch Bereitstellung von Dienstleistungen möglich wird – für den Erfolg von Plattformen von zentraler Bedeutung (Bratton 2016). Um ein in diesem Sinne ansprechendes Produkt entwickeln zu können, das tatsächlich wettbewerbsfähig ist, muss die Plattform-Kooperative letztlich eine Möglichkeit finden, im Hinblick auf Datenakkumulation, Big-Data-Analysen und „algorithmisches Management" (Staab/Geschke 2019) mit den Fähigkeiten dominanter Plattformen mithalten zu können. Dies ist jedoch einfacher gesagt als getan. Denn einerseits verfügen Plattform-Kooperativen größtenteils nicht über die dafür nötigen ökonomischen Mittel, andererseits positionieren sich viele dieser Unternehmungen in politischer Hinsicht ja auch explizit *gegen* datengetriebene Geschäftsmodelle. Zielkonflikte – etwa in Bezug auf das Verhältnis von Skalierbarkeit und Gemeinwohlorientierung – treten somit schnell zutage. Aktuell wird dieses Problem im Feld primär in Richtung normativer Überzeugung aufgelöst: Der Großteil der Plattform-Kooperativen greift ausschließlich auf kommissionsbasierte Geschäftsmodelle zurück – Daten und Datenanalyse spielen keine Rolle. Dieser Ansatz schränkt jedoch ihre Fähigkeiten, effiziente Produktionsprozesse zu gestalten und dadurch tatsächlich wettbewerbsfähige Alternativen aufbauen zu können, deutlich ein. Besonders betroffen von diesem Problem sind die Infrastrukturplattformen, die in Märkten agieren, in denen Logistik und datenbasierte Effizienz eine zentrale Rolle spielen und in denen bereits eine Plattform mit monopolähnlicher Stellung existiert. Die reine Existenz des Amazon Marketplace macht es etwa für Fairmondo schwer, Nutzer*innen anzuziehen. Indirekte Netzwerkeffekte verstärken diese *winner-takes-it-all*-Dynamiken in Plattformmärkten zusätzlich.

Nichtsdestotrotz muss der Aufbau kooperativer Infrastrukturplattformen nicht von Beginn an zum Scheitern verurteilt sein. Potenziale für Infrastrukturplattformen bestehen vor allem dann, wenn in Märkten agiert wird, in denen noch kein dominanter Gegenpart existiert. Die Patient*innen-Kooperative *Savvy*, die ihren Mitgliedern die Möglichkeit bietet, Erfahrungen über ihre Erkrankungen mit Unternehmen und Forscher*innen zu teilen, operiert derzeit beispielsweise noch gänzlich ohne *investor-owned* Gegenpart. Eine andere Option für Infrastrukturplattformen besteht darin, eine bestimmte Nische in bereits erschlossenen Märkten zu besetzen, wie es beispielsweise Stocksy United durch eine Fokussierung auf ein höherklassiges Segment im Stockfotografie-Sektor gelungen ist.

Für viele Arbeitsplattformen stellt sich das Problem der Netzwerkeffekte nicht auf die gleiche Art und Weise. Dies liegt vor allem daran, dass viele von ihnen darauf abzielen, lokale Netzwerkeffekte zu ermöglichen, d.h. dass der zusätzliche Nutzen des Beitritts einer neuen Person nur dann erzielt wird, wenn sich diese Person auch am selben geografischen Standort befindet. Konzeptionell gesprochen könnten Plattform-Kooperativen von lokalen Netzwerkeffekten unter bestimmten Bedingungen sogar stärker profitieren als global aufgestellte *investor-owned* Plattformen. *Obran* aus Baltimore beispielsweise vermittelt Gigs für ehemalige Häftlinge. Als solches erfüllt die Plattform ein sehr spezifisches lokales Bedürfnis – Baltimores Inhaftierungsrate ist dreimal so hoch wie der nationale Durchschnitt (Prison Policy Initiative 2015). Da das Funktionieren einer Plattform wie Obran sehr spezielle Kenntnisse über lokale Gegebenheiten voraussetzt, ist nicht anzunehmen, dass eine globale Arbeitsvermittlungsplattform (wie beispielsweise *TaskRabbit*) dieses Bedürfnis unbedingt besser erfüllen kann. Potenziale ergeben sich somit vor allem für Plattform-Kooperativen, die eine sehr spezifische Community in auf lokalen Netzwerkeffekten basierenden Märkten ansprechen.

Das Aufkommen von Dachplattformen, die im Sinne eines Social Franchising darauf abzielen, Netzwerke von Plattform-Kooperativen aufzubauen, in denen Ressourcen geteilt werden, hat interessante neue Potenziale in Bezug auf das Zusammenspiel von globalen und lokalen Netzwerkeffekten geschaffen. Besonders deutlich wird dies in der Entwicklungsgeschichte von CoopCycle. Gegründet im Kontext der Pariser Nuit-Debout-Proteste von 2016, wurde die Plattform-Software zu Beginn solitär durch eine einzelne Person entwickelt. Als nach Fertigstellung der ersten Beta-Version Lieferdienstkollektive in ganz Europa Interesse an der Software bekundeten, wurde schnell klar, dass eine Übertragung der Plattform in andere Kontexte substanzielle Anpassungen der Software, beispielsweise der Bezahloptionen, nötig machen würde. Da das Interesse neben potenziellen Nutzer*innen-Kollektiven aber auch interessierte Coder*innen in das Netzwerk brachte, war es möglich, die Last der Weiterentwicklung und Anpassung der Software auf mehrere Schultern zu verteilen. Heute stellt CoopCycle Software für Kollektive in 18 Städten in ganz Europa bereit, deren jeweilige Apps an die spezifischen lokalen Bedürfnisse angepasst wurden.[8] Dieses Beispiel verdeutlicht den großen Stellenwert, den die demokratische (Neu-)Aushandlung der Ebenen global/lokal und offline/online im Kontext des Plattform-Kooperativismus einnimmt. Durch den Aufbau kooperativ organisierter Franchises, die auf eine horizontale Skalierung abzielen, wird es möglich, Plattformen zentral weiterzuentwickeln und diese gleichzeitig lokal durch unterschiedliche Kollektive zur Anwendung zu bringen. Potenziale im Sinne der Wettbewerbsfähigkeit bestehen somit vor allem für die Plattform-Kooperativen, die die (Weiter-)Entwicklung ihrer Software an eine demokratisch organisierte übergeordnete Instanz abgeben können.

Fazit: Plattform-Kooperativismus als Teilmenge einer demokratischen Plattformökonomie

Was können wir nun aus den hier diskutierten Problemen und Problembewältigungsstrategien gegenwärtiger Plattform-Kooperativen lernen? Stellt der Plattform-Kooperativismus tatsächlich eine Alternative zu den negativen Auswüchsen des Plattformkapitalismus dar? Die Antwort ist ambivalent: Auf der einen Seite reproduzieren sich auch unter digitalen Bedingungen eine Vielzahl der Probleme, denen sich kooperative Unternehmungen traditionell schon immer gegenübergestellt gesehen haben. Zugespitzt formuliert: Soziale Bewegungen, die unternehmerisch Veränderungen in Märkten hervorrufen wollen, stehen immer vor dem grundsätzlichen Problem, dass sich der Markt um soziale Werte nur dann schert, wenn Konsument*innen auch explizit nach diesen Werten verlangen (Sandoval 2019). Im Kontext der Plattformökonomie hält sich der Bedarf nach demokratischen Alternativen auf Konsument*innen-Seite derzeit noch in Grenzen. In der Praxis betrifft die sich hieraus ergebende Herausforderung der eingeschränkten Wettbewerbsfähigkeit besonders Infrastrukturplattformen (z.B. *Fairmondo, Resonate*), da diese sich, über den Versuch der Vermittlung zwischen den widersprüchlichen Logiken Markt und Demokratie hinaus, auch noch auf einer globalen Marktebene in Konkurrenz zu Plattformen mit monopolähnlicher Stellung begeben (z.B. zu Amazon oder Spotify). Auf der anderen Seite bietet die Plattform als neuer marktförmiger Koordinationsmechanismus auch Potenziale, um das Zusammenspiel zwischen lokaler Einbettung und globaler Skalierung neu

---

8   Die Informationen zur Entstehungsgeschichte stammen aus einem persönlichen Gespräch, das der Autor im September 2019 mit Alexandre Segure, dem Gründer von CoopCycle, geführt hat.

auszutarieren. So fallen hohe Kosten bei Plattform-Kooperativen im Gegensatz zu traditionellen Genossenschaften primär in der Gründungsphase an – für die Entwicklung der Software. Sobald diese Infrastruktur aber einmal entwickelt ist, sinken die pro zusätzlich vermittelter Interaktion anfallenden Kosten auf Grund der positiven Skaleneffekte in der Plattformökonomie drastisch. Wie der Beitrag gezeigt hat, können Plattform-Kooperativen ihre Kosten vor allem dadurch senken, dass sie auf an anderer Stelle entwickelte Software zurückgreifen. Das Aufkommen des Plattformmodells im Allgemeinen und der auf *horizontale* Skalierung abzielenden Dachplattformen im Speziellen (z.B. *CoopCycle, Up&Go*) eröffnet somit auch gänzlich neue Möglichkeiten, um 'gegenseitige Hilfe' im Genossenschaftssektor zu vertiefen. Auf Basis dieser Überlegungen können nun drei Hypothesen über die Bedingungen aufgestellt werden, unter denen Plattform-Kooperativen tatsächlich zu einer Demokratisierung der Plattformökonomie beitragen können:

(1) Aufgrund der schwierigen Finanzierungsbedingungen, ihrer eingeschränkten technologischen Wettbewerbsfähigkeit und der derzeit noch mangelhaften politischen Unterstützung sollten sich Plattform-Kooperativen vor allem darauf konzentrieren, lokale Netzwerkeffekte zu ermöglichen. Je mehr Plattform-Kooperativen ein besonderes Bedürfnis in einer spezifischen Region adressieren, desto leichter wird es ihnen (vor allem in der Gründungsphase) fallen, Nachfrage zu generieren und (finanzielle) Unterstützungsnetzwerke aufzubauen. Aktuell wird die Nachfrageseite von existierenden Plattform-Kooperativen noch viel zu häufig nachrangig behandelt.

(2) Plattform-Kooperativen sollten vorsichtig sein, nicht einem *technological solutionism* zu verfallen. Obwohl der technologischen Infrastruktur im Kontext der Plattformökonomie große Relevanz zukommt, handelt es sich bei Unternehmen, die auf demokratische Aushandlung abzielen, immer auch um soziale Strukturen. Dass derzeit vor allem die Plattform-Kooperativen erfolgreich sind, die den Prozess der Demokratisierung der Plattformökonomie explizit als einen Prozess des Community Building verstehen, zeugt davon, dass Software immer einer demokratischen Einbettung bedarf. Je mehr die Plattform-Kooperative somit auch einen zwischenmenschlichen Zusammenhalt generieren kann, desto einfacher wird es für sie, die Interessen ihrer unterschiedlichen Stakeholder zu vermitteln.

(3) Plattform-Kooperativen sollten darauf abzielen, Teil eines übergeordneten *Netzwerkes* zu werden, an das Verantwortung abgegeben werden kann. Denn nicht nur der Aufbau einer Plattform ist kostspielig, auch ihre *maintenance* erfordert (technologische) Fähigkeiten und Ausdauer. Zuletzt scheint sich Skalierung

derzeit, wenn überhaupt, nur horizontal zu vollziehen. Je mehr Aufgaben also in ein übergeordnetes Netzwerk ausgelagert werden können, desto einfacher wird es für die Plattform, sich im Sinne der ersten und zweiten Hypothese darauf zu fokussieren, kontextspezifische Services anzubieten und eine funktionierende Comunity aufzubauen.

Abschließend lässt sich festhalten, dass es unter gegebenen soziökonomischen Bedingungen in der Tat unwahrscheinlich ist, dass der Plattform-Kooperativismus alleine eine substanzielle Transformation des Plattformkapitalismus initiieren kann. Zu groß ist der finanzielle und technologische Vorsprung der dominanten Marktführer, der es ihnen erlaubt, schnell und umfassend auf Änderungen und Innovationen zu reagieren. Als Teilmenge einer größeren Bewegung jedoch – eine, die neben Unternehmer*innen und Aktivist*innen auch politische Entscheidungsträger*innen mobilisiert und diese dazu bewegt, über direkte Subventionen oder öffentliche Ausschreibungen einen ökonomischen Raum für Plattform-Kooperativen jenseits gegenwärtiger Marktzwänge zu schaffen – könnte der Plattform-Kooperativismus in der Tat wichtige Impulse für eine Demokratisierung der Plattformökonomie setzen.

Literatur

Borkin, Simon, 2019: *Platform Co-operatives – Solving the Capital Conundrum*.

Bratton, Benjamin H., 2016: *The Stack. On Software and Sovereignty*. Cambridge, MA.

Bull, Mike/Ridley-Duff, Rory/Foster, Doug/Seanor, Pam, 2010: *Conceptualising ethical capital in social enterprise*. Social Enterprise Journal, 6. Jg., Heft 3, 250–264.

Cherry, Miriam A., 2016: *Beyond Misclassification: The Digital Transformation of Work*. Comparative Labor Law & Policy Journal. Research Paper.

Dijck, José van/Poell, Thomas/Waal, Martijn de, 2018: *The Platform Society: Public Values in a Connective World*. Oxford.

Evans, David S./Schmalensee, Richard, 2016: *Matchmakers: The New Economics of Multisided Platforms*. Boston.

Helmond, Anne, 2015: *The Platformization of the Web: Making Web Data Platform Ready*. Social Media + Society. 1. Jg., Heft 2, 1–11.

Huws, Ursula, 2015: *Labor in the Global Digital Economy: The Cybertariat Comes of Age*. New York.

Internet of Ownership, 2020: *#PlatformCoop Directory*. https://ioo.coop/directory/ [3. Juni 2020].

Kenney, Martin/Zysman, John, 2016: *The Rise of the Platform Economy*. Issues in Science and Technology. 32. Jg., Heft 3, 61–69.

Luxemburg, Rosa, 2010[1899]: *Sozialreform oder Revolution?* Zittau.

Mannan, Morshed, 2020: *Everything Old is New Again: Evaluating the Legal and Governance Structures of Emergent Shared Services Cooperatives.* In: ICDE Research Reports. New York.

Mazzucato, Mariana, 2015: *The Entrepreneurial State: Debunking Public vs. Private Sector Myths.* New York.

Morozov, Evgeny/Bria, Francesca, 2017: *Die smarte Stadt neu denken: Wie urbane Technologien demokratisiert werden können.* Berlin.

Münkner, Hans-H., 2018: *Weltweites Interesse an Multi-Stakeholder Genossenschaften.* Zeitschrift für öffentliche und gemeinwirtschaftliche Unternehmen. 41. Jg., Heft 3, 120–137.

Palmer, Annie, 13. April 2020: *Amazon to hire 75,000 more workers as demand rises due to coronavirus.* CNBC, Technology. https://www.cnbc.com/2020/04/13/amazon-hiring-75000-more-workers-as-demand-rises-due-to-coronavirus.html [9. Oktober 2020].

Pentzien, Jonas, 2019: *Disrupting Regulation? State Capacities in the Digital Platform Economy.* In: Vormann, Boris/Lammert, Christian (Hg.): Contours of the Illiberal State: Governing Circulation in the Smart Economy. Frankfurt am Main, 147–176.

Pentzien, Jonas, 2020: *Political and Legislative Drivers and Obstacles for Platform Cooperativism in the United States, Germany, and France.* ICDE Research Reports. New York.

Prison Policy Initiative, Februar 2015: *The Right Investment? Corrections Spending in Baltimore City.* https://www.prisonpolicy.org/origin/md/report.html [9. Oktober 2020].

Sandoval, Marisol, 2019: *Entrepreneurial Activism? Platform Cooperativism between Subversion and Co-optation.* Critical Sociology. 46. Jg., Heft 6, 801–817.

Schneider, Nathan, 2018: *An Internet of Ownership: Democratic Design for the Online Economy.* The Sociological Review. 66. Jg., Heft 2, 320–340.

Scholz, Trebor, 2016: *Platform Cooperativism: Challenging the Corporate Sharing Economy.* New York.

Schor, Juliet B., 2017: *Does the sharing economy increase inequality within the eighty percent? findings from a qualitative study of platform providers.* Cambridge Journal of Regions, Economy and Society. 10. Jg., Heft 2, 263–279.

Scott, Mark/Braun, Elisa/Delcker, Janosch/Manancourt, Vincent, 15. Mai 2020: *How Google and Apple outflanked governments in the race to build coronavirus apps.* Politico. https://www.politico.eu/article/google-apple-coronavirus-app-privacy-uk-france-germany/[9. Oktober 2020].

Srnicek, Nick, 2017: *Platform Capitalism.* Cambridge/Malden.

Staab, Philipp/Geschke, Sascha-Christopher, 2019: *Ratings als arbeitspolitisches Konfliktfeld: das Beispiel Zalando.* Schriftenreihe Hans-Böckler-Stiftung, Band 429. Düsseldorf.

Van Doorn, Niels, 7. Februar 2017: *Platform Cooperativism and the Problem of the Outside.* http://culturedigitally.org/2017/02/platform-cooperativism-and-the-problem-of-the-outside/[9. Oktober 2020].

Zajko, Katja/Hojnik, Barbara Bradač, 2018: *Social Franchising Model as a Scaling Strategy for ICT Reuse: A Case Study of an International Franchise.* Sustainability. 10. Jg., Heft 9, 31–44.

Die Zeit, 15. Mai 2020: *Internetfirmen: Europa verliert.* https://www.zeit.de/wirtschaft/2020-05/internetfirmen-gafa-unternehmen-coronavirus-krise-marktsteigerung-boerse/komplettansicht [9. Oktober 2020].

Zuboff, Shoshana, 2019: *The Age of Surveillance Capitalism: The Fight for a Human Future at the New Frontier of Power.* New York.

Autor*innen

Moritz Altenried ist Post-Doc am Berliner Institut für empirische Integrations- und Migrationsforschung (BIM) und am Institut für Europäische Ethnologie der Humboldt-Universität zu Berlin. Zuvor war er wissenschaftlicher Mitarbeiter an der Leuphana Universität und hat an der Goldsmiths University of London zur Transformation der Arbeit im digitalen Kapitalismus promoviert. Seine Forschungsschwerpunkte umfassen unter anderem Arbeit, Digitalisierung, Migration, Plattformen und urbane Logistik. 2021 erscheint von ihm *The Digital Factory* (University of Chicago Press).

Franziska Baum ist Logistikerin, Sozialwissenschaftlerin und Geschlechterforscherin und studierte an der Humboldt-Universität zu Berlin und der Universität Amsterdam. Für ArbeitGestalten und das Projekt „Joboption Berlin" hat sie den Bericht *Gigwork in Pflege und Betreuung* erstellt. Aktuell ist sie für die Universität Hamburg im Projekt „Sorgetransformationen" tätig.

Rabea Berfelde ist Politik- und Kulturwissenschaftlerin. Aktuell forscht sie im Rahmen ihrer Promotion am Goldsmiths College, University of London, zu Veränderungen urbaner Produktions- und Reproduktionsräume im Zuge des Plattformkapitalismus und der zunehmenden Finanzialisierung aller Lebensbereiche. Ihr Forschungsinteresse umfasst unter anderem digitale Arbeit, finanzialisierte Raumproduktion und städtische soziale Bewegungen.

Lisa Bor hat Kultur und Technik an der Technischen Universität Berlin studiert und als Barkeeperin und als Putzkraft gearbeitet. Sie forscht aus feministischer Perspektive zu Arbeitsbedingungen, Technologie und Geschlecht und promoviert am Zentrum für Interdisziplinäre Frauen- und Geschlechterforschung (TU Berlin) zu Digitalisierung und Hausarbeit.

Julia Dück arbeitet im Institut für Gesellschaftsanalyse der Rosa-Luxemburg-Stiftung als Referentin für soziale Infrastrukturen, verbindende Klassenpolitik, Gesundheit und Care. Sie hat an der Friedrich-Schiller-Universität Jena zu Kämpfen um Care in der Krise und Transformationen der sozialen Reproduktion promoviert. In ihrer Arbeit und Forschung befasst sie sich schwerpunktmäßig mit marxistischer und feministischer Gesellschaftstheorie, sozialer Reproduktion, Geschlechterverhältnissen, Care und Gesundheit sowie den gesellschaftlichen Kämpfen in diesen Feldern.

Yannick Ecker ist Junior Fellow im Elisabeth-List-Fellowship-Programm für Geschlechterforschung an der Karl-Franzens-Universität Graz. Er studierte zuvor im Master Urbane Geographien an der Humboldt-Universität zu Berlin. Seine Forschungsinteressen sind kritische Stadtforschung, Geographien der Plattform-Ökonomie, Prekarisierung, soziale Bewegungen und gewerkschaftliche Organisierung.

Wiebke Frieß ist Diplom-Soziologin und promoviert, lehrt und forscht in den Feldern von Gender/Queer Studies, Diversity Policies und poststrukturalistischen Theorien ansätzen. Seit Juni 2019 ist sie wissenschaftliche Mitarbeiterin im BMAS-geförderten Projekt *Teilhabe durch Crowdworking: Eine Analyse der Gelingensbedingungen einer technisch-organisatorischen Innovation für Personengruppen mit erschwerter Teilhabe am Erwerbsleben* an der Universität Hamburg.

Helen Hester ist Associate Professor of Media and Communication an der University of West London. Zu ihren Forschungsinteressen gehören Technofeminismus, soziale Reproduktion und *post-work politics*. Sie ist Mitglied der internationalen feministischen Arbeitsgruppe Laboria Cuboniks. Zu ihren Büchern gehören *Beyond Explicit: Pornography and the Displacement of Sex* (SUNY Press, 2014), *Xenofeminism* (Polity, 2018) und *After Work: The Fight for Free Time* (Verso, 2021, mit Nick Srnicek).

Ursula Huws ist Professorin für Arbeit und Globalisierung an der University of Hertfordshire in Großbritannien. Seit den 1970er Jahren erforscht sie die sozioökonomischen Auswirkungen des technologischen Wandels, die Restrukturierung der Arbeitswelt und die sich verändernde internationale Arbeitsteilung. Derzeit liegt ihr Scherwerpunkt auf der Erforschung von Arbeit in der europäischen Plattformökonomie. Sie ist Herausgeberin der interdisziplinären, peer-reviewed Zeitschrift *Work Organisation, Labour and Globalisation*. Ihre Arbeiten sind in zahlreiche Sprachen übersetzt worden. Zu ihren jüngsten Büchern zählen *Labour in Contemporary Capitalism: What Next?* (Palgrave Macmillan, 2019) und *Reinventing the Welfare State: Digital Platforms and Public Policies* (Pluto Press, 2020).

Vicky Kluzik arbeitet als wissenschaftliche Mitarbeiterin am Institut für Soziologie der Goethe-Universität in Frankfurt am Main. Ihre Forschungsschwerpunkte sind Digitalisierung und Gesellschaft, feministische Theorien, Biopolitik, politische Ökonomie und sozial-räumliche Transformationen.

Nadja Kufner ist Stipendiatin der Rosa-Luxemburg-Stiftung und studiert im Master Sozialwissenschaften an der Humboldt-Universität zu Berlin. Sie arbeitet als studentische Beschäftigte im Projekt „Joboption Berlin" für ArbeitGestalten.

Simiran Lalvani ist prekäre Forscherin und Doktorandin an der Universität Oxford. Zuvor war sie in der universitären Lehre und unterschiedlichen Forschungsprojekten tätig. Für eine Studie über die Zukunft der Arbeit untersuchte sie bei Microsoft Research India die Arbeit von Heiratsvermittler*innen. Für das Projekt „Mapping Digital Labour in India" am Centre for Internet and Society in Bangalore erforschte sie App-basierte Essenslieferdienste und Arbeiter*innen in Mumbai.

Iris Nowak ist Diplom-Sozialökonomin und forscht, lehrt und referiert zu den Feldern Handlungsfähigkeit von Altenpflegekräften, Umbau der Sozialwirtschaft, Geschlechterverhältnisse und Hegemonietheorie sowie Subjektivität in mobilen Arbeitskontexten. Gegenwärtig ist sie wissenschaftliche Mitarbeiterin am Lehrstuhl für Arbeit, Organisation und Innovation am Fachbereich Sozialökonomie an der Universität Hamburg.

Marcella Rowek ist Junior Fellow im Elisabeth-List-Fellowship-Programm für Geschlechterforschung an der Karl-Franzens-Universität Graz. Sie studierte im Master Peace, Development, Security and International Conflict Transformation an der Leopold-Franzens-Universität Innsbruck. Ihre Forschungsinteressen sind Community- und Peacebuilding, elicitive Konflikttransformation, Gender Studies, Partizipationsprozesse und Geographien des Friedens.

Nick Srnicek ist Dozent für Digitale Ökonomie am King's College London. Er ist der Autor von *Platform Capitalism* (Polity, 2016) und *Inventing the Future* (Verso, 2015, mit Alex Williams). Zusammen mit Helen Hester schreibt er derzeit *After Work: The Fight for Free Time* (Verso, 2021).

Anke Strüver ist Professorin für Stadtgeographie an der Universität Graz und leitet das Zentrum für nachhaltige Gesellschaftstransformation. Ihre Forschungsinteressen sind multiskalare Wechselverhältnisse von Raum-, Gesellschafts- und Subjektkonstitutionen und die Interdependenzen sozioökonomischer Ungleichheiten bei der Produktion städtischer Alltagsräume.

Jonas Pentzien ist wissenschaftlicher Mitarbeiter am Berliner Institut für ökologische Wirtschaftsforschung (IÖW), wo er politische Auseinandersetzungen um die Plattformökonomie in verschiedenen institutionellen Kontexten untersucht. Pentzien hat Politische Ökonomie und Vergleichende Politikwissenschaft an der Johns Hopkins University (Baltimore), der Freien Universität Berlin und der Universidad Complutense de Madrid studiert und an der Freien Universität Berlin Kurse über die digitale Ökonomie unterrichtet. Seit 2019 ist er Fellow des Institute for the Cooperative Digital Economy an der New School in New York City (USA), wo er der Frage nachgeht, welche politischen Rahmenbedingungen für die Verstetigung demokratischer Plattform-Alternativen vonnöten wären.

Mira Wallis ist wissenschaftliche Mitarbeiterin und Doktorandin am Berliner Institut für empirische Integrations- und Migrationsforschung (BIM) und am Institut für Europäische Ethnologie der Humboldt-Universität zu Berlin. Gemeinsam mit Moritz Altenried und Manuela Bojadžijev arbeitet sie im Forschungsprojekt „Digitalisierung von Arbeit und Migration". Das Projekt beschäftigt sich mit der Rolle digitaler Plattformen bei der Transformation von Arbeit, sozialer Reproduktion und Mobilität/Migration. Der Schwerpunkt ihrer Forschung liegt auf ortsungebundener Plattformarbeit (Crowdwork), die sie als eine neue Form digitaler Heimarbeit in Deutschland und Rumänien untersucht.

Klaus Dörre
In der Warteschlange
Arbeiter*innen und die radikale Rechte
2020 – 355 Seiten – 30,00 €
ISBN 978-3-89691-048-6

Ingrid Artus / Nadja Bennewitz / Annette Henninger /
Judith Holland / Stefan Kerber-Clasen (Hrsg.)
Arbeitskonflikte sind
Geschlechterkämpfe
Sozialwissenschaftliche und historische
Perspektiven
(Arbeit – Demokratie – Geschlecht, Band 27)
2020 – 365 Seiten – 35,00 €
ISBN 978-3-89691-045-5

Thomas Sablowski / Judith Dellheim /
Alex Demirović / Katharina Pühl / Ingar Solty (Hrsg.)
Auf den Schultern von Karl Marx
2021 – 552 Seiten – 40,00 €
ISBN 978-3-89691-259-6

Es schreiben u.a. Michael Brie, Helmut
Dahmer, Alex Demirović, Susanne Heeg,
Nicole Mayer-Ahuja, Stefan Schmalz, Frieder
Otto Wolf.